Schöne Ferien mit Kindern

»Wie die Welt von morgen aussehen wird, hängt in
großem Maß von der Einbildungskraft jener ab,
die gerade jetzt lesen lernen.«

Astrid Lindgren

Schöne Ferien mit Kindern

100 Urlaubsideen für Familien in Deutschland und Europa

Inhalt

Deutschland:
von Amrum bis zum Bergischen Land

Skandinavien

Nur Geübten zur Nachahmung empfohlen:
Klippenspringen an der Felsbucht
Mala Kolumbarica (Istrien).

Deutschland: von Amrum
bis zum Bergischen Land

1 Pellworm, Amrum und Föhr

TOLL FÜR KINDER

Lammtage. Von Mai bis Juni mit Veranstaltungen rund um die kleinen weißen Deichbewohner, Schafschur, Spiel und Spaß. Infos bei den Kurverwaltungen

Krabben vom Kutter. Ein bisschen Übung braucht es, doch Krabbenpulen gehört einfach dazu. Steenodde Mole, Amrum

Reiten. Das Glück der Erde bei einem Ausritt ins Watt finden: Islandpferdehof Stianood Amrum, www.islandpferdehof-amrum.de; Appelhof Pellworm. www.appelhof-pellworm.de; Ponyhaus Lerchenhof auf Föhr. www.ponyhaus-lerchenhof.de

TOLL FÜR ELTERN

Schmuck. Von Meer, Muscheln und Strandgut inspirierten Schmuck gibt es in den Geschäften auf Amrum und Föhr. www.rickmers-schmuck.de

Blaue Maus. Legendärer In-Treff auf Amrum. Bis spät abends legt Wirt und DJ »Janniemaus« auf. www.blauemaus-amrum.de

Museum Kunst der Westküste. Kunst zwischen Meer und Küste. Hauptstraße 1, Alkersum/Föhr, www.mkdw.de

Salzwasser, Sonne, Sand und eine Schaumkelle – so macht man Kinder am Strand von Amrum glücklich!

Feinste Sandstrände, Wasser oder Watt. Buddeln, baden und im Strandkorb lümmeln: Das sind die Sonnenschein-Aktivitäten auf den Nordseeinseln. Bei »Schietwetter« toben Große und Kleine in Spielscheunen, erforschen Museen oder besuchen spannende Kinderveranstaltungen.

Pellworm: grüne Perle im Watt

Gebannt starren die Passagiere in die Wellen, blicken auf die großen, grauen Ungetüme, die sich schäumend aufbäumen. Der Kapitän knarzt: »Gleich fahren wir über Rungholt, das die schwere Sturmflut 1362 mit Mann und Maus in die Tiefe gerissen hat. Manchmal, bei stillem Wetter, kann man die Kirchturmglocken hören.« Schon die Überfahrt nach Pellworm ist ein Erlebnis. Nach dem Anlegen drängen sich die Reisenden aufgeregt vor dem Ausgang der Fähre. Natürlich ist Pellworm kein weißer Fleck auf der Landkarte, aber dennoch verspüren die Passagiere einen Hauch Abenteuerlust.

Die Insel liegt mitten im Wattenmeer, und der stete Wechsel der Gezeiten macht sie so besonders. Ist das Wasser weg, werden **Wattwanderungen speziell für Kinder** angeboten. Im Gegensatz zu den anderen Nordseeinseln hat Pellworm keinen Sandstrand. Bunte Strandkörbe säumen den Deich, und bei Flut wird am **»grünen Strand«**, an

Schleswig-Holstein

Badestellen direkt vom Deich aus, gebadet. Aber auch bei Ebbe gibt es einige Stellen, an denen Priele zum Planschen und Matschen einladen.

Ein Muss ist es, die Insel auf dem 25 Kilometer langen **Außendeich** mit dem Fahrrad zu umrunden. Keine Bange, die Strecke kann man abkürzen und innendeichs weiterfahren. Von oben ist der Blick über das weite Wattenmeer, die Halligen und Inseln atemberaubend schön. Perfekter Aussichtspunkt ist der höchste Punkt Pellworms, der rot-weiß gestreifte **Leuchtturm**. In seinem Inneren schrauben sich 140 Stufen in luftige Höhe. In Sachen Energie ist Pellworm Trendsetter. E.ON Hanse betreibt hier ein großes **Hybridkraftwerk** und im Infozentrum erfahren Neugierige, wie aus Sonne und Wind Strom produziert und gespeichert wird. Früher bevölkerten Piraten die Insel, und Kinder können noch heute ihr Handwerk lernen und unter Kapitän Einauge das **Piratenpatent** machen.

Amrum: Sandkiste, so weit das Auge reicht

Amrum gilt als Geliebte des Blanken Hans, der tobenden Sturmfluten der Nordsee. Denn im Gegensatz zu anderen Inseln gibt ihr das Meer, was es anderswo mit sich nimmt: feinsten Sand. Gleich hinter dem **Hafen von Wittdün** liegt Europas größter Badestrand, der **Kniepsand**. Superfein und schier endlos. Weit gehen muss niemand, von allen Orten sind die Wege kurz dorthin. Wer vom historischen Dorf Nebel nach Norddorf läuft, trifft auf **Panchos Burg**, eine bunte Konstruktion aus Stangen, Wimpeln, Bändern und Kugeln. Strandgut, das der Berliner Künstler Otfried Schwarz geschaffen hat und das er nach jeder Sturmflut neu und immer etwas anders aufbaut.

Amrum ist die waldreichste und vielleicht ursprünglichste Nordseeinsel. Reetgedeckte Friesenhäuser, blühende Stockrosen und mit Lavendel bepflanzte Feldsteinwälle bestimmen die Dörfer. Cafés locken mit duftenden Torten, Kuchen und selbst gemachter Eiscreme. Ein Stück **Friesentorte** sollte sich jeder mindestens einmal gönnen. Unglaubliche Geschichten vom Schicksal der Seefahrer erzählen die 90 **sprechenden Grabsteine** auf dem Friedhof der St.-Clemens-Kirche in Nebel. Etwa die von Hark Oluf, der als Teenager entführt und nach Algier verschleppt wurde, aber elf Jahre später als reicher Mann zurückkehrte.

Bunte Fischkutter in Tammensiel, dem Hafen von Pellworm

Nicht verpassen

BIIKEBRENNEN AM 21. FEBRUAR

Knisternde Flammen züngeln in den dunklen Nachthimmel, glimmende Hölzer brechen und knacken. Funken fliegen, wenn übermannsgroße Puppen, die Peter, ins Feuer geworfen werden und unter dem Gejohle des Publikums verbrennen. Das Biikebrennen, das immer am 21. Februar stattfindet, ist ein uralter nordfriesischer Brauch: um den Winter zu vertreiben, die Götter gnädig zu stimmen, ein feuriges Fruchtbarkeitsopfer zu bringen und die Männer zu verabschieden, die einst zum jährlichen Walfang aufbrachen. Heute steht das Biikebrennen für Zusammengehörigkeit und Traditionsbewusstsein. Alle packen mit an und errichten die meterhohen Scheiterhaufen und basteln Peter-Puppen, die den Winter symbolisieren und in Flammen aufgehen sollen. Dazu gehören heißer Punsch und Grünkohl »klassisch«, mit deftiger Wurst und Schweinebacke. Wer es etwas weniger fett mag, greift zu Skrei, dem Winterkabeljau, der gerade Saison hat. Kinder genießen Narrenfreiheit und dürfen ungestraft Streiche spielen.

Mitmachen!

WATTWANDERUNG

Natürlich sind Wattwanderungen von allen Inseln möglich: einmal über den matschenden Meeresboden laufen, mehr oder weniger tiefe Priele durchwaten, Seehunde sichten und die sonst verborgen lebenden Wattbewohner entdecken. Die vielleicht schönste Wattwanderung führt aber von Amrum nach Föhr. Kinder sollten etwa zweieinhalb Stunden laufen können. Los geht es in Norddorf, von wo aus man in einem großen Bogen die Küste entlangläuft. Der direkte Weg zur nahen Nachbarinsel ist versperrt wegen des Schlickwatts und des Mittellochs, dem größten Priel, den es zu durchqueren gilt. Seine Höhe ist von Wind und Wetter abhängig. Mal werden nur die Knie nass, ein anderes Mal reicht das Wasser bis zur Hüfte, gelegentlich bis zur Brust. Am besten geht man die Route mit Badekleidung. Handtuch nicht vergessen. Etwa eine halbe Stunde nach der Prielquerung wartet ein weiteres Highlight: das Wrack der »City of Bedford«, ein alter englischer Salpeterfrachter. Bis Dunsum auf Föhr geht man ab hier noch gut eine Stunde.

www.wattwandern-amrum.de

Wattführer erklären, welche Tiere sich im nassen Sand tummeln.

Typisches Friesenhaus auf Amrum

Föhr: Friesische Karibik

Im **Wyker Hafen** herrscht geschäftiges Treiben: Fähren, Kutter und Ausflugsschiffe legen an und ab, bringen Besucher, Badegäste und Delikatessen aus dem Meer. Im 17. Jahrhundert stachen von hier aus die Walfänger in See. Später kamen Könige und Künstler, um das einzigartige Flair der grünen Insel inmitten des Wattenmeers zu genießen. Wyk, die einzige Stadt der Insel, ist eines der ältesten Seebäder Deutschlands. Doch heute promenieren keine feinen Damen mehr durch die Fußgängerzone und am Strand entlang, sondern Familien mit Kindern. Als schönster Strand der Insel gilt der 15 Kilometer lange **Sandstrand von Utersum**: Goldgelb leuchtend, dazu türkisfarbenes Wasser und ultramarinblauer Himmel. Wegen ihrer wundervollen Farben heißt die Insel auch Friesische Karibik.

Eine **Fahrradtour** rund um die Insel bringt Spaß für alle. Geübte fahren die 36 Kilometer komplett. Steigungen gibt es keine, dafür fordert manchmal der Gegenwind kräftiges Treten. Anfänger probieren erst einmal die **kleine Geestrunde**, die sich über 13 Kilometer erstreckt. Garantiert in Erinnerung bleibt ein **Schiffsausflug zu den Seehundsbänken**. Nicht nur die Kinder beobachten fasziniert, wie die knopfäugigen Gefährten sich in der Sonne aalen, schlafen und zwischendurch baden. *SH*

Infos und Adressen

ANREISE:

Pellworm: Ab Nordstrand geht es mit der Fähre auf die Insel. www.faehre-pellworm.de
Amrum und Föhr: Die Fähren legen in Dagebüll ab. www.faehre.de

BESTE REISEZEIT

Juni bis August

FÜR REGENTAGE

Dampferschuppen Pellworm. Alles über die Arbeit der Fischer und Seeleute im alten Hafen von Pellworm. www.insel-museum.de
Abenteuerland Amrum. Riesiger Indoor-Spielplatz. Hoofstich 3, Norddorf/Amrum, www.abenteuerland-amrum.de
Amrum Badeland. Wellenbad, Wasserfall, Kinderbecken und Thalassozentrum. Am Schwimmbad 1, www.amrum.de/wohlfuehlen
PelleWelle. Wasserspaß auch für die Kleinsten. Uthlandestraße 6, Pellworm, www.pelle-welle-freizeitbad.de
Aquaföhr. Wellenbad, wohlfühlen und Anwendungen genießen. Stockmannsweg 1, Wyk, www.aquafoehr.de
Carl-Häberlin-Friesenmuseum. Geschichte Föhrs von der Steinzeit über die Wikinger bis heute. Rebbelstieg 34, Wyk, www.friesen-museum.de

Öömrang Hüs. Museum in einem der ältesten Friesenhäuser, ganz so, wie es früher war. Waaswai 1, Nebel, www.oeoemrang-hues.de

ESSEN UND TRINKEN

Deichblick. Saisonale Leckereien aus »Pott und Pann« serviert das Café Restaurant Deichblick. Kaydeich 9, Pellworm. www.restaurant-deichblick-pellworm.de
Friesen-Café. Im Strandkorb lümmeln und selbst gebackene Kuchen- und Tortenkreationen genießen. Uasterstigh 7, Nebel/Amrum, wp.friesen-waffeln.de
Stelly's Hüüs. Ein altes Kapitänshaus für alle Sinne: Kuriositäten aus aller Welt, Teeladen, Töpferei und ein Café mit göttlichem Milchreis, Waffeln und Kuchen. Haus 38, Oldsum/Föhr

ÜBERNACHTEN

Friesenhof. Ein echter Bauernhof, auf dem Kinder von Februar bis April beim Füttern der Lämmer helfen können. Alte Kirche 7, Pellworm, www.friesenhof-pellworm.de
Sternhagens Laura. Schöner Reetdachhof auf einem alten Tingplatz. Buurnstraat 49, Oevenum auf Föhr, www.sternhagenslandhaus.de
Ekke Nekkepenn. Charmantes, kleines Frühstückshotel im alten Ortskern von Nebel. Waasterstigh 19, Nebel/Amrum, www.ekkenekkepenn.de

WEITERE INFOS

Alles über die Insel, das Wetter und den Veranstaltungskalender gibt es auf den Webseiten der Inseln www.pellworm.de, www.amrum.de und www.foehr.de
Ausflugsfahrten zu den Seehundsbänken. www.wdr-wyk.de
Piratenfahrt mit der »Störtebeker«. www.wdr-wyk.
Fahrten durchs Wattenmeer. www.eilun.de

Kulinarische Souvenirs gibt es bei Stelly's Hüüs auf Föhr.

2

Sankt Peter-Ording

Buntes Strandvergnügen zwischen Brandung und Pfahlbauten

Klassischer Burgenbau ist out, kreatives Schaffen am Strand von Sankt Peter-Ording ist angesagt. Bewaffnet mit bunter Plastikschippe und Eimerchen üben sich Klein und Groß darin, statt schlichter Burg mit Türm-chen kunstvolle Figuren, Reliefs oder gar Büsten in den Sand zu formen.

Europas größte Buddelkiste

Der erste Blick über den grasbewachsenen Deich ist ernüch-ternd: Das ersehnte Meer liegt in scheinbar endloser Entfer-nung, geheimnisvolles Hitzeflimmern über dem Wasser der Nordsee noch weit dahinter. Davor breitet sich eine impo-sante Sandfläche aus, deren Dimensionen einer Wüste äh-neln, aber die frische Brise erinnert an die Westküste Schleswig-Holsteins: die **Halbinsel Eiderstedt**. Hölzerne Pfahlbauten, die wie urzeitliche Tiere aussehen, ragen in die Höhe. Im dortigen Café lässt sich bei einer Tasse Tee oder heißer Schokolade und dem obligatorischen Stück Friesen-torte – viel Sahne, Blätterteig, frisches Pflaumenmus – die überwältigende Aussicht trefflich genießen. Für die unge-duldigen Kinder reicht meist das große Eis am Stiel, denn sie zieht es zurück in die Sandkiste.

Am Strand breitet sich ein farbenfrohes Meer aus Wind-schutzkonstruktionen, Zelten, Luftmatratzen und Handtü-chern aus. Jung und Alt im Badedress, kleine Kinder plan-

Schleswig-Holstein

Der Leuchtturm wird auch gern für Hochzeiten genutzt.

Infos und Adressen

ANREISE

Mit der Nord-Ostsee-Bahn von Husum aus, mit dem Auto über die A23 bis Heide, B5 nach Tönning, danach die B202 entlang

BESTE REISEZEIT

Ganzjährig.
Zum Baden Juni–Sept.

VERANSTALTUNGEN

Biike-Brennen. Austreiben des Winters mit dem rituellen Verbrennen von Strohpuppen und Scheiterhaufen am 21. Februar, dazu gibt es traditionell Grünkohl. **Kitesurf WorldCup.** Alljährlich Anfang August mit spektakulärem Wassersport.
http://kitesurfworldcup.de

ESSEN UND TRINKEN

Olsdorfer Krug. Gegenüber des Museums im Ortsteil Dorf, sehr typisch und gemütlich, regionale Spezialitäten zu günstigen Preisen. Olsdorfer Str. 13,
www.olsdorferkrug.de
Strandbar 54° Nord. Pfahlbau direkt am Strand mit tollen Ausblicken und großer Terrasse, Produkte aus der Region.
Am Deich,
www.strandbar-54grad-nord.de

ÜBERNACHTEN

Hotel Kölfhamn. Stilvoll-charmantes Haus in typischer Klinkerbauweise mit großem Garten, Liegewiese und Spielplatz. Kölfhamm 6, Ording,
www.koelfhamm.com

WEITERE INFOS

Tourismus-Zentrale St. Peter-Ording. www.st-peter-ording.de

schend in den heranrollenden Wellen und schrill johlend, wenn ein Brecher etwas zu nahe kommt. Es gibt Platz genug für alle, niemand fühlt sich eingeengt oder gestört, selbst wenn mal ein Ball gefährlich nahe an die vorübergehend besetzte Familienkrume gerät. Und überall wird gewerkelt im heimlichen Wettbewerb um das schönste Sandkunstwerk.

Der nördliche Ausläufer des Strandes, wo in der Ferne der ikonische rot-weiße Leuchtturm **Westerheversand** aus der flirrenden Luft aufragt, bleibt das Dorado für Spaziergänger und Väter, die mit ihrem Nachwuchs Drachen steigen lassen. Gen Süden liegt der Ortsteil St. Peter-Bad, der über einen endlos langen, wie kunstvoll geformten Holzsteg mit der Nordsee und dem besonders weichen, weißen Sandstrand verbunden ist. Charakteristische Strandkörbe laden zum Verweilen, Spielen und Ausspannen. *UH*

Nicht verpassen

DAS WAHRZEICHEN EIDERSTEDTS

157 Stufen führen hinauf zur gläsernen Kuppel des Leuchtturms Westerheversand. Das mag viel erscheinen, doch der unvergessliche Panoramablick aus den 41,5 Metern Höhe dieser unverwechselbaren Landmarke entschädigt für alle Mühe und Anstrengung. Die Turmbesichtigung ist mit gleichzeitiger Führung für Erwachsene und Kinder ab acht Jahren zwischen Ostern und Ende Oktober jeweils Mo, Mi und Sa möglich. Über die breiten Radwege entlang des Deiches und der Tümlauer Bucht nördlich von Sankt Peter-Ording ist das 1908 in Betrieb genommene und 1979 automatisierte Bauwerk recht schnell erreicht. Lediglich Gegenwind kann das sportliche Erlebnis etwas trüben. Dafür entschädigen die Begegnungen mit reichlich neugierigen Schafen, mit im Wind gaukelnden Austernfischern und zahllosen kreischenden Möwen. Der geklinkerte Pfad »Stockenstieg« war einst der einzige befestigte Zugang zum Leuchtturm und steht heute unter Denkmalschutz. Er darf nur vom Leuchtturm aus begangen werden.

www.westerhever-nordsee.de/
leuchtturm-info.html

3

Mit dem Esel entlang der Schlei

TOLL FÜR KINDER

Event Nature. Die Jugendabteilung der Globetrotter-Akademie hat eine Station mit Tipi in Sundsacker. Z. B. Paddeln und Segeln und jeden Freitagnachmittag Lagerfeuer mit Schnitzen und Stockbrot. Hier geht es mit der Fähre über die Schlei nach Arnis. www.eventnature.de

Tolk Schau. Der familiengeführte Erlebnispark nahe Schleswig begeistert schon seit Generationen. www.tolk-schau.de

Wikinger-Siedlung Haithabu. So lebte Wickies Seefahrervolk. www.schloss-gottorf.de/haithabu

TOLL FÜR ELTERN

Fischersiedlung auf dem Holm. Hier trifft man noch echte Fischer. Mit Museum und schönen Cafés, tolle Fotomotive!

Landarzthaus Café Lindauhof. In der ehemaligen Praxis des TV-Arztes kann man nun Kaffee trinken. Sehr romantisch. www.cafelindauhof.de

Landarzt-Törn. Mit dem Drahtesel zu den Drehorten der Fernsehserie. www.sh-tourismus.de/de/landarzttoern

Auch im Camp von Event Nature kann man Bogenschießen probieren.

Sie haben große Ohren, tragen ein Picknick oder auch ein Kind und sind wahre Freunde: Mit Wanda, Willy, Sultan oder Käthe macht eine Wanderung entlang der Schlei der ganzen Familie Spaß. Auf der Koppel von Barbara Becker kann man sogar den »Esel-Führerschein« machen.

Unterwegs mit gutmütigen Gefährten

Wenn Kinder dabei sind, kommt Sultan mit, eine kleine Eselstute, die für jeden Schabernack zu haben ist. Gibt es einmal etwas mehr zu tragen bei einer Wanderung mit Picknick, so ist Wanda mit dabei. Die stämmige Eseldame ist auch eine wahre Trekking-Expertin und hat einen maßgeschneidertem Packsattel. Mit Esel wird die Exkursion zu einem besonderen Erlebnis. Wohltuend ist die Ruhe, die das gutmütige Tier ausstrahlt, das zufriedene Schnauben, das von der Sonne gewärmte Fell, der sichere Tritt. Von der Eselkoppel bis zum Wasser sind es nur wenige Schritte. Es geht durch die Idylle von **Brodersby**, auf sandigem Weg am alten Kapitänshaus vorbei und bald ist schon die glitzernde Schlei zu sehen, die im Sommer auch einen **Badestrand** hervorzaubert. Hier zu wandern, lohnt sich aber auch zu den anderen Jahreszeiten. Die Pfade führen durch die Baumsäume der **»Knicks«** entlang der Felder, durch

Schleswig-Holstein

Statt Pferden mal einen Esel streicheln – die gutmütigen Langohren lieben Kraulen.

Infos und Adressen

ANREISE

Mit dem Auto über die A7 bis Ausfahrt 5 Schleswig/Schuby, dann über die B201 und die Schleidörferstraße nach 24864 Brodersby (Achtung, es gibt in der Region zwei Orte, die Brodersby heißen!) und dort in den Strandweg abbiegen. Die Eselkoppel ist ausgeschildert.

BESTE REISEZEIT

Mai bis September, Wanderungen an der Schlei sind zu jeder Jahreszeit ein Erlebnis.

FÜR REGENTAGE

Gottorfer Globus. Wie zu Zeiten der Gottorfer Herzöge eine Reise in der sich drehenden Himmelskugel unternehmen. Auch sonst lohnt sich das Schloss mit seiner echten Moorleiche.
www.schloss-gottorf.de

ESSEN UND TRINKEN

In der **Fischersiedlung auf dem Holm** in Schleswig kann man wunderschön Kaffee trinken.

ÜBERNACHTEN

Hotel Waldschlösschen in Schleswig. Familienbetrieb mit vier Sternen.
www.hotel-waldschloesschen.de

WEITERE INFOS

www.eselkoppel.de

verträumte Dörfer und Wälder, über Steilküsten und oft hinab zum Wasser.

Mit der **Fähre von Missunde** geht es bis auf die Schwansener Seite der Schlei – der Fährmann kennt die Brodersbyer Langohren schon. Wer möchte, übernimmt den Führstrick oder macht einen Esel-Führerschein bei Barbara Becker, zu deren Herde auch Wallach Willi und die junge Stute Käthe gehören. Die Hauswirtschafterin und ausgebildete Pädagogin organisiert auf der Eselkoppel auch **Kindergeburtstage** mit Stockbrot, eine Kürbis-Weltmeisterschaft oder »Gourmetküche« aus dem Dutch-Oven am Lagerfeuer. Auch für kulturelle Erlebnisse ist die Region gut: Nicht weit ist es bis nach Schleswig mit dem **Schloss Gottdorf**, der Wikinger-Siedlung **Haithabu** und vielen anderen Highlights. Auch Arnis, die **»kleinste Stadt Deutschlands«**, sollte man besucht haben. Romantisch wird es in der »Landarzt«-Region rund um **Lindaunis**. Bis hinauf zur Hafenstadt Kappeln ist die Schlei daher auch mehrere Ausflüge wert. *CL*

Unbedingt probieren

DEN NASCHI-KÖNIG BESUCHEN

Die knallrote Bude am Schleiufer ist bis zum Bersten gefüllt mit rund 400 Sorten Naschereien: süße, saure und salzige Schätze, fein säuberlich sortiert in gestapelten Dosen und aufgereihten Gläsern. Es gibt Zauberstäbchen und Veilchen-Pastillen, Honigwaben und Heavy-Metal-Gitarren aus Fruchtgummi, aber auch »Gefährliches« wie Monster-Shots und Warning-Bonbons, außerdem dänisches Stangenlakritz, Salmiak-Brocken und für die Eltern Eierpunsch-Elche oder Rumkugeln mit sechs Prozent Jamaica-Rum. Damit das Taschengeld gut angelegt ist, erhält jeder Gast eine persönliche Audienz beim Naschikönig Peter Viergutz. Fachkundig rät er zu passenden Sorten, warnt bei viel Schärfe und kennt jede Lieblingstütenkombi junger Stammkunden. Lakritz ist sein Spezialgebiet. Seine Frau Hannelore serviert heiße Bockwurst und Waffeln und Berliner Weiße mit Waldmeister. Ein herrliches Ziel zum Einkehren nach einer Tour entlang der Schlei!

Naschi-König, Tannenweg, Kosel-Weseby (am Ortseingang), 1. Apr–30. Sept Mo–Fr 15–18 Uhr, Sa./So. 8–18 Uhr, in den Schleswig-Holsteiner Sommerferien tägl. 11–18 Uhr

4 Nationalpark Rügen

TOLL FÜR KINDER

Tierpark Sassnitz. Tiere aus der Region, die einem auf der Safari vielleicht entgangen sind. Darunter sind auch Wölfe.

Hanomag-Jeep-Safaris. Im offenen LKW führt die Safari in die schönsten Landschaften der Insel.

Karls Erlebnisbauernhof. Schöne Anlage, auf der Kinder viel lernen, sich aber auch ebenso gut auf Karussells oder im Maislabyrinth amüsieren können

Rügenpark. Wenn der Strand langsam an Reiz verliert, hilft vielleicht ein Tag im Freizeitpark, die Laune der Kleinen wieder aufzufrischen.

TOLL FÜR ELTERN

Hofladen des Erlebnisbauernhofes. Ein kommerziell ausgerichteter Konsumtempel für heimische Köstlichkeiten, der allein wegen seiner Aufmachung einen Besuch lohnt, während die Kinder draußen Trecker fahren.

Aquamaris Piratenland. Wenn die Kinder basteln, malen oder Sandburgen bauen, können sich die Eltern im Wellnessbereich erholen oder Sport treiben.

Blick auf die berühmten Kreidefelsen im Westen

Große Entdecker wie Winnie Puuh, Indiana Jones oder Christopher Columbus haben auf den Leinwänden der Kinos bereits den Hundertmorgenwald, die Sahara und Nordamerika erforscht. Auf der Insel Rügen helfen die Ranger der Nationalparkgesellschaft unseren Jüngsten beim Einstieg in die Welt der Abenteurer.

Mit einem Ranger durch die Natur

Die atemberaubende Natur, die Menschen, die Geschichten von Piratenschätzen und verwegenen Seefahrern faszinieren seit jeher die Besucher der Insel. Doch nicht jeder kleine Mensch wagt sich ganz allein auf Entdeckungsreise. Trotzdem müssen auch die Schüchternen nichts missen. In den Nationalparks kümmern sich ehrenamtliche und hauptberufliche Ranger in schmucken Uniformen um den Nachwuchs. Allein das Erscheinungsbild macht schon Lust auf eine Safari. Wer, wie die Vorbilder von Indiana Jones, standesgemäß anreisen möchte, macht sich mit der Dampflokomotive, dem **Rasenden Roland**, auf zur Abenteuerreise. Mit Fernglas und Probefläschchen bewaffnet, geht es vom **Beach Camp** aus mit den Mitarbeitern des NABU (Naturschutzbund) zur Bestandsaufnahme raus in die Natur. Es werden Vögel beobachtet sowie Wasserproben genommen und die Ranger erklären, wo die vielen

Mecklenburg-Vorpommern

Schaufel und Gummistiefel gehören hier zur Grundausstattung.

Infos und Adressen

ANREISE
Mit dem Auto über die E22 von Stralsund über die Rügenbrücke.
Per Schiff: mit der Fähre von Stralsund, Glewitz oder Warnemünde

BESTE REISEZEIT
Sommer

FÜR REGENTAGE
Erlebnisbad Inselparadies. Sauna, Wellness, Badespaß mit Regenbogenrutsche. Badstr.1, Ostseebad, Sellin, www.inselparadies.de
Bernsteinmuseum. Funkelndes Gold der Wikinger.

Granitzer Str. 43, Sellin, www.bernsteinmuseum-sellin.de

ESSEN & TRINKEN
Nautilus. Hier fühlt man sich wie bei Kapitän Nemo in der Messe. Deftige Speisen und Fisch. Dorfstr.17, Putbus, www.ruegen-nautilus.de

ÜBERNACHTEN
Schwimmhäuser. Mal ganz was anderes: »Im Jaich«. Marina Lauterbach, Putbus/Rügen, www.im-jaich.de

WEITERE INFOS
www.ruegen.de

Nicht verpassen

STÖRTEBEKER FESTSPIELE

Für Kinder wie für Eltern sind die Störtebeker-Festspiele ein besonderes Erlebnis. Die Geschichte von dem berühmten Sohn der Insel, Klaus Störtebeker, findet auf der Naturbühne in Ralswiek ihren Höhepunkt. Dort kreuzen die Piraten ihre Klingen mit den schwer bewaffneten Knechten der Hanse. Schiffe feuern ihre Kanonen ab, Reiter preschen durch die mittelalterliche Kulisse, und Adler schwingen sich in die Lüfte. Seit über 20 Jahren findet das Schauspiel nun schon am Jasmunder Bodden statt und scheint nie an Attraktivität zu verlieren. Ganz im Gegenteil: Wer sich einen Platz mit guter Sicht auf die über 150 Mitwirkenden und deren Abenteuer sichern möchte, sollte rechtzeitig Karten reservieren. Im Anschluss wartet der mittelalterlich gestaltete Gasthof »Zum Störti« mit deftigem Piratenschmaus und süffigem Bier auf Abenteuerhungrige.

http://stoertebeker.de

großen und kleinen Steine herkommen und wie sie ihren weiten Weg aus den fernen Skandinavien genommen haben. In den **Kreidefelsen** haben nicht nur die Piraten ihre Schätze versteckt, sondern kleine Kostbarkeiten lassen sich dort in Form von Fossilien entdecken. Die Freitagabende klingen am **Lagerfeuer** mit Stockbrotbacken aus.

Bei schlechtem Wetter, für die Theoretiker unter dem Forschernachwuchs oder die kleinen »Laborratten«, hält die Welt der Experimente in **Putbus** eine Vielzahl an Versuchen bereit. Doch Vorsicht Eltern, da können einem die Kleinen schon mal ein Loch in den Bauch fragen, und es bedarf zumindest einiger Grundkenntnisse in Chemie und Physik. Es sei denn, man hat selbst Freude daran, zu experimentieren, um aller Wissensdurst zu stillen. Man muss schließlich nicht alles wissen, man muss nur wissen, wo es steht. Gleich daneben steht zwar nicht die gesamte Welt, aber immerhin ein Einfamilienhaus Kopf – das **Haus über Kopf**. Da kann man nicht nur, da wird man an bzw. auf der Decke gehen und sich wie ein Gecko auf Erkundungstour fühlen. *CD*

5

Strandabenteuer auf Usedom

TOLL FÜR KINDER

Kletterwald Neu Pudagla. In den Baumwipfeln auf Parcours mit unterschiedlichen Schwierigkeitsgraden klettern.
www.kletterwald-usedom.de

Wassersport. Kinder lernen auf dem Achterwasser schnell Segeln oder Surfen. Achtung: Wassersport macht süchtig!
www.windsport-usedom.de

Tauchgondel Zinnowitz. Die Ostsee ist nicht die Karibik, und dementsprechend ist das Wasser trüb, und bunte Fische schwimmen auch nicht vorbei. Trotzdem ist der Tauchgang ein Erlebnis.
www.tauchgondel.de

TOLL FÜR ELTERN

Wellness. Anwendungen speziell für Familien im Travel Charme Strandhotel. Bergstraße 30, Bansin, www.travelcharme.com

Kulm-Eck. Kräuter- und Blütenküche. Kulmstraße 17, Heringsdorf, www.kulm-eck.de

Atelier Otto Niemeyer-Holstein. Skurriles Atelier des norddeutschen Landschaftsmalers. Lüttenort, Koserow,
www.atelier-otto-niemeyer-holstein.de

In der Tauchgondel in Zinnowitz geht es auf den Meeresgrund.

Baden, buddeln, Burgen bauen gehören zu einem Urlaub auf der Sonneninsel Usedom ebenso dazu wie im Strandkorb entspannen. Doch manchmal will der Nachwuchs mehr. Gut, dass die Ostseeinsel neben traumhaften Sandstränden tolle Aktivitäten wie Paddeln, Kinderyoga oder Kräuterwanderungen im Programm hat.

Abenteuer und Yoga am Strand für die Kleinen

Aus der Vogelperspektive offenbart sich der Schatz von Usedom am besten: Wie ein goldenes Band glänzt der über **40 Kilometer lange Sandstrand** in der Sonne. Flache Wellen laufen langsam aus, und ihre weißen Schaumkrönchen kitzeln die nackten Füße. Großes Gekreische, denn gerade im Frühjahr kann die Ostsee noch mächtig kalt sein. Kinder stört das wenig, selbst mit blauen Lippen planschen sie noch durch die Wellen. Irgendwann ist es genug, und die Eltern rubbeln sie rot, warm und trocken. Zum Aufwärmen kuscheln sich alle unter eine dicke Decke im Strandkorb. Die geflochtenen Holzhäuschen mit den gestreiften Markisen sind nicht nur ein Markenzeichen der Insel, sondern auch das Zuhause am Strand.

Mecklenburg-Vorpommern

Seine schönsten Seiten zeigt Usedom vom Wasser aus.

Rückenlehne einstellen, auf Kissen betten und die Seele baumeln lassen. Dazu strahlt die Sonne fast immer vom azurblauen Himmel, denn mit über 1900 Stunden Sonnenschein zählt die Insel zu den sonnreichsten Regionen Deutschlands. Schäfchenwolken ziehen vorbei, die Augen fallen langsam zu, und das Buch rutscht in den Sand. Doch lange hält das himmlische Dösen nicht an. Irgendwann haben Baden, Buddeln, Burgenbauen ihren Reiz verloren und es tönt: »Mama, mir ist so langweilig. Was machen wir jetzt?«

Gut, dass man auf der zweitgrößten Insel Deutschlands die Wünsche der Kleinen nicht nur kennt, sondern auch erfüllt. Neben attraktiven **Abenteuer- und Wasserspielplätzen** können Kinder sich an verschiedenen Aktivitäten beteiligen. Wie wäre es etwa mit **Strand-Yoga**, das Claudia Lippert am **Strand von Koserow** anbietet. Knallorangefarbene Matten drapiert die Yogalehrerin um ein meerblaues Tuch. Mit Bewegungs-Geschichten rund um das Meer und ihre Bewohner begeistert sie die Kinder. Braungebrannte Körper, Arme und Beine dehnen, biegen und strecken sich. Werden zu Schildkröte, Seepferdchen oder Seejungfrau. Ausgepowert und ausgeglichen stürmen die Sportler anschließend zur Eisbude. Besonders lecker: Sanddorneis.

Zu Besuch bei der Kräuterhexe

Auch Kindern fällt der »putzige«, einzigartige Baustil der Häuser und Hotels mit ihren Türmchen, Säulen, Erkern und verzierten Balkonen auf, der als **Bäderarchitektur** bekannt ist. Daneben geben die verschnörkelten **Seebrücken** den Badeorten ihr einzigartiges Gesicht. Sie stammen aus der Zeit, als die Insel noch nicht ans Festland angebunden und nur auf dem Wasserweg zu erreichen war. Heute dienen die Brücken, je nach Alter und Temperament der Benutzer, als Flaniermeilen oder Rennstrecken.

Das Landesinnere der 445 Quadratkilometer großen Insel ist saftig grün. **Wälder, Wiesen und Felder** breiten sich in sanften Wellen aus, gespickt mit **Boddengewässern** und **Binnenseen**. Mitten im Wald, irgendwo zwischen Heringsdorf und Stolpe, wohnt die **Kräuterhexe** Ina Schirmer. Die Ernährungsberaterin und Kräuterspezialistin hat neben ihrem Haus einen Garten Eden angelegt, der nicht nur herrlich duftet und wunderschön blüht, sondern auch essbar ist.

Mitmachen!

PADDELN AUF DEM ACHTERWASSER

Eigentlich muss man eine Insel vom Wasser aus erkunden. Aus dieser Perspektive zeigt die Insel ihr anderes, ansonsten verborgenes Gesicht: wispernde Schilfwälder, verwunschene Fischerdörfer und einsame Strände. Für Einsteiger und Familien ist das Achterwasser ein ideales Revier. Das zum Festland gelegene und dadurch geschützte Gewässer gleicht einem riesigen See, der nur durch die Peenemündung und das Stettiner Haff mit der Ostsee verbunden ist. Für Kinder ist eine Kajaktour eine wunderbare Sache. Sie schlüpfen in Neoprenanzüge und Schwimmwesten, bekommen ihr kurzes Kinderpaddel und ein Spielzeugboot an einer langen Leine. Nach einer Sicherheitseinweisung stechen die Kanus in See. Die Guides geben Tipps, retten abhanden gekommene Spielzeugboote und schleppen müde gewordene Paddler. Zum Mittag legen die Paddler an und genießen ein Picknick am Strand. Länge, Dauer und Schwierigkeitsgrad der Tour werden individuell auf die Teilnehmer abgestimmt, sodass niemand überfordert wird.

www.sail-away-usedom.de

Toller Ausflug

SCHIFFSTOUR ZUM POLNISCHEN NACHBARN

Für kleine Landratten ist eine Seefahrt mit den weißen Adler-Schiffen ein Erlebnis – etwa ab Ahlbeck über die Seebäder Heringsdorf und Bansin nach Svinemünde. Man schippert vorbei an Kränen, Containerschiffen und anderen Ausflugsdampfern in den wuseligen Hafen von Svinemünde. Den Weg dorthin weist der hell geklinkerte Leuchtturm. Gut 300 Stufen führen zur Aussichtsplattform, und der Aufstieg ist jede Mühe wert. Der Blick von oben über die Stadt, Insel und Ostsee ist gigantisch. Danach flaniert man über die Strandpromenade und bummelt durch die Altstadt von Svinemünde. Zur Stärkung schmeckt eine Portion Gofrys, riesige frisch gebackene Waffeln mit Puderzucker, Sahne und Früchten. Die sind nicht nur lecker, sondern auch günstig. Eines darf selbstverständlich nicht fehlen: ein Abstecher zum legendären Polenmarkt. Händler bieten Kurioses, Praktisches und Nützliches an: Gartenzwerge, Waschmittel und Textilien. Dazu je nach Jahreszeit Maronen, Pilze, Beeren und Gemüse. Feilschen nicht vergessen!

Beim Kinder-Strand-Yoga geht es um den Strand, das Meer und seine Bewohner.

Gegen fast jedes Wehwehchen wächst ein Kraut in Inas Kräutergarten.

Ina Schirmer verkauft Wildkräuter für die Haute Cuisine der Usedomer Hotels, wo sie für interessierte Gäste auch **Kräuterkochkurse** gibt. Daneben macht sie mit Kindern **Kräuterwanderungen**. »Hier lernen die Kleinsten, dass Essen aus der Natur kommen kann und nicht aus der Dose.«

Zur Begrüßung gibt es Limonade. Natürlich bitzelt in den Glaskrügen keine klebrige Fertigbrause, sondern eine prickelnde Mischung aus Minze, Melisse, Holunderblüten und selbst gebrautem Rosensirup. Dann geht es auf **Entdeckungstour in den Wald**. Mit Gebrüll rast die wilde Meute los, und es dauert nicht lange, und ein Kind weint bitterlich und hat ein aufgeschlagenes Knie. Ein Pflaster hat natürlich niemand dabei. Die Kräuterfrau bückt sich und hält einen breiten Stängel hoch. »Indianerpflaster, besser bekannt als Breitwegerich«, erklärt sie, zerreibt die Pflanze und tupft den Brei vorsichtig auf die Wunde. Schmerzen und Schrecken sind verschwunden, und der Kleine flitzt wieder los.

Breitwegerich ist ein Alleskönner. Er vertreibt nicht nur Schmerzen, als Tee lindert er auch Husten. Seine Blüten hübschen jeden Salat auf und schmecken wie Champignons. Aber nicht nur der Breitwegerich hat ungeahnte Fähigkeiten. Fast jedes Kraut, das am Wegesrand wächst, hilft gegen ein Zipperlein oder ist essbar. Nicht nur die Kinder staunen, und mit einem bunten Strauß Blumen, Blätter und Kräuter geht es nach Hause. *SH*

Strandabenteuer auf Usedom

Infos und Adressen

ANREISE

Informationen zur Anreise unter: www.usedom.de

BESTE REISEZEIT

Der Mai ist meist der sonnigste und trockenste Monat. Allerdings ist die Ostsee noch kalt. Am wärmsten ist das Meer im August, in der Regel ist die Luft dann auch noch sehr warm.

AKTIVITÄTEN

Strand-Yoga. Claudia Lippert bietet nicht nur Kinder-Yoga am Strand an, sondern auch Kurse für Erwachsene.
www.yoga-usedom.de

Kräuterverbena. Allein der Kräutergarten und der kleine Laden sind einen Besuch wert. Auf einer Kräuterwanderung mit Ina Schirmer erfährt man alles über die Wirkung von Blüten, Blättern und Wurzeln. Stolper Straße 9, Dargen/OT Prätenow, www.kraeuterverbena.de

Insel-Safari. Die etwas andere Inselrundfahrt. Im klassischen Abenteuer-Auto Defender tauchen große und kleine Gäste in die Geheimnisse der Ostseeinsel ein, wandeln auf verborgenen Pfaden, bestehen Abenteuer und genießen ein Picknick in der Natur. www.insel-safari.de

FÜR REGENTAGE

Hangar 10. Die Erlebniswelt zeigt nicht nur historische Flugzeuge, mit denen man auch Rundflüge machen kann, sondern hat auch einen großen Indoor-Spielplatz. Gutes Restaurant. An der Haffküste 1, Hangar 10, Zirchow, www.hangar10.de

Schmetterlingsfarm Trassenheide. In der großen, warmen Halle fliegen bis zu 2000 tropische Schmetterlinge. Daneben gibt es eine große Käferausstellung. Wiesenweg 5, Trassenheide, www.schmetterlingsfarm.de

Phenomenta. »Ausprobieren ausdrücklich erwünscht!«, lautet hier das Motto. An über 200 Stationen kann ausprobiert, geforscht und entdeckt werden. Da stemmen sogar kleine Jungs ganz locker einen Trabi. Museumsstraße 12, Peenemünde, www.phaenomenta-peenemuende.de

OstseeTherme. Gleich in drei Orten, in Ahlbeck, Heringsdorf und Bansin, gibt es die Ostsee-Therme. Verschiedene Becken, Saunen und Wellnessbereiche laden bei »Schietwetter« zum Planschen und Entspannen ein. www.ostseetherme-usedom.de

ESSEN UND TRINKEN

Restaurant & Café Schloss Mellenthin. Vom Bier über den Kaffee bis zum Kuchen wird in den ehrwürdigen Gemäuern alles selbst gemacht. Großes Spektakel versprechen die mittelalterlichen Ritterbüfetts mit Livemusik und Gauklern. Dorfstraße 25, Mellenthien, www.wasserschloss-mellenthin.de

»Poffertjes« – das Pfannkuchenhaus. Hier findet jeder seinen Pfannkuchen, ob mit Lachs und Frischkäse oder klassisch mit Puderzucker, Apfelmus und einer Kugel Vanilleeis. Poffertjes im Kurhotel, Heringsdorf, www.kurhotel-heringsdorf.de

Strandcafé Utkiek. Traumhafter Ostseeblick. Strandstraße 16, Ückeritz, www.utkiek-ueckeritz.de

ÜBERNACHTEN

Hotel Kaliebe. In einem Kiefernwald und doch direkt am Strand von Trassenheide liegt das Kaliebe. Gäste nächtigen in Zimmern, Ferienwohnungen oder Blockhäusern. www.kaliebe.de

Seeklause. Kinder kommen wegen des Piratenparks nach Trassenheide, dem wohl größten und spannendsten Kinderspielplatz der Insel. Aber auch Restaurant und Hotel sind empfehlenswert. www.hotel-seeklause.de, www.piraten-insel-usedom.de

Casa Familia. Im Casa Familia in Zinnowitz ist immer etwas los. Viele hauseigene Angebote für Kleine und Große. www.casafamilia.de

WEITERE INFOS

Informationen und Impressionen von Ahlbeck bis Zinnowitz sowie Tipps zu weiteren Ausflugszielen unter: www.usedom.de

Strandkörbe werden auf Usedom schnell zur zweiten Heimat.

6

Unterwegs auf dem Weserradweg

Die Weser ist einer der größten Flüsse Deutschlands.
Der weitgehend flache Radweg an ihren Ufern gehört
zu den am besten ausgebauten in unserem Land. Die
Etappe von Bremen bis zur Küste ist abwechslungsreich
und für Kinder gut zu schaffen. Kleine Forscher und
Entdecker kommen hier voll auf ihre Kosten.

Von Bremen bis zu den Ozeanriesen

Schon Bremens **Weserpromenade** bietet viel zum Staunen:
Fans der Seefahrt werden das rustikale Pfannkuchenschiff, den
Dreimaster »Admiral Nelson« und den Nachbau der »Hanse
Kogge« bestaunen. Das vielfältige Angebot der grünen Metropole Bremen lässt sich wunderbar mit dem Rad auf verschiedenen Rundtouren erleben. Der **Bremer Stadtweg** beispielsweise
führt auf gut 20 Kilometern an Sehenswürdigkeiten wie
Marktplatz, historischer **Böttcherstraße** und dem mittelalterlichen **Schnoorviertel** vorbei. Wer mag, kann bei der Gelegenheit auch das **Weserstadion** besichtigen und hinter die
Kulissen dieses Fußballtempels blicken. In jedem Fall empfehlenswert ist ein Abstecher ins **Universum Bremen**, in dem Kinder und Erwachsene naturwissenschaftliche Phänomene mit
allen Sinnen erforschen können. Das **Science Center** bietet interessante Exkursionen durch die Fantasiekontinente Mensch,

Bremen

Historisches Hanseschiff am Martini-Anleger in Bremen

Infos und Adressen

ANREISE

Mit dem Auto über die A1 oder A27 nach Bremen. **Mit der Bahn** ist Bremen gut zu erreichen. Fahrradmitnahme nicht in allen Zügen möglich. www.bahn.de

BESTE REISEZEIT

Mai bis September

TOURVERLAUF

Bremen–Elsfleth: 38 km, Elsfleth–Nordenham: 44 km und Nordenham–Bremerhaven: 10 km plus Fähre. www.weserradweg-info.de

ESSEN UND TRINKEN

Concordenhaus im Schnoor. »Knipp statt Kaviar«: Bremer Spezialitäten in historischem Ambiente. Hinter der Holzpforte 2, Bremen, www.concordenhaus.de

Teestübchen im Schnoor. Klein, fein, mit selbst gebackenem Kuchen. Wüste Stätte 1, Bremen

ÜBERNACHTEN

Hotelschiff Perle. Übernachten auf dem Wasser, direkt an der Weserpromenade, Reservierung nötig. Anleger 3a, Bremen, www.hotelschiff-perle-bremen.de

Zollhaus meet & sleep. Schlafen im ehemaligen Zollamt, geschmackvoll eingerichtetes Hostel mit bis zu 8 Betten je Zimmer und Fahrradverleih. www.zollhaus-bremen.de

WEITERE INFOS

Alles zur Route mit Karten und Einkehrmöglichkeiten: www.weserradweg-info.de www.nordseejadeweser.de, www.bremen-tourismus.de, www.bremerhaven.de

Unbedingt probieren

KLEINE PAUSEN IM MELKHUS

Wer Bremen, die traditionelle Handels- und Kaufmannsstadt über die Neustädter Häfen und das Ochtum-Sperrwerk in Richtung Wesermarsch hinter sich gelassen hat, erreicht eine der größten zusammenhängenden Grünlandregionen in Europa. Schwarz-bunte Kühe weiden hier. Schafe und Pferde prägen das Bild ebenso wie die Luxusyachten und Spezialschiffe, die hier in den Traditionswerften gebaut werden. Die zehn »Melkhüs« (hochdt.: Milchhäuser), die man hier am Wegesrand findet, lassen einen die Landschaft sogar geschmacklich erleben: In kleinen grünen Holzhäuschen servieren Landfrauen zwischen Mai und Oktober täglich Leckereien aus Milchprodukten. Quarkspeisen, Käsebrote, Milchcafé oder einfach ein frisches Glas Milch, um müde Radlerbeine wieder in Schwung zu bringen. Wer sich ein paar weitere Tipps für die Besichtigung der Region abholen möchte, ist hier ebenfalls genau richtig. Zum Teil werden auch Hofführungen und Übernachtungen angeboten.

www.nordwestreisemagazin.de/radrouten/melkhus.htm

Erde und Kosmos, und der **EntdeckerPark** setzt die spielerische Wissensvermittlung mit viel Bewegung im Freien fort. Nördlich von Bremen beginnt der rund 100 Kilometer lange Unterweser-Abschnitt. Wer die Radstrecke bis Nordenham im **Wesermarsch-Gebiet** abkürzen möchte, kann die Bahn nehmen. Die kurze Tour von Nordenham bis Bremerhaven ist abwechslungsreich, denn sie beinhaltet eine Fahrt mit der Fähre. In Bremerhaven erwarten die kleinen und großen Pedalritter die faszinierenden **Havenwelten** mit ihren gigantischen Ozeanriesen, das **Klimahaus®** **Bremerhaven**, der **Zoo am Meer** und viele weitere Attraktionen. Wer noch Zeit und Kraft hat, kann die Route bis **Cuxhaven** weiterfahren, durch die Moor-, Weide- und Wattenmeer-Landschaft und immer in Sichtweite der Riesenschiffe, die ihre große Fahrt antreten.   *Red.*

Inseltouren auf Norderney

Bunt wird es beim Internationalen Drachen-
festival auf Norderney.

Norderney ist mit seinen 14 Kilometern Länge die
zweitgrößte der ostfriesischen Inseln. Viele Gäste besuchen die Insel für einen Tagesausflug. Dabei hat sie
genug für eine längeren Aufenthalt zu bieten. Neben
der sagenhaften Natur des Weltnaturerbes Wattenmeer locken zahlreiche Aktivitäten.

Ein Eldorado für Strandbuddler und Sturmpiraten

Norderney ist ein Mix aus Alt und Neu: Hochhäuser und Bie-
dermeierhäuschen stehen hier nahe beieinander, und man
sieht der Insel an, dass sie im 19. Jahrhundert Treffpunkt der
»besseren Gesellschaft« war. Bevor die Fähre aus Norddeich am
Inselhafen anlegt, fährt sie am **Weststrand** mit seinem großen Badestrand vorbei, der ideal für Kinder geeignet ist, denn
der **Abenteuerspielplatz** mit seinen Burgen und Schiffen,
Schaukeln, Trampolinen und Rutschen bietet alles für bewegungshungrige Kinder und verschafft den Eltern das ein oder
andere Ruhestündchen am Strand.

Im Osten der Insel, der **Heller** genannt wird, erstreckt sich
unberührte Natur. Nur wenige Wege führen durch diese **Na-
tionalparkzone** mit ihren tiefen Dünentälern. Im modernsten
Nationalparkhaus der Ostfriesischen Inseln gibt es Wissenswertes über die schützenswerte Landschaft und ein interessantes Gezeitenmodell. Im Heller liegt auch das **Wrack eines Mu-**

Niedersachsen

Nur der Kopf schaut noch heraus: Strand-
glück kann so einfach sein!

schelbaggers im Sand, das man im Rahmen einer Wanderung besuchen kann. Wer hierherkommt, sollte das Fernglas nicht vergessen, denn oft lassen sich **Seehunde beobachten**. Unter dem Titel **»Watt für Kids«** bietet das Nationalparkzentrum Ausflüge an, bei denen viel Wert auf altersgerechte Naturbe-gegnungen gelegt wird. Zum Beispiel die eineinhalbstündige Führung **»Piepmätze«** zu den typischen Vogelarten Norderneys in der Surferbucht und am Spülfeld. Schön sind auch die **Familienführungen** zu Willi Wattwurm, Herta Herzmuschel und Anna Auster. Für Kinder ab zehn Jahren bietet die **Sternwarte am Kap** interessante Führungen an. Eine schöne Einstimmung ist der **Spaziergang auf dem Planetenpfad**, der das Sonnen-system maßstabsgetreu nachbildet und viele interessante In-formationen über Sonne, Mond & Co. bereithält.   *Red.*

Toller Ausflug

MIT DEM RAD UM DIE INSEL WANDERN

Die rund 20 Kilometer lange Inselrunde ist auch für Untrainierte gut zu meistern. Mitun-ter muss man das Rad eine Zeit lang schie-ben. Start ist am Hafen von Norderney, von wo aus wir in westlicher Richtung losfahren. Vorbei am Südstrandpolder, an dem sich See-vögel beobachten lassen, geht es via Golf-platz zum Ostheller. Von hier aus kann man auf einer Strecke von ca. vier Kilometern bis zum östlichen Inselende mitten durch die Na-tur wandern. Wer sich dafür entscheidet, sollte den Hinweg am Strand entlang wählen. Der Weg endet an einem Wrack, an dem man wunderbar picknicken kann. Wir fahren heute aber weiter bis zum Leuchtturm und erklim-men die 252 Stufen. Der Blick ist einfach atemberaubend schön! Weiter geht's über die Weiße Düne zur Strandpromenade. An der Milchbar tanken wir verlorene Energie wieder auf, und dann ist das letzte Stück bis zum Hafen nur noch ein Klacks.

8 Stadtentdeckungen in Hamburg

Hamburg begeistert! Denn die Stadt mit der wunderschönen Architektur hält eine Fülle von Attraktionen für Familien bereit. Zu Wasser und zu Lande. Zum Schauen und Staunen, zum Bewegen und Spielen. Die Frage ist nicht, ob man Hamburg besucht, sondern nur noch, wann ...

Zu Wasser: spannende Welten rund um den Hafen

Ein Muss für Hamburg-Touristen ist eine **Hafenrundfahrt**. Auge in Auge mit den Ozeanriesen und hochhausgroßen Containerschiffen, eintauchen in die geschäftige Vergangenheit der Speicherstadt, sich einweihen lassen in die Funktionsweise einer Stromregulierungsschleuse oder die Arbeit auf dem Trockendock – das sind faszinierende Welten für Landratten. Als preisgünstige Alternative zur Hafenrundfahrt empfiehlt sich die **Fähre** von den Landungsbrücken nach Finkenwerder. Die kostet nicht mehr als ein Ticket der HVV und bietet jede Menge Impressionen vom Hafen und vom Elbufer. Auch genießt man hier die Sicht auf Hamburg mal von der anderen Elbseite.

Nicht weit von **Finkenwerder** entfernt liegt der **alte Elbtunnel**, der zu Fuß begehbar ist. Die 1911 erbauten Röhren des Tunnels werden von vielen Fußgängern und Radfahrern

als kurze Verbindung zur anderen Elbseite genutzt. Es ist schon ein besonderes Gefühl, tief unter den Wassermassen der Elbe zu sein, insbesondere morgens oder abends, wenn der Tunnel fast leer ist. Am Kuppelbau an den **Landungsbrücken**, der die Technik des Tunnels beherbergt, gelangt man wieder in die Oberwelt.

Wer noch mehr über Schiffe wissen möchte, dem sei der **Museumshafen in Övelgönne** empfohlen. Jachten, Kutter, Schlepper, Barkassen, Feuerschiff, Festmacherboot, Eisbrecher, Polizeiboot – dort sind sie alle zu sehen und teils auch zu besichtigen. Sie mögen es noch spannender? Wie wäre es mit einer Führung durch ein echtes ehemaliges **Spionage-U-Boot**? Das U-434 liegt an der Haltestelle Hafentreppe und wurde bis 2002 für Spionageeinsätze der russischen Marine genutzt. Das 90 Meter lange und 8,72 Meter breite Schiff bewegte sich dank einer Gummibeschichtung für Ortungsgeräte nahezu unsichtbar durch die Meere. Der Hamburger Hafen war seit dem 19. Jahrhundert der »Port of dreams« für Tausende Auswanderer. In der **AuswandererWelt BallinStadt** können sich die Besucher selbst in einen Auswanderer verwandeln und in einem interaktiven Spiel die Stationen durchlaufen, die Menschen auf dem Sprung in ein neues Leben von 1850 bis 1938 absolvierten, inklusive der Ankunft in Ellis Island in New York – ein außergewöhnliches Erlebnis.

Zu Lande: schier unerschöpfliche Möglichkeiten

Das **Miniatur Wunderland** lässt Kinder- (und Eltern-)Herzen höher schlagen. Die zahllosen Züge der Modellbaubahnen fahren auf 13 000 Meter Schienen durch die auf 1300 Quadratmeter detailgetreu nachgebauten Miniaturwelten wie einen Flughafen, die Stadt Hamburg, die Alpen, Las Vegas oder Cape Canaveral sowie durch das schneebedeckte Skandinavien und die umgebenden Meere. Für diese Welten sollten Sie unbedingt online Tickets reservieren.

Im alten **Wasserturm im Stadtpark** sind erstaunliche Blicke in den Himmel möglich. Das **Planetarium** veranstaltet abenteuerliche »Reisen« ins Weltall. Die Veranstaltungen für Kinder sind mit modernster Technik und als 3-D-Rundum-Erlebnis ein absolutes Highlight. Große und kleine Fragen rund um unser Sonnensystem werden kindgerecht und sehr unterhaltsam beantwortet. Ein Geheimtipp ist der Besuch der

Zahlreiche Verleihe an der Alster halten Kanus, Kajaks, Paddel- und Tretboote bereit.

Mitmachen!

AUF DEM WASSER

Sommer in Hamburg und das Wasser lädt ein! Einmal nicht zur Hafenrundfahrt und auch nicht zum Trip mit dem Ausflugsschiff über die Außenalster. Nein, Paddeln ist angesagt! Boote gibt's rund um die Alster oder an den Alsterkanälen zu mieten. Paddeln ist nicht schwer, eine kurze Einweisung macht es auch für Kinder leicht, sich einzufinden. Und dann geht's los. Nicht wie all die anderen Segel- und Motorboote auf die Außenalster, sondern in den Alsterlauf! Dort ist es ruhiger, man gleitet gemütlich entlang feudaler Gärten und Parks, schaut direkt durch die Hintertür hochherrschaftlicher Villen – mal eine ganz andere Sicht auf Deutschlands zweitgrößte Stadt. Begeben Sie sich auf Entdeckungstour in einen der vielen kleinen Seitenkanäle, sie sind immer für eine Überraschung gut. Eine empfehlenswerte Route ist die durch den Leinpfadkanal über den Rondeelteich in den Goldbekkanal bis zum Stadtpark. So macht Sightseeing auch Kindern Spaß. Ein weiteres Highlight ist ein Picknick am Ufer.

Nicht verpassen

VOM EISMEER IN DIE TROPEN

1850 Tierarten aller Kontinente in einer der schönsten Parkanlagen der Welt, eine japanische Insel, originalgetreue asiatische Bauten, Indianer-Totempfähle aus Nordamerika, riesige, täuschend echte Dinosaurierskulpturen – was Carl Hagenbeck vor 100 Jahren schuf, ist auch heute noch eine Attraktion, nicht nur für Kinder. Auf dem 25 Hektar großen Gelände des »Tierpark Carl Hagenbeck« hatten Besucher erstmals die Möglichkeit, Tiere in den natürlichen Lebensbedingungen nachempfundenen Gehegen kennenzulernen. Inzwischen kann man sich dort auch auf Expedition ins Eismeer begeben und die Welt der Pole und ihre Bewohner entdecken. Wem das zu kalt ist, dem sei das Tropenaquarium empfohlen. Auf dem Dschungelpfad über vier Ebenen begegnet man seltenen Säugetieren, Reptilien, Amphibien, bunten Vögeln und Insekten. In der Unterwasserwelt ziehen Haie und Rochen zum Greifen nahe vorbei. Und als Sahnehäubchen für die Kinder gibt es einen großen Spielplatz im Tierpark.

Lockstedter Grenzstr. 2, www.hagenbeck.de

Der alte oder St.-Pauli-Elbtunnel unterquert die Norderelbe auf 426,5 Metern Länge.

Täuschend echt: die Eisenbahnen und Landschaften im Miniatur Wunderland

Dachterrasse des Turms. Von dort oben genießt man eine tolle Sicht auf Hamburg.

Im Sommer gelangt man per Schiff von den Landungsbrücken aus nach **Wittenbergen** am rechten Elbufer gegenüber der Elbinsel **Nesssand**. Nahe am malerischen alten Leuchtturm (1900) erstreckt sich der schönste **Strand** Hamburgs – bei Sonnenschein Urlaubsfeeling pur. Sonnenbaden, Strandburgen bauen, spielen und herumtollen – und das nur einen Steinwurf von der zweitgrößten Metropole Deutschlands entfernt! Und immer wieder ziehen große Schiffe vorbei. Für Regentage bietet sich das **Zoologische Museum** an, in dem kleine und große Forscher Tigerfelle berühren, Walfischzähne anheben oder ein Haigebiss untersuchen können. Die gefährlichsten Tiere der Erde hautnah – keine Angst, nur ausgestopft. Im **Völkerkundemuseum** reisen Kinder und Eltern in fremde Kulturen, sie werden selbst zum Indianer, erleben den Alltag in Afrika oder erfahren Wissenswertes über die Kultur der Maori oder der Maya. Man vergisst beinahe, dass man in Hamburg ist ...

Viel Spaß auch bei Regenwetter

Für den kindlichen Bewegungsdrang und Hamburger Schietwetter ist das **Rabatzz** die richtige Adresse. Der 3000 Quadratmeter große Indoor-Spielplatz hält von der Bobbycar-Rennstrecke über eine 32 Meter lange Rutsche bis hin zum schwindelerregenden Hochseilgarten für jede Altersklasse etwas bereit. Nass werden die Kids dann doch noch, im unsinkbaren Boot auf dem 80 Quadratmeter großen Teich – allerdings nur beim Nassspritzen, denn ins Wasser fallen gibt es dort nicht. *MSS*

Hamburg

Infos und Adressen

ANREISE

Mit dem Flugzeug per Direktflug von vielen deutschen Städten, dann mit Bus oder S-Bahn. **Mit der Bahn:** IC/ICE nach Hamburg Hauptbahnhof oder Hamburg-Altona, weiter mit öffentlichen Verkehrsmitteln oder mit dem Auto über die Autobahnen A1, A7, A24. **Tipp:** Freie Fahrt mit dem ÖPNV und ermäßigte Eintrittspreise mit der Hamburg CARD (www.hvv.de)

BESTE REISEZEIT

Hamburg ist ganzjährig eine Reise wert.

FÜR REGENTAGE

Internationales Maritimes Museum. 3000 Jahre Schifffahrtsgeschichte, Schiffführungs-Simulator, mit dem man ein 300 m langes Großcontainerschiff steuern kann. Koreastr. 1, www.internationales-maritimes-museum.de
Chocoversum. Genussreise durch die Welt der Schokolade und dann selbst eine der Köstlichkeiten kreieren – Schokolade macht glücklich, bei Regen also genau das Richtige. Meßberg 1, www.chocoversum.de
Planten un Blomen. Tropengewächshäuser im Park sorgen für ein trockenes, warmes Erlebnis. St. Petersburger Str. 28, www.plantenunblomen.hamburg.de
Arriba-Erlebnisbad. Etwas außerhalb, in Norderstedt, aber einen Besuch wert. Badeparadies mit 14 Becken und Saunadorf. Am Hallenbad 14, 22850 Norderstedt, www.arriba-erlebnisbad.de
Schwarzlichtviertel. Coole Indoor-Freizeitanlage, viele Attraktionen in Schwarzlichtwelten und mit tollen Licht- und Soundeffekten, z.B. Minigolfanlage und Geschicklichkeitsparcours. Kieler Str. 571, www.schwarzlichtviertel.de

ESSEN UND TRINKEN

Osterdeich. Café und Bistro mit tollen Frühstücksvariationen, Kuchen, Tapas und Häppchen zum Abendbrot. Im »Lütten Salon« Spielecke für die Kleinen. Müggenkampstr. 35, www.osterdeich.net
Beach Center Hamburg. Sonntags Family Brunch, die Kleinen spielen im Sand, die Großen genießen, Extra-Kinderbuffet. Unbedingt vorher reservieren. Alter Teichweg 220, www.beachhamburg.de
Schwerelos. Restaurant mit Achterbahn für ein abgefahrenes Essenserlebnis. Hamburger Schloßstr. 22, www.schwerelos-zeitlos.de
Mongo's. Aus frischen Zutaten, mit fantasievollen Marinaden und Gewürzen stellt man sich sein eigenes Mongolian Barbecue zusammen. Straßenbahnring 15, www.mongos.de

ÜBERNACHTEN

Hotel Novotel Hamburg City Alster. Vier-Sterne-Hotel mit Familienzimmern für zwei Erwachsene und zwei Kinder, kostenloser Aufenthalt für Kinder bis 16 Jahren im Zimmer der Eltern, Spielbereich für Kinder, Babysitter auf Anfrage. Lübecker Str. 3, www.novotel.com
YoHo Hotel Hamburg. Urban und stylish, Kinder bis 18 Jahren übernachten umsonst, Kinder bis zwölf Jahre frühstücken auch umsonst. Moorkamp 5, www.yoho-hamburg.de
B&B Hotel Hamburg-Altona. Modern designtes, preisgünstiges Hotel mit Familienzimmern, Kinder bis zwölf Jahren frühstücken ermäßigt. Stresemannstr. 318, www.hotelbb.de
Superbude. Zwei preisgünstige Hotels mit Familienkomfort, Vier- bis Sechsbettzimmer, Haus-Turnhalle, Spielmöglichkeiten, eigene Verpflegung möglich. Spaldingstr. 152 bzw. Juliusstr. 1–7, www.superbude.de

WEITERE INFOS

Tourist Information am Hafen, St. Pauli Landungsbrücken, Brücke 4/5, www.hamburg-tourism.de

Uralte Bäume, gepflegte Parkanlagen – kaum zu glauben, dass man mitten in der Millionenstadt Hamburg ist. Die Ufer der Alster stehen der Öffentlichkeit weitestgehend zur Verfügung.

9

Rund um die Elbmetropole

TOLL FÜR KINDER

Garten der Schmetterlinge. Schmetterlingsgarten mit Tropenhaus, Singendem Wassergarten, Libellenteich u.v.m. Am Schlossteich 8, Friedrichsruh, www.garten-der-schmetterlinge.de

Naturfreibad Sachsenwald-Bad Tonteich. Ein Riesenspaß für die Kinder und viel Ruhe und Erholung für die Eltern. Am Tonteich 35, Wohltorf, www.tonteichbad.de

Museumseisenbahn Lokschuppen Aumühle. Sa u. So 12:00–18:00 Uhr. Eintritt: frei – außer bei Sonderveranstaltungen. www.vvm-museumsbahn.de

TOLL FÜR ELTERN

Blankenese. Das ehemalige Fischerdorf mit dem Treppenviertel bietet etwas für Auge, Herz und Gaumen. Vom Elbe Camp Wittenberge ist Blankenese auch zu Fuß erreichbar. www.blankenese.de

Sachsenwald. Das größte Waldgebiet Schleswig-Holsteins lädt zu (romantischen) Spaziergängen ein und birgt auch Kultur mit dem Bismarck-Museum und dem Bismarck-Mausoleum. www.sachsenwald.de

Ein schönes Ziel mitten in Hamburg ist die Außenalster.

Gründe, als Familie die Hansestadt zu besuchen, gibt es reichlich, doch genauso lohnen sich Ausflüge in das nahe Umland. Etwa das kinderfreundliche Elbe Camp, das See-Freibad »Am Tonteich«, der Schmetterlingsgarten in Aumühle – und die Insel Neuwerk, die zu Fuß oder per Kutsche erreichbar ist.

Von der Elbe bis zur Nordsee

Einer der schönsten Familien-Campingplätze befindet sich nahe der Großstadt: Schon nach kurzer Radtour gelangt man zum **Elbe Camp**, einem Paradies am Elbufer, mit Mitmachzirkus, Feuertonnen zum Ausleihen, Abenteuer-Umgebung und Spielplatz – auch ohne Zelt oder Wohnwagen ein lohnendes Ziel für einen Tagesausflug oder wenn man dem hektischen Großstadttreiben für eine Weile entfliehen möchte. Die Einnahmen kommen dem Verein Kinderschutz und Jugendwohlfahrt e.V. zugute.

Das **Sachsenwaldbad am Tonteich**, mit Sprungturm und Spielbereich, ist ein Spaß für Kinder und Erholung pur für die Eltern: Sein heilsames Wasser wirkt auf die Haut, die Umgebung auf die Seele, und die Pommes schmecken nirgendwo sonst so gut. Am Rande des Sachsenwaldes gelegen, entführt die nostalgische **Seebadeanstalt** in eine Zeit, in der man Badekappen trug und der Regen nie sauer war. Vom Tonteich sind es nur wenige Kilometer bzw. eine S-Bahn-Station bis **Aumühle**. So lässt sich das Badevergnügen mit einem Waldspaziergang verbinden oder mit einem Besuch im **Schmet-**

Hamburg

Kutschfahrt durch das Watt: eine tolle Möglichkeit, die Insel Neuwerk zu besuchen

Infos und Adressen

ANREISE

Hamburg ist mit allen Verkehrsmitteln gut zu erreichen: über die Autobahnen A1 und A7, zahlreiche Bundesstraßen, den Flughafen Fuhlsbüttel sowie die Bahnhöfe HH-Hauptbahnhof, Hamburg-Altona, Dammtor und Harburg.

BESTE REISEZEIT

Das Elbe Camp hat von April bis Mitte Oktober geöffnet. Ausflüge in das Hamburger Umland sollte man am besten in den Sommermonaten unternehmen.

FÜR REGENTAGE

Bäderland. Betreibt in allen Stadtteilen Schwimm- und Erlebnisbäder mit unterschiedlichen Attraktionen. www.baederland.de

ESSEN UND TRINKEN

Der bunte Biergarten namens Lukullus im Elbe Camp ist auch Tagesgästen zugänglich und toll für die ganze Familie – mit dem Spielplatz direkt daneben.
Forsthaus Friedrichsruh. Rustikal schwelgen im Sachsenwald. www.forsthausfriedrichsruh.de

ÜBERNACHTEN

Junges Hotel. Zentrale Lage nahe dem Hamburger Hauptbahnhof. Kinder bis zehn Jahren übernachten in den Zimmern der Eltern kostenfrei – Frühstück inklusive. www.jungeshotel.de

Siehe auch S. 31.

WEITERE INFOS

www.tonteichbad.de,
www.garten-der-schmetterlinge.de,
www.elbecamp.de,
www.wattwandernneuwerk.de,
www.wattwagen-cux.de,
www.wattenpost.de

Mitmachen

HAMBURG CITY SAILING

So schön der Hafen und die Elbe auch sind, Hamburgs anderes Vorzeige-Gewässer sollte man nicht übersehen. Herrlich ist ein Segeltörn auf der weiten Außenalster, vorbeigleiten an der Feenteichbrücke oder am Schwanenwik, lautlos und nur vom Winde bewegt. Perspektiven genießen, die Hamburg nur vom Wasser aus offenbart. Seit der Saison 2014 benötigt man dazu noch nicht einmal ein eigenes Boot und auch keine Segelkenntnisse: Die Alsterskipper schippern einen zu überschaubarn Preisen über den großen Stadtsee. Wer möchte, darf das Segeln dabei auch einmal ausprobieren und mit anpacken. Auf Wunsch und gegen Aufpreis mit Verpflegung an Bord. Tipp: ein Special wie »Family Sailing« buchen!

www.hamburg-city-sailing.de

terlingsgarten in Friedrichsruh. Das tropische Schmetterlingshaus beherbergt frei fliegende Schmetterlinge aus aller Welt und liegt inmitten einer Gartenlandschaft mit Seen, dem Singendem Wassergarten und der Insel der Besinnung. Kinder können auf dem Abenteuerspielplatz toben oder die niedlichen Kaninchen besuchen.

Auch in Richtung **Nordsee** locken spannende Ziele, die sich zum Beispiel mit der An- oder Abreise verbinden lassen. Wie wäre es mit einem Spaziergang zu einer Insel? Das geht von **Cuxhaven** aus (über die B73, ca. 1,45 Std. ab Hamburg) bei einer Wattwanderung, denn die **Insel Neuwerk** ist dann zu Fuß erreichbar – und wer nicht laufen möchte, kann sogar in eine Pferdekutsche steigen. *CL*

10 Im Braunschweiger Land

TOLL FÜR KINDER

Planetarium Wolfsburg. Zur Ferienzeit gibt es ein spezielles Kinderferienprogramm für Nachwuchs-Astronomen. www.planetarium-wolfsburg.de

Gruselspaß auf der Oker. Auf dem Floß spannende Geschichten über Braunschweig erfahren und einer gruseligen Lesung lauschen. Für Kinder ab acht Jahren in Begleitung eines Erwachsenen. www.braunschweig.de

TOLL FÜR ELTERN

Mittelalterliches Braunschweig. Stadtführung aus der Vogelperspektive des Rathausturmes oder mit dem Nachwächter durch das Magniviertel. www.braunschweig.de

Wind- und Wassermühlenmuseum in Gifhorn. Auf dem Freigelände stehen die ältesten Kraftmaschinen der Welt. www.muehlenmuseum.de

Lessingstadt Wolfenbüttel. Elf Jahre lebte der Dichter hier, und wer auf seinen Spuren wandeln möchte, kann dies bei eine Segway-Führung machen. Es gibt auch spezielle Familien- und Kinderführungen.

Bei einer Tour auf der Oker kann man Braunschweig und das Umland der Stadt vom Wasser aus kennenlernen.

Im Braunschweiger Land kann man entlang der Zeit-Orte auf eine spannende Reise durch die Epochen der Geschichte der Region gehen. Von Ausgrabungen über mittelalterliche Bauten bis hin zu modernen Industriestädten und Museen der Zukunft ist der »Tisch« hier reich gedeckt.

Spaß und Experimente rund um die Löwenstadt

Braunschweig ist nicht nur wunderbarer Ausgangsort für Entdeckungen im umliegenden Land, es hat auch viel für Familien mit Kindern zu bieten. Einen ersten Überblick verschafft eine **Bootsfahrt auf der Oker**, die die Stadt wie einen Ring umschließt. Wer Tiere liebt, sollte sich den **Zoo** nicht entgehen lassen und das **Aquarium des Naturhistorischen Museums** besuchen. Beim anschließenden Bummel durch die historische Innenstadt sollten Kinder die Augen auf den Boden richten, denn dort weisen kleine Steine mit der Narrenkappe von Till Eulenspiegel den Weg zu Spielmöglichkeiten.

Mindestens zwei Tage sollte man für die Attraktionen des nahe gelegenen **Wolfsburg** einplanen. Feuertornados bestaunen, Wolkenringe selbst erzeugen, sich den Weg durch einen Dunkelraum bahnen oder wie ein Fakir »bequem« auf einem Nagelbett ruhen: Das futuristische **phæno** in Wolfsburg lüftet Geheimnisse der Natur in einer einmaligen Experimentierland-

Niedersachsen

Futuristischer Bau: das phaeno Sciene Center in Wolfsburg

Infos und Adressen

ANREISE

Mit dem Auto nach Braunschweig über die A2 und die Westtangente A391. Nach Wolfsburg sind es von hier gut 35 km, bis Hannover ca. 65 km. Mit der Bahn sind alle Städte gut zu erreichen.

BESTE REISEZEIT

Mai bis September

FÜR REGENTAGE

BadeLand Wolfsburg. Riesen-Badelandschaft mit Sauna- und Wellnessbereich. www.badeland-wolfsburg.de **Eintracht Stadion.** Der Blick hinter die Kulissen für Fußballfans. www.eintracht.com/stadion/stadionfuehrungen

ESSEN UND TRINKEN

Riptide. Café und Plattenladen mit Auszeichnung vom »Rolling Stone Magazin«. Handelsweg 11, Braunschweig, www.cafe-riptide.de **Micky und Molly.** Veganes Café und Katzenmuseum. Alteiwiekkring 20a, Braunschweig, www.mickyundmolly.de

ÜBERNACHTEN

Hotel Deutsches Haus. Mitten in Braunschweig, Zimmer Nr. 67 ist extra für Eintracht-Fans gestaltet. Fanartikel, wo man hinsieht! Ruhfäutcherplatz 1, www.deutscheshaus24.de **CVJM Hotel am Wollmarkt.** Ruhig, zentral und familienfreundlich. www.hotelamwollmarkt.de

WEITERE INFOS

www.braunschweiger-land.de, www.zeitorte.de, www.geopark-harz.de

Nicht verpassen

FABRIKBESUCHE IM PEINER LAND

Pelikan, Rausch Schokolade und die BrauManufaktur produzieren alle im Peiner Land. Spannend für Kinder ist eine Füller-Führung im Werk in Vöhrum, bei der sie erfahren, wie die Schreibgeräte entstehen. Das Rausch SchokoLand ist ein Eldorado für kleine und große Naschkatzen. Hier gibt es nicht nur Infos zu Geschichte, Anbau und Verarbeitung von Kakao, sondern auch die Möglichkeit, unter Anleitung eines Chocolatiers feine Schokolade selbst herzustellen – und natürlich direkt zu genießen. Und nicht nur spannend für Eltern ist die BrauManufaktur, in der es in Sudhaus und Gärkeller Wissenswertes zur Braukunst zu erfahren gibt. Im angeschlossenen Braustübchen kann bei leckeren Mahlzeiten das Pils gleich verkostet werden (natürlich nur von den Eltern!).

www.pelikan.com
www.rausch-schokolade.de
www.braumanufaktur-haerke.de

schaft, die Besucher jeden Alters ganz nach Neugier entdecken. Am Wochenende gibt es spannende Mitmachlabore. Sternegucker kommen im **Planetarium Wolfsburg** auf ihre Kosten. Virtuelle Reisen in entfernte Galaxien und Musikshows machen den Besuch zu einem besonderen Erlebnis. Im **Paläon** am **Schöninger See** reisen Besucher zurück in die Welt der ersten Bewohner Norddeutschlands. Das Besucherlabor steht ganz unter dem Motto: Mitmachen, Erleben und Ausprobieren. Im Park gibt es einen Erlebnisparcours und ein **Gehege mit Wildpferden**. Eine schöne Abwechslung bietet der Besuch des **Geo-Parks Braunschweiger Land**. Die **Einhornhöhle** zum Beispiel beherbergt fossile Reste Tausender Höhlenbären und war von Neandertalern besiedelt. An der Höhle vorbei führen verschiedene Wanderwege mit Erlebnis- und Spielstationen. *Red.*

Lüneburger Heide

TOLL FÜR KINDER

Mit Eseln wandern. Z. B. mit Arno Virkus Halbtages- und Tageswanderungen unternehmen. Auch kombinierte Esel- und Kanuwanderungen. Kanuesel-Tours, Vahlde, www.kanuesel.de

Magic Park Verden. Freizeitpark, der auf aktives Erleben setzt. Mit Schmusezoo, Zirkus und Märchenwald. www.magic-park-verden.de

Serengeti-Park Hodenhagen. Mit angeschlossenem Freizeitpark. www.serengeti-park.de

TOLL FÜR ELTERN

Quadbahn am Brunausee. Für Erwachsene und Kinder ab acht Jahren. An der Straße von Bispingen nach Behringen

Filmmuseum Bendestorf. Das »Heide-Hollywood« mit Infos zum Deutschen Nachkriegsfilm mit Willi Forst und Marika Rökk. Poststraße 4, Bendestorf

Schlossführung Celle. Die Stadt war fast 300 Jahre lang Residenz der Herzöge von Braunschweig-Lüneburg.

Wacholder und blühendes Heidekraut verwandeln die Landschaft am mystischen Totengrund nahe Wilsede in ein impressionistisches Gemälde.

Südlich von Hamburg, zwischen Elbe und Aller, erstreckt sich die Lüneburger Heide, ein einmaliger und schützenswerter Naturraum. Was nur wenige wissen: In der Heide gibt es bundesweit die meisten Freizeit-, Erlebnis- und Tierparks. Besonders schön ist das Land während der Heideblüte ab Mitte August.

Schnucken streicheln, Rehe füttern, mit Eseln wandern

Die Heide ist »von Natur aus« kinderfreundlich. Freizeitparks, **Reiterhöfe** und nahezu **steigungslose Radwanderwege** gehören zu den besten Argumenten für einen Familienurlaub. **Wanderungen mit Eseln** machen Kindern Spaß und lassen keine Langeweile aufkommen. Um die typische Heidelandschaft mit Wacholder, Wald und Moor zu bewahren, wurden der **Naturschutzpark Lüneburger Heide** und der **Naturpark Südheide** eingerichtet. Zu Fuß, mit dem Fahrrad oder der Kutsche kann man die Gegend zwischen Undeloh und Wilsede entdecken, das Naturschutzgebiet ist bis auf die Anfahrtswege autofrei. Der nahe gelegene **Wilseder Berg** im gleichnamigen Naturschutzpark bietet mit seinen 169 Metern einen grandiosen Blick, besonders wenn die Heide in kräftigem Lila erblüht. Durch den Park führt eine leichte, 13 Kilometer lange **Rundwanderung**, kreuz und quer durch die Heideflächen und über den Wilseder Berg zum Stein- und Totengrund. Wer nicht so gern wandert,

Niedersachsen

Ein Schäfer treibt seine Schafe über die Heide.

nimmt den **Ameisenbär**, eine Eisenbahn-Legende aus dem Jahr 1937. Die nostalgische Bummelbahn pendelt zwischen Soltau und Döhle und bietet Platz für 71 Personen.

Sehr zu empfehlen ist ein Ausflug zum **Serengeti-Park Hodenhagen**, den man auf einer Safaristrecke durchfahren kann. Im **Wildpark Lüneburger Heide** leben Tiere wie Luchse, Wölfe, Braunbären, Elche und Wildschweine, und im Sommerhalbjahr gibt es zweimal täglich Flugshows mit Greifvögeln. Schön ist auch der **Vogelpark Walsrode**, in dem man Tiere aus allen Kontinenten beobachten kann. Die Heidestädte wie **Celle** bieten mit ihren historischen Innenstädten eine herrliche Kulisse zum Flanieren und Einkaufen, und wer mag, besichtigt dort das **Stadtschloss** mit seinen charakteristischen Ecktürmen. Sehenswert ist auch **Lüneburg** mit dem **Salzmuseum**, das an alte Zeiten erinnert. *Red.*

Mitmachen!

HEIDE PARK RESORT IN SOLTAU

Wem nach so viel Natur der Sinn nach Action und rasantem Vergnügen steht, der sollte einen Besuchstag im Heide Park einplanen. Norddeutschlands größter Familien- und Freizeitpark bietet Nervenkitzel und Action bei mehr als 50 Attraktionen und Shows. Rasant geht es in Europas schnellster und höchster Holzachterbahn Colossos zu, und neuerdings lockt auch hier ein Hochseilgarten schwindelfreie Kletterfans. Spektakulär ist außerdem der Freifallturm, bei dem man aus gut 70 Metern in die Tiefe rauschen kann. Der Park liegt in unmittelbarer Nähe zur A7 und ist über die Ausfahrt Soltau Ost zu erreichen.

www.heide-park.de

Emsland und Ostfriesland

TOLL FÜR KINDER

Moor-Energie-Erlebnispfad. Das Moor als Naturerbe und Rohstoff(lager), interaktiv verpackt im Naturpark Bourtanger Moor

Paddel-/Kanutour. Rhauderfehn–Leer, alternativ: im Tal oder Binnendelta der Hase, kombiniert mit einer Draisinenfahrt (Quakenbrück–Nortrup)

Otto Huus. Als komisch noch nicht Comedy war – Hommage an »Otto« in seiner Geburtsstadt Emden. Sinnfreie (Lehr)stunden für den Nachwuchs

Trockenstrand Upleward. Die Kleinen spielen tief versunken im Sand.

TOLL FÜR ELTERN

Meyer Werft. Traumschiffbau ganz nah. Werftbesichtigungen nach Anmeldung. Pauschalarrangements mit Übernachtung und weiterem Programm

Jagdschloss Clemenswerth. Sternförmige Schlossanlage (1737–47) von Johann Conrad Schlaun, großer Park mit Teich, zahlreiche Veranstaltungen

Greetsiel. Bummeln am Hafen und Markt, Eis schlecken auf der Kaimauer

In der Meyer Werft in Papenburg werden die größten Kreuzfahrtschiffe der Welt gebaut.

Der Blick durchs Autofenster bleibt an tiefdunklem Grund hängen: abgetorftes Moor. Wer sich entschließt, die nächste Ausfahrt vom »Ostfriesenspieß« zu nehmen, lernt eine Region kennen, die dem Moor in harter Arbeit abgerungen wurde. Auch Meer gibt es, die Schiffe fahren im Emsland aber über Land.

Weiße Riesen, dunkles Moor, flaches Land

Wird in Papenburg ein Kreuzfahrtschiff zur Nordsee überführt, sind zahlreiche Schaulustige auf den Deichen Zeugen eines Spektakels, das eigentlich Präzisionsarbeit ist. Die Hotelhochhäuser im Schiffsmantel erreichen über die geflutete Ems mit nur einer Handbreit Wasser unter dem Kiel, unter hochgeklappten oder abgebauten Bahn- und Straßenbrücken hindurch den **Dollart**, eine Wattenbucht an der Emsmündung. Von Ferne sieht es aus, als führen die weißen Riesen über grüne Wiesen.

Ganz nah kommt man den künftigen Luxuslinern im Besucherzentrum der weltbekannten **Meyer Werft**. Mit allen Sinnen lernen Groß und Klein dort den »technisch komplexen Ablauf im Schiffbau« kennen: bei Führungen, anhand von Filmen und Modellen und durch riesige Schaufenster in die überdachten Baudocks, wo die Schweißfunken fliegen und Kabinentürme in die Höhe wachsen. Eine bequem ausgestattete Musterkabine auf der Besuchergalerie weckt Vorfreude auf die nächste Kreuzfahrt.

Niedersachsen

Szenenwechsel: Im **Freilichtmuseum Von-Velen-Anlage** erschreckt man angesichts der Armut der einstigen Moor-kolonisten. In die Einöde gelockt, stachen sie mit dem Spaten Torfsoden, schichteten sie zum Trocknen auf und wuchtete sie mit Handkarren auf die Frachtkähne, die auf den Kanälen unterwegs waren. Die Kolonisten ernährten sich von Buchweizen und hausten teils bis Mitte des 20. Jahrhunderts in primitiven Hütten. »Dem Ersten der Tod, dem Zweiten die Not, dem Dritten (erst) das Brot«. Die Spruchweisheit wird hier mehr als einsichtig.

Im Kontrast dazu steht der größte Dampfpflug der Welt im **Emsland Moormuseum**. Kraft brauchte es, um den schweren Boden zu bearbeiten. Auf dem elf Kilometer langen **Moor-Energie-Erlebnispfad** von dort zum **Erdöl-Erdgas-Museum** (Twist) im Bourtanger Moor lassen sich das Naturwunder Moor und sein Nutzen für den Menschen erkunden.

Mit dem Fahrrad unterwegs

Das Fahrrad ist das beste Transportmittel zur eingehenden Erkundung des überwiegend flachen Emslands. 3500 Kilometer Radwege erschließen eine Region, größer als das Saarland. Ob am **Kanalufer**, entlang der Ems, durch das idyllische **Hasetal** oder das beschauliche Hügelland des **Hümmling**. Zum Rast- und Spielplatz und zum Umsteigen ins Kanu oder Kajak sowie zur familienfreundlichen Herberge geleiten die frechen »Emspiraten« Jenny und Jack.

Teil des gut ausgebauten Radwandernetzes ist auch die **Deutsche Fehnroute** mit Start- und Endpunkt Papenburg. Das Wort »Fehn« für Moor ist auch Bestandteil von Ortsnamen, z.B. Rhauderfehn im Overledingerland. Die Fehnkultur war eine Form der Moorerschließung, welche das Moor über (schiffbare) Kanäle entwässerte und die obere Bodenschicht (Weißtorf) für die (lukrative) Rinderhaltung »aufmischte«.

Zu seinem Vergnügen ließ sich der kunstsinnige Kirchenfürst Clemens August im 18. Jahrhundert im wildreichen Hümmling ein **Jagdschloss** bauen. **Clemenswerth** bei Sögel besteht aus einem exquisit ausgestatteten Zentralpavillon, sieben weiteren Pavillons und der Schlosskapelle (mit Kapuzinerkloster). Sie alle sind durch einen Stern von Alleen verbunden, die hinter den Gebäuden in einen großen Park ausgreifen. In Clemenswerth macht auch der **Emsland-Rundweg** (Rheine–Papenburg) Station.

Mitmachen!

FREIZEITSPASS OHNE ENDE

»Ankommen, Koffer los und Kinder laufen lassen«, verspricht der Familien-Ferienpark Schloss Dankern bei Haren (Ems). Mit rechnerisch einer »Spiel-, Freizeit und Sportmöglichkeit« pro Hektar ist ein (verlängertes) Wochenende fast schon zu wenig, um nur einen Teil der Attraktionen – von Tauchen im Dankernsee bis Spaßbad und Hochseilgarten – entdecken und erleben zu können. »Basislager« für Familien ist das Ferienhaus – im Wald, am See oder auf der Heide – auf einem riesigen Gelände, das seinen Namen von einem barocken Wasserschloss aus dem 17. Jahrhundert hat (Besichtigung nur mit Führung). Für Eltern findet sich immer ein ruhiges Plätzchen, von dem aus man den Nachwuchs im Auge behalten kann. Es sei denn, man kämpft beim Adventure Golf gemeinsam um Punkte. Teenager können ihr Geschick beim »Seabob« erproben – und dabei gleichzeitig eine gute Figur machen.

www.schloss-dankern.de

NIEDLICHE HEULER

In der Seehundstation Nationalparkhaus in Norden-Norddeich sind die Seehundbabys, die Heuler, die Stars. Allerdings haben sie die Planschbecken nicht freiwillig mit ihrem natürlichen Lebensraum auf den Sandbänken getauscht. Aber Hauptsache, es gibt frischen Fisch! Die Fütterungen sind Höhepunkte des Tages, für alle Kleinen vor und hinter den Panoramafenstern. Haben die verwaisten Seehunde genug Fett zugelegt und Energie getankt, werden sie ausgewildert. Die Station ist nur vorübergehend ihr Zuhause. Früher wurden die Robben zur Belustigung der Badegäste geschossen. Heute stehen sie unter Schutz und sind Teil des Weltnaturerbes Wattenmeer. Zur Seehundstation gehört auch das Waloseum am Osterlooger Weg. Unter dem Skelett eines 15 Meter langen Pottwals kann das Leben der größten Meeressäuger erforscht werden. Im Obergeschoss lernt man den Vogelreichtum der Nordseeküste kennen.

Dörper Weg 24,
www.seehundstation-norddeich.de

Neben dem Seehund lebt auch die Kegelrobbe an der deutschen Nordseeküste.

Der Pilsumer Leuchtturm (1890) ist eine bekannte Landmarke und bereits seit 1919 außer Dienst.

Vom Meer zur See

Und wo ist das Meer? Salz in der Luft spürt man bereits auf der Brücke über die Leda in die alte Handels- und Reederstadt **Leer** (Ostfriesland). An der Uferpromenade hinter dem Renaissance-Rathaus, moderne »Docklands« gegenüber, haben Ausflugsboote und Segeljachten festgemacht. Das Meer ist nun nicht mehr weit. Hinter dem **Ems-Jade-Kanal** breitet sich das Große Meer mit seinen schilfgesäumten Ufern aus, ein Natur- und Wassersportparadies.

Das »richtige« Meer, norddeutsch »die See«, kommt in der Gemeinde Krumhörn in Sicht, aber auch erst dann, wenn man die Kleinen am **Trockenstrand von Upleward** geparkt hat und über den Deich lugt. Bei Ebbe hat der Fernblick ins Landesinnere zuweilen größeren Reiz: Inmitten fruchtbarer Marsch beleben mächtige Kirchtürme in Warftendörfern, deren Namen häufig auf »um« enden, und Windkraftanlagen für die deutsche Energiewende den Horizont. Ein Deichspaziergang, natürlich gegen den Wind, führt zum kleinen, gelb-rot gestrichenen **Pilsumer Leuchtturm**, dem Wahrzeichen Ostfrieslands. Wer Glück hat, entdeckt im Fahrwasser des Leyhörns einen Krabbenkutter. Er hat in **Greetsiel** seinen Heimathafen, dem wohl schönsten »Fischerdorf« an der niedersächsischen Nordseeküste gleich um die Ecke. *HA*

Infos und Adressen

ANREISE

Mit dem Auto über die A31 (»Ostfriesenspieß«) oder A28 (Oldenburg–Leer). **Mit der Bahn:** IC bis Münster (Westf.) oder Osnabrück, weiter mit IC (Norden-Norddeich) oder Regionalexpress (Rheine).
Tipp: Urlauberbus Ostfriesland ab Papenburg (www.urlauberbus.info)

BESTE REISEZEIT

März bis Oktober

FÜR REGENTAGE

Emsland Moormuseum. Das Moor zwischen Kultivierung und Renaturierung. Ausstellungshalle (u. a. zwei »Lokomobile«), Außengelände mit Feldbahn. Geestmoor 6, Geeste-Groß-Hesepe, www.moormuseum.de
Erdöl-Erdgas-Museum. Oklahoma im Emsland, am anderen Ende des Moor-Energie-Erlebnispfads. Flensbergstr. 13, Twist, www.erdoel-erdgas-museum-twist.de

Kunsthalle Emden. Sammlung des »Stern«-Gründers Henri Nannen, vor allem Klassische Moderne. Hinter dem Rahmen 13, Emden, www.kunsthalle-emden.de
Schoof'sche Mühle. Noch aktiver Galerieholländer (1921), roter Zwilling des Greetsieler Wahrzeichens. Mühlenladen, Café, Führungen, Veranstaltungen. www.zwillingsmuehlen.de

ESSEN UND TRINKEN

Papenbörger Hus. Buchweizen-Pfannkuchen und Korn (für Erwachsene) in einem Zug (»Nicht lang schnacken, Kopp in Nacken«) im Anschluss an einen Besuch im Freilichtmuseum. Von-Velen-Anlage, Papenburg
Alte Posthalterei. Restaurant mit gutbürgerlicher Küche in historischer Poststation, am Marktplatz mit Rathaus (1555). Große Str. 1, Lingen (Ems), www.posthalterei-lingen.de
Haus Samson. Traditionsweinhandlung Wolff im Barockhaus

(1643) mit Privatmuseum zur ostfriesischen Wohnkultur. Rathausstr. 16–18, Leer, www.wein-wolff.de
Am alten Siel. Restaurant mit großer Terrasse und Hotel in Blickweite zum Hafen. Am Alten Markt 1, Krummhörn-Greetsiel, www.zum-alten-siel.de
Emder Matjestage. Hering in allen Variationen, Festprogramm (Frühsommer)

ÜBERNACHTEN

Die **Touristikmarke Familienland Emsland** dient als Qualitätssiegel für familienfreundliche Angebote, darunter auch Herbergs- und Gastronomiebetriebe (Broschüren unter www.emsland.com). In Ostfriesland sind Ferienwohnungen und Ferienhäuser am weitesten verbreitet.
Hotel Alte Werft. Vier-Sterne-Hotel in ehemaliger Maschinenhalle der Meyer Werft, zwei Restaurants, Anleger für Hafenrundfahrten, Bahnhofsnähe.

Ölmühlenweg 1, Papenburg, www.hotel-alte-werft.de
Gut Landegge – Familotel Emsland. Vier-Sterne-Herberge für Pferdefreunde auf früherem Rittergut, viel Platz zum Spielen und Entspannen. Haren (Ems), www.gutlandegge.de
Haselünner See. Ferienhaus zwischen Naturschutzgebiet und Wildgehege. www.haseluenne.de
Großes Meer Camping. Am größten Binnensee Ostfrieslands (nur 1 m tief), nordöstlich von Emden, Surf- und Segelschule. Südbrookmerland, www.grossesmeer.de

WEITERE INFOS

Emsland Touristik. www.emsland.com
Papenburg Tourismus. Ölmühlenweg 21, Papenburg, www.papenburg-tourismus.de
Hasetal Touristik. www.hasetal.de
Tourist Information Overledinger Land. www.overledingerland.de
IG Deutsche Fehnroute. Ledastr. 10, Leer, www.deutsche-fehnroute.de
Touristik-Info Krummhörn-Greetsiel. Zur Hauener Hooge 11, www.greetsiel.de
Tourist-Info Emden. Bahnhofsplatz 11, www.emden-touristik.de

Wie in vergangene Zeiten versetzt fühlt man sich bei einem Bummel im Hafen von Greetsiel.

13 Berliner Highlights

TOLL FÜR KINDER

Olympiastadion. Spannend, nicht nur für Fußballfans. Auch Geschichte ist im weitläufigen Park zu entdecken.

Museum für Naturkunde. Die »Dinos« im Sauriersaal sind überwältigend, aber nicht nur die.

Zitadelle Spandau. Ritterburg, Fledermauskeller, Freilichttheater, Ausstellungen und im Innenhof wechselnde Feste, Konzerte und Märkte

Bunte Schokowelt. Alles über Schokolade erfahren und die Lieblingszutaten selbst bestimmen. Lecker!

TOLL FÜR ELTERN

Schiffstour. Ganz entspannt Berlin erleben: in einer Stunde durch die Innenstadt und z. B. bei einer Drei-Stunden-Rundfahrt die grünen Seiten der Metropole genießen

Clärchens Ballhaus. Tanzmusik und Schwoof wie vor 100 Jahren und dazu ein lauschiger Biergarten

Kultur ganz groß. Berliner Philharmoniker, drei Opernhäuser, Konzerthaus, Theater … Unbedingt vorher Karten reservieren!

Blick über die East Side Gallery zur Oberbaumbrücke – und mittendrin die U-Bahn-Linie 1

»Berlin, Berlin, wir fahren nach Berlin!« Genauso wie Fußballfans den Einzug ihres Clubs ins Pokalfinale feiern, können sich Kinder auf eine Reise in die deutsche Hauptstadt freuen, denn eines ist sicher: Berlin bietet jede Menge Attraktionen und Aktivitäten, die Spaß machen und keine Langeweile aufkommen lassen.

Mit Kinderaugen die Stadt entdecken

Schon auf der klassischen Sightseeing-Tour zwischen Brandenburger Tor und Museumsinsel, Potsdamer Platz und Kurfürstendamm ist Abwechslung angesagt: zu Fuß unter den Linden flanieren, im Doppeldeckerbus den Großstadtverkehr vom Oberdeck aus im Blick haben, mit der S-Bahn durch enge Häuserschluchten fahren, auf einem Ausflugsschiff die Stadt an sich vorüberziehen lassen oder mit dem Fahrrad unabhängig erkunden. Oder man schließt sich einer geführten Tour an. Da Kinder gerne Geschichten hören, um Geschichte zu verstehen, bieten sich auch spezielle **Kinderführungen** an.

Geschichte hautnah erfahren kann man in der **Gedenkstätte Berliner Mauer**. Am historischen Ort sind originale Überreste der Sperranlagen erhalten. Zusätzlich führen auf 1,4 Kilometern Länge Informationstafeln, großformatige Fotos, Hör- und Videostationen sowie archäologische Spuren und eine Ausstellung im Dokumentationszentrum das

Berlin

Leben in der 28 Jahre lang geteilten Stadt anschaulich vor Augen. Weitere Mauerstationen in der Stadt sind unter anderem **Checkpoint Charlie** und die **East Side Gallery**.

Hoch hinaus mit dem Turbo-Aufzug

Der **Reichstag** mit seiner gläsernen Kuppel gehört zu den Top-Ten-Sehenswürdigkeiten und ist spannend auch für (Schul-)Kinder. Ein eigens für sie konzipierter Audioguide erklärt launig Politik und beschreibt die wunderbare Aussicht ringsum. Noch höher hinauf geht es am **Potsdamer Platz** mit dem schnellsten Aufzug Europas. Aus 100 Metern Höhe eröffnet sich im Panoramapunkt Berlin – mit Café und Open-Air-Ausstellung zur Geschichte des Potsdamer Platzes auf der Aussichtsterrasse – ein herrlicher Rundumblick. Höchster Aussichtspunkt ist der **Fernsehturm**. Aus 203 Metern Höhe liegt einem ganz Berlin zu Füßen, und an klaren Tagen reicht die Sicht bis weit ins Umland.

Museen für kleine und große Entdecker

»MachMit!« fordert das **Museum für Kinder** im Prenzlauer Berg schon die Jüngsten auf und lädt zum Klettern und spielerischen Erkunden alltäglicher Erfahrungen ein. Auch im **Labyrinth Kindermuseum** können Kinder ab drei Jahren zu wechselnden Themen selbst entdecken und ausprobieren, was die Großen können. Nahezu alle anderen Museen mit ihren Sammlungen zu Geschichte, Kunst, Kulturen, Technik, Natur und Kuriositäten geben auch Kindern spannende Einblicke in vergangene Zeiten, zum großen Teil mit eigenen (Audio-)Führungen. Und: In vielen Museen haben Kinder bis sechs, 16 oder 18 Jahren freien Eintritt, oder es gibt preisgünstige Familientickets.

Besonders beliebt ist das **Deutsche Technikmuseum**, eines der größten der Welt. Historische Schiffe, Eisenbahnen, Flugzeuge und Autos sowie Windmühlen und eine Brauerei aus alter Zeit faszinieren Kinder und Eltern gleichermaßen. Auch der erste Computer der Welt ist hier zu bestaunen. Im benachbarten **Science Center Spectrum** kann man an Experimentierstationen selbst Hand anlegen und physikalische Phänomene erforschen. Und noch mal Computer: Eine Zeitreise zurück in die Kindheit der Eltern und in die Zukunft der virtuell-realen Spiele-Welt bietet das **Computerspielemuseum**. Hier darf man viele Apparate und Spiele ausprobieren. Im **Museum für Kommunikation** werden die Besu-

Faszinieren nicht nur Kinder: Dinosaurier im Naturkundemuseum

GRIPS MIT HERZ UND VERNUNFT

Witz + Herz + Vernunft = GRIPS: So könnte man das Erfolgsrezept des Kindertheaters seit 45 Jahren auf eine Formel bringen. »Mutmach-Theater« nennt es sein Erfinder Volker Ludwig. Mit GRIPS sind schon mehrere Generationen von Kindern aufgewachsen, und die bleiben dem Theater als Jugendliche und Erwachsene treu. GRIPS spielt für alle Altersklassen und Kulturen, inzwischen unter der künstlerischen Leitung von Stefan Fels. Die Stücke, überwiegend Uraufführungen, richten sich an Menschen ab zwei, fünf, neun oder 15 Jahren, handeln von deren Problemen und Alltagssorgen und regen auf vergnügliche, freche oder anrührende Weise zum Nachdenken an. Erwachsene lieben unter anderem das am GRIPS geborene, in aller Welt nachgespielte Erfolgsmusical »Linie 1«.

GRIPS (www.grips-theater.de) hat zwei Spielstätten: Am Hansaplatz und im Podewil, Klosterstraße 68.

Das MACHmit! Museum für Kinder am Prenzlauer Berg

Bürotürme an der Spree (bis 2015 Bundesministerium des Innern)

cher von sprechenden Robotern begrüßt und erfahren beim Rundgang unter anderem, wie man miteinander kommunizierte, als es noch keine Smartphones und Laptops gab.

Wer wissen will, wie Preußens Könige, Prinzen und Prinzessinnen lebten und feierten, für den ist **Schloss Charlottenburg** der richtige Ort. Anschließend bietet sich ein Spaziergang im Schlossgarten an.

Raus ins Grüne

Im Sommer ist Berlin am schönsten – weil es so viel Wasser, Parks und Wälder gibt! Und weil es Spaß macht, draußen zu toben. Größter Freiluftspiel- und -sportplatz ist das **Tempelhofer Feld**. Wo bis 2008 noch Flugzeuge starteten und landeten, kann man heute Radfahren, Skaten, Drachen steigen lassen, Kitesurfen, Joggen, Picknicken und die fast unendliche Weite mitten in der Stadt genießen. Oder man spaziert durch den **Tiergarten** mit seinen Denkmälern und Liegewiesen. Schön ist auch der **Zoologische Garten**, der artenreichste Zoo der Welt. Aktive werden es genießen, im **Waldhochseilgarten Jungfernheide** durch die Baumwipfel zu turnen. Und für heiße Tage verspricht das **Strandbad** ganz in der Nähe dann Abkühlung.

180 Kilometer Wasserstraßen auf Flüssen, Kanälen und Seen durchziehen Berlin. Wem der **Ausflugsdampfer** zu gemütlich ist, mietet ein **Minihausbot** und schippert wie Huckleberry Finn über Spree und Havel. *OE*

Infos und Adressen

ANREISE

Mit dem Flugzeug nach Berlin Tegel (TXL) und Berlin Schönefeld (SXF).

Mit dem Auto über die A2, A9, A12, A13, A19 und A24, alle münden in den Berliner Ring (A10) mit Abfahrten in die Innenstadt (grüne Umweltplakette ist Pflicht).

Per Bahn zum Berliner Hauptbahnhof oder **via Fernbus** zum Omnibusbahnhof ZOB am Messegelände. Von dort weiter mit dem ÖPNV

BESTE REISEZEIT

Ganzjährig, in Berlin ist immer was los: drinnen und draußen zu jeder Jahreszeit und in allen Ferien

FÜR REGENTAGE

Berlin hat mehr Museen als Regentage, außerdem (Kinder-) Theater, Kinos, Konzerte, Shopping Malls, Indoor-Spielplätze, Sport- und Schwimmhallen.

ESSEN UND TRINKEN

Eine kulinarische Reise durch die Welt oder doch lieber Pommes mit Ketchup? Imbissbude oder Gourmettempel? Im vielseitigen Angebot der Restaurants, Cafés, Bars und Kneipen ist für jeden Geschmack und Geldbeutel etwas dabei.

Brachvogel. Restaurant und Biergarten am Landwehrkanal mit Abenteuerspielplatz und Minigolfanlage. Auf der (Kinder-)Karte stehen u. a. »Bibi Blocksberg« und »Benjamin Blümchen«. Carl-Herz-Ufer 34, Kreuzberg, www.brachvogel-berlin.de

Markthalle Neun. »Street Food« liegt im Trend. An jedem Donnerstag (17–22 Uhr) wird die historische Markthalle zur internationalen Garküche mit preiswerten Spezialitäten aus aller Welt. Sonntags (unregelmäßig) ist »Naschmarkt«. Eisenbahnstraße 42/43, Kreuzberg

Zillemarkt. Typische Berliner Küche, große Portionen, auch Kaffee, Kuchen und Kinderkarte, uriges Ambiente innen und lauschiger (Bier-)Garten. Bleibtreustraße 48a, Charlottenburg, www.zillemarkt.de

ÜBERNACHTEN

Pension Peters. Das andere Hotel: Große Familienzimmer (bis zu 2 Kinder unter zehn Jahren frei), Bio-Frühstück: Die freundliche Pension legt Wert auf Umweltschutz und Nachhaltigkeit. Kantstraße 146, Charlottenburg, www.pension-peters-berlin.de

Hüttenpalast. Fast wie auf dem Campingplatz, aber garantiert trocken: Originelle, liebevoll gestaltete Schlafstätten in ausrangierten Wohnwagen in einer ehemaligen Fabrikhalle. Hobrechtstr. 66, Neukölln, www.huettenpalast.de

The Westin Grand Berlin. Glamourös und naturnah: Luxushotel mit Pool, Spa und zauberhaftem Garten. Hier zieht der Küchenchef seine Kräuter und ein Bienenvolk auf dem Dach liefert den Honig. Family Package: das zweite Zimmer zum halben Preis. Friedrichstraße 158–164, Mitte, www.westingrandberlin.com

Scandic Berlin Potsdamer Platz. Mittendrin im Geschehen, hell und (umwelt-)freundlich. Ausgezeichnet für das Nachhaltigkeitskonzept und Barrierefreiheit. Kinder unter 13 Jahren übernachten kostenlos im Zimmer der Eltern. Gabriele-Tergit-Promenade 19, Tiergarten, www.scandichotels.com

WEITERE INFOS

Spezielle Kinderführungen. www.berlin-mit-kindern.de, www.visitberlin.de mit **Infos und Services** für Touristen und andere Reisende

Tourist-Infostellen vor Ort. www.berlin.de ist das offizielle Hauptstadtportal, www.museumsportal-berlin.de bietet alles zu aktuellen Ausstellungen und ständigen Sammlungen, www.berlin-buehnen.de mit Spielplänen für Theater, Opernhäuser, Musicalbühnen, Kabarett, Kindertheater, Comedy

Skulpturenschmuck auf dem Zeughaus (Deutsches Historisches Museum), »bewacht« vom Fernsehturm

14

Touren im Berliner Umland

TOLL FÜR KINDER

Wandlitz. Der Entdeckerpfad im Naturpark-zentrum bietet eine Naturbühne, einen Ast-berg und ein Amphitheater am Wasser. www.barnim-panorama.de

Blankenfelder See. Auf dem Barfußpfad zu gehen macht Spaß, fördert die Durchblutung und trainiert die Fußmuskulatur.

TOLL FÜR ELTERN

Dahlewitz. Mehrere Naturdenkmale lenken in Dahlewitz die Blicke auf sich. Am Bahn-hofsvorplatz steht eine 150 Jahre alte Eiche, im Park nahe dem Bahnhof eine Maulbeere und in der Brechtstraße eine 80 Jahre alte Lindenallee.

Villa Lassen in Erkner. Gerhard-Haupt-mann-Gedenkstätte, wo auch sein Arbeits-zimmer zu sehen ist. Gerhard-Hauptmann-Straße 1–2, www.hauptmannmuseum.de

Turm auf dem Kranichsberg. Im Wolters-dorfer Turm gibt es eine ständige Ausstel-lung über die Geschichte von Woltersdorf.

Der Rangsdorfer See ist bei Badegästen we-gen seines Sandstrands beliebt.

Von Wäldern und Seen umgeben, bieten sich für Berlinbesucher schöne Ausflüge in das Umland an. Reizvolle Wanderungen zu schönen Badeständen an glasklaren Seen oder kulturhistorischen Sehenswürdig-keiten gehören ebenso dazu wie Fahrten mit dem Schiff oder der Besuch des Naturparkzentrums im Barnim.

Tegeler See und Moby Dick

Vom U-Bahnhof Alt Tegel ist es nur ein Katzensprung zur **Greenwichpromenade** am Tegeler See. Von hier aus starten zahlreiche Ausflugsschiffe zu Fahrten in die historische Ber-liner Innenstadt sowie über die Havelseen. Als besondere Attraktion gilt der **Havel-Wal »Moby Dick«**, der bei Kindern sehr beliebt ist. Über die Sechserbrücke überqueren wir das Tegeler Fließ und gelangen auf die andere Seite des Sees, wo das **Strandbad Tegel** zum Verweilen einlädt.

Ebenfalls im Berliner Norden liegt Wandlitz, das von Berlin mit der **Heidekrautbahn** erreichbar ist. Auf der gegenüber-liegenden Seite verspricht das **Strandbad am Wandlitzsee** Erfrischung. Nach links führt der Weg zum Agrarmuseum und dem 2013 eröffneten **Naturparkzentrum**. Seit 2014

Berlin/Brandenburg

Die Löcknitz in Erkner: Blick von der Brücke bei der Gaststätte Löcknitzidyll

gibt es hier einen Entdeckerpfad, auf dem vor allem Kinder die Natur aktiv erleben können. Er befindet sich in einem Wäldchen des BARNIM PANORAMA.

Südlich von Berlin lädt der **Rangsdorfer See** zu einem Besuch ein. Zunächst wandern wir von Dahlewitz kommend zu einer Gabelung, wo wir dem »Barfußweg« folgen. Er führt zu einem Naturpfad am verlandeten **Blankenfelder See**, der Teil eines Vogelschutzgebietes ist. Ist der Rangsdorfer See erreicht, bietet sich an warmen Sommertagen der Aufenthalt auf der schönen Liegewiese mit Badestelle an.

Auch das **Löcknitztal** ist ein lohnendes Ausflugsziel. Von Erkner geht es zur Gaststätte Löcknitzidyll und von dort entlang der Löcknitz zum **Flakensee.** Lohnend ist ein Ausflug auf den **Kranichsberg,** wo sich vom Aussichtsturm ein Blick über die weiträumige Seen- und Flusslandschaft bietet, die sich zwischen Köpenick und Fürstenwalde erstreckt. *TW*

Nicht verpassen

AGRARMUSEUM IM NATURPARK-ZENTRUM

Seit 2013 unter einem Dach vereint, bieten das Agrarmuseum und das Naturparkzentrum in Wandlitz einzigartige Ausstellungen. Das Museum zeigt Gebrauchsgegenstände sowie zahlreiche technische Gerätschaften von landwirtschaftlichen Maschinen bis Traktoren und informiert über die Entwicklung der Landwirtschaft im 20. Jh. Geöffnet täglich außer Freitag von 10:00 bis 18:00 Uhr.

Im Naturparkzentrum kann man sich in einer Ausstellung über die Vielfalt der Kulturlandschaft mit ihrer Natur und Agrargeschichte informieren.

www.barnim-panorama.de

Die Mark Brandenburg

Der Marktplatz von Finsterwalde, bei Nacht stimmungsvoll beleuchtet

Die Natur entdecken, alte Industrieanlagen erforschen, ins Traumland reisen: Alles ist möglich. Brandenburg ist ein weites Land und Region für Entdecker. In der Mark wächst der größte Wald Deutschlands, und immer ist einer der über 3000 Seen in der Nähe – und die Landeshauptstadt Potsdam glänzt wie eine Perle.

Sprechende Eiche, Kraniche und Wildgänse

Brandenburg ist ein sandiges, leicht gewelltes Land, dessen Oberfläche noch die Kratzspuren der Eiszeit zeigt. Einst schob sich Eis über das Land und hinterließ Hügel und Tiefen. Auf den leichten Anhöhen wachsen Wälder, in den Senken hat sich Wasser gesammelt. Hier gibt es viel Platz für die Natur, für die Bäume des größten deutschen Waldes, der **Schorfheide**, und für den romantisch-wilden **Grumsiner Forst**, der zum Weltnaturerbe der UNESCO gehört. In Brandenburg gibt es scheinbar endlose idyllische Wasserwege durch den **Spreewald**, die man, Mückenschutz vorausgesetzt, mit dem **Kanu** erforschen kann, zum Beispiel auf der Spur des Bibers. Und Brandenburg hat viel Platz für Biobauernhöfe, Reiterhöfe und Urlaub auf dem Bauernhof.

Im Sommer leuchtet das Land in den Farben der roten Mohnblumen und der blauen Kornblumen. Nirgends sind in den Wiesen so viele Störche unterwegs wie in der Mark. Im Herbst ziehen die Kraniche über die Landschaft hinweg und

lassen sich auf den sumpfigen Flächen im **Linumer Bruch** und im **Oderbruch** nieder, um sich auf den Feldern satt zu fressen. Das großartige Spektakel Tausender trompetender **Kraniche** und Abertausender **Wildgänse** kann man von Naturlehrpfaden und Beobachtungstürmen aus verfolgen. Mit Glück und gutem Fernglas sieht man sogar Adler und Wölfe. Im **NABU-Zentrum der Blumberger Mühle** erklärt eine sprechende Eiche die Landschaft Brandenburgs und ihre Biotope.

Land der Seen und des Wassers

Unzählige Badeseen, Kanäle und Fließe laden zu sportlichen Aktivitäten, zum Schwimmen, Segeln oder Paddeln ein. Wer lieber auf dem Trockenen bleibt, kann mit der **Draisine von Templin nach Fürstenberg** fahren oder mit Inlinern auf der fast 230 Kilometer langen **Fläming-Skate** unterwegs sein.

Auch in Brandenburg begann im 19. Jahrhundert die Industrialisierung, und spannende technische Entwicklungen wurden umgesetzt. Im **Museumsdorf Baruther Glashütte** zeigen die Glasbläser ihre Kunst, und im dortigen Dorfkonsum kann man wie in alten Zeiten einkaufen. Die **Molkerei Münchehofe** erklärt im Detail, wie aus Milch schließlich Käse oder Quark wird. Imposant und beeindruckend ist Europas größter Schiffsfahrstuhl. Das **Schiffshebewerk in Niederfinow** wurde gerade 80 Jahre alt und funktioniert einwandfrei. Weil es vielleicht zu klein wird, entsteht ein neues, noch größeres nebenan. Die Besichtigungen im Besucherzentrum und während einer Schiffsfahrt sind ein Erlebnis für die ganze Familie.

Braunkohle, Janoschs Traumland und ein Tante-Emma-Laden

Weiter südlich, in Lichterfeld, wartet ein anderer Gigant der Technik, der **»Liegende Eiffelturm«**. In 74 Metern Höhe kann man, gut geschützt mit Bauarbeiterhelm, über die Abraumförderbrücke F60 des ehemaligen Braunkohlenbergbaus gehen und weit in die Niederlausitz sehen. Braunkohle, Energiegewinnung und Landschaftsveränderung sind die Themen, die alle hier beschäftigen.

Brandenburg ist ein Land zum Träumen. Im **Filmpark Babelsberg** lädt das Traumland von Janosch nach Panama, in

Das Schiffshebewerk in Niederfinow ist eine technische Meisterleistung.

Toller Ausflug

RÜDERSDORFER KALKSTEINBRÜCHE

Abenteuer für Kleine und Große bieten die Kalksteinbrüche. Entstanden ist der Kalk im Erdzeitalter des Trias vor etwa 250 Millionen Jahren, abgebaut wurde er als Baumaterial für Berlin und die Umgebung. Inzwischen ist die riesige Abbaufläche zu einem Museumspark gestaltet worden. Industriegeschichte wird lebendig. Verschiedene Gebäude werden präsentiert. Vom germanischen Kalkbrennofen über Rumfordöfen und Schachtofenbatterien bis zur modernen Zementfabrik kann man die industrielle Entwicklung verfolgen. Eine Ausstellung macht die Sprache der Steine verständlich. Die Kalksteinbrüche sind voller Fossilien, hier wurde sogar ein ganzes Saurierskelett gefunden. Ausgerüstet mit Helmen, Brillen, Warnwesten und Hämmern kann man sich selbst auf die Suche nach Versteinerungen machen. Es gibt historische, geologische und Führungen mit dem Land Rover und für die Kleinen als Alternative einen Streichelzoo.

www.museumspark.de

SCHLOSS RIBBECK UND DER BIRNENGARTEN

Aufbruch zum Herrn von Ribbeck auf Ribbeck im Havelland und zu seinem Birnbaum, der im Garten stand. Das kleine Dorf Ribbeck ist durch ein Gedicht Theodor Fontanes bekannt geworden. Heute steht der alte Birnbaum nicht mehr, dafür sind 16 neue im öffentlichen Deutschen Birnengarten gepflanzt worden, für jedes der 16 Bundesländer einer. Das Schloss der Ribbecks ist renoviert und wieder der Mittelpunkt des Dorfes. In einem Museum erfährt man Details über das Herrenhaus, die Ribbecks und das Dorf. Die Alte Schule bietet ein Café und ein historisches Klassenzimmer, das 1841 vom damaligen Herrn auf Ribbeck für die Dorfkinder gebaut wurde. In den Schulbänken kann man Sütterlinschrift lernen. Die Alte Schule ist auch der Spielort eines wunderbaren Puppentheaters mit abwechslungsreichem Programm. Von April bis Oktober kann man von hier auf dem Barfußpfad weiterwandern. Nach etwa 2,5 Kilometern wird der Kinderbauernhof Marienhof erreicht. Dort kann man reiten und mit Schafen, Ziegen oder Schweinchen spielen. Im Sommer gibt's ein Maislabyrinth.

www.ribbeck-havelland.de und
www.vonribbeck.de

die Welt des kleinen Bären und des kleinen Tigers ein. Aus den Studios kommen auch der Sandmann und die unzertrennlichen Drei Musketiere, die hier in der Filmwelt und einer Filmshow ihre Abenteuer erleben. Die Filmindustrie lockt ihre Besucher in eine multimediale Welt. Ganz anders geht es weiter östlich zu. In **Finsterwalde** verführt ein Tante-Emma-Laden in das Sehnsuchtsreich der Kindheit. Der originale Kaufmannsladen aus dem Jahr 1850 wurde über die Zeiten gerettet und steht nun im Kreismuseum. Nachdem die Ladenglocke schellt, öffnet der Krämer all die kleinen Schubladen der Herzenswünsche. Zum Schluss gibt es wie früher ein Bonbon aus dem Glas auf der Ladentheke. Plätze zum Träumen von anderen Zeiten und anderen Welten sind die **Schlösser und Burgen** der Mark Brandenburg, eingebettet in großzügig gestaltete Park- und Seenlandschaften. In **Paretz** geht man durch die Lieblingsräume der Königin Luise, die Lady Diana ihrer Zeit. Ritter und Prinzessinnen und solche, die es gerne wären, wandeln durch die **Rokokoensembles in Rheinsberg oder Potsdam**. Und ganz zum Schluss wirft der Sandmann ein wenig goldenen Traumsand in die Luft. Denn Sandmann, Sand und Träume kommen aus Brandenburg. *ML*

Vor dem Schloss Ribbeck liegt die Skulptur der personifizierten Havel.

Die F 60 ist Brandenburgs Eiffelturm und 74 Meter hoch.

Die Mark Brandenburg

Infos und Adressen

ANREISE
Infos zur Anreise in die Region unter: www.reiseland-brandenburg.de

BESTE REISEZEIT
Ganzjährig

AKTIVITÄTEN
Blumberger Mühle. Naturerlebniszentrum des NABU mit 21 ehemaligen Fischteichen, die jetzt ein Biotop sind. Hier spricht gleich am Eingang die Eiche und klimpert mit den Augen.

Wildpark Schorfheide. Im Waldgebiet Schorfheide, mit Streichelzoo und Gehegen für Wild- und Zuchttiere. Der Wildpark beherbergt Wildtierarten, die in der Schorfheide heimisch sind, wie Wolf, Fischotter, Rotwild, Damwild, Schwarzwild und Muffelwild sowie Tiere, die bei uns in freier Wildbahn bereits ausgestorben sind wie Wisent, Elch und Przewalski-Pferd.

Grumsiner Forst. Das Weltnaturerbe Buchenwald kann mit Führungen erkundet werden, organisiert durch den Tourismusverein Angermünde, Tel. 03331-29 76 60

Storchenschmiede Linum. Sowohl zur Storchenzeit als auch zur Kranichzeit Informationen und Führungen. Im Dorf gibt es auch einen Kürbishof mit einer zur Kürbiszeit und vor Halloween riesigen Auswahl an Kürbissen.

Spreewald. Auengebiet der Spree, das zum Wandern, Radfahren und Paddeln einlädt

Fläming-Skate. Eine 230 km lange, glatt asphaltierte Fläche für Skater, Radfahrer und Rollstuhlfahrer. Unterwegs gibt's Einkehr- und Übernachtungsmöglichkeiten.

Museumsdorf Baruther Glashütte. Die Vorbereitungen und Techniken der Glasherstellung werden in einem kleinen Museumsdorf gezeigt.

Schiffshebewerk Niederfinow. Der größte Schiffsfahrstuhl Europas. Von oben gibt's zusätzlich einen tollen Ausblick in den Oderbruch.

Filmpark Babelsberg. Traumlandschaften, Stuntshows, Sandmännchen und alles über die Filmgeschichte am Standort Babelsberg

ESSEN UND TRINKEN
Carmens Restaurant. Feine, ausgezeichnete brandenburgische Küche, bekannt auch durch Zeitungskolumnen. www.carmens-restaurant.de

Schlossrestaurant Lübben. Schlossambiente mit Gourmetküche. Beim Zubereiten der Speisen kann man zuschauen. www.edelmond-schlossrestaurant-lübben.de

Springbachmühle. Gute märkische Küche, der Fisch kommt frisch aus den eigenen Teichen, das Wild aus den nahen Wäldern, die Gebäude sind aufwendig restauriert. Schöne Terrasse. www.springbachmuehle.de

Landhaus Alte Eichen. Brandenburgische Küche, ausgezeichnete Speisen und einfach eine schöne Location. www.landhaus-alte-eichen.de

ÜBERNACHTEN
Auf dem schwimmenden Floß auf der Havel. www.pension-havelfloss.de oder www.aquare.eu

Schlafwagenhotel. Übernachten im Schlafwagen der transsibirischen Eisenbahn. www.schlafwagenhotel.de

Landgasthof Zum grünen Strand der Spree. Schöne Lage inmitten des Spreewaldes, schöne Zimmer und für die Erwachsenen ein gutes Bier. www.spreewaldbrauerei.de

Tropical Island. Übernachten in den Tropen, mitten in Brandenburg. Von Spaßbad bis Wellness ist alles dabei, in einer Halle, die einst für Zeppeline gebaut wurde. www.tropical-islands.de

Kreativoase. Übernachten im dunkelsten Ort Deutschlands. Im Herbst rasten Kraniche und Gänse zu Tausenden gleich nebenan am Gülper See. www.aktivurlaub-malen.de

WEITERE INFOS
www.reiseland-brandenburg.de, www.ab-ins-gruene.de, www.reiten-brandenburg-berlin.de

Immer in der Nähe: der nächste Badesee

16 *Am Steinhuder Meer*

Das Steinhuder Meer ist der größte See in Niedersachsen und ein bedeutendes Wassersportrevier. Für Familien spannend sind Ausflüge mit Pferden oder dem Fahrrad und die Reise zurück zu den Dinosauriern, die vor rund 140 Millionen Jahren hier in Herden lebten.

Willkommen im Wasserparadies

Die Urlaubsregion Steinhuder Meer ist ein einziges Abenteuer für Groß und Klein. Einen ersten Eindruck von der Gegend kann man sich auf einer **Fahrradtour um den See** verschaffen. Die ca. 30 Kilometer lange Tour ist für Kinder geeignet und gehört zu den schönsten Genusstouren in Deutschland. Sie beginnt im Fischerdorf Steinhude, wo sich auch das Infozentrum des Naturparks befindet. Interessant ist die **Festungsinsel Wilhelmstein**, die ebenso auf dem Weg liegt wie zahlreiche **Aussichtstürme im Toten Moor**. Alternativ kann man eine Rundfahrt mit dem Schiff machen – besonders stimmungsvoll sind die **Dämmerschoppenfahrten** am frühen Abend. Speziell auf Kinder und Jugendliche eingestellt sind der **Naturpark** und die **Schutzstation Steinhuder Meer**. Von März bis Dezember

Niedersachsen

Der Kaliberg des Salzbergwerks Sigmundhall in Wunstorf-Bokeloh

gibt es ein vielseitiges Naturerlebnis-Programm mit Aktivitäten wie Filzen mit »Märchenwolle«, dem Bau von Booten und Natur-Exkursionen. Bekannt ist die Region auch für ihre Pferde. Viele Pferdehöfe bieten **Reiterferien** und Ausflüge an. Ein besonderes Erlebnis ist es, das Steinhuder Meer mit **Pferd und Kutsche** zu entdecken. Durch Wälder, über Wiesen und Felder und zu allerlei Sehenswürdigkeiten gehen die Touren mit erfahrenen Kutschern. Abfahrt der Wagen ist in Steinhude an den Strandterrassen.

Im **Dinosaurier-Park Münchehagen** können Besucher eine Reise zu den Anfängen der Erdgeschichte unternehmen und Wissenswertes über die Urzeitgiganten erfahren. Echte Fußabdrücke kann man beim **Naturdenkmal Dinosaurierfährten** bewundern. Einst war hier die Lagune eines urzeitlichen Meeres, und es sind hier wohl ganze Herden durchgelaufen.

In der **Steinzeitwerkstatt** des Dinoparks kann man Bogen und Speerschleudern herstellen und sie dann anschließend auf der Bogenschießbahn gleich ausprobieren. *Red.*

Mitmachen!

SEATREE – ABENTEUERPARK STEINHUDER MEER

Seit 2008 gibt es diesen herrlichen Waldseilgarten in Mardorf, direkt am Steinhuder Meer, mit 27 Kletterstationen in drei Schwierigkeitsstufen. Egal ob Neulinge oder alte Hasen, der Garten bietet Spaß, Bewegung und ideale Voraussetzungen, um über sich hinauszuwachsen. Im Angebot sind auch ein- bis dreitägige erlebnispädagogische Programme für Gruppen, in die verschiedene andere Programmpunkte integriert werden können. Beispielsweise Kanutouren oder der Bau eines Floßes mit anschließender Fahrt über den See.

www.seatree.de
für die erlebnispädagogischen Programme: www.schattenspringer.de

Zu Besuch in Hildesheim

TOLL FÜR KINDER

Kanukurs und Wildwasserstrecke. Kanu fahren lernen und die Wildwasserstrecke ausprobieren. www.kanuzentrum.de

Coffea Schokolade. Schokokreationen »Made in Hildesheim« im »Umgestülpten Zuckerhut«. Andreasplatz 20, www.coffea-hildesheim.de

Museum der Sinne. Kultur und Erdgeschichte barrierefrei – die inklusive Ausstellung im RPM ist für alle da. Anfassen erwünscht!

Schloss Marienburg. Das Märchenschloss ist ein Mädchentraum. Pattensen, www.schloss-marienburg.com

TOLL FÜR ELTERN

Roemer-und-Pelizaeus-Museum RPM. Weltberühmt: die Alt-Ägypten und Alt-Peru-Ausstellung. Am Steine 1–2, www.rpmuseum.de

Welterbe Dom und Michaeliskirche. Den frisch renovierten Dom und die Michaeliskirche muss man gesehen haben. Domhof, www.dom-hildesheim.de

Magdalenengarten. Versteckt hinter alten Mauern: Garten-Kleinod mit Rosarium und Weinberg

Weltkulturerbe, frisch renoviert: der Hildesheimer Dom

Hildesheim ist schon 1200 Jahre alt und beherbergt gleich zwei Kulturerbe-Kirchen: Michaeliskirche und Mariendom mit dem sagenhaften 1000-jährigen Rosenstock. Das Roemer-und-Pelizaeus-Museum erfreut sich weltweiter Anerkennung, das rekonstruierte Knochenhaueramtshaus gilt als Norddeutschlands schönstes Gebäude.

Hildesheim – Niedersachsens heimliche Kulturhauptstadt

Hildesheim, die legendäre Rosenstadt, ist schon stolze 1200 Jahre alt. Das renommierte Altägypten-Haus **Roemer-und-Pelizaeus-Museum RPM** führt Kinder in Extratouren durch seine berühmte Ausstellung mit Mumien und Pharaonen. Wer entdeckt das mumifizierte Krokodil? Über den wieder-aufgebauten Marktplatz mit Norddeutschlands schönstem Gebäude, dem **Knochenhaueramtshaus**, das heute das Stadtmuseum beherbergt, und durch die Stadt geht es mit der historisch gekleideten Kostümführerin. Dabei werden auch die beiden größten Highlights, die **Weltkulturerbe-Kirchen Mariendom** mit dem wundersamen **1000-jährigen Rosenstock** und **St. Michaelis** besichtigt.

Wer lieber individuell unterwegs ist: Ganz romantisch führt in der Dunkelheit ein Lichtband auf dem Pflaster durch die Stadt zu den beiden Kirchen. Nicht verpassen: **handgefer-**

Niedersachsen

Exotisch geht es im Dschungelpalast im Zoo Hannover zu.

Infos und Adressen

ANREISE

Hildesheim liegt an der A7 und ist **mit dem Auto** gut erreichbar. Die Stadt hat einen ICE-Bahnhof, der nächste internationale Flughafen ist Hannover.

BESTE REISEZEIT

Ganzjährig

FÜR REGENTAGE

Wasserparadies. Riesenrutsche, Strömungskanal und die große Saunalandschaft machen den Regentag zum Spaß für die ganze Familie. Bischof-Janssen-Str. 30, www.wasserparadies-hildesheim.de

ESSEN UND TRINKEN

Knochenhaueramtshaus. Speisen in Fachwerk-Ambiente direkt am Marktplatz. www.knochenhaueramtshaus.com

ÜBERNACHTEN

Van der Valk Hotel Hildesheim. Zentraler geht`s nicht: Vier-Sterne-Haus am Markt mit Wellness und Schwimmbad. www.vandervalk.de

WEITERE INFOS

Infos für Besucher: www.hildesheim.de **Tipp:** Kostüm- oder Segway-Stadtführung buchen **Feste:** »Jazztime« zu Pfingsten, Kleinkunstfest »Wallungen« im Juli, Straßenkunst-Festival »Pflasterzauber« im August, im Advent Weihnachtsmarkt auf dem historischen Marktplatz

tigte **Schokolade** aus Hildesheim naschen, die im skurrilen Fachwerkhäuschen »Umgestülpter Zuckerhut« verkauft wird. Das ist unten deutlich kleiner als oben. An den nächsten Tagen stehen Ausflüge ins Umland auf dem Programm: In den **Erlebnis-Zoo Hannover** und ins **Märchenschloss der Welfen**, der Marienburg. Architektonisch spannend ist das **Fagus-Werk** in Alfeld, mit seinem Bauhaus-Stil ein weiteres Welterbe in direkter Nähe. Und wann ist Hildesheim am schönsten? Besonders bunt ist die Stadt zur **Jazztime** an Pfingsten, bei den **Wallungen** im Juli, wenn die historischen Wallanlagen und der Ernst-Ehrlicher-Park zu Open-Air-Bühne für Musik und Kleinkunst werden, und beim internationalen **Straßenkunst-Festival Pflasterzauber** im August. Der Sommer ist generell auch für den Nachwuchs perfekt: Mutige Kids stürzen sich nach einem Anfängerkurs die **Kanu-Wildwasserstrecke** an der Bischofsmühle hinab. *AB*

Toller Ausflug
WÖLFE, BÄREN UND ELCHE

Nicht nur der Erlebnis-Zoo Hannover ist für Familien immer einen Ausflug wert. Auch heimische Tiere sind fast zum Greifen nah: Eine halbe Autostunde von Hildesheim liegt in den Niedersächsischen Landesforsten das Wisentgehege Springe. Mitten im Wald leben hier rund 100 Wildarten in verschiedenen Freigehegen auf weitläufigen 90 Hektar Fläche. Wolfsrudel und Braunbären lassen sich von einer Brücke beim Spielen, Dösen und Fressen beobachten. Auf dem Falkenhof schwirren Falken, Adler und Eulen den Besuchern bei Vorführungen mit Falknern haarscharf über die Köpfe hinweg. Wisente, Rot- und Muffelwild streifen durch große Gehege, Fischotter tauchen durchs Wasser, und mit etwas Geduld zeigen sich auch die Elche und die Soraiapferde. Faszinierend ist das Wolfsprojekt: Seit 2010 lebt ein Mitarbeiter als Rudel-Ranghöchster mit Timberwölfen zusammen und berichtet täglich über seine Erfahrungen in diesem ungewöhnlichen Experiment.

Erlebniszoo Hannover: www.zoo-hannover.de Springe, Wisentgehege 2, www.wisentgehege-springe.de

18

Im Märkischen Sauerland

Burg Altena geht auf das 12. Jahrhundert zurück. 1914 zog dort die erste Jugendherberge der Welt ein.

Mit dem Fahrstuhl durch den Berg. In Altena ist man in 35 Sekunden in der Ritterzeit. Im Herzen der alten Grafschaft Mark nutzten die Menschen bereits früh die Kraft der Fließgewässer, um Eisen und Stahl zu formen. Bekannt ist das märkische Sauerland auch für seine zahlreichen Höhlen.

Mittelalter hautnah

Seit 2014 kann man sich den Aufstieg zur **Burg Altena** ersparen, stattdessen den Aufzug nehmen und auf dem Weg dorthin in einem »Zeitstollen« 900 Jahre Burggeschichte und westfälische Sagen erleben. Generationen von Schülern haben sich hoch über der Lenne zum Ritter schlagen lassen. Nachts träumten sie im Schatten des Bergfrieds von Abenteuern im Kettenhemd. Heute haben sie es dabei erheblich bequemer als vor 100 Jahren in der ersten Jugendherberge der Welt mit ihren spartanischen Schlafsälen.

Stehen auf Burg Altena Ritterspiele und Schatzsuche im Mittelpunkt, wird es auf **Schloss Hohenlimburg** gruselig: Auf dem früheren Grafensitz über dem gleichnamigen Stadtteil von Hagen droht die »Schwarze Hand«. Sie soll einem Knaben gehört haben, dem sie abgeschlagen wurde, weil er dieselbe gegen die Mutter erhoben hatte. Nur eine Sage – aber das einbalsamierte Körperteil stammt wirklich aus dem Mittelalter. Ansonsten strahlen Säle und Salons der

Nordrhein-Westfalen

Infos und Adressen

ANREISE

Mit dem Auto über die A1 und A45. **Mit der Bahn:** IC/ICE bis Hagen. Weiter mit Regionalexpress oder Regionalbahn Richtung Finnentrop, Iserlohn oder Neuenrade (von Fröndenberg). **Tipp:** SchönerTagTicket (www.nahverkehr.nrw.de)

BESTE REISEZEIT

Mai bis Oktober

FÜR REGENTAGE

Deutsches Drahtmuseum. Drahtziehen vom Kettenhemd zum Supraleiter, unterhalb der Burg Altena. www.maerkischer-kreis.de
Luisenhütte. Älteste Hochofenanlage Deutschlands (ab 1854/55). Wocklumer Allee, Balve-Wocklum, www.maerkischer-kreis.de

ÜBERNACHTEN

Jugendherberge Burg Altena. Urig, aber bequem, Gästehaus in Jugendstilvilla. Altena, Fritz-Thomée-Str. 80, www.djh-wl.de
Schultenhof. Familienbauernhof zum Toben und Abschalten, Ponywanderungen, Bauernhofcafé. Leveringhausen 1, Balve-Garbeck, www.schultenhof.de

WEITERE INFOS

Freizeit- und Tourismusverband Märkisches Sauerland. www.mk-tourismus.de
WasserEisenLand e. V. Industriekultur in Südwestfalen. www.wassereisenland.de

Höhenburg fürstlich-bürgerliche Wohnlichkeit aus. Beide Standorte sind auch Zeugnisse früher Industrialisierung im »Wasser-Eisen-Land«: Im **Deutschen Drahtmuseum** (Altena) und im **Deutschen Kaltwalzmuseum** (Hohenlimburg) lässt sich erleben, wie Eisen und Stahl für den Alltag gezogen und gewalzt wurden: zu Krinolinen, Küchengeräten und Blechspielzeug.

Die Täler des märkischen Sauerlands haben zahlreiche malerische Abschnitte, die z. B. auf der **Lenneroute** mit dem Rad erkundet oder im romantischen **Hönnetal** erwandert werden können. Am Fenster der Regionalbahnen gleitet die Landschaft langsam vorüber. Die **Dechenhöhle** in Iserlohn-Letmathe, eine Märchenwelt aus Tropfstein, hat sogar eine eigene Haltestelle. Wer seinen Mut zusammennimmt, schaut im Höhlenmuseum dem Höhlenbären in die Augen. Im idyllischen **Elsetal** bei Plettenberg rattert ein **Museumszug.**   *HA*

Über Natursteinbrücken und unter steilen Felswänden fährt die Hönnetalbahn von Menden nach Neuenrade.

Mitmachen!

NÄGEL SCHMIEDEN, PAPIER SCHÖPFEN

Das LWL-Freilichtmuseum Hagen auf einem 42 Hektar großen Areal im Mäckingerbachtal präsentiert regionale Handwerks- und Technikgeschichte in einem riesigen »Aktionsraum«. In über 50 Werkstätten erleben Kinder ab dem Grundschulalter und Erwachsene, wie vom Ende des 18. Jahrhunderts bis Anfang des 20. Jahrhunderts Nägel geschmiedet, Papier geschöpft, Tabakblätter gedreht, Seile geschlagen, Schuhe über den Leisten gezogen und Senf gemahlen wurde. Beeindruckend sind die gewaltigen Hammerköpfe, die von Wassermühlen angetrieben werden und im gleichbleibenden Rhythmus lärmend niederschlagen. Insgesamt gibt es acht Themenbereiche. Besucher schauen nicht nur Handwerkern über die Schulter, sondern machen auch mit. Das Wo und Was wechselt regelmäßig (Information am Eingang). Dauer- und Sonderausstellungen runden das Erlebnisprogramm ab. Verschnaufen können Sie bei selbst gebrautem Bier, frischem Landbrot und westfälischen Spezialitäten in der Museumsgaststätte.

www.lwl-freilichtmuseum-hagen.de

19

Hexen und Höhlen im Ostharz

TOLL FÜR KINDER

Seilbahnen Thale Erlebniswelt. Kinderspielareal am Ausgang des Bodetals mit Allwetterrodelbahn, Sessellift und Kabinenbahn. Hexentanzplatz

Schierke. Sommerrodelbahn Brocken Coaster, danach Sagen- und Märchenwanderung

Harzer Schmalspurbahn. Mit Dampf auf den Brocken. Alternative: Wernigerode–Drei Annen Hohne, Dauer: 40 Minuten

Wernigerode. Stadterlebnistour »Auf den Spuren von Hexen und Teufeln«

TOLL FÜR ELTERN

Wernigerode. Fachwerk-Sightseeing, zu Fuß oder mit der »Bimmelbahn« zum Schloss mit Museum, Schlossfestspiele im Juli/Aug.

Teufelsmauer. 15 Kilometer lange Felsklippe aus Kreidesandstein, spektakulärster Abschnitt zwischen Blankenburg und Timmenrode auf ausgebauten Wanderwegen. Die Aussichtsplattform auf dem Großvaterfelsen ist nur für Schwindelfreie.

Blankenburg. Ausruhen im barocken Terrassengarten am Kleinen Schloss

Über der Fachwerkstadt Wernigerode thront das gleichnamige Schloss aus dem 19. Jahrhundert.

Hexen sind unterwegs zum Blocksberg und zum Tanzplatz. Auch der Teufel ist nicht weit. Wild geht es im Ostharz mitunter zu. In den Fachwerkstädtchen herrscht jedoch Frieden, und es gibt eine Menge zu entdecken. Ansonsten hört man in den tiefen Wäldern nur die Blätter rauschen – und den Pfiff der Dampflok.

Wilde Romantik, sagenhafte Natur

Die einst undurchdringliche Natur inspirierte die Menschen zu zahlreichen Mythen – und beförderte später den Fremdenverkehr, sommers wie winters. Der **Harzer Hexen-Stieg**, ein familientauglicher Fernwanderweg, führt auf 97 Kilometern von Osterode durch den **Nationalpark Harz** über den **Brocken** (1142 m) zum **Hexentanzplatz bei Thale**, einer Felsplatte mit grandioser Aussicht. Von dort schwebt eine Kabinenbahn ins Bodetal.

Ein Abstecher nach **Sorge und Elend** macht keinesfalls depressiv, denn auf verwunschenen Wegen durch wildromantische Bachtäler zeigt sich der Harz von seiner Schokoladenladenseite. Das lässt (fast) vergessen, dass dort bis 1989 der »Todesstreifen« verlief. An den erhaltenen Resten der innerdeutschen Grenzbefestigung spürt man noch den kalten Hauch der Geschichte.

Warm ums Herz wird dem, der in der **Harzer Schmalspurbahn** verschnauft und sich mit sagenhaften 30 Stundenki-

Sachsen-Anhalt

Zu den Harzer Schmalspurbahnen gehört auch die Brockenbahn, die in Wernigerode am Bahnhof Westerntor startet.

Infos und Adressen

ANREISE

Mit dem Auto auf der A7 bis Göttingen, dann über die B27/A395/B6. **Mit der Bahn:** Regionalexpress Hannover–Leipzig. **Tipp:** HarzCard: www.harzcard.info, Harzer Urlaubsticket: www.hatix.info

BESTE REISEZEIT

Ganzjährig

FÜR REGENTAGE

Glasmanufaktur Harzkristall. Glashütte mit Schauwerkstatt, Verkauf und Kreativangeboten. Im Freien Felde 5, Derenburg, www.harzkristall.de
Domschatz Halberstadt. Kirchenschätze der Superlative, glänzend präsentiert. Domplatz 16a, www.dom-und-domschatz.de

ESSEN UND TRINKEN

Café am Markt. Bei Torte oder Mittagsgericht unter der Markise das historische Rathaus und die Kinder im Blick behalten. Marktplatz 6, Wernigerode, www.cafe-wiecker.de

ÜBERNACHTEN

Hasseröder Ferienpark. 145 Ferienwohnungen und -häuser für Familien, Spiel- und Schwimmwelten, Kinderprogramme. Nesseltal 11, Wernigerode, www.clubfamily.de

WEITERE INFOS

Harzer Tourismusverband e. V. www.harzinfo.de
Wernigerode Tourismus. Marktplatz 10, www.wernigerode-tourismus.de

Nicht verpassen

RÜBELÄNDER HÖHLEN

Die Rübeländer Tropfsteinhöhlen in der gleichnamigen Ortschaft am Harzer Hexen-Stieg gehören zu den ältesten Schauhöhlen überhaupt. Bereits seit 1646 finden in der Baumannshöhle offizielle Führungen statt. Die Hermannshöhle wurde 1866 bei Straßenbauarbeiten entdeckt. Der reisende Dichterfürst Goethe besuchte die Baummannshöhle mehrfach, begeistert von den Tropfsteinformationen und Sintergebilden, die heute allerdings weit besser ausgeleuchtet sind als damals. Anfassen ist aber immer noch tabu, da jeder »Fingertipp« den empfindlichen Gebilden schadet. Als Lebewesen in der Dunkelheit überleben nur Fledermäuse dauerhaft oder, in der Hermannshöhle, ein Dutzend Grottenolme. Zehn Sekunden schaltet der Gästeführer die Lampen aus – schwärzer als schwarz kann es nicht werden. In beiden Höhlen herrscht konstant +8 °C, und es ist feucht. Pullover und/oder Jacke also nicht vergessen! Für Erwachsene wie Kinder (ab dem Grundschulalter) sind die Rübeländer Höhlen ein Harz-Highlight.

www.harzer-hoehlen.de

lometern direkt vom Brocken oder vom Umsteigebahnhof (zur Harzquerbahn) Drei Annen Hohne von einer Dampflokomotive nach Wernigerode ziehen lässt. Auf den offenen Plattformen steigt einem schon mal der Ruß in die Nase. Den schwefeligen Geschmack bekämpft der »Schierker Feuerstein« vom Schaffner (nur für Erwachsene).

Endstation ist der Bahnhof Westerntor in **Wernigerode**. Mehr restaurierte Fachwerkhäuser als in der alten Residenz- und Handelsstadt scheint es nirgendwo zu geben. Besonders eindrucksvoll ist die mit Holzfiguren geschmückte Rathausfassade. Für den repräsentativen Umbau des **Schlosses** haben die Grafen 1862–81 viel Geld ausgegeben. Kaiser Wilhelm I. übernachtete dort rustikal, wie sein original erhaltenes Schlafgemach zeigt. Genug Romantik! In der **Erlebniswelt Thale** ist der Teufel los: im »Tollhaus« und den »Funparks«. *HA*

20 Nationalpark Harz für Junior-Ranger

Natur entdecken steht für Kinder an erster Stelle auf dem Nationalparkprogramm.

Der Nationalpark Harz bietet auf einer Fläche von 243 Quadratkilometern Felsmassive, Urwälder sowie Moore und Bergwiesen. Was wenige wissen: Der Waldpark ist nicht nur ein Paradies für große Wanderfreunde, sondern bietet auch ein umfangreiches Naturerlebnis-Programm für Kinder.

Kleine Ranger auf Entdeckungstour

Natur hautnah erleben, wilde Tiere beobachten und seltene Pflanzen kennenlernen: Das **Mitmachprogramm des Nationalparks** bietet eine Menge spannender Aktivitäten, die durch tolle Erlebnispfade ergänzt werden. Auf dem **Löwenzahn-Entdeckerpfad** bei Drei Annen Hohne zum Beispiel können Familien Wissenswertes über Ameise, Eule & Co. erfahren. Der **Barfußpfad** und die Archimedische Schraube machen dieses Abenteuer perfekt. Am **Natur-Erlebniszentrum HohneHof** lockt dann ein leckerer Imbiss. Beeindruckend ist das **Luchsgehege an den Rabenklippen** bei Bad Harzburg, in dem man die Wildkatzen mit den Pinselohren hautnah erleben kann. Hier finden auch regelmäßig Luchsfütterungen statt. Spannend wird es, wenn die kleinen Ranger auf Entdeckertour gehen. Ein extra **Entdeckerheft** führt Kinder spielerisch auf verschiedenen Stationen durch den Nationalpark und erläutert

Niedersachsen/ Sachsen-Anhalt

Wildromantisch ist die Natur rund um die Ilsefälle bei Ilsenburg.

alles Wichtige zur Tier- und Pflanzenwelt. Verschiedene Rätsel sind zu lösen, um schließlich den Entdecker-Code zu knacken. Wer dann noch eine Tierspur findet, bekommt die begehrte Urkunde. Auf die gemeinsamen Wurzeln von Mensch und Natur führt uns der vier Kilometer lange **Naturmythenpfad bei Braunlage**. Zehn Mitmachstationen lassen uns eintauchen in Geschichten von Mensch und Wolf, der Kraft der Bäume und den Geheimnissen der Waldvögel. Wer weiß, vielleicht erfüllt der Wunschbaum tatsächlich einen Wunsch? Und der kurze **Borkenkäferpfad** durchs wildromantische Ilsetal klärt über den kleinen Plagegeist auf und erklärt, warum er sogar nützlich sein kann. Eine schöne Ergänzung zu so viel Naturerlebnis ist der **Rammelsberg** im Harz, ein Erzbergwerk, das mit der Altstadt Goslar zum UNESCO Kulturerbe zählt. Das **Besucherbergwerk** dokumentiert die 1000-jährige Bergbaugeschichte, und im Roeder-Stollen kann man das Feuersetzen miterleben, mit dem im 19. Jahrhundert Erz gewonnen wurde. *Red.*

Toller Ausflug

MÄRCHENPARKS IN DER UMGEBUNG

Einer der ältesten und größten Märchenparks in Deutschland ist der Märchengrund Bad Sachsa. Bereits 1910 errichtet, ist dieser Park mit seinen elektrisch betriebenen Figuren über einen halbstündigen Spaziergang vom Schmelzteich durch das Katzental aus zu erreichen. Es gibt aber auch Parkmöglichkeiten vor der Tür.

Am Fuß des Burgbergs und in der Nähe der Talstation der Burgberg-Seilbahn an der B4 liegt der zauberhafte Märchenwald Bad Harzburg, in dem bekannte Märchen der Gebrüder Grimm mit Holzfiguren und beweglichen Bühnenbildern in Szene gesetzt werden. Im »Zwergenbergwerk« arbeiten die Wichtelmännchen, und eine Modelleisenbahn fährt in der Miniaturlandschaft bis hinauf zum Brocken. Die Kindereisenbahn und die Hüpfburg machen das Erlebnis perfekt.

www.bad-sachsa.de und www.maerchenwald-harz.de

21

Kanutouren im Spreewald

TOLL FÜR KINDER

Selber schleusen. Die Selbstbedienungsschleusen erfordern etwas Kraftaufwand, sind aber ein großer Spaß für kleine Spreewaldkapitäne.

Forscherkahn Nautilust. Ausgestattet mit Mikroskopen, Keschern und Ferngläsern geht es unter fachkundiger Anleitung auf Expedition durch die Spreewaldfließe.

Schwimmen mit Delfinen. Das Spreeweltenbad in Lübbenau bietet die einzigartige Gelegenheit, nur durch eine Glasscheibe getrennt mit den Delphinen im Außenbecken zu schwimmen.

TOLL FÜR ELTERN

Slawenburg Raddusch. Zeitreise durch 12 000 Jahre Niederlausitzer Geschichte mit einer der modernsten Archäologie-Ausstellungen Deutschlands

Tropical Islands. Südseefeeling im Indoor-Regenwald für die ganze Familie

Spreewaldküche. Neben der Spreewaldgurke als wohl bekanntester lokaler Köstlichkeit bieten die zahlreichen urigen Gasthäuser eine gute Gelegenheit, die traditionelle Spreewaldküche kennenzulernen.

Grüne Idylle: mit dem Kanu unterwegs auf dem Südumfluter

Alles im grünen Bereich: Nur etwa eine Autostunde im Südosten von Berlin fächert sich die Spree in ein feingliedriges Binnendelta auf, und die schmalen, langsam fließenden Spreewaldfließe inmitten einer faszinierenden Kulturlandschaft sind ideal geeignet für die erlebnisreiche Familien-Outdoor-Aktivitäten.

Paddeln, radeln und wandern im Dschungelcamp

Der Spreewald lockt mit malerischen Dörfern und einem verwunschen Labyrinth aus ruhigen Wasserläufen, die vielfältige Möglichkeiten von der kurzen Kanurunde bis zur ausgedehnten Wasserwanderung für kleine und große Spreewaldkapitäne bieten. Die Orientierung auf den weitverzweigten Wasserwegen des Spreewaldes ist allerdings nicht immer ganz einfach. An den meisten größeren (aber nicht an allen) Abzweigungen und Kreuzungen mehrerer Wasserwege weisen Holzschilder auf die Namen des jeweiligen Fließes hin und für Touren auf eigene Faust braucht es eine detaillierte Wasserwanderkarte und einen guten Orientierungssinn.

Heimliches »Zentrum« des Spreewaldes ist die Stadt **Lübbenau** mit ihrem großen Kahnhafen. Der hiesige, idyllisch gelegene und sehr paddlerfreundliche Campingplatz bietet sich als Basislager für unkomplizierte Touren auf eigenem Kiel an,

Brandenburg

denn ab der **Schleuse Schneidemühle** sind vier Wasserwanderstrecken zwischen 10 und 23 Kilometern Länge markiert. So sind gänzlich unkomplizierte Paddeltouren auf dem weitverzweigten Wasserlabyrinth zwischen Lübbenau und Burg im Oberspreewald möglich, und das ganz ohne Orientierungsstress! Alle Touren sind als Rundkurs angelegt.

Am kürzesten und daher für Anfänger und Familien mit kleinen Kindern ideal geeignet, ist die etwa zehn Kilometer lange **Barzlintour**. Sie ist mit einem weißen Dreieck auf grünem Grund markiert und führt vorbei am Campingplatz in nordwestliche Richtung in die Gegend rund um die Talsanderhebung des Barzlin. Ca. 17 Kilometer misst die mit einem schwarzen Kreis auf gelbem Grund markierte **Kleine Leiper Tour**, die auf der Hauptspree über Lehde nach Leipe und zurück über Boblitzer Kahnfahrt und Südumfluter nach Lübbenau führt. Noch einmal drei Kiloemeter länger ist die **Große Leiper Tour**. Sie ist mit weißem Quadrat auf rotem Grund gekennzeichnet und führt über Lehde an die südlichen Ausläufer des Hochwaldes und über Leipe zurück. Eine ausgewachsene Tagestour für Familien mit größeren Kindern, die schon mitpaddeln, ist die ausgedehnteste der markierten Wasserwanderstrecken.

Die etwa 23 Kilometer lange **Hochwaldtour**, markiert mit blauem Dreieck auf weißem Grund, führt über Lehde durch den Hochwald und anschließend nach Leipe und von dort über die Hauptspree zurück nach Lübbenau. Nördlich an den Oberspreewald schließt sich der flächenmäßig kleinere Unterspreewald an. Zwischen Lübben und Schlepzig ist der grüne Dschungel zwar nicht ganz so dicht und das Labyrinth der Fließe weniger fein verzweigt. Dafür geht es hier

Schleusen sind ein Spaß für Groß und Klein.

Links: Traditionelles Spreewald-Bauernhaus

Toller Ausflug
SCHLOSSINSEL LÜBBEN

Ob während der Kanutour im Unterspreewald oder als separater Tagesausflug: Die Schlossinsel in Lübben ist ein spannendes Ziel für die gesamte Familie – und das ganz ohne Eintritt. Während sich die Eltern beim Schlendern über die schön angelegten Spazierwege an der Natur erfreuen, können die Kinder auf dem großen Wasserspielplatz Sandburgen bauen, sich als angehende Wasserbauingenieure betätigen und nach Herzenslust matschen und planschen. Anschließend laden die weitläufigen Wiesen zum Picknick ein. Wer keinen eigenen Proviant dabeihat, kann auch kurz zum Hafen laufen, um ein Glas Spreewaldgurken zu erstehen oder eine Kleinigkeit zu essen.

Der besondere Tipp

RADFAHREN IM SPREEWALD

Der Spreewald bietet auch ideale Bedingungen für Radtouren. Empfehlenswerte Tagestouren mit dem Rad im Oberspreewald sind u. a. die Rundtour von Burg über Leipe (ca. 20 km), die Rundfahrt ab Lübbenau vorbei an der Slawenburg Raddusch (ca. 30 km) oder von Burg über Vetschau nach Lübbenau und zurück (ca. 50 km). Mieträder gibt es z. B. in Burg, Lehde, Lübben, Lübbenau, Leipe und Schlepzig.

Mehrtägige Radtouren mit der Familie sind möglich auf den beiden durchgehend gut markierten Themenrouten Gurkenradweg (ca. 250 km) und Kranich-Tour (ca. 200 km). Sowohl die Tagestouren wie auch die Fernradwege verlaufen fernab stark befahrener Straßen, sind überwiegend asphaltiert und daher ideal für Radtouren mit Kindern geeignet.

Auch auf dem Drahtesel lässt sich der Spreewald entdecken.

Gut ausgeschilderte Wege bieten Orientierung.

deutlich ruhiger und weniger touristisch zu und die ursprüngliche Natur begeistert.

Auf der Spree nach Berlin

Eine schöne Variante für kanuerprobte Familien ist die Märkische Umhahrt: Wer sich in Lübbenau nach Norden wendet, verlässt den Spreewald und kommt auf der Spree über Schlepzig, Leipsch, Schwielochsee, Beeskow, den Oder-Spree-Kanal und Müggelspree nach Erkner am Ostrand Berlins und über den Seddinsee auf die Dahme, die nach Süden zurück an den nördlichen Spreewald führt. Diese etwa 140 Kilometer lange Route eignet sich perfekt für einen einwöchigen Kanuurlaub. Die Tour ist auch gut für Anfänger geeignet, wobei man dann mindestens zehn Tage einplanen sollte.

Wandern im Spreewald

Die einzigartige Natur des Spreewalds lässt sich auch sehr gut zu Fuß entdecken. Schöne Tagestouren im Oberspreewald sind u. a. der **Fitnesspfad von Lübbenau zur »Wotschofska«**, die Rundtour von Lübbenau nach Lehde und zurück, der schöne, birkengesäumte Spazierweg von Lehde nach Leipe oder der Fontane-Weg rund um Burg-Kauper. Im Unterspreewald lohnt der **Naturlehrpfad der Stadt Lübben**, bei dem auf Informationstafeln die Tier- und Pflanzenwelt der Umgebung vorgestellt wird. Zu empfehlen ist auch die rund 15 Kilometer lange Wanderung von Lübben ins Naturschutzgebiet Barzlin. *MH*

Kanutouren im Spreewald

Infos und Adressen

ANREISE

Mit dem Auto in etwa einer Stunde aus Berlin über die A13 in den Spreewald.
Mit der Bahn: stündliche Zugverbindung mit dem RE2 von Berlin in den Spreewald. Halt u. a. in Lübben, Lübbenau, Raddusch, Vetschau und Cottbus

BESTE REISEZEIT

Der Spreewald lädt ganzjährig zum Familienurlaub ein. Perfekt für eine Kanutour sind Frühjahr und Herbst, weil sich dann sowohl das Mückenaufkommen wie auch der Andrang an Kahnfahrern auf den engen Fließen in Grenzen hält.

KANUVERLEIH

Zahlreiche Kanuverleiher in praktisch jedem Spreewalddorf. Mitglied im Bundesverband Kanu ist. z. B.: Bootsverleih Richter in Lübbenau. www.bootsverleih-richter.de

BEFAHRUNGSREGELN

Kahnkapitäne haben immer Vorfahrt. Besonders in der Hochsaison ist rücksichtsvolles Fahren angesagt, da es besonders auf den kleinen Fließen sehr eng werden kann. Aus Naturschutzgründen können einige Fließe zeitweise gesperrt sein. Schilder vor Ort informieren jeweils über die aktuellen Regelungen.

ESSEN UND TRINKEN

Gasthaus Wotschofska. Traditionslokal auf der kleinen Insel nördlich von Lehde, das nur über das Wasser sowie über einen Rad- und Wanderweg zu erreichen ist. Regionale Küche mit Zutaten aus der Umgebung. Idyllisch gelegen mit Biergarten und Spielplatz. www.gasthaus-wotschofska.de
Pohlenzschänke. Spezialitäten aus der Region stehen im ältesten Wirtshaus im Spreewald auf der Karte. Das klassische Ausflugslokal ist für Radfahrer und Fußgänger auch über den Gurkenradweg zu erreichen. www.pohlenzschaenke.de

ÜBERNACHTEN

Spreewald-Natur-Camping in Lübbenau. Tel. 03542 – 35 33
Familienfreundliche Jugendherbergen direkt an der Hauptspree in Burg (Tel. 35603 – 2 25) sowie in Lübben (Tel. 03546 – 30 46)

WEITERE INFOS

Tourismusverband Spreewald. www.spreewald.de

Der Spreewald ist fest in Paddlerhand. Mitunter ist es gar nicht so einfach, beim Landgang einen freien »Parkplatz« für das Kajak zu finden.

Sagenhaftes Werratal

TOLL FÜR KINDER

Doktor-Eisenbart-Führungen in Hann. Münden. Skurriles und Lustiges rund um den berühmtesten Mediziner der Stadt

Erlebnispark Ziegenhagen. Märchenpark mit Dornröschenschloss und Regenbogen-Eisenbahn

Schloss Berlepsch. Mittelalterfeste, Maislabyrinth, ein Baumhaus zum Übernachten (Robins Nest), »Mythen bei Fackelschein« und andere spannende Führungen, Märchenlesungen

Leuchtberg-Kletterwald. Abenteuerlicher Naturhochseilgarten in Eschwege mit Blick auf den Werratalsee

TOLL FÜR ELTERN

Kesperkirmes. In Witzenhausen, mit Kirschenkönigin, Deutscher Meisterschaft im Kirschkernweitspucken, Witzenhäuser Entenrennen (Plastikenten auf der Werra)

Wasserwandern und Radeln. Kanufahren auf der Werra, auch für Ungeübte. Wasser-Wanderkarten und Routenberatung in den Tourismus-Informationen. Radeln auf dem malerischen Werratal-Radweg

Der romantische Fischerstad (»Klein-Venedig«), eines der ältesten Stadtviertel von Bad Sooden-Allendorf

Nur wenige Kilometer vor den Toren von Kassel liegt eine malerische Hügellandschaft, die zu den schönsten Europas gehört: das untere Werratal. Unzählige Sagen und Mythen stammen von hier. Geheimnisvolle Pfade, märchenhafte Plätze, verträumte Burgen und schmucke Fachwerkstädtchen laden zum Entdecken und Verweilen ein.

Märchenhafte Burgen, großartige Filmkulissen

Ein idealer Ausgangspunkt für erste Exkursionen ins Werratal ist die Dreiflüssestadt **Hannoversch Münden**, die mit dem Auto bequem über die A7 erreicht werden kann. In dem von sanften Hügelketten umgebenen Städtchen lassen sich am **Weserstein** der »innige Kuss von Fulda und Werra« und in der Altstadt das prächtige **Weserrenaissance-Rathaus** bestaunen. Eine besonders schöne Sicht auf »eine der sieben schönst gelegenen Städte der Welt« (Alexander von Humboldt) hat man von der 90 Meter über der Stadt liegenden **Tillyschanze**. Fahren wir auf der B80 in Richtung Osten, erreichen wir nach einer halben Autostunde die Kirschenstadt **Witzenhausen**. Hier lohnt ein Besuch vor allem im Frühjahr, wenn das Werratal während der Kirschblüte in zartes Weiß getaucht ist. Die Kirschenplantagen bei Witzenhausen mit ihren mehr als 100 000 Kirschbäumen gelten als das größte geschlossene

Hessen

Anbaugebiet in Europa. Rund um die Stadt angelegte Kirsch-blütenwege und ein **Kirschblütenerlebnispfad** laden zum Entdecken dieser alten Kulturpflanze ein.

Kurz vor Witzenhausen zweigen malerisch gelegene Sträß-chen zum sagenumrankten **Schloss Berlepsch**, an dem einst auch die Edgar-Wallace-Filme gedreht wurden, und nach **Ziegenhagen** ab, wo in einem liebevoll angelegten **Familien-park** die Märchen der Brüder Grimm nacherlebt werden kön-nen. Der Park wurde mithilfe von Steinen einer ehemaligen Burg gebaut, die möglicherweise Schauplatz des Grimm-Märchens »Die sechs Schwäne« war. Besonders mystisch wird es im Werratal, wenn man von Witzenhausen auf der B80/B27 in Richtung Osten fährt. Schon bald rücken die Berg-wände zu beiden Talseiten enger zusammen und man erblickt am rechten Werraufer **Burg Ludwigstein**. Dunkle Mächte sollen die heutige Jugendburg in einer einzigen Nacht erbaut haben. Auf der anderen Werraseite streift der Blick die **Burg Hanstein**, eine wahrlich märchenhafte Burgruine und Dreh-ort für den Kultfilm »Der Medicus«. Ein Besuch der einst verfeindeten Burgen lohnt ebenso wie der auf der **Teufels-kanzel**, wo sich unter knorrigen Baumwurzeln ein wunder-schöner Ausblick auf das Werratal zeigt. An diesem Ort schwanden einst dem Bösen nach einer verlorenen Wette, bei der er einen Stein vom Brocken zum Hohen Meißner tragen sollte, die Kräfte. Dies hatte fatale Konsequenzen, die auch die Landschaft des Werratals veränderten.

Zu Gast bei Frau Holle

Wenige Kilometer flussaufwärts gelangt man zur nächsten Werratal-Perle. **Bad Sooden-Allendorf**, das mit einem herrli-chen geschlossenen Fachwerkensemble und vielen anderen kleinen Kostbarkeiten ausgestattete Solestädtchen, ist auch als »Basislager« für Erlebnisexkursionen auf den Hohen Meiß-ner zu empfehlen. Der **Hohe Meißner** ist schon von Ferne aufgrund seines ungewöhnlichen »Gipfels« – ein Hochplateau mit einer Länge von bis zu vier Kilometern – gut zu erkennen. Er ist das Zentrum der Mythologie von Frau Holle, die auf dem Meißner einst auch als Erd- und Muttergottheit verehrt wurde. Das grimmsche Frau-Holle-Märchen soll am Hohen Meißner seinen Ursprung haben. Was Frau Holle auf dem Meißner gerade tut, lässt sich bereits bei der Anfahrt zum Meißner erkennen: Liegt der Berg im Nebel, wäscht sie ihre

Kleine Leute können in Mohnfeldern auch Verstecken spielen.

Toller Ausflug

DIE MOHNFELDER VON GERMERODE

Ein malerischer Ort am Fuße des Hohen Meißners sind die Schlafmohnfelder von Ger-merode. Sie lassen sich auf einem 2,5 Kilo-meter langen Rundweg entdecken, der zum Teil auf strohunterlegten Pfaden inmitten der Felder verläuft. Der Weg beginnt am Mohn-parkplatz am Neuen Weg. Besonders schön ist der Weg während der Mohnblüte, wenn die Mohnfelder in ein leuchtendes Rot-Violett getaucht sind. Entlang des Weges findet man spannende Informationen über den Mohn, ab und an huscht sogar eine Mohnprinzessin vorbei. Am Mohnweg befindet sich auch ein Café, in dem man köstlichen Mohnkuchen genießen kann. Außerhalb der Mohnblüte las-sen sich Mohnspezialitäten im Dorfladen (Neuer Weg) erwerben.

Der Wildpark in Germerode (Am Wildpark 1) und der Barfußpfad im Meißner-Jugenddorf liegen nur wenige Kilometer vom Mohnwan-derweg entfernt und sind ebenfalls tolle Aus-flugsziele für Familien mit Kindern.

MÄRCHENWOCHE IN BAD SOODEN-ALLENDORF

Ein besonders schönes Erlebnis für Kinder und alle Junggebliebenen ist die Märchenwoche, die jedes Jahr in Bad Sooden-Allendorf stattfindet. Vom Ostersonntag an geht es im ganzen Ort acht Tage lang um die Märchen der Brüder Grimm. Theaterstücke, Märchenspiele und -erzählungen, märchenhafte Wanderungen und Puppenausstellungen stehen auf dem Programm. Am Söder Tor, dem Durchtritt durch einen alten Sälzerweg, schüttelt Frau Holle täglich ihre Betten auf. Neben Federn fallen dabei ab und an auch Süßigkeiten zur Erde hinab. Sagenhafter Schlusspunkt der Veranstaltungswoche ist ein festlicher Umzug am Sonntag nach Ostern, an dem sich viele Symbol- und Sagenfiguren aus dem Werratal ihr Stelldichein geben.

www.maerchenwoche.de

Schneeweißchen und Rosenrot bei der Märchenwoche

Der zauberhafte Elfengrund mit seinen Wasserfällen heißt nicht umsonst so …

Wäsche, bei Morgen- und Abendrot kocht sie, und wenn es schneit, dann schüttelt sie ihre Betten auf. Von den mehr als zehn Orten, die am Hohen Meißner mit Frau Holle in Verbindung gebracht werden, lohnt vor allem ein Besuch des Frau-Holle-Teiches. Überlieferungen zufolge steht auf dem Grund des unendlich tiefen Teiches Frau Holles silbernes Schloss. Das Leben soll an diesem Ort entstehen und vergehen.

Ein umwerfend schöner, mystischer Ort am Hohen Meißner ist auch die aus Basaltsäulen bestehende **Kitzkammer**, in der einst Frau Holle zänkische Mädchen in Katzen oder Käuze verwandelte. Kleine und große Magier sollten im Meißner-Vorland auch die düstere **Wehrkirche** und den **Todstein** in Abterode sowie die versteckt gelegene **Bilsteinruine** im Höllental besuchen.

Rund um Eschwege

Ein Besuch der Kreisstadt **Eschwege** ist bei einem Kurzurlaub im Werratal ebenfalls ein Muss. Möchte man auf den Spuren von Mythen und Sagen wandeln, sollte man einen Besuch des **Dünzebacher Torturms** oder einen Spaziergang auf die **Leuchtberge** mit dem sagenumwobenen **Bismarckturm** wagen. Für Kinder ist der Eschweger **Kletterwald** ein besonderes Erlebnis. Auch ein Bootsausflug auf dem Werratalsee könnte zum Tagesprogramm gehören. Im nahen **Wanfried**, dem einstigen Endhafen der Weser-/Werraschifffahrt, lohnen ein Besuch der **Altstadt** und ein Ausflug zum sagenhaften **Elfengrund**. Dort können mit etwas Glück auch Erwachsene echte Elfen entdecken. *ISt*

Sagenhaftes Werratal

Infos und Adressen

ANREISE

Mit dem Auto z. B. über die A7 (Kassel–Göttingen) bis Hann. Münden/Hedemünden, dann Bundesstraßen
Mit der Bahn: NVV/cantus R1 (Kassel–Göttingen) oder R7 (Bebra–Göttingen)

BESTE REISEZEIT

Ganzjährig

FÜR REGENTAGE

Tropengewächshaus. Alles über tropische Nutzpflanzen in Witzenhausen. Mit Deutschlands größter Kaffeeplantage. Kleine Kaffeepflanzen können oft für geringes Entgelt mitgenommen werden. Eintritt frei. www.weltgarten-witzenhausen.de/lernorte/tropengewaechshaus
Werrataltherme. Erholen und Entspannen in Bad Sooden-Allendorf. www.werrataltherme.com
Zinnfigurenkabinett. Die Weltgeschichte im Kleinformat in Eschwege. Hospitalstraße 7, Mi, Sa und So 14–17 Uhr

ESSEN UND TRINKEN

Jausenstation Weißenbach. Idyllisch gelegenes Restaurant in einem Seitental des Werratals, regionale Spezialitäten. Weißenbachstr. 1a, Großalmerode-Weißenbach, www.jausenstation.de
Gaststätte Teufelskanzel. Sagenumwobener Ort mit wunderschönem Ausblick auf das Werratal, thüringische Spezialitäten. Gerbeshausen, www.teufelskanzel.de
Ratskeller. Mittelalterliche Erlebnis-Gastronomie in Bad Sooden-Allendorf. Marktplatz 8, www.kuechenmaisterey.com

ÜBERNACHTEN

Hotel zur Warte. Mit dem Heuhotel Märchenscheune. Im Froschkönigdorf lässt sich in einer umgebauten Fachwerkscheune auf Heu wunderbar ruhen. Warteweg 1, Witzenhausen-Dohrenbach, www.hotelzurwarte.de
Haus Hilgenfeld – Le Petit Hotel. Familiäres Hotel, Frühstücksbüffet mit Bioprodukten, romantischer Garten mit alten Apfelbäumen. Freiherr-vom-Stein-Str. 23, Bad Sooden-Allendorf, www.hotel-hilgenfeld.de

WEITERE INFOS

Der Naturpark Meißner-Kaufunger Wald bietet spannende Exkursionen zu besonderen Naturplätzen und Sagenorten an. www.naturpark-mkw.de
In vielen Städten des Werratals werden historische Führungen und geführte Spaziergänge zu mystischen Orten angeboten. **Ausführliche Informationen zu den Veranstaltungen** bei den Tourismus-Informationszentren in Hann. Münden, Witzenhausen, Bad Sooden-Allendorf, Eschwege und Wanfried. www.hann.muenden-tourismus.de, www.kirschenland.de, www.werratal-tourismus.de, www.bad-sooden-allendorf.de

Schloss Berlepsch wurde von Hörern des Hessischen Rundfunks zum schönsten Schloss Hessens gewählt.

23 Mit dem Kanu im Ruhrgebiet

TOLL FÜR KINDER

Kletterwald. Hoch hinaus bis zwischen die Baumwipfel geht es für Kinder ab sechs Jahren im Hochseilgarten auf dem Harkortberg bei Wetter an der Ruhr.

Jumboeis. Pflicht bei einer Paddeltour auf der Lippe: die Eisdiele San Remo in Lünen

Waldspielplatz Sagaland. Auf dem weitläufigen Spielplatz bei Haltern am See finden Kinder Waldgeister, Gnome und vielfältige Spiel- und Kletteranlagen.

TOLL FÜR ELTERN

Ruhrtalbahn. Über 40 km Eisenbahnromantik mit Schienenbus oder Dampfzug zwischen Hagen Hbf. und Eisenbahnmuseum Bochum

Badeparadies. Im Aquapark Oberhausen lässt es sich auf über 13 000 m² nach Herzenslust planschen, rutschen und relaxen

Industriekultur. Während die Eltern im Biergarten des Industriemuseums Zeche Hannover in Bochum verweilen, lernen Kinder in der Zeche Knirps spielerisch die Arbeit der Bergmänner kennen.

In Witten überspannt ein Eisenbahnviadukt die Ruhr.

Nordrhein-Westfalen ist viel grüner als allgemein angenommen. Wer bei Ruhrgebiet an Kohlekumpel, Currywurst und Industrie denkt, verpasst vieles. Denn hier erwartet paddelnde Familien statt Bergbau und dampfender Schlote eine abwechslungsreiche Landschaft mit wunderschönen Seen und Flüssen.

Abenteuer für große und kleine Piraten

Trotz der zahlreichen Städte und vielen Industrieanlagen bleibt in Nordrhein-Westfalen genug Platz für Berge, Wald und Wasser, und man braucht nicht lange zu suchen, bis man einsame Landstriche und idyllische Flüsse entdeckt. Selbst die Namenspatronin des Ruhrgebiets, wohl alles andere als ein Synonym für intakte Natur, entpuppt sich als romantische, grüne Ader. Mit größeren Kindern ab etwa sechs Jahren bis ins Teenageralter sehr lohnend ist die **Wochenendtour mit Gepäck von Wetter nach Essen**. Gleich nach dem Start passieren wir den Aussichtsturm im **Naherholungsgebiet Hohenstein** nach Witten. Direkt dahinter überspannt das Ruhr-Viadukt den Flusslauf. An der kleinen Insel zu Beginn des **Kemnader Stausees** halten wir uns rechts, da die Befahrung des Schutzgebietes am linken Ufer untersagt ist. Von den Bootshäusern der Kanuvereine am südlichen Stadtrand von Bochum ist es nicht mehr weit nach **Hattingen**, wo sich ein Campingplatz befindet. Die Ruhr macht nun einen großen

Nordrhein-Westfalen

Infos und Adressen

ANREISE

Das Ruhrgebiet ist aus allen Teilen Deutschlands bequem mit dem Auto zu erreichen: A1 aus dem Norden, A1, A61, A3 oder A45 aus dem Süden sowie A4 aus Richtung Osten.

BESTE REISEZEIT

Hochsommer

KANUVERLEIH

Querfeldeins.
www.querfeldeins.org
Insider Traveller.
www.insider-traveller.de
Niederrhein Kanu.
www.niederrhein-kanu.de
Kanustation Pleistermühle.
www.kanuverleih-
pleistermuehle.de
Lippetouristik GmbH.
www.lippetouristik.de

ESSEN UND TRINKEN

Fabbrica Italiana. Am Kemnader Stausee mit Kinderspielraum, Außenspielplatz und Kinderkarte
Landgasthof Pleistermühle. An der Werse bei Münster. Hausgemachter Kuchen, Waffeln und traditionelle westfälische Gerichte

ÜBERNACHTEN

Campingplatz an der Ruhrbrücke in Hattingen. Mit Surfkursen für Kinder ab zehn Jahren.
www.camping-hattingen.de
Heuhotel. Pension und Zeltplatz in Weeze an der Niers.
www.kevins-pub.de

WEITERE INFOS

www.nrw-tourismus.de

An der Pleistermühle kann man Kanus leihen und einkehren.

Toller Ausflug
ALLWETTERZOO IN MÜNSTER

Ein Zoobesuch ist mit Kindern aller Altersklassen lohnend. Bei schlechtem Wetter zieht es aber nur wenige Familien dorthin. Eine Ausnahme bildet der Allwetterzoo in Münster. Dank überdachter Wege, die die einzelnen Tierhäuser miteinander verbinden, bleiben Besucher selbst bei Dauerregen stets im Trockenen – ein ideales Ausflugsziel also, wenn das Wetter für eine Paddeltour zu schlecht ist.

www.allwetterzoo.de

Bogen und wird von der **Burgruine Isenburg** überwacht. Hinter dem Steeler Wehr wird sie zur Schifffahrtsstraße, und das Fahrwasser ist ausgetonnt. Essen rückt näher, und die Ruhr geht in den **Baldeneysee** über. Links vor dem Wehr in **Essen-Werden** endet die Zwei-Tages-Tour.

Etwa eine Autostunde nordwestlich von Essen lädt die beschauliche **Niers** zum Kanuausflug ein. Eine kurze Tagestour für Familien mit Kindern im Alter zwischen drei und acht Jahren ist die etwa sieben Kilometer lange Strecke **von Kevelaer nach Weeze**. Die Tour führt vorbei an **Schloss Wissen**. Eine weitere, einfache Tagestour, die sich mit Kindern jeden Alters unternehmen lässt, findet sich im Münsterland auf dem sieben Kilometer langen **Werse-Abschnitt** zwischen dem Kanuverleih an der Pleistermühle und der Sudmühle, für den man 2,5 Stunden einplanen sollte. *MH*

24 Ruhrmetropole Essen

Einst Zentrum von Steinkohle und Krupp-Stahl, hat Essen diese Zeit heute weit hinter sich gelassen. Die zweitgrößte Stadt des Ruhrgebiets präsentiert sich als lebendige und grüne Metropole mit Familienangeboten aller Art. Was sich hier nicht findet, steuern die Nachbarregionen bei.

Freizeitspaß für jeden Geschmack

Ob Wasser- und Parklandschaften, Wälder und Hügel, Spielplätze, Kunst und Kultur – die knapp 600 000 Einwohner starke Stadt kann mit allem aufwarten. Seit 2001 besitzt sie mit der im Norden gelegenen **Zeche Zollverein** sogar eine UNESCO Weltkulturerbestätte. Das rund 100 Hektar große Areal ist mit seinen Bunkern und Schächten auch für Kinder ein Ort voller Entdeckungen. So gibt es im Sommer sogar ein kleines **Schwimmbad** in einem ausrangierten Schiffscontainer und im Winter eine **Schlittschuhbahn** im ehemaligen Abkühlbecken vor den Koksöfen. In der einstigen Kohlenwäsche ist heute das **Ruhr Museum** ansässig, das multimedial aufbereitet und umfassend über die Geschichte des Ruhrgebiets informiert. Das riesige Gelände erschließt sich am besten im Rahmen einer Führung, für Kinder gibt es spezielle Angebote. Ein besonderes Erlebnis – nicht nur für Kids – bietet das nicht weit von der Zeche in einer ehemali-

gen Fördermaschinenhalle untergebrachte **Phänomania Erfahrungsfeld**. In diesem ungewöhnlichen Sinnenmuseum ist Anfassen und Ausprobieren ausdrücklich erwünscht.

Zu den weiteren Glanzstücken gehört auch das **Folkwang Museum**, das im architektonisch beeindruckenden Neubau herausragende Kunst vom 19. Jahrhundert bis heute zeigt. Mit seinen Themengärten, Tropenhäusern und Tierbereichen lädt das weiträumige **Gelände der Gruga**, der 1929 eröffneten »Großen Ruhrländischen Gartenbauausstellung«, mitten in der Stadt zum Entspannen und Erholen ein. Auf den **Abenteuerspielplätzen** kommen aber auch Spaß und Bewegung nicht zu kurz.

Im Süden der Stadt erstreckt sich über eine Länge von acht Kilometern der **Baldeneysee**, der größte der Ruhrstauseen. Ob spazierengehen, radeln, skaten, auf einer Bank in der Sonne sitzen oder in einem der zahlreichen Lokale rasten – das Seeufer bietet für jeden etwas. Wer es bequem mag, steigt an Bord der »Weißen Flotte« und genießt eine **Bootsrundfahrt auf dem See**. Am Nordufer gibt es viele Tonnen Sand: Das **Seaside Beach**, ein 250 Meter langer und 35 Meter breiter künstlicher Traumstrand, wirkt mit seinen Palmen, den Liegestühlen und Cocktailbars auf den ersten Blick wie ein tropisches Urlaubsparadies. Neben Sonnenbaden kann man hier auch Minigolf und Beachvolleyball spielen, im **Seilgarten** klettern, Segway fahren und paddeln. Schwimmen ist im Baldeneysee leider nicht möglich.

Zu Besuch in Alaska, Asien und Afrika

Richtung Nordosten geht Essen in die Stadt **Gelsenkirchen** über, Heimat des Fußball-Bundesligisten FC Schalke 04. Für Fußballbegeisterte bietet sich ein Besuch des vereinseigenen Museums und eine Besichtigung der **Veltins-Arena** an, wo man nicht nur den gigantischen Innenraum des Stadions mit all seiner Technik, sondern auch die »heiligen Hallen« dahinter zu sehen bekommt. Eine weit über die Grenzen Gelsenkirchens hinaus bekannte Attraktion ist die **ZOOM Erlebniswelt**, ein ganz neues Zookonzept, das mit den klassischen Einzelgehegen aufräumt und stattdessen komplette Naturräume samt ihrer Bewohner präsentiert. Hier bleibt man als Besucher nicht außen vor, sondern durchquert in der Erlebniswelt Alaska das Bärengelände auf einer Hängebrücke, nähert sich der afrikanischen Savanne per Boot an oder erlebt in der Asien-Welt die Flughunde hautnah über sich.

Die Astronomieausstellung »Sternstunden« verwandelte den Gasometer 2010 in ein riesiges Sonnensystem.

Toller Ausflug
IM INNEREN DES GASOMETERS

Als Wahrzeichen der Stadt Oberhausen, die im Westen an Essen grenzt, reckt sich ein mächtiger Stahlzylinder 100 Meter in die Höhe. Diente der Bauch des Gasometers früher als Lagerstätte für Gichtgas, das bei der Eisen- und Stahlproduktion entstand, wird das Industriedenkmal heute als spektakulärer Ausstellungsraum genutzt. Ein gläserner Fahrstuhl führt durch das Innere der Stahltonne bis auf das Dach hinauf, wo ein grandioser Panoramablick auf das Ruhrgebiet wartet. Auch die Umgebung des Gasometers hat einiges zu bieten: Im angrenzenden Wäldchen gibt es einen Hochseilgarten mit 15 verschiedenen Parcours für Mutige ab 1,10 Metern Körpergröße. In unmittelbarer Nähe markiert Europas größtes Shoppingcenter Centro die Neue Mitte Oberhausens. Der überdachten Mall angegliedert ist ein kleiner Vergnügungspark mit Karussells, Rutschen, Wasserspielplätzen, Trampolinen und vielen anderen Attraktionen für Kinder ab vier Jahren.

Arenastraße 11, Oberhausen,
www.gasometer.de

Haldenkunst in Bottrop: Auf vier Stahlbeton-säulen errichtet, scheint der Tetraeder in der Luft zu schweben.

Wer Mut hat, wird im Hochseilklettergarten in Bottrop mit einer grandiosen Aussicht belohnt.

Skipisten, Achterbahnen und eine Pyramide

Bottrop, Essens nordwestlicher Nachbar, gilt mit seinem großen Wald- und Heidegebiet als eine der grünsten Regionen im Ruhrgebiet. Neben abwechslungsreicher Landschaft hat die Stadt noch viele weitere Familienattraktionen zu bieten: Im **Movie Park Germany**, wo sich alle Shows und Fahrgeschäfte um das Thema Hollywood drehen, findet jeder genau den richtigen Nervenkitzel. Der **Freizeitpark Schloss Beck**, errichtet nach dem Vorbild früherer französischer Lustschlösser, versprüht viel nostalgischen Charme und ist vor allem für Familien mit etwas jüngeren Kindern geeignet. Wer dachte, Skifahren geht nur im Winter, wird in Bottrop eines Besseren belehrt: Im **Alpincenter**, einer 640 Meter langen überdachten Skihalle, können sich Skifahrer und Snowboarder bei jedem Wetter austoben. Auf dem Außengelände der Halle gibt es außerdem eine **Sommerrodelbahn** und einen **Hochseilklettergarten** für Kinder ab neun Jahren. Gegenüber auf der **Halde Beckstraße** erhebt sich eine 50 Meter hohe Stahlkonstruktion in Form einer Pyramide, die zu den neuen Landmarken des Ruhrgebiets gehört. Wer Mut hat, kann auf diesen **Tetraeder** hinaufsteigen und wird mit einem beeindruckenden Rundblick belohnt. *BL*

Infos und Adressen

ANREISE

Mit dem Flugzeug nach Düsseldorf oder Köln, weiter mit Regionalexpress. **Per Bahn:** IC/ICE bis Essen Hbf. **Mit dem Auto** über die A42 aus Richtung Gelsenkirchen/Münster und Oberhausen/Duisburg bzw. die A40/A52 aus Richtung Bochum/Dortmund, Mülheim/ Duisburg und Köln/Düsseldorf

BESTE REISEZEIT
Ganzjährig

AKTIVITÄTEN

Lichtburg. Deutschlands größter Filmpalast, denkmalgeschütztes Kino mit großer Vergangenheit, das auch heute noch zu mancher Premiere den roten Teppich ausrollt, mit Kinderprogramm. Kettwiger Straße 36, Essen, www.lichtburg-essen.de

GOP Varieté Essen. Varieté-Theater mit Kleinkunst vom Feinsten, für Kinder ab acht Jahren. Rottstraße 30, www.variete.de

Limbecker Platz. Große Shoppingmall im Zentrum von Essen mit über 200 Markenläden. www.limbecker-platz.de

Centro Oberhausen. Ausgedehntes Einkaufs- und Freizeitzentrum, Herz der Neuen Mitte Oberhausen. Alte Walz, Oberhausen, www.centro.de

FÜR REGENTAGE

Zeiss Planetarium. Großer Kuppelbau mit Sternenprojektion, verschiedene astronomische Programme für Kinder und Erwachsene. Castroper Straße 67, Bochum, www.planetarium-bochum.de

LWL-Museum für Archäologie. Unterirdische Grabungslandschaft auf 3000 m² Fläche, die vom ersten Faustkeil bis zum Puppenkopf die Geschichte der Region offenbart. Führungen, spezielle Programme und Workshops auch für Kinder unterschiedlichen Alters. Europaplatz 1, Herne, www.lwl-landesmuseum-herne.de

Sea Life Oberhausen. Vom Seestern bis zum Riffhai – Meerestiere in über 50 Becken und Aquarien. Zum Aquarium 1, Oberhausen, www.visitsealife.com

Lago. Große Therme im Gysenbergpark mit Innen- und Außenbecken, Wellenbad, Kinderbadelandschaft, Solebecken und Sauna. Am Ruhmbach, Herne, www.gysenberg.de

ESSEN UND TRINKEN

Hülsmannshof. Gediegenes A-la-carte-Restaurant mit spezieller Kinderkarte, schön gelegen auf der Magarethenhöhe im denkmalgeschützten Fachwerkhaus mit Biergarten. Lehnsgrund 14a, Essen, www.huelsmannshof.de

Müllers auf der Rü. Bodenständiges Imbiss-Restaurant des Sternekochs Nelson Müller mit Hausmannskost wie Currywurst und Bratkartoffeln. Rüttenscheider Straße 62, Essen, www.das-muellers.de

Möhrchens Eis. Eiscafé mit Tradition auf der Gourmetmeile im trendigen Essener Stadtteil Rüttenscheid; vielfältige hauseigene Eiskreationen. Rüttenscheider Straße 201, www.moerchenseis.de

ÜBERNACHTEN

Pension am Zollverein. Familiäre Pension mit Zimmern und Appartements bis zu 8 Pers., in direkter Lage zur Zeche Zollverein. Gelsenkirchener Straße 122, Essen, www.pension-am-zollverein.de

»Zimmer im Revier«. Vermittlung von Privatzimmern, Appartements und Ferienwohnungen im gesamten Revier unter dem Motto »Wohnen wie zu Hause«. www.zimmer-im-revier.de

Bauwagen-Camping. Wohnen im hübsch sanierten Bauwagen direkt an der Ruhr, für bis zu 4 Pers., mit Heizung, Kochgelegenheit, Waschbecken und teilweise Bad. Ruhrcamping Bauer, In der Lake 76, Essen-Horst, www.ruhrcamping.de

WEITERE INFOS

EMG-Touristikzentrale Essen. Am Hauptbahnhof 2, www.essen.de, www.ruhr-tourismus.de

Feiner Sand und Wasser, soweit das Auge reicht – der Baldeneysee bietet Erholung für jeden Geschmack.

Sababurg und Reinhardswald

TOLL FÜR KINDER

Dornröschen leibhaftig. Jeden Sonntag tritt die Prinzessin mit ihrem Retter auf und trägt das Märchen in Versform vor. www.sababurg.de

Tierpark Sababurg. Bereits 1571 gegründet, gilt der 130 Hektar große Tierpark als ältester seiner Art in Europa. Heute leben dort unter anderem Wisente, Wildpferde und Wölfe. www.tierpark-sababurg.de

Beberbeck/Hofgeismar. Gestüt, Schloss und Schlosspark umfasst die weite Anlage, die einst zu den preußischen Hauptgestüten zählte. Hofgeismar, www.llh.hessen.de

TOLL FÜR ELTERN

Weserstein. Ein Findling mit Sinnspruch markiert in Hann. Münden die Stelle, an der sich Werra und Fulda zur Weser vereinen.

Reinhardswald. Angeblich Deutschlands meistfotografierter Wald, auf jeden Fall einer der einsamsten Landstriche, www.reinhardswald.de

Brüder-Grimm-Museum. Im Märchenstraßen-Hauptort Kassel bewahrt das Museum ein Handexemplar der »Kinder- und Hausmärchen«. www.grimms.de

Weit und breit nur Wald: Der Reinhardswald ist über 200 Quadratkilometer groß.

Kein Wunder, dass in so einer Landschaft Märchen entstehen: In Nordhessen erstreckt sich der tiefe Reinhardswald, in dem das Dornröschenschloss der Brüder Grimm liegt. In der Sababurg fanden einst glanzvolle Feste statt, bevor sie zerfiel und überwucherte. Heute ist das Schloss ein zauberhaftes Hotel.

Dornröschen reloaded

Kinder sollten Erwachsenen kein Wort glauben, wenn die sagen, dass Märchen erfunden sind. Denn: Wie soll man einen Märchenwald erfinden? Und wie eine Burg, die trutzig vor einem steht und an der vor 400 Jahren Rosen über die Mauer gewuchert sind? Bis heute wachsen hier mehr davon, als in einen Burggarten passen. Und die Eichen im Hutewald, vielleicht 800 Jahre alt, wer kann beweisen, dass dort nicht Zwerge zwischen den Wurzeln hausen?

Es ist ein echter Urwald, dazu **Deutschlands ältestes Waldnaturschutzgebiet**, das sich um die **Sababurg** ausbreitet. Außer den Buchen und uralten Eichen ist der meterhohe Farn ein Kennzeichen des nordhessischen **Reinhardswaldes**: ein 200 Quadratkilometer großes Gebiet, kaum besiedelt, höchstens vielleicht von Hexen, Wölfen und anderem Gesindel.

Und mittendrin thront auf einem erloschenen **Vulkankegel** die Sababurg, die die Brüder Grimm vor Augen hatten, als sie das **Dornröschenschloss** ausschmückten: Zwei dicke runde Ecktürme, der eingefallene Palas, ein Treppenturm mit Dachkammer, ringsum wehrhafte Mauern. Auf den April 1334 lässt

Märchenhaft schön: Fachwerkerker und -giebel in Hann. Münden

Infos und Adressen

ANREISE

Mit dem Auto: Die Region liegt nördlich von Kassel zwischen der A7 und der A44.

BESTE REISEZEIT

Mai bis Oktober

AKTIVITÄTEN

Märchenführungen. Um Dornröschen und das »Wunder vom Reinhardswald« geht es in den Führungen, die auf der Sababurg in den Sommermonaten stattfinden, im Winter bieten die Schattenriss-Laternen der Schlossauffahrt den Hintergrund. Die Garten- und Pflanzenführungen des Burggärtners sind zur Rosenblüte begehrte Ortstermine.
www.dornroeschenschloss.de

ESSEN UND TRINKEN

Restaurant Rosenkrone, Sababurg. Feines aus der Burgküche, bei Sonnenschein auf der Terrasse serviert. www.sababurg.de

Die Reblaus, Hann. Münden. Restaurant in einem der schönsten Fachwerkhäuser der Stadt, auf Wunsch sogar vegan. Ziegelstr. 32, www.die-reblaus.com

ÜBERNACHTEN

Sababurg. Die Nacht in einem der 17 Zimmer des Dornröschenschlosses verzaubert Eltern und Kinder. Im Reinhardswald, Hofgeismar, www.sababurg.de.

WEITERE INFOS

www.deutsche-maerchenstrasse. com, www.reinhardswald.de, www.hann.muenden.de

Nicht verpassen

DIE DEUTSCHE MÄRCHENSTRASSE

Wer sich eine Fahrt über die Deutsche Märchenstraße vornimmt, sollte Zeit mitbringen; das ist man den vielen Städtchen schuldig, die an der 600 Kilometer langen Route liegen. Die Straße beginnt in Hanau, dem Geburtsort der Brüder Grimm, geht über Steinau und Kassel, ihrem Schul- und langjährigen Wohnort. In Kassel begegneten die Grimms Dorothea Viehmann, die ihnen über 40 Märchen erzählte. Hinter Kassel teilt sich die Route in den Frau-Holle- und den Dornröschen-Abzweig, vereint sich hinter Fürstenberg wieder und verläuft bis Bremerhaven. Stationen der Strecke sind das »Schneewittchen-Dorf« bei Bad Wildungen, die Trendelburg, von deren Turm Rapunzels Haar herabhing oder Buxtehude, wo Hase und Igel um die Wette liefen. In Museen, etwa dem Münchhausen-Museum, auf Theaterbühnen und mit anderen »märchenhaften Veranstaltungen«, etwa dem »Rattenfänger-Musical« in Hameln, halten die seit 1975 durch die Märchenstraße verbundenen Orte die Erinnerung an die Kindheit wach. So gerät die Märchenfahrt zu einer Zeitreise in die (eigene) Vergangenheit.

www.deutsche-maerchenstrasse.com

sich der Baubeginn der **»Zappaborgk«** datieren, später diente sie als kurfürstliches Jagdschloss. Die rauschenden Feste der Vergangenheit und der Efeumantel um das später verlassene Gemäuer ließen wohl die Fantasie vom schlafenden Schloss blühen. Heute ist die Sababurg ein märchenhaft schönes Hotel mit Turmzimmern, die »Im Einhorn« und »In der wilden Stute« heißen, mit **Märchenführungen** und **Open-Air-Theater**.

Als stellten sie die Staffage fürs Bühnenbild, träumen die fachwerkverwinkelten Ortschaften der Umgebung vor sich hin – **Hofgeismar** um das Rathaus von 1390 und das **»Steinerne Haus«** aus Sandstein. Auch **Hannoversch Münden** wirkt wie aus der Zeit gefallen mit dem **Fährenpfortenturm** und der **Alten Werrabrücke**, dem vielgiebeligen Rathaus und über 700 Fachwerkhäusern aus sechs Jahrhunderten. Sie sei eine der am schönsten gelegenen Städte der Welt, soll Alexander von Humboldt gesagt haben – aber das könnte auch erfunden sein. *BM*

26 Unterwegs auf dem Eder-Radweg

Wenige Steigungen, mittelalterliche Fachwerkstädtchen und hier und da eine Märchenfigur – der Eder-Radweg begeistert Radler jeden Alters. Vom Rothaargebirge aus durchschlängelt die beschauliche Flusstour einladende Waldlandschaften und läuft rund um den Edersee zur Höchstform auf.

Schleife auf Schleife

Das Rothaargebirge ist Geburtsstätte zahlreicher Flüsse, so auch der 176 Kilometer langen Eder. Die ruhige Wegführung sowie die geringe Distanz laden regelrecht zu einer Fahrt mit der ganzen Familie ein. Radler, die den kompletten Radfernweg abfahren möchten, starten ihre Tour am besten am Bahnhof von Lützel, der sechs Kilometer von der Ederquelle entfernt ist. Dort angekommen, verwandelt die herrliche Abfahrt den Wald in einen grünen Rausch. Zu beiden Seiten des geschotterten Forstweges recken sich schlanke Nadelbäume dem Himmel entgegen und versprechen an warmen Sommertagen wohltuenden Schatten. Das eilig dahinströmende Wasser entführt Reiseradler in ein langsam breiter werdendes Hochtal, in dem sich die Gemeinde Erndtebrück ausstreckt. Bei Kilometer 36 lockt ein Abstecher ins nahe Bad Berleburg. Die 1200-jährige Ge-

Nordrhein-West-falen/Hessen

schichte der Residenzstadt hinterließ ein bedeutendes Kulturgut. Hohes Ansehen genießt das über die Jahrhunderte erweiterte **Schloss Berleburg**. Im Rahmen einer Führung wandeln Groß und Klein auf den Spuren der Fürsten zu Sayn-Wittgenstein durch verschiedene Festsäle und entdecken anhand der kostbaren Einrichtungsgegenstände den Glanz vergangener Tage.

Nationalpark Kellerwald-Edersee

Der Ederradweg lässt Nordrhein-Westfalen hinter sich und beginnt seine 140 Kilometer lange Reise durch Hessen. **Frankenberg** ist der unumstrittene Höhepunkt der **Urlaubsregion Ederbergland** und das zehntürmige Rathaus eine wahre Perle. Der jetzige Prachtbau mit dem romantischen Fachwerkgebälk und den darüberliegenden Schieferplatten wurde 1509 auf den Fundamenten seines Vorgängers errichtet, der, wie die komplette Stadt, einer Feuersbrunst zum Opfer fiel. Die Petri-Kirche in Viermünden, die **Burg Hessenstein** und das **NationalparkZentrum Kellerwald** bilden die nächsten Reisestationen. Dort ist man für Kinderbesuche bestens gerüstet: Die Ausstellungen der Feenhügel, die Felsen und Blockhalden, die Quellen und Bäche und die Buchenurwälder begeistern Jung und Alt genauso wie das **4D-SinneKino**.

Auf dem kommenden Abschnitt steht der Edersee auf dem Programm und beschert uns die malerischsten Streckenkilometer der Reise. Vor dem Lenker entfalten sich dicht bewachsene Steilhänge, die direkt aus dem Blau des Wassers emporsteigen. Die Fahrradroute folgt den sanft geschwungenen Halbinseln und taucht tief in schattige Buchten ein. Wahrlich traumhaft dieser Flecken Erde! Die Naturpracht im Nationalpark Kellerwald-Edersee, der berühmt für seine alten Buchenwälder ist, gehört seit 2011 dem **UNESCO Weltnaturerbe** an.

Radurlaub im Märchenland

Anschließend heißt es Abschied nehmen von der malerischen Wasserlandschaft des Edersees, denn ab hier gibt erneut der Fluss die Richtung vor, und es geht zunächst steil ins Tal hinab. 100 Höhenmeter tiefer stoppen die Räder am **Vier-Türme-Blick der Domstadt Fritzlar**. Der Ortsname wurde 724 erstmals von Winfried erwähnt, der weithin als Bonifatius bekannt ist. In die Geschichtsbücher ging er vor

Der Ederradweg lässt die Herzen von Naturliebhabern höher schlagen.

Toller Ausflug

SCHAUBERGWERK »DELLE«

Der Untergrund des bis zu 843 Meter aufragenden Höhenzugs Rothaargebirge ist sehr schieferhaltig. Anno 1717 vergaben die Schlossherren in Berleburg eine Konzession zum Abbau des begehrten Baumaterials im heutigen Ortsteil Raumland. Zu den Spitzenzeiten schufteten rund 450 Bergleute in zehn Schiefergruben. Um die Erinnerung an den traditionsreichen Erwerbszweig aufrechtzuerhalten, wurde in der Grube »Delle« ein Schieferschaubergwerk eingerichtet. Neugierig tauschen die Sprösslinge den Fahrradhelm mit dem Grubenhelm und fahren in den Berg ein. Unter Tage erfahren sie spannende Details zur geologischen Entstehung des Schiefers und dessen Abbau. Mit der historischen Bergbautradition befasst sich außerdem der 14 Kilometer lange Wittgensteiner Schieferpfad.

Im Edertal, Bad Berleburg,
www.schieferschaubergwerk.de

Nicht verpassen

FREIZEITSPASS AM EDERSEE

Am Edersee finden Wald und Wasser malerisch zusammen – doch das war nicht immer so: Von 1908 bis 1914 vermauerten Arbeiter beim Bau der 47 Meter hohen Edertalsperre 300 000 Kubikmeter Bruchstein und schufen damit einen wahren Abenteuerspielplatz für Kinder. Ausflugsziele gibt es mehr als genug: Der Baumkronenweg etwa oder das Schloss Waldeck. Richtig Fahrt aufnehmen können Rennfahrer auf der 850 Meter langen Sommerrodelbahn. Nebenan finden die Kleinen mit dem Erlebnisgolf im Steingarten, dem Trampolin, dem Euro-Bungee und dem Streichelzoo weitere Attraktionen. Wer Tiere mag, kann den WildtierPark besuchen, der zudem eine sehenswerte Greifenwarte vorweist. Naturfreunde wandern unter der Führung eines Rangers durch den Nationalpark Kellerwald-Edersee, und Genießer lösen ein Ticket für die Ederseeschifffahrt.

Edersee Touristic, www.edersee.com

Fritzlar ist bekannt für seine schönen Fachwerkhäuser.

Der Edersee ist der flächenmäßig zweitgrößte Stausee Deutschlands.

allem mit der Fällung der Donareiche bei Geismar ein, die vom germanischen Stamm der Chatten als Heiligtum verehrt wurde. Heute hat die 15 000-Einwohner-Stadt eine Reihe von Trümpfen auf ihrer Seite: Ganz gleich, ob das Auge über die prächtigen Fachwerkbauten hinüber zum Dom wandert oder man die Atmosphäre der kopfsteingepflasterten Gassen auf sich wirken lässt – ein Spaziergang durch die zauberhafte Altstadt von Fritzlar entführt in vergangene Tage. Anschließend wird das Tal offener und die Hügelzüge ringsum laufen als kleine Kuppen gen Osten aus. Auf dem nächsten Teilstück entdecken Kinder in der Flussniederung mehrere Burgen. Zusammen mit dem allgegenwärtigen Wald beflügelten die stolzen Herrensitze früh die Fantasie der Geschichtenerzähler.

Besonders eindrucksvoll erscheint die **Felsburg** mit ihrem 30 Meter hohen »**Butterfassturm**«, die sich auf einem Basaltkegel über dem gleichnamigen Ort sonnt. Direkt gegenüber wirken die verfallene **Altenburg**, die geschliffene **Heiligenburg** und die **Klosterruine Eppenberg** wie weitere Requisiten aus den Kinder- und Hausmärchenbüchern der Brüder Grimm. Nach der genussvollen Fahrt durch den malerischen Landstrich rollen kleine und große »Pedalritter« entspannt hinunter zur Flussmündung in die Fulda – was für ein märchenhaftes Finale!   *TB*

Unterwegs auf dem Eder-Radweg

Infos und Adressen

ANREISE

Lützel liegt an der B62 und ist über die A4, Ausfahrt Kreuztal/Hilchenbach zu erreichen.
Mit dem Auto sind es von Berlin nach Lützel ca. 590 km, von Hamburg ca. 440 km, von Köln ca. 100 km, von München ca. 530 km.
Mit der Bahn: Die Ederquelle ist 6 km vom Bahnhaltepunkt Lützel entfernt. Die Heimreise erfolgt von Guxhagen oder der nahegelegenen Stadt Kassel.

BESTE REISEZEIT

Mitte April bis Ende September. Baden kann man im Edersee zwischen Juni und August.

TOURVERLAUF

Lützel – Erndtebrück – Bad Berleburg – Frankenberg – Bringhausen – Fritzlar – Felsberg – Guxhagen
Der teils wellige Radweg verläuft überwiegend auf eigenen und verkehrsfernen Kies- und Asphaltwegen. Gekennzeichnet ist die Fahrradroute mit braunen Hinweisschildern.

FÜR REGENTAGE

Schmiede Arfeld. Das Museum zeigt Maschinen und Werkzeuge, die von einem Wasserrad angetrieben werden.
Burgbergstollen. In Battenberg bekommt man bei einer Führung unter Tage Einblick in die Arbeitsbedingungen der Bergleute.-
Wildpark Frankenberg. In den frei zugänglichen Gehegen leben Bergziegen, Schwarz-, Rot-, Dam-, Sika- und Muffelwild
Schloss Waldeck. Im Museum erfahren Besucher Details zum leidvollen Aufenthalt der hier inhaftierten Gefangenen.

ESSEN UND TRINKEN

Restaurant-Café Hotel Raumland. Liegt am Stadtrand und gewährt einen herrlichen Blick auf das Edertal.
Hinterstöppel 7,
Bad Berleburg,
www.hotel-raumland.de
Hotel Ederblick. Die radlerfreundliche Herberge bietet extra Speisen für Kinder und Vegetarier. Ederblick 1, Battenberg-Dodenau,
www.hotel-ederblick.de
Börni's Futterkrippe. Hier gibt es viele Kindergerichte und eine Spielecke. Wildunger Straße 5, Edertal,
www.boernis-futterkrippe.de

ÜBERNACHTEN

Campingplatz Asel Süd. Liegt malerisch zwischen dem Edersee und dem Nationalpark.
Asel-Süd 1,
www.camping-asel-sued.eu

Jugendherberge Waldeck am Edersee. Das familienfreundliche Haus bietet einen wunderschönen Blick auf den Edersee. Klippenberg 3, Waldeck,
www.waldeck.
jugendherberge.de
Campingplatz Fuldaschleife. Liegt am Reiseziel Guxhagen und punktet neben der malerischen Lage durch seinen Kanuverleih. Zum Bruch 6, Guxhagen-Büchenwerra,
www.fuldaschleife.de

WEITERE INFOS

Ederbergland Touristik.
www.ederbergland-touristik.de
Regionalmanagement Nordhessen. www.nordhessen.de
Touristik Service Waldeck-Ederbergland.
www.waldecker-land.de

Willkommene Rast: auf einem Zeltplatz am Ederradweg

27

Nationalpark Hainich

TOLL FÜR KINDER

Umweltbildungsstation am Wildkatzen-kinderwald. Mit umfangreichem Programm, das den Kleinen spielerisch die Natur näherbringt

Kindererlebniswelt Rumpelburg. Indoor-Spieleparadies auf 5 Ebenen, mit Piraten-schiff und Riesenpuppenhaus.
Bad Langensalza,
www.kindererlebniswelt-rumpelburg.de

mini-a-thür. Miniaturen-Freizeitpark in Ruhla mit über 60 Thüringer Sehenswürdig-keiten im Kleinformat. Danach geht's zur Sommerrodelbahn. www.mini-a-thuer.de

TOLL FÜR ELTERN

Skulpturenpfad in Behringen. Danach Be-sichtigung des Goldackerschen Schlosses in Weberstedt

Bachhaus Eisenach. Mit Exponaten und In-formationen über Johann Sebastian Bach.
www.bachhaus.de

Friederiken Therme. U.a. mit Thermal-quelle, Solebad, Biosauna, Wellness- und Saunabereich. Bad Langensalza,
www.friederikentherme.de

Spektakuläre Aussichten bietet der Baum-kronenpfad.

Im westlichen Thüringen, auf dem Höhenzug des Hai-nich, wächst der größte zusammenhängende Rotbu-chenwald Europas. Der Nationalpark liegt inmitten der Welterberegion Wartburg Hainich: Ausflüge in den »Urwald Deutschlands« lassen sich hier optimal mit Städtetrips kombinieren.

Naturerlebnisse der besonderen Art

Fruchtbare Auen, Flussläufe und sanfte Höhenzüge prägen die Landschaft um den Hainich. Besonders schön ist der Wald im Frühjahr, wenn Märzenbecher blühen, sich der Bärlauchteppich breitmacht und das zarte Grün der Bäume zum Vorschein kommt, und im Herbst, wenn sich die Blät-ter bunt verfärben. **Führungen** und **geführte Wanderun-gen** finden immer am Wochenende statt. Die 18 markier-ten Wege kann man aber auch selbst gehen, zum Beispiel den kurzen **Urwaldpfad** mit seinen zehn Stationen oder den **Erlebnispfad Feensteig**, der mit seinen Märchen auch für Kinder spannend ist. Ein **Spaziergang durch das Brunstal** ist auch mit Rollstuhl oder Kinderwagen gut zu machen. Das Highlight im Hainich ist der **Baumkronen-pfad**, der beim **Nationalparkzentrum** verläuft, das viele Informationen zum Wald bereithält. Der Pfad und sein Aussichtsturm sind einzigartig in Deutschland und machen

Thüringen

Der Turm über den Baumkronen ist einzigartig in Deutschland.

Infos und Adressen

ANREISE

Mit dem Auto auf der A4 bis Eisenach Ost, dann weiter auf der B84.
Mit der Bahn bis Langensalza, von dort verkehren regelmäßig Wanderbusse

BESTE REISEZEIT
Frühjahr und Herbst

ESSEN UND TRINKEN
Die Schokoladen- & Eismanufaktur. Großes Angebot und herrliches Eis! Goldschmiedenstraße 1, Eisenach
Zucker + Zimt. Nettes Bistro in Eisenach mit Bio-Speisekarte und Produkten aus der Region. Am Markt, www.zucker-zimt-eisenach.de

ÜBERNACHTEN
Jugendherberge Urwald LIFE Camp. Mit Riesenangebot an Erfahrungs- und Spielmöglichkeiten. Harsbergstr. 4, Lauterbach/Thüringen
Gasthof & Herberge Alter Bahnhof. Mit Kinderbauernhof und Radverleih. Heyerode, www.alterbahnhof.net
Hotel & Restaurant Zum Herrenhaus. Nächtigen im Ambiente von 1680 mit Rittermahl und div. Veranstaltungen wie Kutschfahrten. Hörselberg-Hainich, www.hotel-zumherrenhaus.de

WEITERE INFOS
Informationen zu Veranstaltungen und Aktivitäten im Hainich. www.nationalpark-hainich.de

Nicht verpassen

BESUCH VON WARTBURG UND DRACHENSCHLUCHT

Schon von Weitem sieht man die Burg, die über dem Städtchen Eisenach thront. Wer den steilen Stufenweg scheut, kann den Weg vom Parkplatz zur Burg auf traditionelle Weise mit Eseln zurücklegen. Der Grundstein zu dieser mächtigen Burg wurde bereits im Jahr 1067 gelegt. Im 13. Jahrhundert soll hier der Sängerwettstreit stattgefunden haben, der Richard Wagner zum »Tannhäuser« inspirierte und Luther übersetzte hier das Neue Testament. Neben einer Führung durch die Burg ist der Aufstieg auf den Burgfried zu empfehlen, von dem man einen herrlichen Blick hat. Südlich der Burg liegt die enge Drachenschlucht, durch die das Wasser rauscht und die über einen Bohlenweg erwandert werden kann. Auch wenn man hier wohl keine Drachen zu Gesicht bekommt: Feuersalamander halten sich gern zwischen den Steinen auf und geben Anlass zu einem netten Suchspiel während des Spaziergangs.

www.wartburg-eisenach.de und
www.eisenach.info

den Wald zu jeder Jahreszeit zu einem Erlebnis. Extra für Kinder gibt es so spannende Erlebnisse wie **Bastelnach-mittage**, die spannende **Schatzsuche**, **Ferienradtouren** und der besondere Waldspielplatz **Wildkatzenkinderwald** mit Waldgeistersuche, Kletter-Labyrinth und dem Kriech-tunnelsystem Mausoleum. Ein besonderes Erlebnis ist auch die **Holzorgel** am Naturpfad Thiemsburg. Seit 2014 kann man den Nationalpark mit einer **Panoramabahn** erkunden. Ab dem ersten Samstag nach Ostern bis Ende Oktober fährt die Bahn immer samstags um 10 Uhr am Wanderparkplatz Zollgarten ab.

Nach so viel Natur locken Ausflüge in die umliegenden Städte wie das hübsche **Eisenach** mit seinem Stadtschloss und dem Bachhaus, das an den berühmten Musiker erinnert. Interessant sind auch die Rekonstruktionen germanischer Hütten im **Opfermoor bei Niederdorla**, das schon im 6. Jahrhundert v. Chr. eine Kultstätte war. _Red._

Weimar für Kids

TOLL FÜR KINDER

Spurensuche. Ein spielerisches Angebot, das Kindern Einblick in das Leben im klassischen Weimar gibt. www.klassik-stiftung.de

Kindererlebniswelt. Im Einkaufszentrum Atrium mit Kletterturm und Trampolin, Elektro-Kartbahn u.v.m.

Kutschfahrten. Entweder durch den Park an der Ilm oder klassisch durch die Stadt – so oder so ein Erlebnis. www.weimar.de

TOLL FÜR ELTERN

Museen im Palais Schardt. Goethepavillon, Duftgarten, Scherenschnitt- und Puppenstubenausstellung. Leckeres gibt es im Café Charlotte. Scherfgasse 3, www.goethepavillon.de

Bauhaus-Museum Weimar. Für die Kinder gibt es eine Rucksacktour. www.klassik-stiftung.de

Goethe-Schiller-Denkmal. Das wohl berühmteste Dichterdenkmal auf dem Platz vor dem Nationaltheater, das einen Besuch lohnt. www.nationaltheater-weimar.de

Der Rokokosaal der Herzogin-Anna-Amalia-Bibliothek, gehört seit 1998 zum Weltkulturerbe der UNESCO.

Weimar, das Städtchen mitten in Thüringen, muss man einfach mögen. Goethe, Schiller, Anna Amalia: Kultur und Klassik werden hier großgeschrieben. Dabei versteht es die Stadt, auch kleine Besucher in den Bann zu ziehen – mit einem umfangreichen Angebot extra für Kinder.

Stadtentdeckungen voller Vielfalt und Kreativität

Zu den bedeutenden Einrichtungen der Stadt gehören die **Herzogin-Anna-Amalia-Bibliothek** mit dem Rokokosaal, das **Schloss** mit seiner Kunstsammlung und das Neue Museum für zeitgenössische Kunst. Zahlreiche Museen bieten Führungen und Programm extra für Kinder an. Im **Schlossmuseum Weimar** zum Beispiel gibt es die **Schatzsuche im Schloss.** Da schreiben die Kleinen mit Gänsekiel und Tinte und knacken auf ihrer Entdeckungsreise Rätsel. Weimars Geschichte können Familien im **Weimar Haus** entdecken, das mit Mulitmedia, Wachsfiguren und Spezialeffekten arbeitet. Das **Museum für Ur- und Frühgeschichte Thüringen** beeindruckt durch lebensgroße altsteinzeitliche Jäger und die Reste eiszeitlicher Tiere, die hier gelebt haben. Interessantes rund um die fleißigen Tierchen und die Imkerei bietet das **Deutsche Bienenmuseum.** Der Schau- und Lehrbienenstand sowie der Honigschleuderraum und das Bienenhaus machen

Thüringen

das Handwerk erlebbar. Ein interessantes Untertagemuseum ist die **Parkhöhle**: ein zwölf Meter tiefes Stollensystem unter dem Park an der Ilm, das einst zur Bierlagerung angelegt wurde. Mit der Museumsbox »Expedition Parkhöhle« und mit Flemar, der Fledermaus, erleben Kinder die Welt unter Tage. Beim **Blick hinter die Kulissen** im Nationaltheater zeigt der Requisitenmeister wie Regen, Nebel, Blitz und Donner gemacht werden. Spannend ist die Maskenwerkstatt, wo Perücken und Masken entstehen. Wer gern selbst auf Entdeckungstour geht, sollte den **Gänsemännchenstadtrundgang** machen, zu dem es eine Broschüre in der Tourist-Information gibt. 29 Stationen kann man so im eigenen Tempo ansteuern. Spannend für Kinder ist außerdem die Puppenstuben-Ausstellung im **Palais Schardt**. Der Tante-Emma-Laden und der alte Bauernhof sind ein Blickfang, und die Kaminküche von 1800 ist das Highlight des Museums.   *Red.*

Weimar mit der Pferdekutsche – hier vor dem Stadtschloss – ist für Kinder ein Erlebnis.

Toller Ausflug
DER ZOO DER GROSSEN TIERE

Rund 3500 Tiere aus aller Welt leben im drittgrößten Zoo Deutschlands, nördlich von Erfurt am Fuß des Roten Berges inmitten einer herrlichen Wald- und Wiesenlandschaft. Neben KangarooLand und Afrikasavanne ist der Berberberg interessant, ein Freigelände für Affen, das man betreten kann, um die frechen Tierchen ganz aus der Nähe zu beobachten. Besser, man hat nichts Essbares in den Hosentaschen! Ebenfalls begehbar ist die Damwildanlage. Auf dem historischen »Axmanns Hof« leben riesige Shire-Pferde, Ponys, Esel, Schweine, Gänse sowie Hühner und Schafe. Bei den kleineren Kindern besonders beliebt ist das Gehege der Westafrikanischen Zwergziegen, die ganz wild auf kleine Streichelhände sind, und natürlich der Abenteuerspielplatz.

www.zoopark-erfurt.de

29

Lausitz: Kulturinsel Einsiedel

Rund 20 Kilometer hinter Görlitz liegt ein besonderer der Wald: Farbenfrohe Autos und Holzhäuser sprießen auf Bäumen, eine Toilette mit Gewand und Mütze thront vorwitzig auf einem Hügelchen, Infotafeln führen in Irrgärten. Willkommen im Ersten Baumhaushotel Deutschlands und auf der Kulturinsel Einsiedel!

Märchen erleben an der Lausitz

Ein seltsames **Freilichtmuseum** ist das, alles so krumm und schief und bunt, verrückte Bauwerke und Skulpturen sind fast unüberschaubar mit einer wilden Landschaft verwoben. Verwachsene Brücken, Treppchen und Gänge führen ins Ungewisse und immer wieder an andere neue verrückte Orte. Zwischen all dem klettern Kinder, auch Erwachsene robben kichernd durch Höhlensysteme und balancieren über Hängebrücken.

In der **»Feuerschänke«** züngeln Flammen aus Holztischen, über großen Lagerfeuern baden fast nackte Besucher in riesigen Kesseln. Fast könnte man sich fühlen wie ein kleiner Däumling oder Alice im Wunderland. Diese andere Welt, die den Besucher förmlich verschlingt, liegt vor den Auen der Neiße im deutsch-polnischen Grenzgebiet. Sie beschreibt die Kultur eines Volkes, das dort vor rund 1000 Jahren ge-

Sachsen

Auf der Kulturinsel trifft man auch diese und andere Bewohner an.

Infos und Adressen

ANREISE

Mit dem Auto: A4 (Dresden-Bautzen-Görlitz), Abfahrt Kodersdorf, Richtung Görlitz, an der Kreuzung in der Senke links abbiegen in Richtung Rothenburg. Die Kulturinsel liegt circa 2 km hinter der Ortschaft Zentendorf im Wald an der Neiße.

Mit der Bahn: Bis zum Bahnhof Görlitz und mit der Buslinie 139 oder 140 bis Zentendorf/Kulturinsel

BESTE REISEZEIT

Mai bis September

FÜR REGENTAGE

Neiße-Bad Görlitz. Schwimm- und Erlebnisbad mit Sprudelbecken für alle und Wellnessbereich für die Großen.
www.neisse-bad-goerlitz.de
Kinder-Spiel-Land Görlitz. Indoorspielplatz mit Mini-Kartbahn, Trampolins u.v.m.
www.kinder-spiel-land.de

ESSEN UND TRINKEN

Die »Feuerschänke« in der Kulturinsel Einsiedel ist urgemütlich.

ÜBERNACHTEN

Im Baumhaushotel der Kulturinsel Einsiedel

WEITERE INFOS

www.kulturinsel.com

Toller Ausflug

MIT DER FLOSS-FÄHRE NACH POLEN

Gar nicht weit von der Kulturinsel Einsiedel zieht ein mittelalterlich gekleideter Fährmann ächzend an einer Kette und befördert Familien mit Fahrrädern über den Fluss. Die »Neißefähre« ist Teil einer Route, die durch polnische Wälder, über die Dörfer Bielawa Dolna jenseits und Deschka diesseits der Grenze zurück zum Ausgangspunkt führt. Vier Minuten dauert die Überfahrt auf dem großen Holzfloß, ein schwimmendes Kunstwerk mit Kajüte, Bar, Sonnenliege, Schirm und quasi ein Sinnbild für die neue Form der Verständigung mit den polnischen Nachbarn: In Bielawa Dolna haben der Holzkünstler Jürgen Bergmann und sein Team den Dorfplatz gestaltet.

lebt haben soll, das Kunst und Natur als Einheit verstand und in Baumhäusern wohnte, wie sie heute den Hotelgästen zur Verfügung stehen. Nebenbei: ein Hotel mit allem Drum und Dran, stilvoller Ausstattung, Lobby, Minibar. Nur eben auf Bäumen und – nun gut, es gibt keine Fernseher.

Turi Sede heißt das Volk, und seine Geschichte ist reine Fiktion, geschaffen nach Ideen des Holzkünstlers Jürgen Bergmann, doch man steht schon mal grübelnd vor dem überzeugend gestalteten **Museumsbaumhaus** und fragt sich, ob manch ausgestelltes Stück nicht doch bei Ausgrabungen slawischer Siedlungen gefunden worden sein könnte. Die Landschaft der **Oberen Lausitz** ist geradezu wie geschaffen, um Abenteuer und Märchen zu erleben: Durch urwüchsige, endlos erscheinende Wälder und über die nicht begradigte Neiße mit ihren wilden Ufern geht es bis nach Polen. Spannende Ziele in der Region sind außerdem die **Muskauer Heide** und das **Zittauer Gebirge**. Wer kulturelle Eindrücke sucht, dem sei die geteilte Stadt **Görlitz** empfohlen. *CL*

Zu Gast in Dresden

TOLL FÜR KINDER

Schlittschuhlaufen. In den Wintermonaten lockt in Dresden das Eisvergnügen. Mitten in der Stadt im Taschenbergpalais Hotel Kempinski kann Schlittschuh gelaufen werden (mit Verleih). Die Bahn ist im romantischen Innenhof, nicht allzu groß, aber sehr gemütlich. Auch Anfänger können ihr Glück versuchen, ringsum ist eine hohe Bande, und für die Kleinen gibt es Hilfsmittel in Form von Pinguinen.

TOLL FÜR ELTERN

Bar neben der Schlittschuhbahn. Gleich neben der Eisbahn gibt es eine Bar mit kalten und heißen Getränken sowie kleinen Speisen. So können auch Familienmitglieder, die nicht gern auf Kufen stehen, dabei sein, zuschauen oder an kleinen Tischen sitzen. Und wer es sich doch noch überlegt, kann jederzeit in den Winterspaß einsteigen. Schlittschuhe in allen Größen sind zum kleinen Preis vorhanden.

Der großzügige Theaterplatz mit Semperoper ist nur selten so menschenleer.

Kunstliebhaber schätzen Dresden als besonderen Ort. Doch wer glaubt, dass Kultur im Familienurlaub nur langweilig ist, der irrt. In der Elbestadt gibt es viele spannende Angebote auch für die jüngere Generation. Vom Museum über Abenteuerspielplatz, Kletterwald oder Kindercafé – es wird sicher für jeden etwas dabei sein.

Barock zum Anfassen

Ein Muss ist das **Schloss in der Innenstadt**. Die frühere Residenz der sächsischen Könige wird zwar immer noch saniert, es gibt trotzdem viel zu sehen. Gleich mehrere Museen der Staatlichen Kunstsammlungen präsentieren ihre Schätze. Glitzerfans kommen im **Grünen Gewölbe**, der Schatzkammer Sachsens, auf ihre Kosten. So viele prächtige Edelsteine dürften Mädchen wie Jungen beeindrucken. Wer weniger für Geschmeide brennt, sollte sich den **Kirschkern** anschauen (im Neuen Grünen Gewölbe). Auf einen einzigen Kern sind fast 200 Gesichter geritzt, ein Meisterwerk der Mikroschnitzkunst. Unterhaltsam und ein Erlebnis für Ritterfans ist ein Abstecher in die **Rüstkammer des Schlosses** mit prächtigen Ritterrüstungen, reich geschmückten (Holz-)pferden, Schwertern und Säbeln.

Theater für Kinder

Nicht jeder liebt klassische Musik und Oper, doch die **Semperoper** am Theaterplatz sollte zumindest mit einer Führung erkundet werden. Es gibt **Themenrundgänge**, unter anderem zu Berufen in einem Musiktheater. Auf einer kleinen Bühne (Anbau zur Elbseite) hat das **Kindermusiktheater** ein Zuhause. Die »Junge Szene« bietet etwa 200 Besuchern Platz. Falls **»Kapelle für Kids«** auf dem Spielplan der Oper steht: unbedingt hingehen! Auf spielerische Weise erklären Musiker der Sächsischen Staatskapelle Dresden ihre Instrumente – da könne auch Große noch etwas lernen.

Wer eher ein Opernmuffel ist, könnte vom **»theater junge generation (tjg)«** begeistert sein. 1949 gegründet, ist das Kinder- und Jugendtheater das älteste und größte seiner Art in Deutschland. Auch wenn der Weg von der Stadt etwas weiter ist: Die Theatervorstellungen lohnen sich. Die Puppenbühne des Theaters befindet sich hingegen zentral im **Rundkino an der Prager Straße**.

Kirche mit »Story«

Auch wer mit Kindern nach Dresden reist, kommt an der Frauenkirche nicht vorbei. Die Stiftung **Frauenkirche** hat sich auf junge Besucher eingestellt. Es gibt extra Führungen und mit **»Kirchenklänge für junge Ohren«** ein musikalisches Angebot für Familien mit Kindern zwischen fünf und zwölf Jahren. Zu empfehlen ist eine **Turmbesteigung** mit tollem Blick über die Stadt – bei klarem Wetter sogar bis in die Sächsische Schweiz.

Nicht ganz im Zentrum, aber immer noch gut erreichbar sind gleich mehrere touristische Höhepunkte östlich der Altstadt: Autofreaks sollten einen Besuch in der **Gläsernen VW-Manufaktur** am Großen Garten anstreben. Der Phaeton-Hersteller bietet Gruppenführungen durch die Produktionshallen. Eine Voranmeldung ist zu empfehlen. Für Kinder gibt es eine Extra-Führung. Ganz in der Nähe des VW-Werkes ist das **Fußballstadion der Dynamo-Elf**. Beim Blick hinter die Kulissen darf sich dann jeder wie ein Profi fühlen und den Weg von der Kabine bis zur Trainerbank einmal selbst zurücklegen.

Familienmitglieder, die keine Fußballfans sind, könnten in der Zwischenzeit eine Runde mit der **Parkeisenbahn** durch den **Großen Garten** drehen oder auf dem **Carolasee** gemütlich Boot fahren. Auch der **Dresdner Zoo** ist nicht weit weg und lädt zu einem Besuch ein. Besonderheit in Dresden:

Die Gläserne Manufaktur von VW: Vorbereitung auf die »Hochzeit«, bei der die Karosserie mit dem Fahrwerk verschraubt wird

Toller Ausflug

DIE UMGEBUNG LOCKT

Wer etwas mehr Zeit hat, sollte ein paar Kilometer fahren nach Radebeul, Meißen und Moritzburg. Das Weingut und Museum Hoflößnitz in Radebeul bietet im Sommer einen herrlichen Platz unter Bäumen zum Verweilen bei einem Glas Wein oder Wasser. Es gibt auch einen tollen Spielplatz und ein kleines Restaurant im Winzerhaus.

Indianerfans sollten ins Karl-May-Museum in Radebeul, Märchenfans nach Moritzburg ins Jagdschloss, wo ein Teil des populären deutsch-tschechischen Films »Drei Haselnüsse für Aschenbrödel« gedreht wurde. Eisenbahnfans ist eine Fahrt mit der Schmalspurbahn durch den malerischen Lößnitzgrund ans Herz zu legen. Der »Lößnitzdackel« dampft zwischen Radebeul, Moritzburg und Radeberg über gut 16 Kilometer.

Sehr zu empfehlen ist zudem ein Besuch der Meißner Albrechtsburg, wo eine exzellente Audio-Kinderführung auf die jüngsten Besucher wartet. Die durch das Porzellan weltweit bekannt gewordene Stadt liegt knapp 20 Kilometer von Dresden entfernt.

Im Deutschen Hygiene-Museum Dresden werden die Sinne angeregt.

Der Englische Pavillon im märchenhaften Park von Schloss Pillnitz

Neben Tieren gibt es auch ein sehenswertes **Kasperletheater**. Absolut lohnend für Groß und Klein ist die **Kinderausstellung im Deutschen Hygiene-Museum Dresden**. Hier wird über die fünf Sinne aufgeklärt – anschaulich, faktenreich und unterhaltsam. Auf rund 500 Quadratmetern gilt es, im »Kinder-Museum« vieles selbst herauszufinden.

Siesta im Alaunpark

Wer Dresdens alternative Seite kennenlernen will, sollte auf die andere Elbseite in die **Neustadt** fahren. Dort gibt es viel Individuelles, kleine Läden, schöne Cafés und Spielplätze. Im **Alaunpark** kann eine Siesta im Freien eingelegt werden. Im nahegelegenen **Café Komisch** ist alles auf Kinderhöhe, es gibt Spiele, Bücher und leckeres Softeis. Nach einem Bummel durch den **Kunsthof** bietet sich ein Besuch des **Mini-Bauernhofes und Abenteuerspielplatzes »Panama«** an. Zu empfehlen ist auch ein Abstecher zur **Molkerei Pfund**, mit Milchbrunnen und wunderschönen Fließen. Ganz in der Nähe wartet die **Kinder- und Frauenbuchhandlung Pusteblume** auf neugierige Leser. Wer im Juni in Dresden ist, erwischt vielleicht das Stadtteilfest **»Bunte Republik Neustadt«**, eines der beliebtesten Feste in Dresden.

Auf dem Fluss wie August der Starke

Zum früheren Lustschloss der sächsischen Könige in Dresden-Pillnitz kann die ganze Familie vom Terrassenufer in der Innenstadt aus mit dem historischen **Schaufelraddampfer** fahren. **Schloss Pillnitz** bietet seltene Baum- und Pflanzenarten, ein Restaurant und im Sommer Konzerte. Kurfürst August der Starke (1670–1733) veranstaltete dort ausschweifende Feste.   *KR*

Infos und Adressen

ANREISE

Mit dem Auto: Dresden ist über die A4, A13 und A17 gut zu erreichen. **Mit dem Zug** erreicht man im Fernverkehr den Hauptbahnhof bzw. Dresden-Neustadt.

BESTE REISEZEIT

Ganzjährig. Durch seine Elbtallage gehört Dresden zu den wärmsten Städten Deutschlands.

AKTIVITÄTEN

Residenzschloss. Taschenberg 2, Eingang über Sophienstraße oder von der Schlossstraße durch das Löwentor, www.skd.museum
Historisches Grünes Gewölbe. Der Einlass erfolgt ausschließlich mit Zeitkarten.
Semperoper. Besonders Ballettvorführungen sind oft auch für Kinder spannend. Bevor sich der Vorhang hebt, wird genießerisch flaniert. In allen Foyerbereichen gibt es kulinarische Kleinigkeiten und Getränke an weiß-goldenen Theken. Lohnend sind auch die Führungen durch die Oper zu verschiedene Themen und für alle Altersstufen. Theaterplatz 2, www.semperoper.de und für Führungen: www.semperoper-erleben.de
Gläserne Manufaktur. Lennéstr. 1, www.glaesernemanufaktur.de
Deutsches Hygiene-Museum Dresden. Alles rund um den (menschlichen) Körper. Lingnerplatz 1, www.dhmd.de
Abenteuerspielplatz »Panama«. Seifhennersdorfer Straße 2, www.panama. treberhilfe-dresden.de
Sächsische Dampfschifffahrt. An Bord der ältesten und größten Raddampferflotte der Welt lassen sich die Stadt und das Umland auf besonders angenehme Weise erkunden. www.saechsische-dampfschifffahrt.de
Stadion Dresden. Auch wenn kein Spiel ist, kann das Oval an allen Montagen und an jedem dritten Sonntag im Monat besichtigt werden. Angeboten werden verschiedene Themenführungen. Lennéstr. 12, www.stadion-dresden.com

ESSEN UND TRINKEN

Dresden hat eine Menge regionaler Spezialitäten zu bieten: Dresdner Eierschecke, Quarkkeulchen, sächsische Kartoffelsuppe und der hervorragende Wein aus dem Elbtal gehören dazu.
Café Komisch. Vielleicht das beste Softeis in ganz Dresden. Bischofsweg 50
Café Schinkelwache. Vis-à-vis der Semperoper findet man hier klassische Kaffeehaustradition und regionale Küche. Theaterplatz 2, www.schinkelwache-dresden.de
Dresdner Speisekammer. Wie in alten Zeiten werden hier Vorräte in Einweckgläsern angelegt und mit dem frischen Angebot des Marktes ergänzt und kombiniert. Sporrergasse 5, www.dresdner-speisekammer.de

ÜBERNACHTEN

Aparthotel am Zwinger. Gemütliche Hotelzimmer und großzügige Ferienwohnungen in einem der wenigen Gründerzeithäuser. Maxstr. 3–7, www.pension-zwinger.de
Jugendgästehaus. Die größte Jugendherberge Sachsens befindet sich in bester Citylage, nur wenige Gehminuten vom historischen Stadtzentrum entfernt. Maternistr. 22, www.jugendherberge-sachsen.de

WEITERE INFOS

www.dresden.de
www.dresden-tourismus.de

Festlich geschmückte Tafel in der Schauhalle der Porzellanmanufaktur Meißen, die auch einen Ausflug wert ist.

31

Sächsische Schweiz

Wandern mit Kindern hat in der Sächsischen Schweiz einen hohen Spaßfaktor. Zerklüftete Steine, schiefe Wege, Leitern, kleine Felsen, große Felsen – es gibt alles, was die Jüngsten begeistern dürfte – auch Sagen und Geschichten über Könige.

Wandern und Klettern für Groß und Klein

Der mehr als 300 Meter hohe **Rauenstein** ist an einem Vormittag erklettert und macht Lust auf mehr. Der Gratweg über den Rauenstein macht vor allem Kindern Spaß, es geht auf und ab, und so ziemlich jede Art von Treppen und Leitern ist zu bewältigen. Brücken führen über tiefe Abgründe, doch richtig schwierig wird es nie, alles ist gut ausgebaut und abgesichert. Wer will, erweitert die Wanderung und läuft noch zu den Bärensteinen und durch den Damengrund zurück nach Wehlen.

Eine andere kurzweilige Halbtagstour ist der **Aufstieg auf den Pfaffenstein**, einen der bekanntesten Tafelberge der Region. Oben auf dem Berg ist die berühmte und sagenumwobene **Barbarine** zu bestaunen, ein Wahrzeichen der Sächsischen Schweiz. Selbst Bergsteiger kommen am Paffenstein auf ihre Kosten, denn es gibt rund **30 Kletterfelsen**. Zudem führt der Weg durch das sogenannte Nadelöhr. Der Pfad besteht aus rund 600 ungleichmäßig hohen Stu-

Sachsen

Von der Bastei aus öffnet sich ein herrlicher Blick ins Elbtal.

Mitmachen!

AUF ERLEBNISTOUR IN DER WALDHUSCHE

Kinder werden in der »Waldhusche« ihre Freude haben. Auf spielerische Art wird hier das Thema Wald- und Forstwirtschaft behandelt. In dem großen Freigelände sind mehr als 40 Stationen auf fünf vernetzten Themenwegen eingerichtet, die über jahreszeitliche Besonderheiten, Waldpflege und vieles mehr aufklären. Die neugierigen kleinen Besucher erwartet ein »Waldabenteuerweg« und der eher sinnliche »Naturgenussweg«. Besonders eindrucksvoll ist eine Bootsfahrt in der wilden und weitgehend ursprünglichen Kirnitzschklamm. Der auf 700 Meter angestaute Wildbach wurde früher für die Flößerei benötigt. Heute fahren Boote ruhig durch das enge, stille Felsenreich bis zur Staumauer - der Oberen Schleuse. Die Fahrt durch die Klamm dauert etwa 20 Minuten. Zur Oberen Schleuse in Hinterhermsdorf gelangt man vom Parkplatz Buchenparkhalle in 45 Minuten Fußweg oder mit einem Kremser.

fen und ist in seinem oberen Abschnitt so eng, dass keine zwei Personen nebeneinander Platz finden.

Wer nicht so viel wandern, dafür aber etwas mehr über die Geschichte der Region lernen möchte, sollte einen Ausflug auf die **Festung Königstein** einplanen. Für Kinder gibt es einen kostenlosen Audioguide, mit dem sie die Anlage entdecken können. Zur Festung führt ein gläserner Panorama-Aufzug.

Selbst wer mit dem Kinderwagen unterwegs ist, kann die Felsenwelt der Sächsischen Schweiz genießen. Vom Ort Hohnstein aus führt ein fast gerader Weg ohne Höhenunterschiede zur **Brandaussicht**. Sie wird gern »Balkon der Sächsischen Schweiz« genannt. Vor und in der Brandbaude gibt es leckeres Essen. *KR*

Streifzug durch Köln

Die Domstadt am Rhein gemeinsam mit Kindern erobern, das ist keine Hexerei. Mit ein wenig Vorbereitung wird aus dem Abenteuer Großstadt ein vergnüglicher Aufenthalt zwischen Kultur, Erlebnisausflug und Geschichtsreise. Und die vielen Events, mit denen Köln lockt, machen auch mit dem Nachwuchs Laune.

Tiere und Parks

Zu einem Großstadt-Trip mit Kindern gehört er einfach dazu: der Zoobesuch. Der **Kölner Tierpark** lockt nicht nur mit dem neuen Elefantengehege und dem wettersicheren Urwaldhaus, sondern auch durch seine Anbindung an den **Rheinpark**. Mit der **Rheinseilbahn** geht es vom Zoo über den Fluss auf das Gelände der Bundesgartenschau von 1957. Neben seinen großen Wiesen und dem Rheinufer mit flach abfallenden Buchten ist die große **Spielelandschaft** in der Mitte das Highlight. Dank einer langen Röhrenrutsche, der Seil-Kletterlandschaft, eine Seilbahn mit Startrampe und natürlich Schaukeln plus Sand haben hier Kids vom Krabbelalter bis jenseits des 10. Geburtstages Spaß. Erkunden lässt sich das Gelände gut mit der **Schmalspur-Eisenbahn**: Auf zwei Kilometern dreht sie ihre Runden durch den Park.

Sagenhafte Gestalten

Berühmte Kölner, die so gut wie jedes Kind kennt, tragen Schnurrhaare oder Zipfelmützen. Die Maus – ja, die aus dem

Nordrhein-Westfalen

Fernsehen – ist in Köln zu Hause. Und natürlich die Heinzelmännchen. Die Maus kann man auf der rechten Rheinseite im **Odysseum** besuchen: ein für Kinder konzipiertes Wissenschaftsmuseum. Zu den Bereichen Mensch, Natur und Technik werden im Innen- und Außengelände sechs Themenwelten mit 200 Erlebnisstationen angeboten. Der Fernsehstar mit den großen Klimperaugen ist im **Museum mit der Maus** präsent. Die Themen der beliebten Sachgeschichten gibt es nicht nur zum Zuschauen, sondern auch zum Ausprobieren. Den Kölner Heinzelmännchen kommt man ganz nah in einer **Stadtführung für Kinder**, die zum Beispiel von »colonia prima« angeboten wird: Kinder von sechs bis zehn werden auf den Pfaden der Heinzelmännchen mit einer Geschichte hinter der Geschichte durch die Stadt geführt.

Museen für jeden Geschmack

Per se kinderkompatibel ist das **Schokoladenmuseum**. Es lockt nicht nur mit der Geschichte von Schokolade und Kakao, sondern auch mit einem Schokoladebrunnen und vielfältigen Verkostungsmöglichkeiten. Bewegung zum Ausgleich gibt's im nahe gelegenen **Sport- und Olympiamuseum**. Die Dauerausstellung zeigt spannende Exponate, auf dem Museumsdach steht den Besuchern ein **Sportplatz** zur Verfügung.

Das **Römisch-Germanische Museum** hat speziell auf Kinder ab acht Jahren zugeschnittene Führungen im Angebot. Der pädagogische Schwerpunkt liegt auf der Erschließung des Alltags von der Urgeschichte bis zum frühen Mittelalter. So wird beispielsweise das Leben der Sklaven thematisiert, die Gastfreundschaft der Römer oder das Lagerleben der Legionäre am Rhein. Im **Museum Ludwig** werden Familienführungen offeriert. Und für Kids ab acht gibt es eigene Rundgänge – beste Gelegenheit für die Großen zum kinderfreien Kunstgenuss. Währenddessen werden die kleinen Besucher durch die Ausstellungen geführt und bekommen die modernen Gemälde, Installationen und Kunstobjekte kindgerecht vorgestellt.

Ein Muss: der Dom zu Köln

Er lässt sich erklimmen oder unterwandern: 533 Stufen muss man nehmen, um ihm aufs Dach zu steigen. Je nach Alter der Kinder ist der **Turmbesteigung** dann eher ein Besuch in der funkelnden **Schatzkammer** in den Katakomben

»Kölsche Pänz« im Karneval – früh übt sich …

Nicht verpassen
VON KARNEVAL BIS LITERATUR

Kölner Events sind ein guter Anlass, um die Stadt gemeinsam mit Kindern zu entdecken. Wer in der fünften Jahreszeit mit Kindern in die Hochburg des Rheinischen Frohsinns reist, findet eine ganze Reihe von Karnevalsumzügen, die gerade mit Kindern Spaß machen. Am Karnevalssonntag sind die Kinder der Kölner Schulen mit dem »Schull- un Veedelszöch« in der Innenstadt unterwegs. Dieselben Gruppen sind dann am Veilchendienstag Teil der Züge, die durch die Hauptstraßen der einzelnen Stadtteile gehen. Den Schlachtruf »Kamelle« haben alle Kinder schnell raus: Von den Fußtruppen und Wagen wird tonnenweise Süßkram geworfen. Die Kombi Kleinkind plus niedliche Verkleidung ist ein Garant für gute Beute.

Im März zieht alljährlich die »Lit.COLOGNE« große literarische Namen nach Köln. In diesem Rahmen bietet die »lit.kid.COLOGNE« auch rund 80 Lesungen mit internationalen Stars der Kinder- und Jugendbuchszene.

Mitmachen!

AUSSPANNEN AM FÜHLINGER SEE

Im Kölner Norden liegen am Fühlinger See fa-milienkompatible Freizeitflächen. Sieben un-tereinander verbundene Seen mit einer Was-serfläche von 100 Hektar, drum herum nochmal genauso viel Wiese, durchzogen von einem fast 20 Kilometer langen Wegenetz, bilden Kölns beliebtestes Sport- und Freizeit-areal. Im Zentrum liegt die zwei Kilometer lange Regattastrecke. Sie wird sowohl für den Trainingsbetrieb als auch für Wettkämpfe genutzt. Die einzelnen Seen sind unterschied-lichen Nutzungsmöglichkeiten vorbehalten: ein See für Freibad und Sporttauchen, ein An-gelsee, ein Surfsee und drei Bade- und Bootsseen sowie ein Ruder- und Kanu-See zum An- und Ablegen mit Durchfahrt zur Re-gattastrecke. Wer Infrastruktur in Form von Umkleidekabinen und Verpflegung braucht, der geht an den »Blackfoot Beach«, ein Strandbad mit Gastronomie, Klettern im Hochseilgarten, Kanufahren, tauchen, Bogen-schießen und Beach Fitness. Echtes Ferien-gefühl kommt auf, wenn man eines der ge-mütlichen Beach-Betten ergattert.

Action am und im Wasser gibt's am Fühlin-ger See.

Groß St. Martin und der Heumarkt

vorzuziehen. Einen guten, weil spielerischen Zugang zum gotischen Monument bieten die **Führungen**, die das Dom-forum anbietet: Kinder von sechs bis zwölf Jahren können so gemeinsam mit ihren Eltern die Kathedrale hautnah erle-ben. Den Weg zwischen Zoo, Schokolademuseum und Dom bewältigen Kinder wohl am liebsten mit der **Kölner Bim-melbahn**. Das gelb-grüne Bähnchen schlängelt sich alle 15 Minuten langsam durchs Gewühl entlang des Rheinufers und verbindet die kinderkompatiblen Highlights der Innen-stadt.

Große Töne spucken

Die **Kölner Kinderoper** geht im alten Pfandhaus in der Süd-stadt über die Bühne, ab 2016 wieder im eigenen Haus am Offenbachplatz. Geboten werden Klassiker wie Mozarts »Zauberflöte« und der »Opernführer für Kinder«: dabei wird eine komplette Oper anhand musikalischer Beispiele auf unterhaltsame und leicht verständliche Weise dem jungen Publikum nahegebracht. *ER*

Infos und Adressen

ANREISE

Per Flugzeug zum Flughafen Köln/Bonn, **mit der Bahn** zum Kölner Hauptbahnhof, **Fernbusse** fahren zum Zentralern Omnibusbahnhof, Breslauer Platz oder Köln-Deutz Gummersbacher Str. 31.

BESTE REISEZEIT

Frühling, Sommer, Herbst. Aufgrund der besonderen klimatischen Verhältnisse in der Kölner Bucht wird es auch im Winter nicht wirklich kalt.

AKTIVITÄTEN

Zoologischer Garten. Riehler Straße 173, Köln, www.koelnerzoo.de
Kölner Bimmelbahn. Alle 15 Minuten vom Kölner Hauptbahnhof über Schokoladenmuseum nach Zoo/Flora und zurück – ein vergnüglicher Kurztripp. www.bimmelbahnen.de

Wildgehege Köln-Lindenthal. Kitschburger Straße, www.lindenthaler-tierpark.de
Naturfreibad Fühlingen. Oranjehofstraße 103–105, Köln, www.koeln-fuehlinger-see.de
Blackfoot Beach. Stallagsbergweg 1, Köln, www.blackfoot-beach.de
Karneval. Alle Termine der aktuellen Session finden sich beim Festkomitee des Kölner Karnevals, www.koelnerkarneval.de

FÜR REGENTAGE

Odyseum. Corintostr. 1, Köln, www.odysseum.de
Römisch-Germanisches Museum. Roncalliplatz 4, Köln, www.museenkoeln.de/roemisch-germanisches-museum
Museum Ludwig. Heinrich-Böll-Platz, Köln, www.museum-ludwig.de
Kletterfabrik. Oskar-Jäger-Str. 173, Köln, www.kletterfabrik-koeln.de
RheinEnergieStadion. Olympiaweg 7, Köln, Karten via www.koelnticket.de, Suchwort: Stadionführung Köln
Domforum. Domkloster 3, Köln, www.domforum.de
Kölner Künstler Theater. Grüner Weg 5/Ecke Melatengürtel Köln, www.k-k-t.de
Comedia Colonia. Vondelstr. 4-8, Köln, www.comedia-koeln.de
Rautenstrauch-Joest-Museum. Cäcilienstraße 29–33, Köln

ESSEN UND TRINKEN

Lokal Alte Feuerwache. Das Restaurant des Bürgerzentrums liegt in einem abgeschlossenen Hof mit Spielplatz. Melchiorstr. 3, Köln
Maybach. Moderne Küche, alter Backstein und die Terrasse grenzt an eine große Wiese.

Maybachstr. 111, Köln, www.maybach111.de
Sünner Keller. Kleine Gäste sind in den Kölner Brauhäusern überall willkommen. In Kalk ist der Biergarten ein zusätzliches Argument. Kalker Hauptstr. 260–262, Köln, www.suenner-keller.de

ÜBERNACHTEN

Friends. Schön-buntes Privathotel mit richtigen Familienzimmern. Roggendorfstr. 23–25, Köln, www.hotelfriends.de
Maternushaus. Im Gästehaus des Erzbischofs logieren Familien mit dem »Segen von oben«. Kardinal-Frings-Straße 1–3, Köln, www.maternushaus.de
Hotel Leonardo Royal. Ruhig und trotzdem gut an die Innenstadt angebunden, direkt am Stadtwald. Dürener Str. 287, Köln, www.leonardo-hotels.de

WEITERE INFOS

Offiziele Tourismusseite für Köln. www.koelntourismus.de

Das Schokoladenmuseum am Rheinufer

33 Im Bergischen Land

TOLL FÜR KINDER

Affen- und Vogelpark Reichshof. Am Bromberg, Reichshof-Eckenhagen, www.affen-und-vogelpark.de

Deutscher Märchenwald. Märchenwaldweg 15, Odenthal, www.deutscher-maerchenwald.de

Wildpark. Wiehl, www.wiehl.de

Höhlen in der Region. Z. B. die Tropfsteinhöhle in Wiehl, die Aggertalhöhle in Engelskirchen-Ründeroth oder das Zwergenloch in Lindlar-Scheel

life-ness Freizeitcenter in Radevormwald. Schwimmbad mit Nessi-Kinderland, für die Großen gibt es eine Fitessbereich und eine Saunalandschaft. www.nessi-kinderland.de

TOLL FÜR ELTERN

LVR Industriemuseum. Deutschlands größtes Papiermuseum in der ehemaligen Papiermühle »Alte Dombach«, mit Kinderführungen. Bergisch-Gladbach, www.industriemuseum.lvr.de

Schloss Hückeswagen. Schlossbesichtigung mit Heimatmuseum und anschließenden Spaziergang durch die historische Altstadt. www.hueckeswagen.de

Blick von der Ketzbergerhöhe bei Wermelskirchen

Grüne Wälder, zahlreiche Seen, idyllische Täler und hübsche Fachwerkstädtchen locken im Bergischen Land: Mit ihrem vielfältigen Erholungs- und Freizeitangebot ist die Region ein wunderbares Reiseziel für Familien. Radfahren, reiten und tolle Natur entdecken – Kinder kommen hier überall auf ihre Kosten.

Wanderreiten, Wasserquintett und Naturparks

Das Bergische Land ist Reiterland. Besonders im **Oberbergischen Kreis** sind die Reiter zu Hause. Ein dichtes Netz von Wanderreitstationen und geführten Wanderritten ist ideal für einen erlebnisreichen Urlaub. Zum Beispiel mit den **»Curly Horses«**, gelockten Pferden, die in Hückeswagen von Daniela Söhnchen gezüchtet werden und die auch für Pferdeallergiker geeignet sind. Der Klassiker für Aktive ist der **Wasserquintett-Radweg**. Die Themenroute auf 80 Kilometern führt durch die Talsperrenlandschaft. Schön ist die Runde ab Marienheide über die Wipperquelle und die Lingesetalsperre, dann entlang der ehemaligen Bahntrasse nach Ohl, wo das **Schwarzpulvermuseum** besichtigt werden kann. Weiter geht es zur alten Hansestadt **Wipperfürth** und dann nach **Hückeswagen**. Über Kreuzberg und Rönsahl geht es dann zurück nach **Marienheide** – eine Rundtour entlang der ehemaligen **Wippertalbahntrasse**. Die Städtchen lohnen allesamt einen Bummel, sodass Sie genügend Zeit einplanen sollten.

Nordrhein-Westfalen

Entspannt Natur auf dem Wasser genießen

Infos und Adressen

ANREISE
Das Bergische Land ist mit dem Auto und der Bahn aus allen Richtungen gut zu erreichen.

BESTE REISEZEIT
Frühjahr bis Herbst

AKTIVITÄTEN
Wanderreitstationen. Das Angebot ist vielfältig, z. B. **Much:** www.horse-lovers-hut.de; **Reichshof:** www.pferdezucht-aubachtal.de; **Solingen:** www.wanderreitstation-nacker-hoehe.de; **Wipperfürth:** www.gut.nagelsgaul.beep.de **Reiten für Allergiker.** www.curly-horses-germany.de

ESSEN UND TRINKEN
Berühmt ist die Bergische Kaffeetafel, die hier überall süß und herzhaft gedeckt ist, z. B. auf der Rengser Mühle in Bergneustadt – mit Vorbestellung. www.rengser-muehle.de oder an anderen Orten: www.dasbergische.de

ÜBERNACHTEN
Franz Dohrmann Haus. Inmitten eines großen Wald- und Wiesengeländes. Idyllisch! Marienheide, www.hesb.de
Historische Holstein's Mühle. Im Homburger Bröltal gelegene ehemalige Mühle, Nümbrecht, www.holsteinsmuehle.de

WEITERE INFOS
Führungen im Bergischen Land. www.dasbergische.de

Totenkopfäffchen, Berberaffen, aber auch die niedlichen Erdmännchen und imposante Schneeeulen können Kinder im **Affen- und Vogelpark** in Reichshof-Eckenhagen aus der Nähe betrachten. Alle Aufmerksamkeit zieht der sprechende Beo auf sich, wenn er »Hände hoch, peng, peng!« ruft. Durch den Park fährt eine kleine Bahn, und bei Regenwetter locken die **Indoor-Erlebnishalle** und eine Kletterwand. Spannend ist auch ein Besuch im **Wildpark** von Wiehl mit seinem **Wald- und Naturlehrpfad**. Beginn des knapp zwei Kilometer langen Rundwegs ist bei der **Tropfsteinhöhle Wiehl**, die ebenfalls einen Besuch lohnt. Besonders für kleinere Kinder interessant ist der **Deutsche Märchenwald** in Odenthal. Idyllische Waldwege mit Szenen aus Sagen und Märchen, untermalt mit Musik und Erzähltexten, machen Spaß, und wer im Sommer oder am Wochenende kommt, kann den Märchenerzählerinnen zuhören und sich live verzaubern lassen. *Red.*

Toller Ausflug

MIT KANU ODER KAJAK DURCH DIE NATUR

Paddel hoch und sich ein Stück treiben lassen: So geht Entspannung. Bootswandern im Naturpark entspannt, bietet Bewegungshungrigen aber auch ein paar sportliche Herausforderungen. Zum Beispiel bei einer Fahrt auf der Dhünn. Start der beliebten Tour ist beim Staudamm der Dhünn-Talsperre bei Dabringhausen-Lindscheid (Wermelskirchen). Wer mag, kann dann auf der Wupper weiterfahren. Die Tour hat eine Länge von 24 Kilometern und ist familientauglich.

Wer es sportlich mag, wählt die Route auf dem Eifgenbach. Los geht's am Wanderparkplatz an der Landstraße Wermelskirchen. Die Weiterfahrt auf der Dhünn ist möglich. Länge der Tour, die nicht für Anfänger geeignet ist: 17 Kilometer.

34 Dreiländerpunkt Aachen

Sommerbobbahn. Sommer- und Wintersportzentrum, Monschau-Rohren, www.sommerbobbahn.de

Planwagentouren im Hohen Venn. Zwei Stunden über Forstwege durchs Heideland. Mit Halt an außergewöhnlichen Sehenswürdigkeiten wie dem Wasserfall von Bayehonn. www.botrange.be

Brückenkopf-Park Jülich. Zwischen April und Oktober regelmäßig Veranstaltungen wie Märkte, historische Spektakel und Kinderevents. www.brueckenkopf-park.de

Museum Zitadelle Jülich. Mit Museum. Schlossstraße. www.juelich.de/museum

Internationales Zeitungsmuseum Aachen. Faszinierende Einblicke in die Welt der Medien und über 200 000 Exponate zum Thema. Auch für Kinder spannend. Pontstr. 13, www.izm.de

Nachtwächterführung mit dem Lühtemann durch Aachen. www.nachtwaechter-aachen.de

Der Aachener Dom wurde um 800 errichtet. Baumeister war Udo von Metz.

Der Dreiländerpunkt Aachen liegt auf dem höchsten Berg der Niederlande, dem Vaalserberg (322 m). Die Region zwischen Deutschland, Belgien und den Niederlanden hat für einen Familienurlaub einiges zu bieten: Die Kaiserstadt Aachen, ein Labyrinth, Freizeitparks und tolle Begegnungen mit der Natur.

Schöne Aussichten und jede Menge Spaß

Wer das Dreiländereck überblicken möchte, wandert auf den **Vaalserberg**. Auf dem Gipfel wartet der **Balduinturm**, der den Rundumblick über die gesamte Region bis nach Maastricht und ins **Hohe Venn** freigibt. Lustig ist das **Labyrinth** am Dreiländerpunkt. Im Irrgarten aus Hecken, Mauern und Wasserfontänen kann man schon mal die Orientierung verlieren. Ganz in der Nähe liegt ein netter Spielplatz, und wer mag, schaut auf dem Rückweg nach Aachen beim **Viadukt in Morresnet** vorbei. Die Kaiserstadt **Aachen** bietet viel für Besucher und ist ideal für Touren in die Region. Wer sie auf eigene Faust entdecken möchte, kann dies mit der Broschüre **»Kaiser Karl führt durch Aachen«**, die den 1,5 Kilometer langen Rundgang entlang der 140 Bronzenägel im Boden illustriert. Start und Ende ist am Elisenbrunnen. Für den **Euregiozoo in Aachen** sollte man einen ganzen Tag einplanen.

Nordrhein-Westfalen/ Niederlande/Belgien

Der Karneval von Maastricht ist schrill, bunt und sehr musikalisch.

Toller Ausflug

MAASTRICHT

Rund 30 Kilometer von Aachen entfernt liegt Maastricht, die Hauptstadt der niederländischen Provinz Limburg und eine der ältesten Städte der Niederlande. Sehenswert sind dort das Bonnefantenmuseum – ein Museum für alte und zeitgenössische Kunst, das in einem architektonisch interessanten Gebäude untergebracht ist. Nicht versäumen sollte man eine Bootsfahrt auf der Maas und natürlich einen Bummel durch die historische Altstadt mit ihren schönen Cafés. Interessant sind auch die Höhlen von Sint Pieter, ein Tunnelsystem, das beim Bergbau entstanden ist und besichtigt werden kann. Wer sich gern unter der Erde »herumtreibt«, dem sei außerdem eine Führung durch die Kasematten empfohlen, die man im Fremdenverkehrsamt buchen kann.

www.vvvmaastricht.nl

Empfehlenswert sind die kostenlosen Zooführungen, über die man sich am Eingang informieren kann. Ein Ausflug führt nach Jülich zum **Brückenkopf-Park**: purer Freizeitspaß für Jung und Alt. Aktionsflächen wechseln sich mit Garten- und Waldlandschaften ab. Schön ist der Barfußpfad im Garten der Sinne. Für Kinder gibt es Spielplätze, einen Kletterfelsen und Wasserspiellandschaften, dazu einen Zoo. Interessant im hübschen Jülich ist das **Museum Zitadelle**, ein Lehrstück in Sachen Festungsgeschichte. Eine andere Tagestour geht zur **Sommerbobbahn Monschau-Rohren**. Davor oder danach kann man auf dem Natur- und Waldlehrpfad rund um Rohren wandern. Und im deutsch-belgischen **Naturpark Hohes Venn – Eifel** schließlich gibt es eine Reihe von Erlebnispfaden und -ausstellungen. Das **Naturparkzentrum Botrange** etwa im Osten Belgiens bietet unter anderem eine **Planwagenrundfahrt durch das Heideland**. Keine Zeit für Langeweile am Dreiländerpunkt! *Red.*

Urlaub auf dem Bauernhof: faszinierend für
Kinder und wohltuend ruhig für die Eltern

Deutschland: vom Taunus bis zum Allgäu

35 Auf Römerspuren im Taunus

Das Rheintal mit berühmten Weinorten, Burgen und Aussichtsfelsen wie der Loreley lockt hier ebenso wie der Feldberg, die höchste Erhebung im Naturpark Hochtaunus. Auch Klöster und Schlösser, reizvolle Orte mit zahlreichen Sehenswürdigkeiten sowie Wachtürme am römischen Limes laden Familien zum Besuch ein.

Über dem Rhein und auf den Spuren der Römer

Ausgangspunkt ist die hessische Landeshauptstadt **Wiesbaden**, wo das **Erbprinzenpalais** in der Wilhelmstraße oder das **Waterloo-Denkmal** auf dem Luisenplatz zu den Sehenswürdigkeiten gehören. Lohnend ist ein Ausflug auf den 245 Meter hohen **Neroberg** mit großartiger Aussicht auf die Stadt, nach Mainz und zum Rhein. Er ist bequem mit der **Nerobergbahn** zu erreichen, wo das **Opelbad** zum Besuch einlädt. Sehenswert ist auch die **russische Kirche** mit ihren vergoldeten Zwiebeltürmen.

Wer in Wiesbaden-Biebrich am **Barockschloss** dem Rheinsteig folgt, wird eine Fülle schöner Sehenswürdigkeiten hoch über dem Rhein erleben. Durch reizvolle Weinorte führt der Weg zum **Kloster Eberbach**, zum berühmten

Hessen

Die historische Neroberg-Drahtseilbahn verkehrt auf dem Hausberg Wiesbadens.

Infos und Adressen

ANREISE
Mit der Bahn von Frankfurt/Main zu allen genannten Orten

BESTE REISEZEIT
Frühjahr bis Herbst

ESSEN UND TRINKEN
Neroberg. Opelbad und Bistro »Der Turm« mit fantasievoller Kinderkarte.
www.wagner-gastronomie.de
Freizeitzentrum Lochmühle.
Ein Selbstbedienungsrestaurant am Teich mit Biergarten und eine Brezelbäckerei laden zum Verweilen ein.
Freilichtmuseum Hessenpark.
Wirtshaus Zum Adler und Landhotel Zum Hessenpark mit dem Restaurant Alter Markt.
www.hessenpark.de

ÜBERNACHTEN
Hotel Taunus Residence. Familienhotel. Caspar-Hofmann-Platz 2, Bad Camberg,
www.taunus-residence.de
Landhotel Zum Hessenpark.
Charmantes Fachwerkhaus mit liebevoll eingerichteten Zimmern. Laubweg 1, Neu-Anspach,
www.landhotel-hessenpark.de

WEITERE INFOS
Taunus-Informationszentrum.
www.taunus.info
Wiesbaden: Tourist-Information.
www.wiesbaden.de

Niederwalddenkmal, an Burgen und Burgruinen vorbei zur sagenhaften **Loreley**, dem berühmtesten Aussichtspunkt am Rhein.

Der Bahnhof Saalburg ist ein günstiger Ausgangspunkt für einen Spaziergang zum berühmten **Römerkastell Saalburg**. Zunächst lohnt sich ein Aufenthalt im **Freizeitzentrum Lochmühle**, im Wiesengrund des Erlenbaches gelegen. Hier vertrauen wir uns dem Limeszeichen – dem Wachturm – an und gelangen zum Kastell. Als ehemaliges Kohorten-Kastell der Römer um 90 n. Chr. errichtet, wurde es 135 n. Chr. zu einem 3,2 Hektar großen Lager erweitert und war der eindrucksvollste Wehrbau am Limes, der ehemaligen Grenze des Römerreiches. Auf einem Rundweg gelangen wir zum **Kastell Heidenstock** und an der **Stahlhainer Mühle** vorbei zum interessanten **Freilichtmuseum Hessenpark** (s. »Nicht verpassen«) bei Obernhain. Lohnend ist auch ein Ausflug in das reizvolle **Weiltal** mit Rod an der Weil und Hasselbach, wo die **Vogelburg Hochtaunus** zum Besuch einlädt. *TW*

Nicht verpassen

FREILICHTMUSEUM HESSENPARK

In diesem Freilichtmuseum wurden über 100 Gebäude vom nordhessischen Gutshof über das mittelhessische Tagelöhnerhaus bis zum südhessischen Wirtshaus errichtet. Es sind vorwiegend Fachwerkhäuser, die aus verschiedenen Teilen Hessens stammen und als typisches Haufendorf, Reihendorf und Weiler angeordnet sind. Teilweise sind die Gebäude einer bestimmten Zeit entsprechend eingerichtet, aber auch die Umgebung ist mit Gärten und Äckern nach historischen Vorbildern gestaltet. Die Felder werden im Rahmen der Dreifelderwirtschaft bewirtschaftet, die über Jahrhunderte erfolgreich praktiziert wurde. Alte Getreidearten, Futterpflanzen und vergessene Kulturpflanzen wie Flachs, Tabak oder Faserhanf werden angebaut, die Wiesen und der historische Weinberg laden zum Spazierengehen ein. So vermittelt das Museum einen lebendigen Eindruck, wie sich Bauen und Wohnen in den Regionen seit 400 Jahren entwickelt haben.

www.hessenpark.de

Büdingen und Ronneburg

Auf der Ronneburg finden regelmäßig mittelalterliche Märkte und Burgfestspiele mit Rittern, Gauklern und Marketendern statt.

Klein, aber fein: Mit seinen Fachwerkhäusern, Toren und Türmen besitzt das hessische Büdingen europaweit eine der besterhaltenen mittelalterlichen Altstädte. Neben dem historischen Glanz kann die Stadt am Fuß des Vogelsberges mit viel Grün und zahlreichen Sehenswürdigkeiten in der Umgebung aufwarten.

Beschauliches Städtchen mit attraktivem Freizeitangebot

Bei einem Bummel durch die Altstadt gibt es viel zu sehen: Da ist zum Beispiel der mächtige **Festungsgürtel**, der das historische Zentrum umschließt. Seine Mauern, Wehrtürme und Stadttore, wie das 1503 fertiggestellte Jerusalemer Tor oder Untertor, sind noch heute begehbar. Auch der im Renaissancestil erbaute **Oberhof** und das historische Rathaus mit dem **Heuson-Museum** zur Stadtgeschichte sind einen Blick wert. Das **Büdinger Schloss** wird noch immer von der Fürstenfamilie zu Ysenburg bewohnt. Der Schlosshof und der schöne Schlosspark sind jedoch frei zugänglich. Der beste Blick auf Schloss und Altstadt bietet sich vom **Wilden Stein**, einer imposanten Felsformation vulkanischen Ursprungs. Wer mit der Familie Erholung oder Abenteuer im Grünen sucht, ist im angrenzenden **Traumwald** genau richtig. Hier finden sich der Wildpark, ein Waldseilgarten und eine Spielwiese. Nicht weit von Büdingen entfernt erhebt sich weithin sichtbar die

Hessen

Im Schlaghaus, einst Schlachthaus von Büdingen, ist heute das Metzgermuseum untergebracht.

Infos und Adressen

ANREISE

Mit der Bahn: IC/ICE nach Frankfurt/M. Hbf., weiter mit Regionalverkehr. **Mit dem Auto** über die A45, Ausfahrt Altenstadt, B521 oder über die A66, Ausfahrt Gründau/Lieblos, B457

BESTE REISEZEIT

Ganzjährig

FÜR REGENTAGE

Schloss Büdingen. Museum mit Palas, Alchimistenküche und gotischer Schlosskapelle. Führungen nach Vereinbarung.
www.schloss-buedingen.de
Keltenwelt am Glauberg. Multimedial aufbereitete Ausstellung zur Kultur der Kelten. Am Glauberg 1, Glauburg,
www.keltenwelt-glauberg.de

ESSEN UND TRINKEN

Café am Rathaus. Gemütliches Café in der Altstadt mit großem Kuchen- und Tortenangebot. Altstadt 13, Büdingen
Burg Restaurant mit Café. Spezialitäten der Region im historischen Burgambiente. Ronneburger Hof 1, Ronneburg,
www.restaurant-ronneburg.de

ÜBERNACHTEN

Wohnen am Schlosspark. Ferienwohnungen für bis zu vier Personen mit Balkon bzw. Terrasse. Am Hain 10, Büdingen,
www.wohnenamschlosspark.com
Ferienhaus Bruno 11. Kleines Fachwerkhaus mit Garten in zentraler Lage in der Altstadt. Brunostraße 11, Büdingen,
www.ferienwohnung.bruno11.de

WEITERE INFOS

Büdinger Tourismus und Marketing GmbH. Marktplatz 9, Büdingen, www.stadt-büdingen.de

Ronneburg, eine wohl bereits im 12. Jahrhundert errichtete Höhenburg. Sie lässt mit ihrem Museum den Geist der Ritterzeit aufleben. Am etwa 15 Kilometer entfernten **Glauberg** wartet eine weitere Familienattraktion: Hier wurden bedeutende Funde aus dem 5. Jahrhundert v. Chr. gemacht. Der »Keltenfürst vom Glauberg«, eine fast zwei Meter hohe Statue, ist im **Museum** ausgestellt. Als zweithöchste Erhebung im Vogelsberg bietet der rund 40 Kilometer von Büdingen entfernte **Hoherodskopf** (773 m) vielfältigen Freizeitspaß für alle Altersklassen. Im Sommer gibt es herrliche **Wanderwege** und als besonderes Vergnügen für Kinder eine **Sommerrodelbahn** (ab fünf Jahren), einen schwebenden **Baumkronenpfad** (ab neun Jahren) sowie einen **Kletterwald** (ab 1,30 m Körpergröße). *BL*

Toller Ausflug

FALKNEREI RONNEBURG – ADLER, GEIER UND EULEN HAUTNAH

Zu einem Ausflug auf die Ronneburg gehört unbedingt ein Besuch bei der Falknerei, die hier ihre majestätischen Vögel vom Frühjahr bis zum Herbst im Rahmen von regelmäßigen Flugvorführungen vorstellt. Vor den historischen Mauern der Burg zeigen Weißkopfseeadler, Wüstenbussard, Wanderfalke und andere Meister der Lüfte ihre Flugkünste. Auch Gänsegeier, Truthahngeier und Uhu geben sich die Ehre und kommen dabei dem Publikum so nahe, dass jede einzelne Feder ihres prächtigen Gefieders zu erkennen ist. Doch am nächsten dran ist der kleine Steinkauz Speedy, der sogar die Köpfe der Zuschauer als Landeplatz benutzt. Wer vom bloßen Zuschauen noch nicht genug hat, erfährt vom Falkner noch Spannendes über die Lebensweise der verschiedenen Greifvögel und Eulen.

www.falknerei-ronneburg.de

Ausflüge im Spessart

Mespelbrunn. Im Wasserschloss sind im Rittersaal Rüstungen und Waffen zu bewundern und im Gobelinsaal wird ein Schwert des Fürstbischofs Julius Echter von Mespelbrunn aufbewahrt.
www.schloss-mespelbrunn.de

Klingenberg. Im Teddymuseum sind zahlreiche Bären namhafter Hersteller zu sehen, auch über Teddybär-Comicfiguren gibt es Informationen. www.historisches-franken.de

Steinau an der Straße. Der Erlebnispark Steinau bietet für Kinder jeden Alters tolle Erlebnisse. Klettermax und Autoscooter sind genauso beliebt wie der Streichelzoo.
www.erlebnispark-steinau.de

TOLL FÜR ELTERN

Klingenberg. Weinbau- und Heimatmuseum mit Ausstellungen zur Geschichte des Weinbaus, Tonbergwerkstollen sowie zahlreichen Gerätschaften. Wilhelmstraße 13a,
www.klingenberg-main.de

Steinau an der Straße. Brüder-Grimm-Haus und Museum, ehemaliger Wohnsitz der Familie Grimm und heute Museum.
www.brueder-grimm-haus.de

Das Renaissance-Schloss Mespelbrunn kann von Karfreitag bis Allerheiligen besichtigt werden.

An drei Seiten vom Main und im Norden vom Kinzigtal begrenzt, bietet der Spessart eine beeindruckende Landschaft. Historisch bedeutsame Orte, Burgen, Schlösser und Aussichtspunkte sind ebenso lohnende Ausflugsziele mit Kindern wie das reizvolle Maintal mit seinen Weinbergen und Häckerwirtschaften.

Weinberge und Spukschloss

Das **Maintal** mit seinen Weinbergen und hübschen Orten ist immer eine Reise wert. Als Geburtsstadt von Schneewittchen ist das kleine Städtchen **Lohr** berühmt, aber auch Fachwerkhäuser, Weinstuben und verwinkelte Gassen bestimmen das Bild der malerischen Altstadt. Ein Besuch des **Spessartmuseums**, dem einstigen Residenzschloss der Grafen von Rieneck, lohnt sich auf jeden Fall. Folgen wir dem Main abwärts, gelangen wir zwischen ausgedehnten Weinbergen über **Wertheim** und **Miltenberg** mit seiner schönen Altstadt nach Klingenberg. Dort bietet sich ein Ausflug zur **Clingenburg** an, wo sich eine grandiose Aussicht auf Klingenberg und den Main bietet.

Auf jeden Fall sollte man einen Abstecher nach **Mespelbrunn** einplanen, wo das berühmte Wasserschloss besichtigt werden kann. Als **Spukschloss** im Spessart berühmt, wurde es zwischen 1551 und 1569 von den Edlen von Ech-

Bayern/ Baden-Württemberg

Blick über den Main zur Burg von Wertheim

ter errichtet. Unweit davon steht die Wallfahrtskirche, die als Grablege der Echter von Mespelbrunn diente.

Im Norden an der **Via Regia**, der alten Handelsstraße von Frankfurt nach Leipzig gelegen, ist Steinau an der Straße als **Brüder-Grimm-Stadt** bekannt. Hier verbrachten die Gebrüder Grimm einen Teil ihrer Jugend. An ihre Märchen erinnert der **Märchenbrunnen** am Rathaus, die Gedenkstätte **Brüder-Grimm-Haus** im ehemaligen Amtshaus, das eines der bedeutendsten Museen über die Märchenschreiber ist und der **Froschkönigbrunnen** davor.

Sehenswert ist auch das **Schloss**, die größte und am besten erhaltene Renaissanceanlage in Hessen. Es ist von einem Graben umgeben und beherbergt das **Schlossmuseum** mit einer Brüder-Grimm-Ausstellung. Im Marstall ist das **Marionettentheater** »Die Holzköppe« untergebracht. *TW*

Nicht verpassen

DAS SCHNEEWITTCHEN VON LOHR

Lohr soll »Geburtsstadt« von Schneewittchen sein, das hier viele Spuren in Form von Schneewittchen-Pralinen, Schneewittchen-Früchtetees und mehr hinterlassen hat. Dem Märchen vom Schneewittchen ist im Spessartmuseum im Schloss Lohr ein Teil gewidmet. Hier lebte Maria Sophia Margaretha Christina von Erthal, die am 19. Juni 1729 im Lohrer Schloss geboren wurde. Ihre Mutter Maria Eva von Erthal starb kurz nach der Geburt ihrer Tochter, und Vater Freiherr Christoph Philipp von Erthal vermählte sich wieder. Nicht belegt ist, ob die Stiefmutter Claudia Elisabeth sie wirklich töten wollte und Schneewittchen über die sieben Berge zwischen Biebergemünd und Lohr in den Biebergrund flüchtete. Dort arbeiteten in den Stollen oft Jugendliche, die nach Silber und Kupfer gruben.

www.spessartmuseum.de

38

Feriendorf Auenland

Wie aus einer Fantasiewelt: die Erdhäuser im Feriendorf

Die Erdhäuser im Feriendorf Auenland sind eine ganz besondere Unterkunft für Urlaub mit der Familie. Im Umkreis gibt es eine Reihe von Wander-, Rad und Skilanglauftouren und das sehenswerte Städtchen Eisfeld, das besonders für Spielzeugfans zwei schöne Museen zu bieten hat.

Wohnen wie die Hobbits

Übernachten in einem Drei-Sterne-Erdhaus, fernab von Verkehr und in einem Naturparadies, in dem die Kleinen nach Lust und Laune auf Entdeckungsreise gehen können – das ist mal ein ausgesprochen entspanntes Urlaubsfeeling! Urig eingerichtete Appartements mit allem Komfort machen schon das Übernachten zu einem außergewöhnlichen Erlebnis.

In unmittelbarer Nähe des Feriendorfes liegen der **Freizeitpark Waffenrod** mit einer rasanten, 420 Meter langen Sommerrodelbahn. **»Mystica«** heißt der große, kostenfreie Abenteuerspielplatz, der als Spiel,- Lern- und Erlebnisgarten konzipiert wurde.

Wer die Unterhaltungsangebote rund ums Feriendorf genossen hat, kann sich ins nahe gelegene **Eisfeld** aufmachen, eine typische Kleinstadt im Thüringer Wald und idyllisch am Oberlauf der Werra gelegen. Neben dem **Werratal-Radweg** gibt es hier eine ganze Reihe von schönen Wanderwegen, etwa dem **Werra-Burgen-Steig**, der nach

Thüringen

Abenteuer gibt es hier reichlich zu bestehen.

Infos und Adressen

ANREISE
Mit dem Auto: Eisfeld liegt an der A73 zwischen Bamberg und Suhl.

BESTE REISEZEIT
Pfingsten bis September

AKTIVITÄTEN
Thüringer Porzellantaße. Alles rund ums weiße Gold in spannenden Museen und Produktionsstandorten.
www.thueringerporzellanstraße.de

FÜR REGENTAGE
Werra Sport- und Freizeitbad Hildburghausen. Oberes Kleinodsfeld 16, Hildburghausen, www.sprung-frei.de

ESSEN UND TRINKEN
Restaurant Bergbaude. Leckeres Essen mit Panoramablick auf die umliegenden Berge des Thüringer Waldes. Gehört zum Feriendorf

ÜBERNACHTEN
Feriendorf Auenland. Zum Burgberg 1, Waffenrod/Hinterrod, Eisfeld.
www.feriendorf-auenland.de
Campingplatz »Quartier bei Baron von Münchhausen«. Direkt am Werraradweg, mit Hütten für die, die Camping-Feeling lieben, aber den PKW bevorzugen.
Waldstraße 6,
Eisfeld OT Bockstadt,
www.unterkunft-werraradweg.de

WEITERE INFOS
www.feriendorf-auenland.de
www.thueringer-wald.de

Bockstadt zum **Schloss** der ehemaligen Barone von Münchhausen führt und weiter entlang der Werra bis Schloss Landsberg bei Meiningen. In Eisfeld ist der historische Stadtkern mit dem Schloss einen Besuch wert. Genau genommen handelt es sich um eine Burganlage aus dem 11. und 12. Jahrhundert. Imposant sind die Mauern, die das Areal umgeben, und der Garten. Im Schloss befindet sich ein Museum, das eine der größten Sammlungen zur Geschichte des Thüringer Porzellans beherbergt. Für Kinder interessant sind die beiden Ausstellungen des **Murmel-Museums** in Eisfeld und dem vier Kilometer entfernten Sachsenbrunn, die alles über die faszinierende »Märbel«, wie man die Glaskugel hier nennt, präsentieren. Spannende Geschichten erzählen vom Handwerk, und allerlei interessante Gerätschaften sind hier zu sehen, die man für die Spielzeugproduktion einst verwendete.   *Red.*

Besonderer Ausflug

WILDPARK SCHLOSS TAMBACH

Ein lohnenswertes Ausflugsziel sind der prächtige Schlosspark und der mehr als 50 Hektar große Wildpark Tambach. Das Areal wurde im 19. Jahrhundert als englischer Landschaftsgarten rund um das malerische Schloss angelegt und befindet sich noch heute im Besitz der Grafen zu Ortenburg. Seit 1970 gibt es den landschaftlich überaus reizvollen WildPark inmitten alter Bäume, Teiche und Bachläufe. Spannend sind die Führungen zu Wolf und Luchs, bei denen man viel über diese scheuen Tiere erfahren kann. Eine Augenweide ist der Landschaftspark im Frühjahr, wenn Zehntausende Narzissen und Krokusse erblühen. Inmitten der wildromantischen Landschaft steht ein barockes Forsthaus mit alter Mühle, und ein Biergarten mit großem Spielplatz ist der ideale Platz zum Verweilen.

www.wildpark-tambach.de

39 Natur- und Geopark Vulkaneifel

Die Vulkaneifel ist die jüngste Vulkanlandschaft Deutschlands. Ausgeschilderte Geo-Routen, Exkursionen mit zertifizierten Natur- und Geoparkführern und spannende Geo-Museen erschließen die erdgeschichtliche Vielfalt. Viele Aktivitäten wurden speziell für Familien mit Kindern konzipiert.

Vielseitige Vulkanlandschaft

Tiefblau und geheimnisvoll glänzt das Wasser in den kreisrunden Maarseen, eingebettet zwischen bewaldeten Hügelrücken. Wer in die »Augen der Eifel« schaut, mag sich kaum vorstellen, dass das Idyll einen ganz und gar nicht friedlichen Ursprung hat. Vor nicht allzu langer Zeit wüteten in der Region heftige Vulkanausbrüche: Gewaltige Explosionen rissen tiefe Löcher in die Erde, und rotglühende Lavaströme ergossen sich in die Landschaft. Erst vor 10 000 Jahren (Ulmener Maar) erlosch das Feuer – vorerst. Zurück blieb eine erstaunlich vielseitige Vulkanlandschaft: 350 Vulkane, Maare, Lavaströme, Mineral- und Kohlensäurequellen prägen das Bild der jüngsten Vulkanlandschaft Deutschlands. Neben den Vulkanbauten zeugen rote Sandsteine und tropische Kalksteinriffe von den Ereignissen der letzten 400 Millionen Jahre. Eine gute Übersicht der geologischen Vielfalt bietet die **»Deutsche Vulkanstraße«**. Die 280 Kilometer lange Route verbindet 39 Sehenswürdigkeiten zum Thema Eifelvulkanismus und bezieht auch die Osteifel mit ein. Ver-

Rheinland-Pfalz

tiefen kann man die Eindrücke auf den vielen Geo-Themen-pfaden. Der **Gerolsteiner Felsenpfad** (8,4 km, 4 Std.) führt durch die Gerolsteiner Dolomiten – vor 380 Millionen Jahren ein subtropisches Flachmeer mit mächtigen Korallenriffen. In der **Buchenlochhöhle** fanden einst Steinzeitmenschen Schutz. Auch der **Sarresdorfer Lavastrom**, der jüngste der Eifel, hat hier seinen Ursprung. Unterwegs lockt ein Besuch der **Kasselburg**, in der ein Adler- und Wolfspark untergebracht ist. Familienfreundlich ist auch die Runde der **Dauner Maare** (16 km, 4 Std.). Das **Schalkenmehrener**, **Weinfelder** und **Gemündener Maar** entstanden bei einer Reihe heftiger Explosionen vor 15 000 bis 30 000 Jahren. Bei schönem Wetter lohnt sich die Mitnahme eines Picknickkorbs, denn unterwegs gibt es viele schöne Rastgelegenheiten mit tollen Ausblicken. Für Radfahrer empfiehlt sich der **Maare-Mosel-Radweg** (58 km). Der Radweg, angelegt auf einer ehemaligen Bahntrasse, führt von Daun nach Bernkastel-Kues und gilt als besonders kinderfreundlich, denn er hat nahezu keine Steigungen und kreuzt kaum Straßen.

Radwege, extra für Kids

Teile des Maare-Mosel-Radwegs (Daun–Gillenfeld, 11 km) und des Kyll-Radwegs (Bewingen–Densborn, 20 km) sind als **Kinderradweg** ausgewiesen. Gemeinsam mit den Freunden Biggi Biene, Elli Eule, Freddi Fledermaus und Willi Basalt entwirren die Kids dort die **Geheimnisse der Vulkaneifel**. An vielen Rast- und Spielplätzen erläutern die »kleinen Experten« auf Schautafeln Wissenswertes zu Maaren und Vulkanen, Greifvögeln und trutzigen Burgen oder zu seltenen Fledermausarten. Und warum nicht mal mit einem zertifizierten Natur- und Geoparkführer die Region durchstreifen? Viele Exkursionen sind eigens für Familien konzipiert. Bei der Ende Oktober in **Strohn** stattfindenden **Fackelwanderung** begegnet man der imposanten **Strohner Lavabombe** und erkundet im Alftal einen 30 000 Jahre alten Lavastrom, nach Einbruch der Dunkelheit geht es mit Fackeln über das verlandete Sprinker Maar zurück. Beim **Geocaching** in Gerolstein, einer Art moderne Schnitzeljagd, gehen die Kids mit dem GPS-Gerät auf »Schatzsuche«. In **Gerolstein** erforschen kleine Wasserdetektive (6–12 Jahre) Mineralquellen und experimentieren dabei mit Brausepulver und Luftballons. Beim Programm **Junior-Ranger Vulkaneifel**

In den Herbstferien hat man die familienfreundlichen Radwege fast für sich allein.

Nicht verpassen

AUF DEN BRUBBEL IST VERLASS

Neben den Maaren, Vulkanen, Lavaströmen und Mineralquellen wartet die Vulkaneifel mit einer weiteren Besonderheit auf: Im Ort Wallenborn befindet sich der einzige Kaltwassergeysir (9 °C) der Region. Der Wallende Born, im Volksmund »Brubbel« genannt, ist absolut verlässlich und bricht im 30-Minuten-Takt aus. Während der etwa fünf Minuten andauernden Eruption wird innerhalb von Sekunden eine bis zu drei Meter hohe Wassersäule ausgeworfen, im Verlauf der weiteren Wallung (ca. 5 Min.) geht die Anstiegshöhe des Wasserspiegels auf 60 Zentimeter zurück. »Treibgas« des Geysirs ist aus dem Untergrund aufsteigendes Kohlendioxidgas (CO_2). Es sammelt sich in einem unterirdischen Wasserreservoir bis zur Übersättigung und entleert sich schlagartig – wie eine Mineralwasserflasche, die geschüttelt wurde. An den Wallenden Born schließt sich der 3,5 Kilometer lange Brubbelpfad an. Infotafeln am Wegesrand gewähren Einblicke in das Dorfleben von Wallenborn, in den lokalen Dialekt und in die landschaftlichen Besonderheiten.

Mitmachen!

BURGENFEST MANDERSCHEID

Ein Fanfarensignal ertönt. In grandioser Pracht präsentieren sich die Löwenritter dem schaulustigen Fußvolk. Mit Bogen und Lanze reiten sie gegen den »wilden Eber«. Auch die Bogenschützen geben eine Kostprobe ihrer Geschicklichkeit. Dann der große Augenblick: Der Kampf »Mann gegen Mann« wird angekündigt. Sobald das Signal gegeben ist, galoppieren die Pferde los. Die Lanzen senken sich … Der Ritterkampf ist der Höhepunkt des Burgenfestes, das jährlich Ende August auf der Niederburg stattfindet. Hier werden die schönen Seiten des Mittelalters in Erinnerung gerufen, die jeden Sommer Tausende Besucher in ihren Bann ziehen. Bänkelsänger, Jongleure und Handwerker zeigen ihr Geschick, betörende Gerüche und harmonische Klänge sind ein Fest für die Sinne – ein farbenfrohes Spektakel. Für die Kids gibt es Puppentheater im Burgkeller mit Geschichten und Märchen aus längst vergangener Zeit und ein Kinderritterturnier. Ein weiteres Plus sind die familienfreundlichen Eintrittspreise.

www.niederburg-manderscheid.de
www.burgenfest.info

In der Niederburg spukte es jahrhundertelang.

Im Adler- und Wolfspark Kasselburg kommt man den stattlichen Greifvögeln ganz nahe.

können naturbegeisterte Jugendliche (12–16 Jahre) nach der Ausbildung durch Wissenschaftler und Pädagogen später selbst der Familie oder Freunden berichten, wo die Wildkatze lebt oder wie die Maare entstanden sind.

Vulkane zum Leben erwecken

Hintergrundwissen vermitteln zahllose spannende Geo-Museen. Das **Naturkundemuseum in Gerolstein** ist ein Muss für Freunde von Fossilien und Mineralien. Eine Etage höher ertönen dort auf Knopfdruck Tierstimmen, die den entsprechenden Tieren zuzuordnen sind. Mit Hilfe von Black-Boxen wird der Tastsinn geschult: Gras, knorrige Wurzeln oder feuchte Erde, in Kisten verborgen, lassen sich durch Tasten bestimmen. Im **Eifel-Vulkanmuseum** in **Daun** kann man mit einigen kräftigen Tritten auf ein Pedal sogar einen »echten« Vulkan zum Leben erwecken! Das **Maarmuseum** in **Manderscheid** erläutert mit Hilfe multimedialer Technik das Entstehen der berühmten Eifeler Seen. Im **Vulkanhaus Strohn**, dem jüngsten Geo-Museum, bieten kleine Experimente, in Erlebniswänden verborgene Exponate und begehbare Erlebnisräume erstaunliche Eindrücke. Das Highlight ist die 12 000 Jahre alte, sechs Meter lange und vier Meter hohe **Lavaspaltenwand**, die 1992 im nahen Steinbruch entdeckt und ins Museum verfrachtet wurde. Förmlich erschlagen wird man von der in der Nähe des Museums aufgestellten **Lavabombe**. Ein Koloss von 120 Tonnen! *EVDP*

Natur- und Geopark Vulkaneifel

Infos und Adressen

ANREISE

Mit dem Auto erreicht man das Gebiet von Norden her über Köln und die A1, von Süden über Koblenz und die A48/A1. **Mit der Bahn:** Regionalbahn von Köln nach Gerolstein bzw. von Koblenz nach Daun

BESTE REISEZEIT

Mai bis Oktober

FÜR REGENTAGE

Eifel-Vulkanmuseum. Vulkanismus der Eifel und weltweit. www.vulkaneifel.de/eifel-vulkanmuseum

Naturkundemuseum Gerolstein. Fossilien, Mineralien, Fauna und Flora. www.naturkundemuseum-gerolstein.de

Mausefallenmuseum Neroth. Das kuriose Museum zeigt den Einfallsreichtum bei der Herstellung von Mausefallen. www.mausefallendorf.de/museum

Vulkanhof. Die Ziegenkäserei in Gillenfeld gehört zu den besten Käsereien Deutschlands. www.vulkanhof.de

Schulmuseum Ulmen. Eine typische Dorfschule wie vor 100 Jahren, eingerichtet mit Schulbänken, Schiefertafel und vielen liebevollen Details

ESSEN UND TRINKEN

Landgasthaus Janshen. Hier kann man gemütlich von der Terrasse bei Schnittchen, selbst gebackenem Kuchen und Kaffee den Kleinen auf dem Spielplatz oder im Streichelzoo zusehen. Moselweg 11, Ellscheid, www.janshen-ellscheid.de

Mausefalle. Gemütliches Bistro-Café mit der größten Mausefalle der Welt (6 x 3 m) vor der Tür. Die Spielwiese mit Rutsche, Schaukel, Trampolin und Seilbahn lässt keinen Kinderwunsch unerfüllt. Hauptstraße 42, Neroth, www.mausefalle-neroth.de

Bauernhofcafé Morgenfelderhof. Hier gibt es hausgebackene Kuchen und andere regionale Köstlichkeiten, für die Kids einen Spielplatz und einen Streichelzoo mit Ziegen, Hühnern und Ponys. Brunnenstraße 37, Eckfeld, www.bauernhofcafe-morgenfelderhof.de

Waldcafé. Schmackhafte, preisgünstige Gerichte und familiäre Atmosphäre. Kinderspielgeräte bieten Abwechslung für kleine Besucher. Maarstraße 7, Daun, www.waldcafe-daun.de

ÜBERNACHTEN

Kapellenhof. Auf dem mehrfach als beliebtester Bauernhof von Rheinland-Pfalz ausgezeichneten Hof der Familie Krämer können Kinder im Stroh spielen, Tiere füttern, Hühnereier sammeln und beim Melken helfen. Manderscheid, www.kapellenhof.de

Sporthotel & Resort Grafenwald. Familienfreundliche Zimmer, Ferienhäuser und Appartements. Während die Eltern im Fitness- und Wellnessbereich entspannen, sind die Kids im »Club der Knirpse« gut aufgehoben. Der Abenteuerspielplatz mit Rutschen, Ritterburg, Seilbahn usw. und eine echte Dampflokomotive sorgen für viel Spielfreude. Im Grafenwald, Daun, www.sporthotel-grafenwald.de

NaturPurHotel Maarblick. Das familienfreundliche Hotel am Meerfelder Maar verwöhnt Eltern mit einem Wellnessbereich und Kids mit einer Spielecke und einem nahen Spielplatz. Meerfeld, www.landhotel-maarblick.de

Waldferienpark Gerolstein. Gut ausgestattete Bungalows und Campingplatz mit Kinderspielplatz, Streichelzoo, Minigolf und Hallenbad. Hillenseifen 200, Gerolstein-Hinterhausen, www.parkgerolstein.com

Wolffhotel. Kleines Landhotel am Waldrand. Im Herbst hört man hautnah das Röhren der Hirsche im Wald. Birresborner-straße 8, Kopp, www.wolffhotel.de

WEITERE INFOS

Natur- und Geopark Vulkaneifel. www.geopark-vulkaneifel.de

Tourist-Information Daun. www.gesundland-vulkaneifel.de

Tourist-Information Gerolsteiner Land. www.gerolsteiner-land.de

Tourist-Information Manderscheid. www.gesundland-vulkaneifel.de

Urlaubsregion Hillesheim. www.hillesheim.de

Die Strohner Lavabombe, die sich 1969 bei einer Sprengung im Steinbruch am Wartgesberg aus der Bruchwand löste, beeindruckt mit einem Durchmesser von fast 5 Metern.

Mit dem Rad vom Main zur Rhön

Der 330 Kilometer lange Rundkurs erschließt die hügelige Mitte Deutschlands für radelnde Familien. Unterwegs geben die kleinen Flüsse Saale und Sinn den Reiseweg vor, der gespickt mit einladenden Kleinstädten wie Gemünden, Bad Kissingen und Fladungen ist.

Radwandern auf dem Dreisterneweg

Der Radweg »Vom Main zur Rhön« gilt noch als Geheimtipp für Naturradler. Die von der **Ruine der Scherenburg** bewachte Dreiflüssestadt **Gemünden am Main** markiert den Start- und Zielort. Entlang der Fränkischen Saale geht der vorbildlich ausgebaute Radweg kaum spürbar ansteigend den sanften Talschleifen nach. Unterwegs bestimmen Streuobstwiesen die Szenerie, dann wieder Orte wie Hammelburg, Euerdorf und **Bad Kissingen**. Im 19. Jahrhundert ließ Ludwig I. von Bayern die Stadt gezielt zu einem mondänen Badeort ausbauen, der sich heute mit dem Titel »Bayerisches Staatsbad« schmückt. Bereits seit dem Jahr 823 sprudeln in Bad Kissingen sieben Heilquellen. Da ist es wenig verwunderlich, dass sich bereits im ausgehenden Mittelalter der Ruf der Stadt als exzellenter Kur- und Heilort festigte. Im 19. Jahrhundert ließ Ludwig I. von Bayern die Stadt gezielt zu einem mondänen Badeort ausbauen, der sich heute mit dem Titel »Bayerisches Staatsbad« schmückt.

Bayern/Thüringen

Die sehr ruhige Rundtour führt im Saaletal durch ausgedehnte Wiesenlandschaften.

Infos und Adressen

ANREISE

Mit dem Auto: Gemünden liegt an der B26 und ist über die A7 Ausfahrt Hammelburg zu erreichen. Von Berlin sind es ca. 480 km, von Hamburg ca. 490 km, von Köln ca. 280 km, von München ca. 320 km.
Mit dem Zug: Gemünden ist ein bedeutender Eisenbahnknotenpunkt. Entlang der Strecke gibt es zahlreiche Bahnhöfe.

TOURENVERLAUF

Gemünden – Hammelburg – Bad Kissingen – Bad Bocklet – Bad Neustadt – Bad Königshofen – Mellrichstadt – Fladungen – Bischofsheim – Bad Brückenau – Burgsinn – Gemünden

Entlang der Flüsse Saale und Sinn kann der ruhige Radwanderweg als Genussstrecke bezeichnet werden. Im mittleren Abschnitt verlangt die bergige Rhön einiges ab.
Der Rundkurs ist in beide Richtungen ausgewiesen.

WEITERE INFOS

Tourismus GmbH Bayerische Rhön.
www.vom-main-zur-rhoen.de
Bayern Tourismus Marketing.
www.bayern.by
Tourenkarte Radfahren unter:
www.bayerninfo.de/rad

Auch heute führt Bad Kissingen die Tradition fort und gibt sich als moderner Wellnessort.

Hinter **Bad Bocklet** mit seiner Balthasar-Neumann-Quelle ist **Bad Neustadt** die dritte Erholungsoase im Bunde. Die Fahrradroute wird welliger und führt nach einem kurzen Ausflug durch Thüringen ins 50 Kilometer entfernte **Fladungen**. Radler, die die nördlichste Stadt Bayerns erreichen, erkennen sofort, warum die Rhön als »Land der offenen Fernen« bezeichnet wird. Rings um das **Obere Streutal** erstrecken sich bis zum Horizont blumenübersäte Matten und Wiesen. Sie konkurrieren mit den sanft gerundeten Bergen und Kuppen um das schönste Fotomotiv. Anschließend steigt der Weg deutlich an und entschädigt Kinder für ihre Mühen mit fantastischen Panoramablicken. **Bischofsheim** liegt am Fuß des 938 Meter aufragenden Kreuzberges und wird von einer gut erhaltenen Stadtmauer eingefasst. Wenig später beginnt die lange Abfahrt durch das enge **Sinntal**. Dabei taucht die Qualitätsfahrradroute in den Mischwald des **Spessarts** ein und lässt **Bad Brückenau** sowie **Burgsinn** hinter sich.   *TB*

Nicht verpassen

FRÄNKISCHES FREILANDMUSEUM FLADUNGEN

Das Freilandmuseum Fladungen vermittelt anschaulich, wie es in Franken zu früheren Zeiten ausgesehen hat. Die Sammlung ist in die Landstriche Spessart-Rhön und Grabfeld-Haßberge unterteilt und beherbergt komplett erhaltene Hofstellen, Mühlen, eine Dorfschule, ein Brauhaus, eine Schäferei und natürlich eine kleine Kirche. Auch ein Blick in den Rhöner Bauernladen darf nicht fehlen, denn dort gibt es frische Lebensmittel sowie kunsthandwerkliche Gegenstände aus der Region. Direkt neben dem zwölf Hektar großen Museumsgelände liegt der Heimatbahnhof des Rhön-Zügles, das an den Wochenenden zu nostalgischen Dampfbetriebsfahrten durch das Tal nach Mellrichstadt einlädt. Radler lassen den Museumsbesuch anschließend im Museumswirtshaus »Zum Schwarzen Adler« ausklingen.

Bahnhofstraße 19, Fladungen,
www.freilandmuseum-fladungen.de

Auf dem Main-Radweg

Die Festung Marienberg thront erhaben über dem Main in Würzburg.

Der Main schlängelt sich durch die Mitte Deutschlands. Umfasst von wogenden Feldern und geheimnisvollen Wäldern, ebnet der malerische Fluss das Terrain für radelnde Familien. Abgerundet wird die Mehrtagesreise von wehrhaften Burgen, romantischen Fachwerkorten und tollen Spielplätzen.

Mee, Moi oder Mää?

Radtouren mit Kindern liegen im Trend. Der vorbildlich ausgeschilderte Main-Radweg verspricht eine problemlose Familienfahrt. Seit Jahren zählt die leichte Genießerstrecke zu den beliebtesten Radwanderstrecken Deutschlands und wurde vom Allgemeinen Deutschen Fahrrad-Club (ADFC) als erster Fernradweg mit fünf Sternen ausgezeichnet. Für den Fluss Main kursieren, je nach Region, die verschiedensten Aussprachen: Während er am Oberlauf Maa ausgesprochen wird, gibt es stromabwärts noch Bezeichnungen wie Mee, Moi oder Mää! Kompliziert? Nein – die Namen spiegeln nur die verschiedenen Kulturräume am 520 Kilometer langen Fließgewässer wider. Reiseradler, die den Main-Radweg befahren wollen, stehen zu Beginn der Reise vor der Qual der Wahl. Sowohl der »Weiße Main«, der im Fichtelgebirge entspringt, als auch der »Rote Main«, der in der Fränkischen Schweiz be-

Bayern / Baden-Württemberg / Hessen

ginnt, bieten ein ruhiges Revier für Ausflüge mit Kindern. **Kulmbach**, **Bayreuth** und **Bamberg** sind die ersten Stadtperlen. Unterwegs bringen das Sport- und Spaßbad **Aqua Riese** und das **Freizeitbad Bambados** beanspruchte Muskeln wieder auf Vordermann.

Auf dem nächsten Teilstück schlängelt sich der Radweg südlich entlang des **Naturparks Haßberge** und überschreitet die imaginäre Grenze zwischen Bier- und Weinfranken. Dabei stoppen Familien an einladenden Spielplätzen und machen hier und da in der Natur Rast. Beiderseits der Fahrradroute reihen sich **Geocachingpunkte** – für eine Schatzsuche mit dem GPS-Gerät – aneinander und lassen Kinder spielend vorwärtsradeln. Auch sonst wird längs des Flussradwegs viel Wert auf Hilfestellungen gelegt. So gibt es eine kostenfreie MainRadweg-App mit nützlichen Infos zum Reiseweg, eine kompakte Broschüre mit Wissenswertem und ein engmaschiges Netz aus Servicestationen.

Märchen- und Räuberwälder

Von **Volkach** aus entführt der Main die Radfahrer in beschauliche Winzerorte. Bald darauf kündet die hoch über dem Tal errichtete **Festung Marienberg** mit Würzburg einen weiteren Reisehöhepunkt an. Dort können Abenteurer zwischen den dicken Mauern Ritter spielen. Einen Besuch lohnen zudem das **Kinderland**, die **Fürstbischöfliche Residenz** sowie das **Erlebnisbad Nautiland**. Die Weinlandschaft wird hinter Karlstadt allmählich von dichten Wäldern abgelöst, die anschließend das Landschaftsbild dominieren.

Lohr am Main ist eine schmucke Fachwerkstadt und bezeichnet sich als das »Tor zum Spessart«. Im **Schneewittchen-Schloss** gibt es nicht nur Märchenspiegel zu sehen, sondern obendrein alte Räuberwaldgeschichten zu hören. Zu den Perlen des Mainvierecks gehört auch **Wertheim** – die nördlichste Stadt Baden-Württembergs. Bereits von Weitem ist die Burg zu sehen und thront als ehrwürdiges Symbol der 800-jährigen Stadtgeschichte über der Taubermündung. Von hier aus wendet sich die Tour erst Richtung Westen, um bei der **Bilderbuchstadt Miltenberg**, eingerahmt von Odenwald und Spessart, erneut gen Norden zu laufen.

Von Bayern nach Hessen

Der Flussabschnitt bis **Seligenstadt** bildete einstmals den Grenzverlauf des Obergermanisch-Raetischen Limes. Dort, wo

Pause am Rudufersee, dessen grüne Ufer ideale Picknickplätze bieten

Nicht verpassen

DEUTSCHES DAMPFLOKOMOTIV-MUSEUM

Familien, die ihre Tour am Weißen Main starten, können sich mit dem Deutschen Dampflokomotiv-Museum auf ein erstes Reisehighlight freuen. Das Spezialmuseum ist das größte seiner Art in der Bundesrepublik: Mehr als 30 Dampflokomotiven veranschaulichen die Entwicklung der riesigen Stahlrösser, die heute kleine und große Kinder gleichermaßen ins Schwärmen bringen. Besuchermagnet ist der 15-ständige Ringlokschuppen mit Segmentdrehscheibe, in dem die betagten Schmuckstücke zur Schau gestellt werden. Lohnende Fotomotive versprechen zudem die noch arbeitstüchtigen Dampf-, Wasser- und Kohlekräne. Spannend ist eine Fahrt mit dem Museumszug: Unter dem Motto »Vom Eisenbahnerhimmel ins Bierparadies« rattert man in das Bayerische Brauerei- und Bäckereimuseum nach Kulmbach.

Birkenstraße 5, Neuenmarkt, www.dampflokmuseum.de

Toller Ausflug
FRANKFURTER ZOO

Der 1858 eröffnete Tierpark ist der zweitälteste Deutschlands. Berühmtheit erlangte der Zoo vor allem durch die Arbeit des einstigen Direktors Bernhard Grzimek und die aktuellen Dokumentationen »Giraffe, Erdmännchen & Co«. Heute leben hier rund 4500 Individuen aus ca. 500 Tierarten. Stars sind die seltenen Arten wie der Sumatra-Tiger, der Mandschurenkranich oder der Asiatische Löwe. Kinderaugen leuchten beim Anblick der Affenbabys, der Okapis und natürlich der putzigen Erdmännchen. Großer Beliebtheit erfreuen sich die Fütterungen der Piranhas, der Pinguine und der flinken Robben. Neben dem klassischen Zoobesuch gibt es spannende Nachtexpeditionen mitsamt Lagerfeuer. Auch zoopädagogische Führungen, Familienfeiern und Kindergeburtstage werden angeboten.

Bernhard-Grzimek-Allee 1,
www.zoo-frankfurt.de

Die Wallfahrtskirche Mariä Heimsuchung in Würzburg

Im Schloss von Lohr am Main »residiert« das Spessartmuseum.

die römischen Truppen einst den Mainlimes und den Handel mit den Germanen überwachten, rollen heute Radler auf gepflegten Asphaltbahnen genüsslich Richtung **Aschaffenburg**. Weithin sichtbar prägt das aus rotem Sandstein errichtete **Schloss Johannisburg** das Gesicht der Kulturstadt. Im Nachbarort Haibach verspricht der neben dem **Wildpark** gelegene **Hochseilgarten** Nervenkitzel pur.

Vorbei an Seligenstadt führt der Main-Radweg in die **Brüder-Grimm-Stadt Hanau**. Von Mai bis Juli verwandelt sich der Geburtsort der weltberühmten Märchensammler zu einem kunterbunten Spektakel. Dann werden während der Brüder-Grimm-Festspiele alte Märchen und Fabeln zum Leben erweckt. Auf der Weiterfahrt sticht dann bald darauf die unverwechselbare Skyline von **Frankfurt am Main** in den Himmel. Neben den berühmten Sehenswürdigkeiten wie **Senckenberg Naturmuseum**, **Flughafen** und **Frankfurter Zoo** lohnen auch weniger bekannte Attraktionen, etwa das **Kinder Museum** oder das **Kinderkino** einen Familienbesuch. Hinter der größten Stadt Hessens trennen einen nur wenige Pedalumdrehungen vom Reiseziel **Mainz**. Dort steigen Groß und Klein mit vielen neu gewonnenen Eindrücken vom Fahrrad. *TB*

Infos und Adressen

ANREISE

Mit dem Auto: Creußen liegt an der B85 und ist über die A9 (Ausfahrt Trockau) zu erreichen. **Mit dem Zug** ist Creußen ebenfalls zu erreichen, vom Reiseziel Mainz kann man per Zug bequem nach Hause reisen.

BESTE REISEZEIT

Malerisch zeigt sich das Maintal im April und Mai. In den Sommermonaten laden zahlreiche Badeseen und Freibäder zu einer Erfrischung ein. Angenehm für Aktivferien ist noch der September.

TOURVERLAUF

Bischofsgrün – Kulmbach – Bamberg – Schweinfurt – Kitzingen – Würzburg – Wertheim – Aschaffenburg – Seligenstadt – Frankfurt – Mainz. Die meist verkehrsberuhigte Strecken-

führung punktet durch vorzüglich ausgebaute Asphaltbahnen. Zu Beginn genießen Familien eine schöne Abfahrt und dann gibt es nur wenige Kurzanstiege zu überwinden. Die Reiseroute ist in beiden Richtungen durchgehend mit »Main Radweg« ausgeschildert.

FÜR REGENTAGE

Plassenburg. Das Wahrzeichen von Kulmbach verfügt über gleich vier Museen. http://plassenburg.de
AquaRiese. Das Sport- und Spaßbad Aqua Riese in Bad Staffelstein bietet mit seinen drei separaten Wasserbecken Freizeitvergnügen bei jedem Wetter. www.aquariese.de
Spessartmuseum. Im Schloss von Lohr am Main wird das Märchen vom Schneewittchen wahr. www.spessartmuseum.de

Museum.Burg.Miltenberg. Das verwinkelte Bauwerk lädt regelrecht zum Erkunden ein. www.museum-miltenberg.de
Senckenberg Naturmuseum. Auf einer Fläche von 6000 m² werden mehrere Tausend, zum Teil weltweit einzigartige Exponate präsentiert. www.senckenberg.de

ESSEN UND TRINKEN

Alte Mainmühle. Hier passt nicht nur der Blick, sondern auch die fränkische Küche. Mainkai 1, Würzburg, www.alte-mainmuehle.de
Landgasthof Baumhof-Tenne. Radfamilien sind zum Essen sowie zur Übernachtung willkommen. Baumhofstr. 147, Marktheidenfeld, www.baumhoftenne.de
Gasthaus Zum Bären. Liegt in der Nähe des Mains. Kinder sitzen auf passenden Stühlen und

können sich auf den Piratenteller freuen. Höchster Schlossplatz 8, Frankfurt, www.zumbaeren.net

ÜBERNACHTEN

Tandem Hotel. Die fahrradfreundliche Unterkunft liegt im Zentrum von Bamberg. Untere Sandstr. 20, www.tandem-hotel.de
Campingplatz Sand am Main. Kinder können sich auf dem Beachvolleyballfeld oder am Badestrand austoben und per Boot den See erkunden. www.campingplatz-sand-am-main.de
Jugendherberge Burg Rothenfels. Das Bollwerk thront hoch über dem Main und hat einen Rittersaal für 300 Personen. Burg Rothenfels, www.jugendherberge.de

WEITERE INFOS

Tourismusverband Franken e. V. www.frankentourismus.de
Infos zum Radweg. www.mainradweg.com
Hessen Tourismus. www.hessen-tourismus.de und www.radroutenplaner.hessen.de

Blick über die Mainschleife bei Volkach

Entlang der Burgenstraße

playmobil Funpark. »Aktiv sein statt Schlange stehen«, heißt das Motto, zu Recht: Aktivspielplätze, Piratenschiff, Ritterburg u.v.m. warten auf die Kids.

Burg Rabenstein. Eine Ritterburg, gleich daneben die Falknerei mit einer kindgerechten Flugshow. Nur etwa 10 Minuten Fußweg zur Sophienhöhle

Spielzeugmuseum. Nürnberg ist die deutsche Spielzeughauptstadt, hier läuft die größte Spielwarenmesse der Welt. Dem Thema ist auch ein eigenes Museum gewidmet.

TOLL FÜR ERWACHSENE

Rothenburg ob der Tauber. Fachwerkbauten, begehbare Stadtmauer und ein immerwährender Weihnachtsmarkt in der wohl romantischsten Stadt Deutschlands

Wolframs-Eschenbach. Heimat des Parzivaldichters mit malerischer Altstadt. Mit Abenteuer-Ritterspielplatz

Aufseß. Die Gemeinde trumpft auf mit zwei Burgen und der höchsten Brauereidichte der Welt.

Fränkische Schweiz: Die Burg Rabenstein thront über dem Ahorntal.

Ihren Namen hat diese Ferienstraße wirklich verdient: Mehr als 90 Burgen und Schlösser säumen die Route. Die Burgenstraße ist lang, führt von Mannheim über Heilbronn, Nürnberg, Coburg und Bayreuth bis in die goldene Stadt Prag. Und sie hat neben Schlössern viele andere lohnende Ziele zu bieten.

Am schönsten ist es im Camper

Der Abschnitt zwischen **Heilbronn** und **Bamberg** bietet sich besonders für ein paar Tage Familienurlaub an, weil er sich gut in einer Rundtour befahren lässt. Da sich nördlich von Heilbronn ein großer Wohnwagen- und Wohnmobilverleih befindet, ist die Stadt am Neckar eine lohnende erste Station, auch weil sich hier das **Mitmachmuseum »Experimenta«** befindet. Abends dann ein kleiner Abstecher in eine »Besenwirtschaft«, wo Winzer Hausmannskost und Wein aus eigenem Anbau servieren. Weiter auf der Burgenstraße in Richtung Osten liegt **Rothenburg ob der Tauber**, die romantischste Stadt Deutschlands. Die begehbare Stadtmauer mit ihren schmalen Treppen und Holzbohlen ist auch für Kinder ein tolles Erlebnis. Wer der Ferienstraße weiter in Richtung Süden folgt, kommt nach **Wolframs-Eschenbach**, dem Geburtsort des Parzivaldichters. In der Altstadt wurde einst der Film »Räuber Hotzenplotz« gedreht. Auch der

Baden-Württemberg/ Bayern

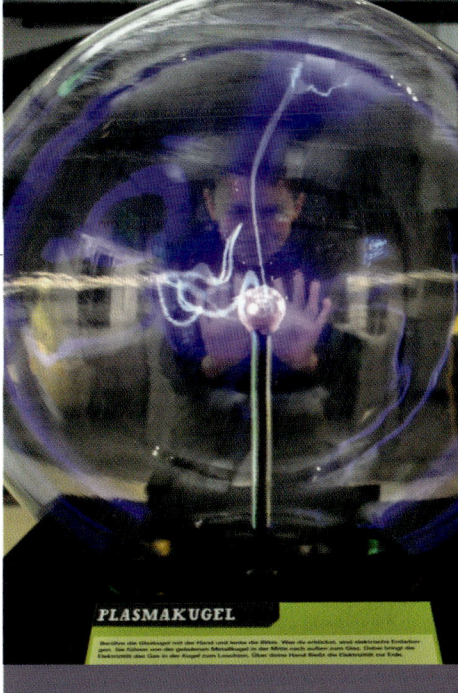

Spielstationen der Experimenta: Im E-Werk entladen sich Blitze in der Plasmakugel.

Infos und Adressen

(AN-)REISE

Am besten **mit dem Auto** oder mit **Wohnmobil**, um die Ferienstraße im eigenen Tempo erkunden zu können

BESTE REISEZEIT

Hauptsaison sind die warmen Monate. Aber auch in der Weihnachtszeit wird es gemütlich, etwa im romantischen Rothenburg oder auf dem Nürnberger Christkindlesmarkt.

ESSEN UND TRINKEN

Restaurant Gary. Unbedingt probieren sollten Sie in Wolframs-Eschenbach die preisgekrönten Bratwürste aus eigener Herstellung. www.landhotel-gary.de

ÜBERNACHTEN

Die Burgenstraße lässt sich am schönsten per Wohnmobil erkunden. Wer selbst keines besitzt, kann kostengünstig eines mieten, zum Beispiel in Wertheim, beim größten Caravanhändler Europas. www.expocamp.de

WEITERE INFOS

Der Verein »Die Burgenstraße e.V.« hat eine Broschüre zu Entdeckertouren herausgebracht, mit allen Sehenswürdigkeiten, Stell- und Campingplätzen. www.burgenstrasse.de

---

Abenteuer-Ritterspielplatz hinter der Stadtmauer lohnt einen Besuch.

Nürnberg ist eine Familienstadt, bietet mit **Spielzeugmuseum**, dem großen **Zoo**, der imposanten **Kaiserburg** sowie **Planetarium** und Mitmachmuseum **»Turm der Sinne«** unzählige Möglichkeiten. Ganz in der Nähe hat playmobil nicht nur seine Zentrale, sondern auch einen eigenen **Funpark** aufgebaut.

Weiter in Richtung Norden, bietet die **Burg Rabenstein** in der Felsenlandschaft der fränkischen Schweiz ein Highlight – für Kinder wie Erwachsene. Ritterrüstungen auf der Burg, die rasante **Flugshow der Greifvögel**, die herrliche **Tropfsteinhöhle**, hier passt alles zusammen. Auch Bierliebhaber kommen auf ihre Kosten – in der **Gemeinde Aufseß**, die man auch wandernderweise auf dem Brauereiweg erkunden kann. Auch Bierliebhaber kommen nicht zu kurz: Die Gemeinde Aufseß steht im Guinness-Buch der Rekorde mit der höchsten Brauereidichte der Welt – vier Brauereien auf 1100 Einwohner. *IS*

Mitmachen!

DIE EXPERIMENTA IN HEILBRONN

Nicht nur für Regentage ein toller Familienausflug: Die Experimenta ist alles andere als ein langweiliger Rundgang mit Schautafeln ohne Ende. Ein Tag hier reicht Kindern (und Erwachsenen) kaum aus, um das Mitmachmuseum zu erkunden. Da wird angefasst, geknobelt, gepumpt, um die Wette gelaufen und gehopst, kreativ an Filmen und Zeitungen gearbeitet. Und danach sind selbst die erlebnishungrigsten Kinder fix und fertig. Nach dem Eingangsbereich schließen sich auf den drei oberen Etagen die unterschiedlichen Experimentierwelten mit 150 Spielstationen an. Dazu gehört etwa das E-Werk, in dem die Kinder mit Energie experimentieren können, zum Beispiel Blitze an der Plasmakugel zur Entladung bringen. Mit Metallröhren Musik machen, an einer virtuellen Wand Volleyball spielen – das geht am besten an den Stationen im »Spielwerk«. Die obere Etage ist ganz der Kreativität gewidmet: In der »Talentschmiede« können die Kinder selbst eine Zeitung gestalten, einen Film machen, Musik mixen oder Autos bauen.

www.experimenta-heilbronn.de

43

Fränkische Schweiz

TOLL FÜR KINDER

Ebermannstadt. Eine Fahrt mit der Museumseisenbahn zwischen Ebermannstadt und Behringersmühle gehört zu den besonderen Erlebnissen. www.dfs.ebermannstadt.de

Pottenstein. Sommerrodelbahn am Schöngrundsee mit einer Länge von 1160 Metern, auf der man mit einer Geschwindigkeit von 40 Stundenkilometer ins Tal rauscht. www.sommerrodelbahnen-pottenstein.de

Gößweinstein. Sehenswertes Spielzeugmuseum mit Puppenstuben, Eisenbahnen, Teddys. www.spielzeugmuseum-goessweinstein.de

TOLL FÜR ELTERN

Pottenstein. Die Teufelshöhle bei Pottenstein ist mit einer Länge von 1,4 Kilometer die größte Schauhöhle der Fränkischen Schweiz. Mit sehenswerten Tropfsteinbildungen. www.teufelshoehle.de

Tüchersfeld. Fränkische Schweiz-Museum mit Ausstellungen über Geschichte, Geologie und Landwirtschaft. www.fraenkische-schweiz-museum.de

Streitberg. In der Probierstube »Höhlenklause« der Adlerbrennerei Pircher können täglich ab 10 Uhr wohlschmeckende Schnäpse verkostet und gekauft werden. www.adlerbrennerei.de

Die Teufelshöhle bei Pottenstein

Dieses kleine Wandergebiet in Oberfranken mit tief eingeschnittenen Tälern, bizarren Felsen, zahlreichen Höhlen, sanften Wiesenhängen und reichen Obstgärten bietet eine Fülle an Naturerlebnissen. Dazu kommen zahlreiche kulturhistorische Sehenswürdigkeiten wie Kirchen, Burgen und Schlösser.

Schöngrundsee und Teufelshöhle

Unweit von Pottenstein befindet sich das **Freizeit-Eldorado Schöngrundsee** mit **Bunjee-Trampolin**, **Frankenrodel** und **Frankenbob**, der bei jedem Wetter startklar ist. Wer es ruhiger liebt, kann auf dem Schöngundsee mit dem **Boot fahren** oder im gegenüberliegenden **Felsenbad** faulenzen. Ein reizvoller Wanderweg führt im Weiherbachtal zur **Teufelshöhle** und in das **Klumpertal**, ein landschaftliches Kleinod. Nur rund fünf Kilometer von Pottenstein entfernt lädt im schönen Püttlachtal das **Felsendorf Tüchersfeld** zum Besuch ein. Felsentürme wie Bischofsgruppe, Hubertusfelsen oder Wachposten überragen das kleine Dorf. Lohnend ist ein Besuch des Judenhofes, ein Fachwerkbau, in dem das **Fränkische Schweiz-Museum** untergebracht ist.

Von der Ortsmitte in Streitberg führt ein Wanderweg zur **Binghöhle** (Markierung schwarzer Ring), die wir nach nur zehn Minuten erreichen. Der Weg wird auch »Promilleweg« genannt, denn er führt direkt an der Adlerbrennerei Pircher

Bayern

Luchse kann man mit etwas Glück in Hundshaupten beobachten.

Infos und Adressen

ANREISE

Die Fränkische Schweiz liegt zischen Bayreuth, Bamberg und Nürnberg und ist **mit dem Auto** über die A73, Ausfahrt Forchheim-Süd, die A3, Ausfahrt Höchstadt-Ost in Richtung Forchheim, zu erreichen. Die B470 durchzieht die gesamte Region. Pottenstein, Streitberg, Gößweinstein und Ebermannstadt sind auch per Bahn und Bus zu erreichen.

BESTE REISEZEIT

Frühjahr bis Herbst

FÜR REGENTAGE

Binghöhle. Ein Besuch der Binghöhle in Streitberg ist von März bis November möglich.
www.binghoehle.de

ESSEN UND TRINKEN

Gasthaus Brauerei Hufeisen. Schöner Biergarten. Hauptstraße 38, Pottenstein.
www.hufeisen-braeu.de
Scheffel-Gasthof. Mit schattigem Biergarten. Balthasar-Neumann-Straße 6, Gößweinstein,
www.scheffel-gasthof.de

ÜBERNACHTEN

Brauereigasthof Mager. Hauptstraße 17, Pottenstein,
www.brauerei-mager.de
Gasthof Stern. Pezoldstraße 5, Gößweinstein,
www.sternteam.de

WEITERE INFOS

Tourismuszentrale Fränkische Schweiz.
www.fraenkische-schweiz.com

Nicht verpassen

WILDPARK HUNDSHAUPTEN

Ein besonderes Erlebnis für Kinder ist der Besuch des Wildparks Hundshaupten. Rot- und Damwild, das in großräumigen Gehegen untergebracht ist, kann aus nächster Nähe beobachtet werden. Außerdem gibt es eine Fülle anderer wild lebender Tiere wie Elch, Luchs, Wiesent, Wolf oder Fasan, aber auch verschiedene Haustiere zu beobachten. Ein kleiner Rundweg führt an Gehegen und Volieren vorbei, in denen Füchse, Waschbären, Steinmarder, Waldkäuze und Wildkatzen leben. Hauptattraktion für Kinder ist der Streichelzoo mit Zwergziegen, die sich gern füttern lassen. Zum Abschluss bietet sich eine Rast in der Gaststätte mit Biergarten an, wo warme Mahlzeiten, kleine Imbisse und Brotzeiten angeboten werden.

www.hundshaupten.de

vorbei. Der Aufstieg zur Höhle verläuft auf zahlreichen Stufen. Die Binghöhle hat besonders schöne Tropfsteinbildungen, die Kerzensaal, Riesensäule oder Venusgrotte genannt werden. Vom Höhleneingang bietet sich eine schöne Aussicht auf Streitberg und die **Ruine Neideck** über dem Wiesenttal, ab 1312 Stammsitz der Schlüsselberger. Sie ist die größte Burganlage der Fränkischen Schweiz und ihr Wahrzeichen.

Nicht versäumen sollte man einen Besuch von **Gößweinstein**, das mit seiner weithin sichtbaren und nach den Plänen von Balthasar Neumann gebauten Basilika als Wallfahrtsort jedes Jahr Tausende von Pilgern anzieht. Wanderer benutzen diesen Ort gern als Ausgangspunkt für Touren in das Wiesenttal. Im Sommer ist hier die historische **Dampfbahn Fränkische Schweiz** unterwegs. Besonders für Kinder ist die Fahrt mit der Museumsbahn ein Erlebnis.   *TW*

44   Im Bayerischen Wald

TOLL FÜR KINDER

Sommerrodelbahn. Suchtgefahr auf der Egidi Rodelbahn in St. Englmar bei rasantem Rodelvergnügen. www.sommerrodeln.de

Goldwaschen. Mit Rucksack und Waschpfanne machen sich große und kleine Abenteurer auf die Spuren früherer Goldwäscher. www.nationalpark-kinderland-bayerischer-wald.de

Wildniscamp am Falkenstein. Übernachten in der Wildnis, Wald-Workshops und Wanderungen schweißen Eltern und Kinder zusammen. www.wildniscamp.de

Waldwipfelweg. Zwischen den Wipfeln wandern, klettern und sich über optische Phänomene wundern. www.waldwipfelweg.de

TOLL FÜR ELTERN

Frauenau. Deutschlands bekannteste Glashütten, Glasmuseum, gläserne Gärten und die schönste Rokokokirche der Umgebung. www.frauenau.de

Wellness im Hotel Mooshof. Ein Tag Auszeit im Wellnessbereich wirkt Wunder. Mooshof 7, Bodenmais, www.hotel-mooshof.de

Waldmuseum. Alles, was mit Wald, Heimat und Glas zu tun hat, modern aufbereitet. Kirchplatz 3, Zwiesel, www.waldmuseum-zwiesel.de

Das Wildniscamp am Falkenstein ist ein großer Abenteuerspielplatz.

Blauweißer Himmel, wogende Wipfel und sattgrüne Wiesen. Der Bayerische Wald ist nicht nur schön anzuschauen, sondern steckt auch voller Abenteuer. Ein Urwald will entdeckt, das Wildniscamp erobert oder der Waldwipfelweg erwandert werden. Kräfte tanken können Abenteurer dann auf einem Bauernhof.

Urwald und Wildnis satt

Aststümpfe ragen wie Schwerter aus einem umgestürzten Baumstamm. Flechten, dick wie Tauwerk, halten abgebrochene Äste zusammen und bilden einen undurchdringlichen Vorhang. Über den Waldboden winden sich armdicke Wurzeln, die wie Schlangen aussehen. Ein paar Meter weiter rauscht ein Wasserfall in die Tiefe, reißt alles mit, was nicht niet- und nagelfest ist. Sonnenstrahlen durchdringen die dichten Baumkronen nur selten. Der **Urwald Höllnachgespreng** am Falkenstein macht seinem Namen alle Ehre. Seit Jahrhunderten hat keine Menschenhand eingegriffen, wurde nichts begradigt oder beschnitten. Verständlicherweise glaubten die Menschen früher, dieser düstere Teil des Bayerischen Waldes müsse der Eingang zur Hölle sein. Später wurde der Baumbestand unter Schutz gestellt, und heute gehört er zum **Nationalpark Bayerischer Wald**.

Wanderwege durchziehen den Urwald, führen Besucher bis auf den Gipfel des **Großen Falkensteins**, der mit seinen 1315 Metern Höhe zu den Tausendern im Bayerischen Wald zählt. Gipfelstürmer können sich im Schutzhaus ausruhen,

stärken und den Panoramablick über den Talkessel des **Zwieseler Winkels** bis zum Großen Arber genießen. Unten, am Fuße der Ostseite des Berges, verstecken sich sieben Hütten zwischen Büschen und Bäumen. Man muss schon genau hinsehen, um Baumhaus, Wiesenbett, Erdhöhle oder die vier anderen **Themenhütten** zu entdecken, die zum **Wildniscamp am Falkenstein** gehören. Besucher schlafen in Hängematten, im Heu oder auf einfachen Pritschen. Und am Tag geht es raus in die Wildnis.

Waldabenteuer für kleine Forscher

Waldpädagogen erklären den Kindern Krabbeltiere, die sie hochkonzentriert mit der Becherlupe begutachten. Andere sammeln Kräuter und Blumen fürs Abendessen, und wieder andere wandern. Wobei Wandern kein ehrgeiziges Kilometerfressen meint, sondern einfach bedeutet, eine spannende Zeit in der Natur zu verbringen. Klar, dass dabei auch gelaufen wird. Aber hauptsächlich gespielt, gebadet und natürlich gegessen: Blaubeeren naschen zum Beispiel und mittags dann eine zünftige Brotzeit. Ganz nebenbei erfahren alle etwas über Tiere, Pflanzen und den Rhythmus der Jahreszeiten. Abends werden die gemeinsam überstandenen Abenteuer noch einmal am **Lagerfeuer** erlebt. Derweil brutzeln Würstchen, und Kinder rösten Stockbrot. Eigentlich will hier niemand weg. Verständlich, aber schade, denn auch die Region rund um den Arber bietet einiges.

Zum Beispiel **Ferien auf dem Bauernhof**, wo gescheckte Kälbchen ihre Mäuler durch den Zaun strecken, um den Löwenzahn aus Kinderhänden zu ergattern. Gelingt es, quietschen die Knirpse, denn die feuchte Zunge kitzelt. Nebenan machen Kaninchen und Ziegen Kunststücke, denn auch sie wollen etwas haben. Ein braunes Pony hatte Erfolg und kaut genüsslich einen Apfel. Jungs interessieren sich für die Arbeitsgeräte des Bauern, der ihnen Kettensägen, Traktor und Landmaschinen zeigt.

Eltern genießen derweil die kinderfreie Zeit, räkeln sich in der Sonne, lesen oder schlafen. **Himmlische Ruhe**. Das ist keine Momentaufnahme, sondern ein Bild, das sich jeden Tag so oder so ähnlich wiederholt.

Aktiv in der Natur

Wer in und um **St. Englmar** nächtigt, erhält zudem die Gästekarte, die ein wahrer Schatz ist, gewährt die **Erlebnis Plus**

Dem Himmel ganz nah sind Besucher auf dem Waldwipfelweg in St. Englmar.

Nicht verpassen

WEINFURTNER – DAS GLASDORF

Bekannt ist der Bayerische Wald für sein Glas. Kein Wunder, ist hier doch alles vorhanden, was man für die Herstellung benötigt: Holz als Energiequelle, der Hauptrohstoff Quarz, Pottasche aus Buchenholz und Kalk. Fast jede Fabrik ist für Gäste offen. Besonders schön können Familien die Geheimnisse der Glasbläserkunst im Glasdorf Weinfurtner erforschen. Auf dem großen Areal werden Geschichte und Entwicklung von Glas erklärt. Wer will, kann in der Traditions-Glashütte selbst einmal sein Können im Glasblasen ausprobieren. Vom glühenden Klumpen bis zum filigranen Kunstwerk können Besucher jeden Schritt verfolgen und vieles selbst ausprobieren. Die Innovations-Glashütte zeigt die neuesten Trends. Daneben gibt es weitere, themenbezogene Ausstellungen. Super für Kinder ist der Glasgarten, in dem sie klettern, toben und Tiere streicheln können. Das Glasdorf ist absolut familientauglich – auch die Preise in der Gastronomie.

www.weinfurtner.de

Mitmachen!

KLETTERWALD ST. ENGLMAR

Am Boden haben viele noch eine »große Klappe«. Doch spätestens, wenn ihnen die Guides Helme und Klettergurte anpassen, wird es still. Dafür klopfen die Herzen hörbar, und Adrenalin rauscht durch die Körper. Verstohlen blicken die Kletter-Aspiranten in die Bäume, wo Seile, Brücken, Netze und andere Herausforderungen in schwindelerregender Höhe leicht schwanken. Konzentriert balancieren Besucher über fingerdicke Stahlseile, Brücken und andere Konstruktionen von Baum zu Baum. Schließlich sausen sie mit einer Seilbahn wieder auf die sichere Erde. Gefühlt fast in den Wolken, tatsächlich höchstens zehn Meter über dem Boden. Für die Kleinen ab vier Jahren liegt der Parcours etwa anderthalb Meter hoch. Menschen ab sechs klettern und schwingen in vier bis sechs Metern über dem Waldboden. Guides erklären, wie man sich sichert, und prüfen, ob alle die Technik verstanden haben. Dann erst dürfen Besucher in die Höhe. Der Kletterwald St. Englmar hat sogar einen Parcours für Kleinkinder – mit Bobbycar-Flugstrecke.

www.kletterwald-englmar.de

Gut gesichert mit Helm und Haken sind schon die ganz die Kleinen im Kletterwald unterwegs.

Leise sein, sonst rennt das Rotwild weg!

Card doch zahlreiche Rabatte und sogar kostenlosen Eintritt zu vielen Attraktionen. Sie reichen vom Ponyreiten über eine Fahrt im Sightseeing-Bus bis zum Klettergarten.

Ein richtiger Kracher ist die **Sommerrodelbahn am Egidi-Buckel** mit ihrer rasanten Abfahrt. Wer die Karte hat, kann dreimal kostenlos fahren und profitiert von vielen anderen Attraktionen, die den Geldbeutel nicht belasten. Etwa die **Riesenrutschen** vom Aussichtsturm, der **Streichelzoo**, super ausgestattete Spielplätze oder die **Tretroller-Rennstrecke**. Regnet es, spielt man eben innen weiter. Das Angebot ist so vielfältig, dass ein Tag nicht reicht, um alles auszuprobieren.

Hoch hinaus geht es auf dem **Waldwipfelweg**. In bis zu 30 Metern Höhe spazieren die Besucher über und zwischen den Baumwipfeln. Die luftige Holzbrücke ist barrierefrei und eingezäunt. Bei klarer Sicht präsentieren sich die Höhenzüge des Bayerischen Waldes, das Donautal und die Ebenen des Gäubodens. Wunderschön für die Eltern! Unter dem Wipfelweg verläuft der **Naturerlebnispfad**, der dann Kinder wieder ganz in den Bann zieht: Die **Mitmach-Stationen** sind vielfältig und spannend für kleine Entdecker: Kinderseilgärten, Kletterwände, ein Indianer-Tipi sowie Kängurus, Lamas und Schafe sind auch für kleinere Kinder interessant. Die Größeren machen auf dem **Pfad der Optischen Phänomene** große Augen. *SH*

Im Bayerischen Wald

Infos und Adressen

ANREISE
Mit dem Auto über die A92, A3 oder A9

BESTE REISEZEIT
Mai bis September

FÜR REGENTAGE
Haus zur Wildnis. Bei gutem Wetter sind die Außengehege mit Luchsen, Wölfen, Urpferden und Urrindern spannend. Aber auch das Haus zur Wildnis ist grandios. Kein stumpfes »Schautafelnglotzen«, sondern mitmachen und ausprobieren. Mit Abenteuerspielplatz. www.nationalpark-bayerischer-wald.de
Indoorspielhalle. Roller, Rutschen und Riesenklettertürme und vieles mehr sorgen dafür, dass die Kinder sich auch bei Regen auspowern können. www.urlaubsregion-sankt-englmar.de
Besucherbergwerk. Eine Führung durch den Barbarastollen im Silberberg mit Helm und Kittel gibt einen Einblick in die Arbeit unter Tage. www.silberberg-online.de

ESSEN UND TRINKEN
Dampfbräu. Gemütlich, gutbürgerliche Küche und große Portionen erwarten Besucher im Dampfbräu. Stadtplatz 6, Zwiesel
Sonnenhügel. Bei gutem Wetter sitzt man auf der großen Terrasse mit herrlichem Blick und vespert eine Brotzeit oder à la carte. Bayerweg 65, St. Englmar, www.sonnen-huegel.de
Cafe Bar Zucchero. Mal etwas anderes als Bayerische Hausmannskost serviert Cafe Bar Zucchero: nämlich super leckere Pizza. Kötzinger Straße 22, Bodenmais, www.cafe-bar-zucchero.de

ÜBERNACHTEN
Beckerbauernhof. Ein toller Bauernhof mit vielen Tieren, Spielscheune und Familienanschluss ist der Beckerbauernhof bei St. Englmar. Klinglbach 4, St. Englmar, www.beckerbauern-hof.de
Ulrichshof. Auf dem Ulrichshof sind Babys und Kinder die Könige und finden im Bio-Resort ein Urlausparadies mit vielen Angeboten, Aktivitäten und natürlich Tieren. Perfekte Auszeit für die Eltern. Zettisch 42, Rimbach, www.ulrichshof.com
Bodenmaiser Hof. Echte Erholung verspricht der Bodenmaiser Hof. Wellness für die Großen und Abenteuerprogramm für die Kleinen. Rißlochweg 4, Bodenmais, www.bodenmaiser-hof.de
Arberschutzhütte. Urig und gemütlich geht es in den Zimmern der Schutzhütte zu, die nicht nur zu Fuß, sondern auch barrierefrei mit Gondel und dem gläsernen Aufzug erreicht werden kann. www.arber.de

WEITERE INFOS
www.bayerischer-wald.de

Mitten im Wald steht die Glasarche, getragen von einer Holzhand.

45

Mit dem Kanu auf der Mosel

TOLL FÜR KINDER

Moselbad Cochem. Wasserlandschaft mit großem Kinderland zum Rutschen, Spritzen und Planschen und 20 Zentimeter tiefem Babybecken

Kröver Berg. Kinder ab 6 Jahren können auf einer 800 Meter langen Rennstrecke im Offroad-Buggy mit etwa 5 PS um die Wette fahren.

Indoorspielplatz. Das Dschungeldorf Simmern im Hunsrück zwischen Mosel und Glan bietet unzählige Attraktionen wie Go-Kart, Hüpfburg, Kletterwand und einem speziellen Kleinkinderbereich.

TOLL FÜR ELTERN

Weingüter. An der Mosel dreht sich selbstverständlich alles um den Wein, und die unzähligen Weingüter laden zu Weinprobe, Besichtigung des Winzerkellers oder einer interessanten Führung entlang der Reben durch die Steillagen ein.

Mosel-Therme Traben-Trarbach. Badeparadies mit Thermenbecken mit 32 °C warmem Tiefenwasser, großer Saunalandschaft und Extra-Kleinkinderbereich

Blick über das Moseltal bei Trier

Die Mosel ist der größte Nebenfluss des Rheins. Am schönsten für eine mehrtägige Kanuwanderung mit der Familie ist die Mittelmosel hinter Trier, wo sich der Fluss in weiten Schleifen durch ein tief eingeschnittenes Tal mit schroffen Felshängen und grün leuchtenden Weinterrassen windet.

Unterwegs zwischen Burgen und Weinbergen

Auf der Mosel nimmt die Berufsschifffahrt niemals störende Ausmaße an, und da Frachter, Ausflugsdampfer und Motorbootfreizeitskipper die markierte Fahrrinne nutzen, kommen Paddelboote und Binnenschiffe sich praktisch nicht in die Quere. Der Wasserstand wird durch Schleusen reguliert, die Strömung ist nur gering, sodass Kanutouren mit der ganzen Familie möglich sind. Ab dem Mittellauf ist die Mosel als offizieller Wasserwanderweg ausgebaut und dank kanufreundlicher Stege lassen sich die Weinorte und mittelalterlichen Städte links und rechts der Ufer bequem entdecken. Abhängig von Kondition, Wasserstand und Alter der Kinder werden für die knapp 200 Kilometer **von Trier bis zur Mündung in den Rhein** mindestens zehn Tage benötigt.

Rheinland-Pfalz

Da die Bahnstrecke zwischen Trier und Koblenz über weite Strecken direkt am Flussufer verläuft, lässt sich die Paddelstrecke nahezu beliebig einteilen. Ein guter Startpunkt für eine ausgedehnte Vier-Tages-Tour (ca. 75 km, vier Schleusendurchfahrten) auf der Mittelmosel ist **Bernkastel-Kues**, wo wir auf dem Campingplatz das Zelt direkt am Moselufer aufbauen. Der recht weite Spaziergang vom Campingplatz hinein in die Innenstadt wird mit schönen Fachwerkhäusern und vielen Weinstuben belohnt. Besonders beeindruckend ist der mittelalterliche Marktplatz. Über die Staustufe Zeltingen und vorbei an dem **Weinort Kröv** ist nach etwa 20 Kilometern **Traben-Trarbach** erreicht, wo der direkt am Ufer gelegene Campingplatz im Stadtteil Wolf die Möglichkeit zur Übernachtung am Etappenende bietet.

Am zweiten Tag geht es weiter durch die **Weinlandschaft der Mittelmosel** über die Staustufe Enkirch mit Bootsgasse in den Winzerort Pünderich und weiter bis **Zell**. Am dritten Tag kündigt die romanische Kirche aus dem 12. Jahrhundert die Staustufe St. Aldegund an, und kurz darauf sind die berühmte **Bremmer Moselschleife** und das mächtige Felsmassiv des Bremmer Calmont erreicht, bevor an der Kanustation in **Ediger-Eller** das Zelt für die letzte Übernachtung aufgebaut wird. Die letzte Etappe führt durch das **Naturschutzgebiet »Taubengrün«** in den romantischen Moselort Beilnstein, wo man den schönen Biergarten vor der Kirche mit Blick auf die Mosel nicht versäumen sollte, bevor über die Staustufe Fankel das **Tourenende in Ernst** erreicht ist.

Tagestour auf dem Wiesenfluss Glan

Gut eine Autostunde südöstlich von Bernkastel-Kues bietet der Wiesenfluss Glan die ideale Kulisse für eine kurzweilige **Kanutagestour mit etwas älteren Kindern**. Los geht es an der Fußgängerbrücke in **Lauterecken**, und nach dem Ablegen schiebt uns die gemächliche Strömung durch eine schöne Wiesenlandschaft, bis das erste Wehr der Tour in Medard den Weg versperrt. Wir legen an und schnallen die Bootswagen unter die Boote, um das Hindernis für ca. 300 Meter zu umgehen. Weiter geht es durch leichte Kurven und mit harmlosen Schwällen, die aber eine willkommene Abwechslung und etwas Schwung in die Tour bringen. Die Hänge rücken näher zusammen und zwängen den Glan in ein engeres Tal, was der Fluss mit etwas erhöhter Strömungsgeschwindigkeit quittiert. Erst mit dem Stau durch

Hinter dem Torbogen der Reichsburg Cochem gibt es einiges zu entdecken.

Mitmachen!

GEISTERFÜHRUNG AUF BURG COCHEM

Auf der speziellen Geisterführung für Kinder zwischen vier und zehn Jahren führt ein Gespenst die Kinder durch die Verliese und Gemächer der Reichsburg Cochem. Zu entdecken gibt es u. a. Bergfried, Wehrgang und Folterkammer. Im Anschluss an den gut einstündigen Rundgang wird an der Rittertafel zum Räuberessen Platz genommen, und die auf Fladenbrot servierten Hähnchen- oder Putenkeule darf, wie mit es sich für das Mittelalter gehört, mit den Händen gegessen werden. Komplettiert wird das Räuberessen durch »Kinderwein« in Form von Apfelschorle.

www.burg-cochem.de

Toller Ausflug

MIT DER DRAISINE DURCHS GLANTAL

Ein Spaß für die ganze Familie ist die Tour mit der Fahrrad-Draisine auf der stillgelegten Bahnstrecke im unteren Glantal. Vom Bahnhof in Altenglan bei Kusel strampelt man auf der eingleisigen Strecke mal links, mal rechts vom Glan und kann sich voll der Landschaft widmen, da nicht gelenkt werden muss. Gefälle und Steigungen sind nur gering, und in regelmäßigen Abständen finden sich Haltepunkte, an denen die etwa 100 Kilogramm schweren Draisinen von zwei Erwachsenen leicht aus den Schienen gehoben werden können, um sich die Sehenswürdigkeiten neben der Strecke anzuschauen. In Lauterecken ist etwa die Hälfte der Gesamtstrecke von 40 Kilometern absolviert. Es geht von den Nordpfälzer Bergen ins Naheland, und die Strecke beginnt etwas zu steigen. Nach einer Entdeckertour durch die pittoreske Altstadt von Meisenheim ist es nicht mehr weit bis zum Endpunkt Staudernheim, wo schon der Bus für die Rückfahrt wartet.

www.draisinentour.de

Die Fahrraddraisine ermöglicht unkomplizierten Radelspaß durchs Glantal.

Mit der Moselperle unterwegs

das Wehr in Meisenheim wird er wieder träger. Nach einigen Brücken ragt am linken Ufer die **Schlosskirche in Meisenheim** über die Baumwipfel, und einige Enten beobachten uns dabei, wie wir am Steg des Ruder- und Tretbootverleihs am linken Ufer anlegen und die Boote aus dem Wasser heben, um das Wehr zu umtragen und über die Brücke zu schieben. Etwa 100 Meter hinter der Brücke können die Boote am rechten Ufer wieder ins Wasser gelassen werden.

Nach einem kurzen Rundgang durch die schmucke **Altstadt von Meisenheim** mit hübschen Fachwerkhäusern und einer spätgotischen Schlosskirche lassen wir in einem der Straßencafés das mittelalterliche Flair auf uns wirken. Zurück auf dem Wasser erwarten uns idyllische Flusspartien und die ersten Weinhänge. Nach einer schönen dreibogigen Steinbrücke, die an ein römisches Viadukt erinnert, ziehen wir die Boote am Wehr in **Rehborn** links über eine Wiese. Auch das Städtchen Rehborn lädt mit seiner Altstadt, einer Mühle und dem Rathaus zum Verweilen ein. In trockenen Sommern kann es auf den nächsten 200 Metern hinter dem Wehr sehr flach werden, sodass die Kanus eventuell getreidelt werden müssen. Die Kurven und Biegungen des Glans werden immer weitläufiger. Die Weinhänge entlang der Ufer zeigen uns, dass wir jetzt im **Weinanbaugebiet Nahe** unterwegs sind, und nach der Brücke der stillgelegten Bahntrasse, die heute nur noch mit **Draisinen** befahren wird, erreichen wir die Straßenbrücke in Odernheim. Direkt dahinter beenden wir am rechten Ufer unsere Tagestour. *MH*

Mit dem Kanu auf der Mosel

Infos und Adressen

ANREISE

Mit dem Auto über die A1 bis Trier und weiter auf der Bundesstraße B53 durch das Moseltal. Hauptbahnhöfe für die Anreise **mit der Bahn** sind Trier oder Koblenz, von hier erreicht man alle wichtigen Orte im Moseltal mit den Zügen auf der Moselstrecke.

BESTE REISEZEIT

Mai bis September

KANUVERLEIH

Mosel Kanutours. Stationen in Ernst und Ediger-Eller, Tel. 02671 – 55 51. Eine komplette Übersicht aller Kanuvermieter an der Mosel gibt es beim Fremdenverkehrsamt (siehe unten).
Glan. Kanuverleih Glan. www.kanuverleih-glan.de; HKM Events GmBH & Co. KG. www.hkm-meisenheim.de

ESSEN UND TRINKEN

Gute und vielfältige Einkehrmöglichkeiten in allen Moselorten. Besonders zu empfehlen sind die typischen Straußwirtschaften, in denen die Winzer noch persönlich ihren Moselwein ausschenken.

ÜBERNACHTEN

Moselcampingplatz Rissbach. In Traben-Trarbach, mit großem Spielplatz, Kinderhaus, beheiztem Schwimmbecken, Streichelzoo und Kinderanimationsprogramm. www.moselcampingplatz.de
Campingpark Zell/Mosel. Mit großem Piraten-Themenspielplatz. www.campingpark-zell.de

WEITERE INFOS

www.mosellandtouristik.de, www.naheland.net

Der Dom von Trier ist die älteste Bischofskirche in Deutschland.

Unterwegs im Saarland

TOLL FÜR KINDER

Eseltrekking. Eselzentrum Neumühle. Heusweiler, www.eselzentrum-neumuehle.de

Wolfspark Werner Freund.
Waldstraße/Kammerforst, Merzig,
www.wolfspark-wernerfreund.de

Erlebnisbergwerk Velsen. Führungen
müssen vorher gebucht werden.
www.erlebnisbergwerkvelsen.de

Fußballgolf. Die neue Trendsportart für die
ganze Familie. 18 Bahnen mit Hindernissen,
dazu zwei Soccerfields, ein Beachvolleyballfeld und ein großer Biergarten. Beckingen,
www.fussballgolfsaar.de

TOLL FÜR ELTERN

Hofgut Imsbach. Hofführungen auf Anfrage,
z. B. mit einem Ranger:
Tel. 06853 – 961 89 40 10;
Historische Führungen:
Tel. 06853 – 508-0

Urwald vor den Toren der Stadt. Forsthaus
Wolfsgarten, Saarbrücken,
www.saar-urwald.de

Ein Wolfsrudel im Wolfspark Werner Freund.
Nach dem Tod des Parkgründers Werner
Freund 2014 dürfen nur seine engsten Mitarbeiter, die die Tiere seit Jahren kennen,
so nah an sie heran.

Das Saarland – umgeben von Luxemburg, Frankreich und Rheinland-Pfalz – verspricht Spaß und Erholung für die ganze Familie. Vom Riesentrampolin über Urwald und Wölfe bis hin zu bedeutenden Industriedenkmälern ist hier auf kleiner Fläche mehr geboten, als man in einen Urlaub packen kann.

Einmal durch die Urzeit und zurück

Die **Saarschleife** ist ein Wahrzeichen des Saarlandes und lässt sich gut mit dem **Ausflugsschiff ab Mettlach** erkunden. Wer lieber wandert, für den ist der Aussichtspunkt »Cloef« in Orscholz Pflicht. Spannend für Kinder ist der **Wolfspark Werner Freund**, in dem verschiedene Rudel leben: europäische Grauwölfe, weiße Polarwölfe, sibirische und indische Wölfe. Viele Attraktionen liegen in der Nähe von Saarbrücken, etwa das **Erlebnisbergwerk Velsen**, wo »Bergbau zum Anfassen« das Motto ist. Eines der Highlights im Saarland ist die **Erlebniswelt Völklinger Hütte** (UNESCO Weltkulturerbe). Multimedial reist man hier durch die Industriegeschichte und entdeckt Sinteranlage, Erzhalle, Gichtbühne und Gebläsehalle. In der Sommersaison hat das Ferrodrom geöffnet, das erste Science Center im SaarLorLux-Raum.

Direkt bei Saarbrücken wartet der **Urwald vor den Toren der Stadt** mit vielfältigen Wandermöglichkeiten: Märchenwandern, ein Besuch der Fledermäuse, Wandern mit Hunden etc. Familiengerecht wandern kann man auch beim **Eseltrek-**

Saarland

Die Saarschleife bei Orscholz, vom Aussichtspunkt Cloef aus gesehen

Infos und Adressen

ANREISE

Mit dem Auto von Nordern her über die A1, von Karlsruhe über die A8. Saarbrücken ist sehr gut per Bahn zu erreichen.

BESTE REISEZEIT

Ganzjährig, je nach geplanter Aktivität

FÜR REGENTAGE

Calypso. Bade-, Sauna- & Wellnessparadies mit abenteuerlichen Rutschen und allem, was das Kinderherz höher schlagen lässt. Deutschmühlental 7, Saarbrücken, www.erlebnisbad-calypso.de

ESSEN UND TRINKEN

Johann-Adams-Mühle. An der Wanderroute Tafeltour Offizierspfad Imsbach in Theley gelegen, idyllisches Mühlenambiente mit schönem Biergarten. Tholey-Theley, www.landgasthof-johann-adams-muehle.de

La Bastille. Saarländische Spezialitäten in der Altstadt von Saarbrücken, z. B. hausgemachte »Dibbelabbes«. Kronenstraße 1b, www.la-bastille.de

ÜBERNACHTEN

Heidwaldhof. Ferienwohnungen auf dem Bauernhof im Dreiländereck. Reitstunden und Geländeritte gehören zum Angebot. Merzig-Silwingen, www.heidwaldhof.de

Jugendherberge an der Saarschleife. Dreisbach-Mettlach, www.diejugendherbergen.de

WEITERE INFOS

www.tourismus.saarland.de

Nicht verpassen

UNESCO BIOSPHÄRENRESERVAT BLIESGAU

Ein wahres Schatzkästchen der Natur ist der Bliesgau im im Südosten des Saarlandes an der Grenze zu Frankreich. Offene Naturlandschaft, herrliche Streuobstwiesen, ausgedehnte Buchenwälder und eine beeindruckende Auenlandschaft entlang der Blies sowie viele seltene Tier- und Pflanzenarten, darunter viele Orchideen, sind die Zutaten für einen entspannten Tag in der Natur. Radfahren, Wandern, Klettern oder Kanufahren: Der Bliesgau hält viele Möglichkeiten für Touren bereit. Sehenswert sind auch die Kulturdenkmäler wie das Römermuseum Schwarzenacker oder die Schlossberghöhlen in Homburg. Wer mehr über diese Landschaft erfahren möchte, sollte sich an einen der zertifizierten Natur- und Landschaftsführer wenden, die Entdeckungstouren anbieten.

www.biosphaere-bliesgau.eu

king rund um das **Köllertal**, zum Beispiel über alte Schmugglerpfade und zu zauberhaften Waldweihern.

Im **GONDWANA** kann man in einer Erlebnisausstellung Erdgeschichte entdecken. Modernste Technik erweckt Monsterskorpione, Riesenlibellen und gefräßige Dinos zum Leben. Sturzfluten, Meteoriteneinschläge und allerlei weitere Naturgewalten inklusive. Im Außenbereich können kleine Forscher nach Fossilien buddeln. Rasant geht es auf der **Sommerrodelbahn Peterberg** weiter: 1800 Meter Geschwindigkeitsrausch und anschließend zu spektakulären Rutschen. Wem das nicht reicht, der fährt zum **TRAMPOSAARIUM** am **Bostalsee**, der größten Outdoor-Trampolinanlage im Südwesten! Entdecker werden das **Edelsteindorado** in Freisen lieben: Achate und andere Edelsteine warten darauf, ausgegraben zu werden. Was man findet, darf man behalten. *Red.*

Pfälzerwald und Weinstraße

TOLL FÜR KINDER

Baumwipfelpfad in Fischbach. In 14 Metern Höhe durch die Kronen der Bäume des Pfälzerwalds nahe der französischen Grenze spazieren

Burg Berwartstein bei Erlenbach. Die Raubritterburg des Hans Trapp aus dem 12. Jh. Burgführung zu Waffenkammer, dem tiefen Burgbrunnen und zur hoch gelegenen Aussicht

Der Teufelstisch bei Hinterweidenthal. Unterhalb des einzigartigen Sandsteinmonuments befindet sich der Erlebnispark mit Felsenrutsche, Wasserspielplatz und Labyrinth.

TOLL FÜR ELTERN

Dom zu Speyer. Weltkulturerbe als größte erhaltene romanische Kirche Europas

Rietburg und Villa Ludwigshöhe. Mit dem Sessellift hinauf zur mittelalterlichen Rietburg. An der Talstation befindet sich die ehemalige Sommerresidenz Ludwigs I.

Reichsfeste Trifels bei Annweiler. Die Insignien der königlichen Herrschaft (wie Reichskrone und Reichsschwert) wurden im Mittelalter auf dem Trifels aufbewahrt.

Die Dahner Burgengruppe besteht aus den mittelalterlichen Felsenburgen Altdahn, Grafendahn und Tanstein.

Der Pfälzerwald beeindruckt – als das größte zusammenhängende Waldgebiet Deutschlands. Und überzeugt – mit vielen naturbelassenen Wanderpfaden. Und bietet etwas – mit seinen vielen mittelalterlichen Burgen. Der Bienwald ist das Naturjuwel der oberrheinischen Tiefebene.

Vielfältiges Wanderparadies

Sicherlich sind der Pfälzerwald und der Bienwald nicht so bekannt wie der auf der anderen Rheinseite befindliche Schwarzwald. Die Bergkuppen sind nicht so hoch und es führt auch keine vielbefahrene Fernstraße vorbei, um ihn rasch zu erschließen. Aber der Pfälzerwald hat aufgeholt. Zum einen sind die Verkehrsverbindungen in den letzten Jahren besser geworden. Moderne S-Bahn-Strecken sowie neue Dieseltriebwagen auf den noch vorhandenen, nicht elektrifizierten Strecken sind ebenso ein Qualitätsmerkmal wie die Inbetriebnahme von ehemals stillgelegten Bahnstrecken wie im Wieslautertal. Das Bemühen, nicht nur Natur, sondern auch Kultur zu bieten, ist vielfach sichtbar. Als Beispiel sei nur das **Biosphärenhaus mit Baumwipfelpfad in Fischbach**, der interessante **Skulpturenweg in Ludwigswinkel**, die **Sommerspiele im Dahner Felsenland**, die abwechslungsreichen Museen oder mittelalterliche **Burgfeste wie in Alt-Dahn** genannt. Zu einem Anstieg der Beliebtheit haben in den letzten Jahren zahlreiche

Rheinland-Pfalz

Themenwanderwege geführt. Der **Felsenwanderweg Rodalben** führt in vielen Schleifen um diese südwestpfälzische Kleinstadt und erfreut sich großer Beliebtheit. Neu hinzugekommen sind in den letzten Jahren der **Pfälzer Höhenweg**, der **Pfälzer Weinsteig** sowie der **Pfälzer Weinpfad**. Der Wanderweg mit der längsten Geschichte ist sicherlich der **Jakobsweg**, der den Pfälzerwald in einer Nord- und einer Südvariante durchquert. Die Nordroute führt dabei von Speyer über Neustadt an der Weinstraße, Johanniskreuz und Trippstadt nach Hombach (siehe: »Toller Ausflug«). Ein besonderer Weg ist auch der **Keschdeweg** (Kastanienweg), der am Ostrand des Pfälzerwalds entlangführt. Hier werden auch **Wanderarrangements mit Gepäcktransport** angeboten. Letztendlich gibt es mit dem **Zabernweg** einen internationalen Fernwanderweg, der die Zabernstädte Rheinzabern, Bad Bergzabern sowie Saverne (Zabern) im Elsass verbindet.

Ein weiteres Unterscheidungsmerkmal zu anderen Wandergebieten sind die zahlreichen **Hütten des Pfälzerwald-Vereins**. Sie sind Etappen- oder Zielpunkte der vielen Wanderer. Pfälzer Brotzeiten, gute gefüllte Weinschoppen sowie Hüttenromantik gehören hier zusammen. Die Preise sind dabei, vor allem für Familien mit Kindern, noch bezahlbar!

Weiter zum Bienwald

Der Bienwald wird als einer der letzten großflächigen Niederungswälder im Süden von der **Lauter**, dem Grenzfluss zu Frankreich, im Osten durch die **Rheinniederung** sowie im Norden und Westen in etwa von der **Bahnlinie Winden–Schweighofen** begrenzt. Für den Wanderer gibt es im Vergleich zum Pfälzerwald einige Unterschiede. Die **Wege im Bienwald** sind völlig eben und deshalb auch für Kinder gut geeignet. Der Bienwald wird von langen, gut zu begehenden Geraden durchzogen. Andererseits gibt es sehr naturnahe und enge Wegstrecken, z. B. entlang des **Saugrabens** oder des **Aschbachs**. Hier folgt der Weg dem Bachverlauf, kleinere Seitenbäche werden auf schmalen Fußstegen überquert, und Totholz wird in diesen Bereichen nicht beiseitegeräumt.

Essen und Trinken an der Weinstraße

Die Pfalz kann man sich ohne die vielen Weinfeste kaum vorstellen. Zum einen gibt es mit dem **Bad Dürkheimer**

In Fischbach an der Grenze zum Elsass, liegt dieser interessante Baumwipfelpfad, der sich zu einer Aussichtsplattform schlängelt.

Toller Ausflug

MIT DEM »KUCKUCKSBÄHNEL« ZUM PFÄLZER JAKOBSWEG

Der Weg ist ein Teilstück des Pilgerpfades ins spanische Santiago de Compostela. Hinfahrt mit dem Nostalgiezug des Eisenbahnmuseums Neustadt. Von Neustadt an der Weinstraße fährt das »Kuckucksbähnel« auf der für den normalen Bahnverkehr stillgelegten Strecke ins beschauliche Elmstein. In Elmstein folgt man dem Jakobsweg talabwärts durch das Speyerbachtal (Markierung: Jakobsmuschel). In Breitenstein lohnt sich der Besuch der Burgruine gleichen Namens; wenig später können die Burgruinen Erfenstein und Spangenberg besichtigt werden. Die gesamte Wanderstrecke bis Neustadt beträgt 16,5 Kilometer und ist für Kinder ab ca. sechs Jahren geeignet. Wem die Strecke zu lang wird, kann in Breitenstein bzw. in Erfenstein wieder in das »Kuckucksbähnel« zur Rückfahrt einsteigen. Ab Lambrecht besteht auch die Möglichkeit, mit der S-Bahn zurückzufahren.

Abfahrtszeiten des »Kuckucksbähnel«: www.eisenbahnmuseum-neustadt.de

Mitmachen!

VON DEIDESHEIM NACH WACHEN-HEIM: LEICHTE WANDERUNG AM OSTSAUM DES PFÄLZERWALDS

Mit Deidesheim und Wachenheim hat diese Wanderung ihren Ausgangs- bzw. Endpunkt in zwei bekannten Weinbaugemeinden. Deshalb geht es auf befestigten Wegen zum größten Teil durch Weinberge. Mit wenigen Anstiegen sowie durch zahlreiche Rastmöglichkeiten ist dies eine ideale Tour mit Kindern. In Deidesheim geht es von der Deutschen Weinstraße (beim Zollhäuschen) mit der Markierung roter Punkt durch die Weinberge bis zum Waldrand. Wer einen noch besseren Blick auf das Rheintal haben möchte, bewältigt den kurzen, aber steilen Anstieg zur Michaelskapelle (vom Waldparkplatz). Oberhalb des Weindorfes Forst führt der Weg dann an Schautafeln mit interessanten Informationen zu Trockenmauern, Flurbereinigungsmaßnahmen und Reblagen vorbei zu einem weiteren Waldparkplatz. Dort befindet man sich bereits in Sichtweite von Wachenheim. Vom örtlichen Bahnhof geht es mit der Regionalbahn zurück nach Deidesheim. Gehzeit: ca. zwei Stunden.

Der Teufelstisch, eine beeindruckende Sandsteinformation, findet sich in der Nähe von Hinterweidenthal.

Die größte romanische Kirche in Europa ist der Dom zu Speyer.

Wurstmarkt das größte Weinfest der Welt und zum anderen unzählige kleine Weinfeste hauptsächlich am Ostrand des Pfälzerwalds. Die Feste heißen Kirchweih, Kerwe oder Fest des Federweißen, und in kleineren Orten haben sich die alten Kirchweihtraditionen wie etwa der Festumzug noch erhalten. Und zu jedem Weinfest gehören natürlich die **Pfälzer Spezialitäten**. Das über die Landesgrenzen hinaus bekannteste Gericht ist der Pfälzer Saumagen. Es war früher ein »Arme-Leute-Essen«, das heute aber nur noch mit den besten Zutaten, nämlich einer Mischung aus Schweinefleisch, Schweinemett, Kartoffeln, Eiern und Karotten sowie zahlreichen Gewürzen hergestellt wird. Der Saumagen wird in heißem Wasser gekocht und anschließend in Scheiben geschnitten, wobei diese vor dem Servieren noch angebraten werden. Eine leckere Mahlzeit, die der ganzen Familie schmeckt.   *MW*

Infos und Adressen

ANREISE

Die Region ist gut erreichbar mit der Bahn (ICE-Haltestellen Kaiserslautern und Ludwigshafen) und der S-Bahn.

BESTE REISEZEIT

Frühling, Sommer und Herbst

FÜR REGENTAGE

Eisenbahnmuseum. In einem historischen Lokschuppen direkt am Bahnhof von Neustadt an der Weinstraße. Ausgestellt werden alte Loks und Passagierwagen, hauptsächlich der süddeutschen Länderbahnen. www.eisenbahnmuseum-neustadt.de
Schuhmuseum. Mehr als 3000 Paar Schuhe aus 2. Jahrtausenden im Gebäude einer ehemaligen Schuhfabrik in Hauenstein. Promischuhe, das größte Schuhpaar der Welt (Größe 247) sowie interessante Sonderausstellungen. www.museum-hauenstein.de
Bürstenbindermuseum. Das Bürstenbindermuseum erzählt die Geschichte des in Ramberg weit verbreiteten Bürstenbinderhandwerks. Darstellung des Übergangs von der manuellen zur industriellen Herstellung sowie zu den damals herrschenden sozialen Verhältnissen. www.buerstenbinder museum.de

ESSEN UND TRINKEN

1832 Restaurant im Hambacher Schloss. Stätte der Deutschen Demokratie, nicht weit von Neustadt an der Weinstraße. Restaurant mit Weitblick über das Oberrheintal. www.hambacherschloss.eu
Leinsweiler Hof. Der beeindruckende Sandsteinbau liegt in der Nähe von Landau mitten im Südpfälzer Rebenmeer. www.leinsweilerhof.de
Weinbiethaus. Von Neustadt an der Weinstraße erreicht man nach einer Wanderung (z. B. über die Wolfsburg) das 554 m hoch gelegene Weinbiethaus des Pfälzerwald-Vereins. Das bewirtschaftete Haus liegt direkt neben dem 136 m hohen Weinbietsender sowie dem Weinbietturm (Station des Deutschen Wetterdienstes). Die Wanderung ist für Kleinkinder nicht geeignet. www.pwv-gimmeldingen.de
Paddelweiher-Hütte. In der Nähe von Hauenstein im Queichtal gelegenes, beliebtes Ausflugsziel mit großer Terrasse, Kinderspielplatz und Bootsverleih. www.paddelweiher.de

ÜBERNACHTEN

Jugendherberge Altleiningen. Moderne Unterkunft in der mittelalterlichen Burg Altleiningen. Im Burggraben befindet sich ein beheiztes Freibad. In den Sommermonaten Burgspiele mit klassischen wie modernen Stücken. www.jugendherberge.de
Hilschberghaus in Rodalben. Eines von mehreren vom Pfälzerwald-Verein bewirtschafteten Hütten bzw. Häuser mit Übernachtungsmöglichkeit. Ausgangspunkt für den Rodalber Felsenwanderweg. www.pwvhilschberghaus.de oder www.pwv.de
Naturfreundehaus Rahnenhof. Dieses im nördlichen Pfälzerwald bei Carlsberg gelegene Naturfreundehaus bietet Kindern zahlreiche Freizeitmöglichkeiten (Spielplätze und -wiesen, Minigolf, Kinderspielzimmer, Wandern etc.) www.naturfreundehaus-rahnenhof.de

WEITERE INFOS

www.pfalz.de,
www.pfaelzerwald.de,
www.bienwald.info
Wanderarrangements für den Keschdeweg.
www.keschdeweg.de

Über die Weiten des Pfälzerwalds fällt der Blick auf die ehemalige Reichsburg Trifels.

48 Schwäbische Alb und Lonetal

TOLL FÜR KINDER

Steiff Museum mit Schlangenrutsche und Schaufertigung. Über 15 m geht es im ersten begehbaren Steiff Tier der Welt abwärts. Woraus ein Teddy besteht, wie man ihn herstellt und und welche Werkzeuge erforderlich sind, zeigt die Schaufertigung. Steiff Museum, www.steiff.com

Alte Mühle Giengen. 1344 erbaut, klappert hier das Mühlrad im Sommer an Sonn- und Feiertagen. Breite Furt 4, Giengen. www.muehlenverein-burgberg.de

TOLL FÜR ELTERN

Stadtmuseum. Funde aus der Steinzeit, der Nachbau eines Gemischtwarenladens von 1900 und Wissenswertes zur NABU-Gründerin Lina Hähnle. Dettinger Str. 3, Giengen. www.giengen.de

Geburtshaus von Margarete Steiff. In schwäbischer Schlichtheit: Das Geburtshaus der gelähmten Firmengründerin ist nur im Rahmen von Führungen zugänglich. www.steiff.com

Lonetalhöhlen. Sie dienten schon den Neandertalern als Schutz und bargen steinzeitliche Kunstwerke, etwa die Vogelherdhöhle oder das Fohlenhaus. www.lonetal.net

Die Bocksteinhöhle bot den Menschen schon vor 70 000 Jahren Schutz.

Im Lonetal auf der Schwäbischen Alb gibt es zwei Attraktionen, die sich gut kombinieren lassen: die rund 500 Meter lange Charlottenhöhle mit ihren zehn verschiedenen Tropfstein-Sälen und das Steiff Museum. Im Museumsbau in Giengen an der Brenz dreht sich alles um die geliebten Tiere mit dem Knopf im Ohr.

Staunen und Kuscheln auf der Alb

Es ist eine merkwürdige Vorstellung, wie sich die Königin von Württemberg in üppigen Gewändern, mit Hut und Schirm um die Stalagmiten und durch die engen Gänge geschlängelt haben muss, als sie im September 1893 »ihre« Höhle betrat. Ob ihr ein Bodentropfstein am Kleid zupfte? Das bleibt im Dunkeln, aber Charlottes Staunen über die 530 Meter lange **Schauhöhle** ist überliefert. Und es wirkte: 15 000 Menschen machten es ihrer Monarchin noch 1893 nach und besuchten die Tropfsteinhöhle. Sie liegt am nordöstlichen Rand der **Schwäbischen Alb**. Hier führen Wanderwege direkt in die erd- und menschheitsgeschichtliche Vergangenheit des Voralpenraums und durch das reizvolle **Lonetal**, eines der längsten Trockentäler Deutschlands. Die Besucher der **Charlottenhöhle** sehen auf der knapp einstündigen Führung die Versinterungen und Kalkformen in »Kristallgrotte«, »Göttersaal« und acht weiteren Hallen, sie bewundern den »Berggeist« und

Baden-Württemberg

Als alles begann: 1847, das Geburtsjahr von Margarete Steiff

Infos und Adressen

ANREISE

Mit dem Auto: Die östliche Schwäbische Alb ist über die A8 und die A7 schnell erreicht. **Mit dem Zug:** Der nächste größere Bahnhof liegt in Ulm, etwa 40 km entfernt.

BESTE REISEZEIT

Ganzjährig

ESSEN UND TRINKEN

Bistro Knopf. Kinderportionen der einfallsreichen Art: Im Museumsbistro gibt es Bären-Nuggets oder Bären-Nudeln, zum (angemeldeten) Geburtstag auch eine Bären-Torte. Steiff Museum, Margarete-Steiff-Platz 1, Giengen. www.steiff.com
Schlößle Lindenau. Ein Landidyll in Rammingen, drinnen hinter geschwungenen Giebeln, draußen im angeblich schönsten Biergarten der Region. Lindenau 1, Remmingen.
www.ausflug-lindenau.de

ÜBERNACHTEN

Lonetal Lodge. Modern und mit natürlichen Materialien erbaut. Schuhgasse a 1, Bernstadt. www.l-2.eu
Brauereigasthof Schlüsselkeller. Einfache Unterkunft mit schönem Biergarten. Oggenhauser Str. 34, Giengen an der Brenz.
www.schluesselkeller.de

WEITERE INFOS

www.giengen.de,
www.lonetal.net,
www.steiff.com

Der besondere Tipp

NOSTALGISCHE BAHNFAHRT

Über knapp 19 Kilometer schnaufte einst das Alb-Bähnle zwischen Amstetten und Laichingen über die Schwäbische Alb, geblieben sind von der Strecke nur etwas mehr als 5 Kilometer. Auf dieser Distanz aber hat der Museumszug 120 Höhenmeter zu bewältigen. Die Wagen mit offener Plattform, Jahrgang 1875, zieht eine Dampflok bergan, erhalten von den Ulmer Eisenbahnfreunden e. V. Neben der Entdeckung der Langsamkeit – der Zug braucht 25 Minuten von Amstetten bis Oppingen – macht die Fahrt auch mit der Komfortsituation zu Großvaters Zeiten bekannt: Vor allem Kinder finden die Holzbänke der Schmalspurbahn bequem. Das Alb-Bähnle schnauft durch eine wenig bekannte, idyllische Landschaft der Schwäbischen Alb. Es verkehrt zwischen Anfang Mai und Anfang Oktober. Sonderfahrten, teils mit Dieselbetrieb, gibt es während der Adventszeit. Die Ticketpreise liegen für Erwachsene bei 6 Euro für die Hin- und Rückfahrt, für Kinder bei 4 Euro.

Informationen und Fahrplan unter www.albbaehnle.de

den »Schiefen Turm«, den runden Perlsinter und in der »Schatzkammer« eine fast drei Meter hohe Tropfsteinwand.

Etwa zur gleichen Zeit, als Charlotte durch die Höhle ging, machte die kleine Stofftierfabrikation von Margarete Steiff bereits mehr Gewinn als ihre Filzverarbeitung. Aus der Idee eines Nadelkissens in Tierform, dem »Elefäntle«, entwickelte die gehbehinderte, aber unverdrossen optimistische Schneiderin die ersten Kuscheltiere. Bald produzierte Steiff die weichen Katzen, Hunde und Pferde in Serie, ab 1902 gesellte sich der Teddybär hinzu, der Exportschlager und Inbegriff des Kuscheltiers. Das **Steiff Museum** in Margaretes Heimatort **Giengen an der Brenz** zeichnet die Geschichte des Knopf-im-Ohr-Unternehmens mit Hilfe von 2000 Steiff Tieren nach, kindgerecht und kuschelig. *BM*

Im Schwarzwald

Auf dem historischen Flößerpfad durchs Kinzigtal kann man viel über das Leben und Arbeiten der Flößer erfahren. Und auch sonst hat diese Region im Herzen des Schwarzwalds eine Menge zu bieten: Rund um Triberg locken nicht nur die berühmten Wasserfälle, sondern auch ein historisches Bahnabenteuer.

Den Flößerpfad entlang

Von Loßburg bis nach Wolfach führt dieser 33 Kilometer lange Wanderweg mit verschiedenen **Themenstationen**. Wer nicht einfach nur wandern möchte, kann sich auf **GPS-Schatzsuche** begeben oder sich von einem Audioguide durch die Landschaft begleiten lassen. Entlang des Flößerpfads gibt es zwischen Wolfach und Loßburg insgesamt vier Geocaching-Schatzsuchen. Mit **Audioguide** zu wandern ist gerade für Kinder ein besonderes Erlebnis, denn so können sie die Umgebung mit allen Sinnen erleben und bei spannenden Geschichten von Flößer Johann und seinem Sohn Uli ihrer Fantasie freien Lauf lassen. Und es ist an alle Interessen gedacht: Die Kleinen erleben die Geschichten aus der Perspektive des Sohnes, ihre Eltern hören die Geschichte aus Sicht des Vaters.

Gut eine Autostunde entfernt liegt **Triberg**, ein ideales Ziel für einen oder zwei Tagesausflüge. Sehenswert in der Stadt sind das Schwarzwaldmuseum und die barocke Wallfahrtskirche »Maria in der Tanne« sowie der holzgeschnitzte Rathaussaal.

Baden-Württemberg

Fast schon ein Muss im Schwarzwaldurlaub: Die Triberger Wasserfälle

Toller Ausflug

MIT DER SCHWARZWALDBAHN ZU DEN TRIBERGER WASSERFÄLLEN

Wer genug vom Wandern hat, sollte sich eine Fahrt in der Badischen Schwarzwaldbahn gönnen, denn sie führt über eine der schönsten Bahnstrecken Deutschlands. Die Strecke verbindet Offenburg und Singen (Hohentwiel) auf einer 149 Kilometer langen Fahrt und überwindet dabei ca. 670 Höhenmeter. Die Strecke gilt heute noch als besondere Leistung der Ingenieurskunst. Besonders der Abschnitt von Hornberg nach St. Georgen ist ein Traum für Kinder, denn man passiert auf dieser Fahrt ganze 39 Tunnels. Die Strecke zählt zu den tunnelreichsten Gebirgsbahnen Europas. Mehrmals pro Jahr werden Sonderfahrten mit historischen Zügen angeboten. Wer dazu keine Gelegenheit hat, sollte sich den Audioguide besorgen und während der Fahrt Wissenswertes zur Bahngeschichte und zu Sehenswürdigkeiten entlang der Strecke hören. Ein toller Ausflug ist die Fahrt mit der Bahn bis Triberg, um den Wasserfällen einen Besuch abzustatten.

www.db-schwarzwaldbahn.de

Berühmt ist dieser Ort für Deutschlands höchste **Wasserfälle**. Ein schöner Wanderweg für Kinder ab dem Grundschulalter und für Eisenbahnfans startet am Triberger Bahnhof. Zur Einstimmung kann man sich in einer Ausstellung über die Geschichte der Schwarzwaldbahn informieren, und die große Dampflokomotive 50245 auf dem Bahnhofsvorplatz ist besonders für Kinder beeindruckend. Der **Schwarzwaldbahn-Erlebnispfad** verläuft in zwei Varianten – als unterer und oberer Weg. Wir nehmen den oberen, sechs Kilometer langen Rundweg, der in gut zweieinhalb Stunden zu schaffen ist. In acht Stationen erfahren Kinder, Jugendliche und Familien spielerisch und mit authentischen Ausstellungsstücken aus der Eisenbahngeschichte, welche Anstrengungen unternommen wurden, um die Bahnlinie durch den harten Granit zu verlegen.   *Red.*

50

Freizeitparks in Oberschwaben

Architekturmix im Legoland: Mini-Berlin vor Mini-Frankfurt

Millionen von Steinchen sind das Bauprinzip im LEGOLAND Günzburg. Mehr als 50 Attraktionen verteilen sich auf neun verschiedene Erlebniswelten für Kinder jeden Alters. Noch weiter im schwäbischen Süden liegt das Ravensburger Spieleland, die zweite und ganz anders geartete Attraktion der Region.

Attraktionen mit und ohne Aufregung

Das LEGOLAND ist ein Abenteuerland. Der erste Weg führt zur **»Teststrecke«**, auf der Mini-Jeeps über kurviges Gleisgelände fahren – ideal zum Warmschreien. Weiter geht's zur **Wasserbahn**, die erwartungsgemäß nass endet. Das weiß jeder, und trotzdem nehmen etwa 6000 Leute pro Tag eine Dusche in Kleidern. Das macht aber nichts, denn im **Piratenland** geht es feucht-fröhlich weiter. Schwer durchnässte Fälle trocknet ein Ganzkörperfön. Bei unseren Mädchen stehen die Zeichen auf **Achterbahn**, um alles Kriegerische machen sie einen Bogen. Was schade ist, weil hier 32 Modellbauer 17 000 Stunden am größten LEGO-Modell der Welt gebaut haben: dem **X-Wing-Fighter** aus Star Wars. Stattdessen lieber die **Drachenbahn**, gern auch mehrmals. Absoluter Star ist das **Astronautentraining** in der »Hero

Baden-Württemberg

Zur Ferienuntermalung: Kinderprogramm in Wolfegg

Factory«. Da bestimmt jeder selbst, wie stark er geschüttelt und wie oft er auf den Kopf gestellt werden will.

Ortswechsel: »Hier ist ja Flachland«, sagt meine Tochter im **Ravensburger Spieleland** und meint damit: achterbahnfreie Zone. Allerdings gehört sie, von den Eltern abgesehen, als Sechstklässlerin eindeutig zu den Senioren im Park. Für Kinder zwischen drei und neun Jahren bietet er das reinste Vergnügen, in ruhiger, unaufgeregter Form. Es gibt **Autoscooter** im Schneckentempo, **Schiffchenfahrten** über einen Weiher, ein **Bienchen-Karussell** und ein Hüpfkissen. Die spitzesten Juchzer schallen vom **Freifallturm** »Hier kommt die Maus«.

Aber Abenteuerlustige können ihr Mütchen auch andernorts kühlen: etwa bei einer Biketour auf dem **Oberschwaben-Allgäu-Radweg** oder in einem der vielen idyllischen **Badeseen** zwischen Günzburg und Ravensburg. Ein Höhepunkt kann die Besteigung des **Blaserturms** sein, der von 51 Metern Höhe beste Sicht auf die anderen 16 Türme **Ravensburgs** und das grüne Umland garantiert. *BM*

Toller Ausflug

BAUERNHOF-MUSEUM WOLFEGG – ABSTECHER INS WIRKLICHE LEBEN

Nach so viel künstlicher Erlebniswelt steht Kindern und Eltern vielleicht der Sinn nach echtem Erfahrungsgehalt – auch wenn er der Vergangenheit angehört: Das Bauernhof-Museum Wolfegg hat sich den Lebens- und Arbeitsverhältnissen auf dem Land verschrieben. Wie sah der Alltag von Knechten und Mägden auf den Höfen aus? Was lernten angehende Bauern und Bäuerinnen auf Landwirtschaftsschulen? Und wie waren die Landwerkstätten von Wagnern, Schustern und Schmieden ausgestattet? In 15 Gebäuden, die aus allen Teilen Deutschlands hierher versetzt wurden, ersteht die ländliche Lebenswelt zwischen »Fischhälterei« (der Fischzucht) und Fruchtkasten (einem Kornspeicher), zwischen Weber- und Backhaus. Eine Dauerausstellung widmet sich dem Schicksal der rechtlosen landwirtschaftlichen Helfer: den so genannten Schwabenkindern, die vom 17. bis ins 20. Jahrhundert aus den armen Bergtälern über den Bodensee kamen, um sich im Sommer in Oberschwaben zu verdingen.

Bauernhaus-Museum Wolfegg, Vogter Str. 4, Wolfegg, www.bauernhausmuseum-wolfegg.de

51

Meersburg am Bodensee

Merowingerkönige, die Konstanzer Fürstbischöfe und die Dichterin Annette von Droste-Hülshoff gehörten über die Jahrhunderte zu den Bewohnern der Meersburg. Das dicke Gemäuer am Bodensee-Nordufer sieht genauso aus, wie sich kühne Mini-Ritter und schöne Burgfräulein eine trutzige Anlage aus dem Mittelalter vorstellen.

Eine Burg voller Überraschungen

Manchmal ist das Schöne ja nicht das Offensichtliche – vor allem, wenn man wie Kinder über Fantasie verfügt. So kann allein das heute noch verbliebene kurze Stück des **geheimen Ganges**, der die Meersburg mit der Unterstadt am Bodensee verband, die Vorstellungskraft beflügeln. Nikolaus von Kenzingen hat ihn angelegt, um sich für den Belagerungsfall ein Hintertürchen offenzuhalten.

Auch die **Pechblende** ist ein Fantasie-Katalysator: Wie wird es ausgesehen haben, wenn in vorelektrischen Zeiten der niedere, finstere Burgeingang nur von diesem funzeligen Licht erhellt wurde? Die Meersburg ist, und das verleiht ihr in Deutschland Einzigartigkeit, die älteste durchgehend bewohnte Burg. Das ist bei dieser Lage leicht nachvollziehbar: Am Steilufer über dem Bodensee, mit Paradeblick auf

Baden-Württemberg

Verwinkelte Gassen: Meersburg hat sich durch die Jahrhunderte kaum verändert.

Infos und Adressen

ANREISE

Mit dem Auto über die A98 von Stockach, die A7 von Ulm oder die A96 von Lindau aus allen Himmelsrichtungen. Der nächste Bahnhof ist Uhldingen.

BESTE REISEZEIT

Ganzjährig

ESSEN UND TRINKEN

Hotel-Restaurant Schützen. Ein schöner Gastraum, ein netter Biergarten und ein Hotelfamilienhund, der Kinder liebt. Daisendorfer Str. 7, Meersburg, www.hotelschuetzen-meersburg.de

Restaurant Weinstube Haltnau. Restaurant am Bodenseeradweg mit schöner Terrasse und langer Geschichte, direkt unter dem Wingertshäuschen. Uferpromenade 107, Meersburg

ÜBERNACHTEN

Zum Bären. Ältester Gasthof am Ort, mitten im bunten Fachwerkgedränge. Marktplatz 11, Meersburg, www.baeren-meersburg.de

Haus am Trielberg. Einfache Pension, mitten in den Weinbergen. Trielbergweg 1, Meersburg, www.bodenseeurlaub-hotels.de

WEITERE INFOS

www.meersburg.de, www.burg-meersburg.de

Der besondere Tipp

MEERSBURG THERME – DER REINE GENUSS

Ein nicht zu unterschätzender Nebeneffekt von Burgbesuchen ist die wohlige Rückkehr in die Zivilisation, in Wärme und Annehmlichkeit – das Schaudern in kalten Mauern noch auf der Haut, macht das Abtauchen ins 34 Grad warme Wasser der Meersburg Therme noch mal so viel Vergnügen. Wobei auch gewissenhafte Stadtbesichtiger nicht befürchten müssen, Sehenswertes zu verpassen, denn die Altstadt, die Weinberge und der Bodensee bilden das Plansch-Panorama des 2003 erbauten Badetempels. Den größtmöglichen Temperaturabstand zur alten Burg bietet die Saunawelt im nachgebauten Pfahlbaudorf mit Lehmsauna, Pool- und Seesauna. Abkühlung versprechen der See oder das Kalt-Tauchbecken. Felswand, Bodensprudel und Wildbach sorgen im Erlebnisbereich für Kinder-Beschäftigung. Eltern entspannen derweil auf »Sonnensteg« und Liegewiese.

Öffnungszeiten und Preise unter www.meersburg-therme.de

die Insel Mainau und Konstanz und auf die Alpen Richtung Südosten. Dagobert I. soll im Jahr 628 den Grundstein gelegt haben, oder sollte es heißen: das Grundholz; denn diese erste Burg war hölzern. Von ihr ist nichts mehr übrig, wohl aber sind am Gemäuer sämtliche Epochen seit dem Jahr 1000 ablesbar, vom Mittelalter im Palas bis zum Barock im Treppenaufgang. Dazwischen liegen unzählige Details, die Kindern bis ins hohe Teenageralter Spaß machen: der Blick in den 28 Meter tiefen Brunnen, die ledernen Löschwassereimer, der selbst gefertigte Kienspanhalter, das raffinierte Schlüsselloch am Holzschrank, das grässliche Verließ und die noch grässlicheren nachgebauten Folterinstrumente. Und zum Schluss: die strahlende Ritterrüstung im Museumsshop – zu erwerben für knapp 5000 Euro. Die könnte man auch in **Meersburg** selbst sehr schön ausgeben, in einem der kleinen Geschäfte und atmosphärischen Wirtsstuben, in der seenahen **Therme** oder aber beim **Historischen Markttreiben**. *BM*

Bodensee

TOLL FÜR KINDER

Abenteuerpark Immenstaad. Auf elf Parcours geht's im Kletterpark ab auf die Bäume. Bis auf vier Durchgänge sind alle für Kinder ab sieben Jahren konzipiert. www.api.abenteuerpark.com

Aquastaad. Strand- und Hallenbad am Immenstaader Seeufer mit Planschbecken, Spielplatz und Beachvolleyball. www.aquastaad.de

Seehasenfest. Seit seiner Gründung 1949 hat sich am Friedrichshafener Fest mit dem gescheckten Seehasen kaum etwas geändert. www.seehasenfest.de

TOLL FÜR ELTERN

Käpt'n Golf. Hier kann der Piratenspaß gleich weitergehen: Minigolfanlage mit witzigen Herausforderungen, die auch den Großen Spaß machen. www.kaeptngolf.de

Wilhelmshöhe. Ein Spaziergang durch die Rebberge und schon steht man auf der Wilhelmshöhe und genießt einen 1-A-Blick auf die Berge. www.gemeinde-hagnau.de

Obst an der Straße. Äpfel, Birnen, Zwetschgen: Je nach Saison ist es ein ganzes Sortiment an Obst, das an Straßenständen absolut frisch und sehr preiswert am Bodensee-Nordufer angeboten wird.

Gut 22 Meter über dem Bodensee: der Moleturm Friedrichshafen

Ein Schiff, das nur den Launen des Windes folgt, einst gebaut für den Lastentransport: Die Lädine »St. Jodok« lädt an Sommertagen regelmäßig zu Piratenfahrten auf dem Bodensee. Die kleinen Seeräuber lernen, wie früher Waren transportiert wurden – und dass an Bord eines Segelschiffs die Uhren anders ticken.

Luftschiff und Lädinenfahrt

Das weiße Rahsegel mit dem bunten Wappen bläht sich im Wind, »St. Jodok« nimmt Fahrt auf, und die kleinen Piraten an Bord wissen gar nicht, wohin sie zuerst toben sollen – zum Bug, ans Steuerrad, wieso gibt es eigentlich keinen Ausguck?

Was, Piraten auf dem Bodensee? Noch dazu mit behördlicher Genehmigung, denn geentert haben die zwischen fünf- und zehnjährigen Seeräuber das Holzschiff, nachdem sie sich Kopftuch und Augenklappe als zunftgemäße Bekleidung an der Touristen-Information **Immenstaad** abgeholt haben. Die Verwandlung fällt ihnen nicht schwer, auch wenn auf »St. Jodok« immer wieder Eltern im Weg stehen. Das Knattern des Segels und das Plätschern der Wellen am Bug sind die einzigen Fahrtgeräusche, und auch der Kurs ist unbestimmt: Dahin, wohin der Wind das Holzschiff trägt. Für viele Kinder eine ganz neue Erfahrung – ohne festes Ziel unterwegs zu sein.

Nur 17 Meter misst die Lädine, so der mittelhochdeutsche Ausdruck fürs Segelschiff: »Lede« steht für Last. Strengge-

Baden-Württemberg

Seit über 150 Jahren in Betrieb: Lindaus »Neuer« Leuchtturm, hier mit Zeppelin

Infos und Adressen

ANREISE

Mit dem Auto über Lindau bzw. die A96 oder über Ulm bzw. die A7 und die allzeit verstopfte B31. Schon besser geht es Über die B33 durchs Hinterland oder gleich mit der Bahn bis Friedrichshafen.

BESTE REISEZEIT

In den Ferien finden bis zu dreimal pro Woche etwa 90-minütige Piratenfahrten statt. Anmeldungen vier Wochen im Voraus über die Tourist-Information Immenstaad, Tel. 07545 – 2 01 37 00

AKTIVITÄTEN

St. Oswald und St. Otmar. Das »Frenkenbacher Münster« in Hagnau gehört zu einer der ältesten erhaltenen Kirchen des Bodenseeraums, erbaut im 12. Jh. aus Feldsteinen und so romanisch-schlicht, dass der Kontrast zu den Barockkirchen der Region nicht größer sein könnte.

ESSEN UND TRINKEN

Am Häfele. Crossover-Restaurant im modernen Yachtclubgebäude mit viel Glas und einer großen Terrasse. Bachstr. 17, Immenstaad, www.amhaefele.de
Café zum Puppenhaus. Für den kleinen Kuchen zwischendurch: Das Café im Kippenhausener Fachwerkhäuschen ist niedlich eingerichtet und kulinarisch breit aufgestellt zwischen Tapas und Torte. Kirchberger Str. 15, Immenstaad, www.puppenhaus-bodensee.de

ÜBERNACHTEN

Haus Seeforelle. Wohnen bei einer echten Bodenseefischerin: In Hagnau betreibt Heike Maria Winder Ferienwohnungen direkt am Ufer. Seestraße 3, Hagnau, www.haus-seeforelle.de
Obst- und Ferienhof Gomeringer. Eine familienfreundliche Unterkunft mit viel Platz in Haus und Garten, mit Streichelzoo für die Kleinen und Liegewiese für die Eltern. Altenbergstr. 16a, Immenstaad, www.ferienhof-gomeringer.de

WEITERE INFOS

www.immenstaad-tourismus.de, www.laedine.de

Nicht verpassen

LUST AUF LUFTSCHIFF – ZEPPELIN-MUSEUM FRIEDRICHSHAFEN

Museum klingt ja erst mal nicht so kinderkompatibel – gut, dass einen das Zeppelinmuseum in Friedrichshafen eines Besseren belehrt. Auf über 4000 Quadratmetern Ausstellungsfläche präsentiert es die weltgrößte Sammlung zur Luftschifffahrt. Den Mittelpunkt des Museums im alten Hafenbahnhof bildet der begehbare Teilnachbau des Luftschiffs LZ 129 »Hindenburg« – ein Aufenthaltsraum, das Fallreep des Treppenaufstiegs und eine Kabine sind in der 33 Meter großen Rekonstruktion zu sehen. Das Original-Luftschiff war gut siebenmal so lang. Jeden zweiten Samstag im Monat gibt es Familienführungen, und für die anderen Tage einen Faltkoffer, mit dem 5- bis 12-Jährige auf Entdeckungsreise durchs Zeppelinmuseum gehen. Für den ganz besonderen Anlass, wie etwa die Erfüllung eines Lebenstraums, gibt es noch die Möglichkeit, selbst in einem Zeppelin aufzusteigen. Die Zeppeline Neuer Technologie (NT) bieten Rundflüge an, die halbe Stunde zu 200 Euro.

Zeitgeschichtlich nahezu nahtlos schließt sich das Dornier Museum am Flughafen Friedrichshafen an. Star der Sammlung ist hier die Dornier Do X, das weltgrößte Flugzeug zu Beginn der 1930er-Jahre, und die Architektur: Bei Dunkelheit lässt die Lichtinstallation von James Turrell den Museumshangar weithin leuchten.

Infos unter www.zeppelin-museum.de, www.zeppelinflug.de, www.dorniermuseum.de

nommen handelt es sich bei »St. Jodok« aber um einen »Segmer«, die kleinere Ausgabe eines Lastsegelkahns. Rekonstruiert in den 1990er-Jahren, schippert er heute als Einziger seiner Art über den Bodensee, ob mit Piraten an Bord, Passagieren in Zivil oder gechartert für Konferenzen oder Familienfeiern.

Manchmal lässt sich der Lastsegelkahn bis Friedrichshafen treiben. *BM*

München entdecken

TOLL FÜR KINDER

Museum Mensch und Natur. Umweltbildung, wie es besser kaum geht.
www.mmn-muenchen.de

Kindermuseum München. Tolle, wechselnde Mitmach-Ausstellungen.
www.kindermuseum-muenchen.de

Isar-Ufer. »Wildfluss-Erlebnis« am Flaucher mitten in der Großstadt

TOLL FÜR ELTERN

Glockenbachviertel. Das Viertel mit den vielleicht coolsten Cafés, Shops & Galerien

Naturbad Maria Einsiedel. Unbekanntes Bade-Schmankerl mit frischem Gebirgswasser. www.swm.de

Pinakothek der Moderne. Vier großartige Kunst- und Design-Museen unter einem Dach

Schloss Nymphenburg beherbergt ein tolles Naturkundemuseum.

Die Bayerische Landeshauptstadt hat für junge und junggebliebene Touristen einiges zu bieten. Von speziellen Kindermuseen bis zu abwechslungsreichen Uferwanderungen gibt es links und rechts der Isar ein breites Betätigungsfeld für aktive Familien.

Entlang der Isar vom Giftgarten zum Naturbad

Auf dem hübschen Isarabschnitt zwischen Wittelsbacher Brücke und Thalkirchener Brücke lassen sich drei sehr interessante Punkte Münchens in einer familiengerechten Ufertour verbinden. Während beim Start an den **Themengärten der Städtischen Baumschule** vor allem Pflanzenliebhaber auf ihre Kosten kommen, sind die ökologisch wertvollen Flaucher-Inseln und das Naturbad Maria Einsiedel ein absolutes Muss für naturverbundene Wasserratten jeden Alters. Highlights der städtischen Gärtnerei sind der Rosengarten und der danebenliegende Giftgarten. Hier sind 50 verschiedene Sorten von Giftpflanzen zu sehen. Man wird sich wun-

dern, wie viele Giftpflanzen einem alltäglich begegnen. Dazu gehören u. a. Liguster, Oleander, Maiglöckchen, Wacholder, Efeu, Eibe, Eisenhut, Fingerhut und Buchs.

Wenn man von hier aus der Isar weiter nach Süden folgt, erreicht man einen breiten Fußgängersteg der zu den schönen, im Fluss liegenden **Flaucher-Inseln** führt, die sich als Bade- und Brotzeitplatz natürlich geradezu aufdrängen. Die Inselchen geben einen Eindruck davon, wie die Isar einst als Wildfluss durch München geflossen ist.

Ziel der Isartour ist schließlich das nach ökologischen und umweltschonenden Gesichtspunkten konzipierte **Naturbad Maria Einsiedel**. Besonderes Highlight ist der auf fast 400 Metern Länge durch das Freibad strömende **Isarkanal**. In welcher Großstadt kann man sich schon in einwandfrei sauberem Wasser am Ufer entlangtreiben lassen? Die flache Tour können Kinder schon ab fünf Jahren selbst gehen. Auch für »sportliche« Kinderwagen ist sie gut geeignet.

Geschichte und Natur am Nymphenburger Schloss

Für den nächsten Tag sollte man einen Ausflug zum Stadtteil **Nymphenburg** machen, wo sich kultur- und naturkundliche Museumsbesuche ideal mit einer kleinen Tour ins Grüne verbinden lassen. Nachdem man im Anschluss an eine **Schlossbesichtigung** ein Stündchen im schönen **Nymphenburger Park** verbracht hat, hat man die Qual der Wahl zwischen einer erstklassigen **Kutschen-Sammlung** und einem noch besseren Naturkundemuseum. Das **Museum Mensch und Natur** ist nach wie vor die Naturbildungseinrichtung Münchens. Sowohl die tollen Dauerausstellungen wie »Unruhiger Planet Erde«, »Die Geschichte des Lebens« bis hin zu »Nerven und Gehirn« oder »Gen-Welten« als auch die Wechselausstellungen sind vor allem für Schulkinder interessant. Die vielen Exponate und die spielerische Aufbereitung der Themen ist aber auch für Kindergartenkinder spannend.

Vier Schmankerl in der Innenstadt

Wer übrigens mit dem Zug nach München kommt, landet direkt beim ebenfalls sehr empfehlenswerten **Kindermusem München** im Starnberger Flügelbahnhof des Hauptbahnhofs. Dessen tolle Mitmach-Ausstellungen (u. a. zu Themen

Ideal für Schleckermäuler: das Glockenbachviertel

Toller Ausflug

OLYMPIAPARK

Gerade für Familien ist auch ein Trip Richtung Olympiastadion zu empfehlen. Bei guter Fernsicht (am besten Föhnlage) ist die Aussicht vom Olympiaturm grandios, mitunter reicht sie bis zur Zugspitze. Im Stadion selbst werden interessante Führungen, unter anderem auf das Dach mit optionaler Seilrutschenfahrt (leider nicht ganz billig) angeboten.

Naturfreunde kommen wiederum im Sealife voll auf ihre Kosten. Im August darf man schließlich keinesfalls das Sommerfestival des Olympiaparks verpassen.

www.visitsealife.com
www.olympiapark.de

Das Olympiagelände bietet im August zusätzliche Attraktionen.

Alles über Filmtricks erfährt man in der Bavaria Filmstadt.

wie Wasser, Seifenblasen oder Urwald) sind sehr einfallsreich und begeistern sowohl Schulkinder als auch Kindergartenkinder. Im Anschluss bietet sich ein Spaziergang durch die Fußgängerzone zum **Marienplatz** mit dem **Glockenspiel** und dem dortigen Spielzeugmuseum an. Ganz in der Nähe liegt auch das sehr lustige **Karl Valentin Musäum**, dessen Café Turmstüberl als eine der gemütlichsten Einkehrmöglichkeiten Münchens sehr zu empfehlen ist. Übrigens: Kinder unter sechs Jahren und 99-Jährige in Begleitung ihrer Eltern haben dort freien Eintritt.

Einen ganzen weiteren Tag Zeit sollten sich Eltern von Schulkindern für das **Deutsche Museum** nehmen. Egal ob Raumfahrt, Schifffahrt, Luftverkehr, Neue Technologien, Bergbau und Werkstoffe, hier findet jedes aufgeweckte Kind einen spannenden Bereich. Und auch für Kinder ab drei Jahren ist mit dem »Kinderreich« eine wirklich tolle Abteilung konzipiert worden. Wer großen Besucherandrang meiden möchte, sollte an schönen Tagen ins Deutsche Museum gehen, dann ist es dort längst nicht so voll wie bei schlechtem Wetter.

Ein besonderes Erlebnis für Familien mit Kindern jeden Alters ist die **Bavaria Filmstadt**, die im Stadtteil Grünwald liegt. Hier entstanden Klassiker wie »Das Boot« und »Die unendliche Geschichte«, auf dessen Glücksdrachen Fuchur die Kids reiten können. *MP*

München

Infos und Adressen

ANREISE

München ist sehr gut **mit dem Auto** (z. B. über die A8, A9, A95, A96), mit der **Bahn** und dem **Flugzeug** zu erreichen.

BESTE REISEZEIT

Ganzjährig

VERANSTALTUNGEN

Stadtgründungsfest. Mit mittelalterlichem Spektakel, im Juni. www.muenchen.de

Tollwood Festival. Diverse Kinder-Angebote, im Juli. www.tollwood.de

Sommerfestival Olympiapark. Mit Schaustellern und Gratis-Live-Musik, im August. www.impark.de

Großfeuerwerk am Olympiasee. Im August. www.impark.de

Isarinselfest. Gemeinnütziges Flussfest mit Kinderprogramm auf einer Isarinsel und Acts für Teenager auf der »Platzda«-Bühne. www.isarinselfest.de

Kinder-Kultur-Sommer. Juni bis September, Plattform der Kulturprogramme von, mit und für Kinder von fünf bis 15 Jahren, z. B. Zirusspielfest im Westpark. www.kiks-muenchen.de

ESSEN UND TRINKEN

Restaurant Bernstein. Sonntäglicher Familienbruch sowie großes Spielzimmer. Reservierung dringend empfohlen. Museumsinsel

KinderKüche. Hier kochen und backen kleine und große Küchenfeen täglich verschiedene Gerichte und essen sie natür-lich auch gemeinsam. Sedanstr. 16, www.diekinderkueche.de

Cafe Janosch. Das Café mit speziellem Kinderprogramm ist vor allem für Eltern und Kinder bis ca. sechs Jahren geeignet. Fürstenriederstr. 16

Milchhaeusl. Kleiner, gemütlicher Bio-Biergarten am Kinderspielplatz im Englischen Garten. Königinstr. 6

Feierwerk-Dschungelpalast. Familienfreundlicher Sonntagsbrunch in Verbindung mit einem attraktiven Kulturprogramm. Hansastr. 39–41, www.feierwerk.de

ÜBERNACHTEN

The 4 You Hostel. Günstiges Hostel, direkt neben dem Hauptbahnhof. Hirtenstr. 18, www.the4you.de

Hotel Eder. Familienfreundliches, vergleichsweise günstiges Hotel in Zentrallage. Zweigstr. 8, www.hotel-eder.de

The Tent Munich. Günstiges Zeltgelände für Puristen, die mit größeren Kindern unterwegs sind. Abends Lagerfeuer. In den Kirschen 30, www.the-tent.com

WEITERE INFOS

München Tourismus. www.muenchen.de/tam

Durch das Naturbad Einsiedel sprudelt die glasklare Isar.

54 Im Fünfseenland

TOLL FÜR KINDER

Wörthsee. Der See wird wegen seiner geringen Tiefe am schnellsten warm.

Buchheim Museum der Fantasie. Gerade auch für Kinder spannendes Exponate-Sammelsurium. www.buchheimmuseum.de

Jexhof. Kindgerechtes Bauernhofmuseum mit vielen Zusatzangeboten. www.jexhof.de

Hochseilgarten Utting. Wie ein Pirat in der »Wilden Gretel« klettern. www.hochseilgarten-ammersee.de

Papierbootrennen auf dem Starnberger See. Immer im Juli, auch nur zum Zuschauen sehr witzig. www.ekp.de/papierbootrennen

TOLL FÜR ELTERN

Ilkahöhe. Kurze Rundtour mit großartigem See- und Alpenblick und kleinem Biergarten

Leutstettner Moor. Idyllischer Naturlehrpfad auf den Spuren der Römer. www.sta5.de

Dampfer- und Bootstouren auf dem Starnberger See. Großartiges Alpenpanorama. www.seenschiffahrt.de

fünf seen film festival. Auch mit Kinder-Filmfest-Programm. www.fsff.de

Ein alter Raddampfer ist der Stolz der Ammersee-Flotte.

Südlich von München haben Wasserratten jeden Alters die Qual der Wahl zwischen fünf verschiedenen Gewässern. Während vor allem das Nordostufer des Starnberger Sees wegen der schnellen Erreichbarkeit von München aus sehr beliebt ist, geht es am Ammersee-Westufer etwas ruhiger zu.

Erst wandern, dann baden

Auf der Anfahrt zum **Starnberger See** sollte man am Autobahnende in Percha erst mal rechts abfahren und über den **Naturlehrpfad nach Leutstetten** laufen. Dieser führt an der sehr interessanten Ausgrabung einer alten Römervilla vorbei und sehr schön am und durchs Moor zum traditionsreichen Leutstettener Biergarten. Der Weg ist für Kinder ab fünf Jahren gut zu gehen, mit Kinderwagen ist er nicht unbedingt zu empfehlen. Wer zum anschließenden Baden große Wiesen bevorzugt, kann sich im beliebten Badegelände Percha/Kempfenhausen in der Sonne räkeln. Wer es ruhiger will, fährt weiter nach Berg und sucht sich eine (bewaldete) Badestelle im schönen Berger Schlosspark.

Eine ideale **Ausflugskombination am Westufer** ist die aussichtsreiche Runde über die **Ilkahöhe bei Tutzing** mit einem Badenachmittag am großen Freigelände zwischen Feldafing und Tutzing (zum Selber-Laufen ab fünf Jahren). Und nicht nur bei schlechtem Wetter ist das unweit davon gelegene **Museum der Fantasie** in Bernried ein guter Kul-

Bayern

Infos und Adressen

ANREISE

Mit dem Auto: zum Starnberger See auf der A95 bis Autobahndreieck Starnberg und weiter nach Starnberg; zu Ammer-, Pilsen- und Wörthsee auf der A96 bis Ausfahrt Weßling, Wörthsee, Inning oder Greifenberg

Mit der Bahn: Zum Starnberger See mit der S 6, zu Wörth-, Pilsen- und Ammersee (Ostufer) mit der S 8. Zum Ammersee-Westufer weiter mit der Bayerischen Regiobahn

BESTE REISEZEIT

Mai bis September

ESSEN UND TRINKEN

Il Kisko, Steinebach. Gute Pizza direkt am Wörthsee, mit großer Liegewiese und schönem Spielplatz

Platzhirsch, Hauptstraße, Breitbrunn. Optimale Synthese aus urig-bayrisch und modern mit gutem Preis-Leistungs-Verhältnis
Bayerische Brandung, Seepromenade Herrsching. »Kultkiosk« mit traumhaften Sonnenuntergängen und Bademöglichkeit am Kiesstrand

ÜBERNACHTEN

Jugendherberge Possenhofen. Günstige Familienzimmer direkt neben dem Badegelände »Paradies«. Kurt-Stieler-Straße 18, Pöcking

WEITERE INFOS

Tourismusverband Starnberger Fünf-Seen-Land. www.sta5.de

Unweit der Amper liegt das Bauernhofmuseum Jexhof.

Toller Ausflug
RADELN AN DER AMPER

Die am Nordufer des Ammersees entspringende Amper begleitet ein familienfreundlicher Radweg. Am besten startet man an der S-Bahn-Haltestelle Grafrath und fährt weiter nach Schöngeising, wo die Amper überquert wird. Auf der anderen Flussseite geht es weiter zum Kloster Fürstenfeld. Für Kinder lohnend ist ein Abstecher zum Bauernhofmuseum Jexhof. In Fürstenfeldbruck bietet sich eine längere Pause an, da sich die Besichtigung des Stadtmuseums lohnt. Wasserratten sei die AmperOase empfohlen. Weiter geht es durch Fürstenfeldbruck und mal direkt an der Amper entlang, mal weiter von ihr entfernt in Richtung Esting und Olching, wo Tierfreunde einen Besuch des Vogelparks Olching nicht verpassen sollten. Bevor der Amper-Radweg Dachau erreicht, führt er vom Fluss weg und stößt auf die Brucker Straße, die ins Zentrum führt. Hier gibt es zahlreiche Gelegenheiten zur Einkehr und eine S-Bahn-Haltestelle, die Richtung München führt.

www.amperoase.de

tur-Tipp für Familien. Die schönsten Badestellen an den kleineren Seen der Region sind die **Rossschwemme** (gut mit Kleinkindern) sowie das Badegelände Oberndorf am Westufer des **Wörthsees** (eher für Schwimmer geeignet) sowie das nette Freibad von **Hechendorf am Pilsensee** (gut mit Kleinkindern).

Das Ammersee Westufer schließlich hat – neben weiteren Bademöglichkeiten – zwei besondere Attraktionen zu bieten. In Utting hat von Juli bis September das **EX-ORNA-MENTIS-Labyrinth** geöffnet, das jedes Jahr neu in ein Hanf- und Sonnenblumenfeld gemäht wird und verschiedene Suchspiele und Aufgaben für Groß und Klein zu bieten hat. Direkt daneben können Kletterfans ab sechs Jahren im **Hochseilgarten Ammersee** ein schwindelerregendes Piratenschiff erklimmen. *MP*

55 *Der Pfaffenwinkel*

TOLL FÜR KINDER

Pfaffenwinkler Milchweg. Tolle Mitmach-Stationen rund um das Thema Milch. www.pfaffenwinkler-milchweg.de

Pfaffenwinkler Badeseen. Im Schwaigsee, Bayernsoierner See und Staffelsee werden Wasserratten glücklich (meist flache Ufer).

Oberammergauer Wellenberg. Günstiges Erlebnisbad mit großartigem Bergblick. www.wellenberg-oberammergau.de

TOLL FÜR ELTERN

Hörnle & Laber. Zu Fuß oder mit Lift-Benutzung auf beliebte Aussichtsgipfel. www.hoernlebahn.de und www.laber-bergbahn.de

Wetter Observatorium Hoher Peißenberg. Die Ausstellung wird ständig aktualisiert und erweitert. www.dwd.de/mohp

Bad Bayersoien in Flammen. Pyrotechnische Spektakel am Bayersoiener See, im Juli. www.bad-bayersoien-in-flammen.com

Historischer Handwerkermarkt Schongau. Im August bietet das Tor zum Pfaffenwinkel eine Zeitreise ins Mittelalter. www.schongau.de

Seen und Berge prägen den wunderschönen Pfaffenwinkel.

Genau an der Grenze zwischen Allgäu und Oberbayern gelegen, ist der Pfaffenwinkel nicht nur für Freunde der Sakralarchitektur, sondern auch für aktive Familien ein sehr attraktives und noch wenig überlaufenes Urlaubsziel.

Milchweg und Hoher Peißenberg

Idealerweise beginnt man den abwechslungsreichen Trip in **Schongau**, das nicht zuletzt wegen seiner Lage »Tor zum Pfaffenwinkel« genannt wird. Denn die von einer hervorragend erhaltenen Stadtmauer eingerahmte Altstadt versprüht mit ihren verwinkelten Gassen und uralten Häusern mittelalterlichen Charme. Im August zaubern zudem Gaukler, Akrobaten und Spielleute auf dem **historischen Handwerkermarkt** eine einzigartige Atmosphäre in der Altstadt. Besonders zu empfehlen ist die regelmäßig angebotene Familienführung **»Entdecke Schongau mit dem Hexenkind Hagasua«**, die schon für Kinder ab fünf Jahren geeignet ist. Man erfährt Spannendes über das mittelalterliche Schongau, Henker und vermeintliche Hexen.

Auf dem Weg in Richtung Berge sollten Sie unbedingt einen längeren Zwischenstopp bei der **Schönegger Käsealm** südlich von Rottenbuch einlegen. Dort startet der vier Kilometer lange **Paffenwinkler Milchweg**, dessen abwechs-

Bayern

Der Pfaffenwinkler Milchweg ist auch für junggebliebene Eltern interessant.

Toller Ausflug
PATERZELLER EIBENWALD

Westlich von Weilheim liegt ein besonderes Kleinod der Natur. Bei Paterzell steht mit über 2000, zum Teil sehr alten Exemplaren der größte zusammenhängende Eibenwald Deutschlands. An den Haltepunkten eines sehr gut konzipierten Naturlehrpfads erfahren Jung und Alt unter anderem, dass Eibennadeln für Rehe sehr lecker, für Pferde hingegen tödlich sind. Oder dass der Name Eibe auf »iwa« zurückgeht, was Armbrust oder Bogen bedeutet. Tatsächlich waren Eiben im Mittelalter als Waffenholz so beliebt, dass sie bereits um 1600 in Oberbayern weitgehend ausgerottet waren. Andererseits wurden sie von Keltischen Druiden als heilige Bäume verehrt. Und auch die Germanen benutzten Eibenzweige zur Abwehr von bösem Zauber und gefürchteten Dämonen. Im Anschluss rundet der benachbarte, nette Ort Wessobrunn mit einem sehenswerten Kloster, uralten Linden und Einkehrmöglichkeiten den Abstecher ab.

www.pfaffen-winkel.de

lungsreiche Stationen nicht nur Kindern großen Spaß machen. Der Weg ist auch mit Kinderwagen und Fahrrad gut zu schaffen. Kinder ab vier Jahren können ihn problemlos gehen. Nach der Tour kann man auf der Käsealm einkehren oder sich mit frischen Molkereiprodukten eindecken. Und bei schönem Wetter bietet sich ein Badenachmittag am benachbarten **Schwaigsee** an.

Das Highlight des Pfaffenwinkels ist der **Hohe Peißenberg**. Egal ob man mit dem Auto auf den knapp 1000 Meter hohen Gipfel fährt oder den schönen Anstieg wählt (zum Selber-Laufen ab fünf Jahren empfehlenswert), die Aussicht auf die Alpen ist vor allen an klaren Tagen einfach unschlagbar. Hier wurde ab 1837 Kohlebergbau betrieben. Dazu trieb man bis 1900 einen über 400 Meter langen Stollen in den Berg. Im Bergbaumuseum kann man sich über die 135-jährige Geschichte des Kohleabbaus informieren und anschließend auf dem Stollenweg mit seinen interessanten Schautafeln spazieren. *MP*

Im Voralpenland

Direkt am oberbayerischen Alpenrand gelegen, bieten die benachbarten Seen Freizeitmöglichkeiten in Hülle und Fülle. Neben allerlei Badespaß und familiengeeigneten Gipfelzielen sollte man aber keineswegs die interessante Glentleiten verpassen.

Freiluftmuseum in Bestlage

Sonnige Almwiesen mit See- und Bergblick: Einen schöneren Ort als die **Glentleiten** können sich ausgediente Bauernhöfe für ihr »Altenteil« wirklich nicht wünschen. So kommt für Besucher neben der Bauernkultur-Vermittlung das Naturerlebnis bei dem vielleicht schönsten Freiluftmuseum Deutschlands nicht zu kurz. Seit der Eröffnung im Jahr 1976 wurden rund 60 uralte und zum Teil vom Verfall bedrohte Bauernhöfe am jeweiligen Herkunftsort vorsichtig abgebaut und an der Glentleiten wieder aufgebaut mit dem Ziel, die ländliche Alltagskultur umfassend und anschaulich zu dokumentieren. Wohnen und Wirtschaften, Handwerk und Gewerbe werden in den historisch ausgestatteten Bauten äußerst lebendig vermittelt.

Besonders sehenswert sind die **Wetzsteinmacherei**, die **Getreidemühle**, das **Sägewerk** und die **Schmiede**. Dort wird deutlich, wie man von alters her geschickt die Kraft des Wassers zu nutzen wusste. Bevor man weiter zu den tollen Bauernhöfen steigt, lohnt sich der Abstecher geradeaus zur

Köhlerei, bzw. zu einer alten Tuffsäge. Von der Aussicht her sind die uralten Almhöfe die absoluten Highlights auf der Glentleiten. Und nach der Freiluftbesichtigung bietet sich eine schmackhafte und aussichtsreiche Einkehr in der gleich oberhalb gelegenen **Kreut Alm** an. Eine Tour, die sich schon für Kinder ab vier Jahren eignet.

Bootfahren, Wandern oder Baden am Kochelsee

Im Sommer rundet ein Badenachmittag am Kochelsee den Ausflug ab. Schöne Badestellen befinden sich am **Trimini-Parkplatz** sowie am Ostufer: am **Finkberg**, gegenüber der Firma Dorst sowie am Altjoch-Seeufer. Das **Trimini-Schwimmbad** selbst bietet für Kinder eine Spielhöhle mit Wasserfontäne, ein Kleinkinder-Planschbecken mit Rutsche, Gumpen mit Wasserfall und ein Außenkinderbecken mit Sonnensegel.

Landschaftlich lohnenswert ist das Altjoch-Seeufer. Auf dem Weg dorthin kommt man am interessanten, kostenlosen Infozentrum des **Walchensee-Kraftwerks** vorbei. Und wer sich vor oder nach dem Baden noch etwas bewegen will, sollte unbedingt den spektakulären **Felsenweg am Kochelsee-Südufer** erkunden, der tolle Blicke auf den See zu bieten hat und direkt am Altjoch-Ufer beginnt (geeignet für Kinder ab sechs Jahren). Im Frühsommer, wenn das Wasser zum Baden noch zu kalt ist, ist eine **Bootsfahrt** eine gute Alternative. Das Motorschiff verkehrt von Anfang Juni bis Ende September auf dem Kochelsee.

Vom Gipfel zum See

Eine »Etage« höher glitzern die Wellen des fast noch schöneren **Walchensees**. Auf dem Weg dorthin bietet sich vom Kesselbergsattel aus die für Kinder ab sechs Jahren geeignete **Wanderung auf den Jochberg** an. Nachdem man längere Zeit in schönem Bergmischwald aufgestiegen ist, bieten sich nach knapp zwei Stunden wirklich überwältigende Aussichten hinunter zum Kochelsee und über das Alpenvorland sowie zu den großen Gipfeln des Karwendelgebirges im Süden.

Wem dieser Anstieg zu lange dauert, kann alternativ die **Herzogstand-Seilbahn** am Walchensee benutzen. Von der Bergstation geht es dann zu Fuß in ca. zehn Minuten zu ei-

Auf der Glentleiten verrichten noch alte Mühlräder ihre Arbeit.

Mitmachen!

MUSEUM-WORKSHOPS

Die Glentleiten bietet das ganze Jahr über viele interessante Sonder-Veranstaltungen an. Gerade für und mit Kindern gibt es zahlreiche interessante Angebote wie Filz- und Kräuterwerkstatt, eine Köhlerwoche oder Arbeiten mit Flachs. Ein ganz besonderes, vor allem bei Schneelage sehr stimmungsvolles Highlight ist der jährliche Christkindlmarkt. Auch im Wikingerdorf »Flake« am Walchensee finden im Sommerhalbjahr regelmäßig Führungen für Kinder statt. Das Kocheler Franz Marc Museum bietet wiederum an Wochenenden freies Malen und Werken an, wobei Kinder und Jugendliche von Museumspädagogen betreut werden.

www.glentleiten.de, www.kochel.de und www.franz-marc-museum.de

UMWELT UND KULTUR IN BENEDIKTBEUERN

Im Kloster Benediktbeuern bietet das Zentrum für Umwelt und Kultur gute Naturbildung an. Unbedingt zu empfehlen ist die Runde zum Barfußpfad. Er ist ca. 400 Meter lang und beschäftigt sich mit der Geologie, den unterschiedlichen Bodenarten, der Vegetation dieser Landschaft und der Nutzung von Naturmaterialien. Der Pfad führt über verschiedene Gesteine, Wald- und Moorboden. Auf der anderen Seite lädt ein Weg mit Holzstegen zu einer idyllischen Pause am Wasserbiotop ein. An seiner Südseite führt der Klosterrundweg zum Kloster, wo die sehenswerte Fraunhofer Glashütte steht. Anfang des 19. Jahrhunderts befand sich hier die Wirkungsstätte des Physikers und Unternehmers Joseph von Fraunhofer. Im Kloster selbst sind die Klostergärtnerei, die Basilika mit gotischem Kreuzgang, der Meditationsgarten und das kleine Museum des Zentrums für Umwelt und Kultur sehenswert, das im Sommer sehr interessante Veranstaltungen wie beispielsweise eine Tümpelsafari für Kinder und Jugendliche anbietet.

www.zuk-bb.de

nem beliebten Berggasthaus und von dort in etwa einer Dreiviertelstunde zum **Aussichtsgipfel des Herzogstands** hinauf. Alternativ kann man vor dem **Wasserspaß am Walchensee** einfach nur das kostenlose **Wikingerdorf Flake** anschauen, das für die Dreharbeiten eines Wikingerfilms errichtet wurde.

Zum Baden eignet sich die Halbinsel beim Ort Walchensee oder die Liegewiese bei Einsiedl am besten. Zu früh sollte man allerdings nicht ins Wasser springen. Bis in den Frühsommer sorgt Schmelzwasser aus dem Karwendel für eisige Temperaturen. Unabhängig von der Wassertemperatur ist für Rad fahrende Familien unbedingt die **Runde um den Walchensee** (geeignet ab sechs Jahren) zu empfehlen. Die knapp 20 Kilometer führen von Urfeld aus entlang einer kaum befahrenen Anliegerstraße zum Ostufer, wo es auf Forststraßen zur Mautstraße am Südufer geht. Immer wieder liegen schöne Pausenplätze auf dem Weg, bevor man über die Halbinsel am Ostufer den Ort Walchensee erreicht. Von hier geht es dann entlang der Bundesstraße nach Urfeld zurück. *MP*

Unweit vom Kochelsee befindet sich ein wichtiges Haflingergestüt.

Die großen Rohre enden am sehenswerten Kraftwerk-Museum.

Infos und Adressen

ANREISE

Mit dem Auto über die A95 bis zur Ausfahrt Murnau-Kochel, dann weiter über Großweil (rechts zur Glentleiten) und Schlehdorf nach Kochel. Zum Walchensee der Kesselberg-straße folgen

Mit dem Zug von München über Tutzing nach Kochel und weiter mit dem Bus zum Walchensee

BESTE REISEZEIT

Ganzjährig

VERANSTALTUNGEN

Seefest Kochelsee. Immer am ersten Augustwochenende. www.kochel.de

Traditioneller Wikingermarkt. Statt mit Händlern mit Handwerksvorführungen und Kinderprogramm. September im Wikingerdorf Flake. www.kochel.de

Erntedankest in Benedikt-beuern. Im Oktober im Zentrum für Umwelt und Kultur mit Holzofenbrot und Lagerfeuer-suppe. Anmeldung: www.zuk-bb.de

ESSEN UND TRINKEN

Alpengasthaus Kreut Alm. Bayerische Küche gleich oberhalb der Glentleiten mit sensationeller Aussicht. Kreutstr. 1, Großweil, www.kreutalm.de

Bauerncafé »Zum Giggerer«. Selbst gemachte Kuchen, wie sie besser nicht sein könnten in supergemütlicher Atmosphäre. Kalmbachstr. 13, Kochel. www.giggerer.de

Fischerwirt. Gute Fleischgerichte und schöne Kinderkarte mit ansprechenden Gerichten wie origineller Kinderpizza.

Unterauerstr. 1, Schlehdorf, www.fischerwirt-schlehdorf.de

ÜBERNACHTEN

Jugendherberge Walchensee. Traumhaft am See gelegen. Urfeld 17, Walchensee, www.urfeld.jugendherberge.de

WEITERE INFOS

Tourist Information Kochel a. See. www.kochel.de

Zurecht gilt der Herzogstand als hervorragender Aussichtsberg.

In und um Füssen

Im Naturerlebniszentrum Ziegelwies werden Bildung und Spaß optimal kombiniert.

Wer glaubt, Füssen sei nicht viel mehr als die Königsschlösser, der verpasst sehr empfehlenswerte Ferienziele – gerade für Familien mit Kindern. Egal ob Walderlebniszentrum Ziegelwies, das Turmzimmer des Hohen Schlosses oder die Tour zum Schwansee: Wissensvermittlung, Badespaß und Bewegung lassen sich hier ideal verbinden.

Natur und Kultur in und um Füssen

Wenige Umweltbildungseinrichtungen werden ihrem Namen so gerecht wie das nahe der deutsch-österreichischen Grenze gelegene **Walderlebniszentrum Ziegelwies** (WEZ). In den Ausstellungsräumen und auf den beiden Waldpfaden werden alle wichtigen Themen rund um Wald und Holz spielerisch und praxisbezogen vermittelt. Und das sogar gratis. Ein (nur für Erwachsene kostenpflichtiger) **Baumkronenweg** sowie viele **Kletter- und Spielmöglichkeiten** auf den beiden Waldpfaden machen das WEZ zudem zu einem motorisch sehr vielfältigen Erlebnis. Bevor man sich auf die Rundwege der beiden Waldpfade begibt, sollte man sich etwa eine Dreiviertelstunde Zeit nehmen, um die interessanten Ausstellungsräume zu besichtigen. Didaktisch gut aufbereitete Infotafeln und Videos, Geschicklichkeitsspiele aus Holz oder Geruchs- und Tastkästen führen sehr anspre-

Bayern

Infos und Adressen

ANREISE

Mit dem Auto über die A96 bis Ausfahrt Landsberg West und weiter auf der B17 über Schongau und Steingaden nach Füssen. Von Westen her kommend über die A7 direkt nach Füssen.
Mit der Bahn von München mit Umstieg in Kaufbeuren

BESTE REISEZEIT

April bis Oktober

VERANSTALTUNGEN

Füssener Stadtfest. Die ganze historische Altstadt wird am zweiten Augustwochenende zur Open-air-Festmeile.
Biobauernmarkt Füssen. Jeden 1. und 3. Samstag im Monat auf dem historischen Schrannenplatz

ESSEN UND TRINKEN

Aquila. Sehr kinderfreundliche Bedienung. Der Schweinebraten mit Kartoffelknödel und Rotkraut zergeht auf der Zunge. Brotmarkt 9, Füssen,
www.aquila-fuessen.de

ÜBERNACHTEN

Family Apart House. Gutes Preis-Leistungs-Verhältnis. Von-Freyberg-Straße 26, Füssen

WEITERE INFOS

Füssen Tourismus und Marketing. www.fuessen.de

chend an das Thema Wald heran. Ideal ist das Zentrum für Kinder zwischen fünf und elf Jahren. **Füssen** selbst ist ideal, um eine **mittelalterliche Stadtbesichtigung** mit einem Badeausflug zu verbinden. Bereits die Römer erkannten die strategisch hervorragende Lage des Füssener Burgbergs und errichteten dort in der späten Kaiserzeit ein Kastell namens **Foetibus**. Während sich die Besuchermassen im benachbarten **Neuschwanstein** drängeln, kann man im **Hohen Schloss**, das zu Recht als eine der am besten erhaltenen Burganlagen Bayerns gilt, selbst an schönen Sommertagen oft allein den tollen Wehrgang und den schwindelerregenden Ausblick vom Turmzimmer bestaunen. Vor oder nach der Schlossbesichtigung empfiehlt sich ein Bummel durch die wunderschönen Gassen der **Altstadt**. Ein schöner Sommerausflug ist der Weg über den **Kalvarienberg** zum herrlich gelegenen **Schwansee**. Der Weg beginnt gegenüber der Mangbrücke, ist gut beschildert und ideal für Familien mit Kindern zwischen fünf und elf Jahren. *MP*

Schloss Hohenschwangau steht ein wenig im Schatten des berühmten Neuschwanstein.

Toller Ausflug
ZU DEN KÖNIGSSCHLÖSSERN

Wer vom Schwansee aus weiter nach Hohenschwangau gehen und sich das Schloss anschauen möchte, sollte vorher Tickets reservieren und sie auf der Hinfahrt beim Ticketcenter bereits abholen. Dadurch kann man vom Schwansee aus dem schöneren direkten Weg zum Schloss wählen und muss keinen Umweg gehen. Übrigens ist diese Tour auch im Winter, vor allem nach klaren Frostnächten, ein ganz besonderes Erlebnis, wenn Eisnadeln auf den gefrorenen Schwansee glitzern.

www.hohenschwangau.de

58

Rund um den Forggensee

TOLL FÜR KINDER

Burg Hohenfreyberg. Ganzjährig zugängliche Burgruine mit tollem Bergblick

Burg Eisenberg. Aufwändig renovierte Nachbarburg.
www.burgenmuseum-eisenberg.de

Baden am Illersbergsee. Schöner, besonders für Kleinkinder geeigneter Ausläufer des Forggensees

TOLL FÜR ELTERN

Brettlesweg. Toller Bohlenweg zur Wieskirche durch idyllisches Voralpenmoor

Rundfahrt auf dem Forggensee. Schifffahren mit grandiosem Bergblick (von Anfang Juni–Mitte Okt.)

Forggensee Infozentrum. Kostenlose Technikausstellung (Mai–Ende Sept.)

Der Forggensee mit den dahinter aufragenden Allgäuer Alpen

Die gemütlichste Art, den herrlich gelegenen Forggensee und seine netten Badestellen näher kennenzulernen, ist und bleibt eine Schifffahrt. Wissensdurstigen und sportlichen Familien bietet der See zusätzlich ein interessantes Wasserkraft-Infozentrum und einen sehr schönen Radel-Rundweg.

Ein See mit Geschichte

Die **Schiffsrundfahrt** auf dem Forggensee ist für Familien mit kleineren Kindern gut geeignet, dauert etwa zwei Stunden und verläuft über einer alten Römerstraße. Die **Via Claudia Augusta** war eine wichtige Handelsverbindung und führte von Venedig nach Augsburg. Im Winter, wenn der See abgelassen wird, treten die Reste der Römerstraße wieder zutage. An schönen Sommertagen sollte man unbedingt einen **Badestopp** einlegen, zum Beispiel an der Anlegestelle **Dietringen**, wo unweit eine nette Badewiese mit Bergblick liegt.

Rund um den See verläuft der 32 Kilometer lange **Forggensee-Radrundweg**, der für Familien mit größeren Kindern zu

Bayern

Die Wanderung zum Auerberg ist mit Kids besonders zu empfehlen.

empfehlen ist. Er führt über wenig befahrene Straßen und schöne Radwege mit geringen Höhenunterschieden. Ein günstiger Startpunkt ist **Roßhaupten**. Auf der Rundtour kommt man am Infozentrum des Forggenseekraftwerks vorbei, wo man Wissenswertes über dessen Bau und Technik erfährt. Unweit davon liegen mit dem **Illasbergsee** und den Badewiesen westlich des Illasbergs zwei weitere schöne Bademöglichkeiten. Der Uferbereich ist relativ flach, sodass sich der See auch für kleinere Kinder eignet.

Für den Folgetag ist ein Ausflug zum nahe gelegenen **Hopfensee** und den westlich davon liegenden Burgen sehr zu empfehlen. Sowohl von der **Ruine Hohenfreyberg** als auch von der besser erhaltenen **Burg Eisenberg** hat man einen tollen Alpenblick. Östlich vom Forggensee werden Kinder ab fünf Jahren den wunderschönen, meist flachen **Brettlesweg** von **Steingaden** zur **Wieskirche** gut schaffen. Und die Kleineren kommen einfach in die Kraxe. *MP*

Der besondere Tipp
GESCHICHTSTRÄCHTIGER AUERBERG

Auf der An- oder Abreise sollte man bei guter Fernsicht unbedingt einen Abstecher zum Auerberg bei Bernbeuern machen. Von der Aussichtsplattform der uralten Kirche aus bietet sich ein grandioses Panorama auf den Forggensee und die dahinter aufragenden Alpengipfel. Wer nicht mit dem Auto hochfahren möchte, sollte dem schönen Römerweg folgen, der von Stetten aus zum Auerberg führt. Wie der Name vermuten lässt, ist der Berg schon seit der Römerzeit besiedelt. Kinder ab fünf Jahren können den Weg selbst laufen. Am Fuß des Berges in Bernbeuern befindet sich das sehenswerte Auerbergmuseum.

www.auerbergmuseum.de

59 Klettern im Allgäu

Woher hat der Kletterwald Bärenfalle seinen Namen? Vermutlich vom bärigen Vergnügen, sich geschickt durch die Drahtseil-Attraktionen zu bewegen. Der größte Kletterpark Bayerns bietet Spaß und Selbsterprobung für Kinder jeden Alters. Und danach? Lockt Abkühlung im Großen Alpsee, dem größten Natursee im Allgäu.

Ein Fest für »Kletteraffen«

Während ringsum das Allgäu in der Hitze brütet, ist es im **Kletterwald Bärenfalle** angenehm kühl: Man befindet sich auf 1100 Metern Höhe, und der Mischwald spendet Schatten. Zwischen seinen hohen Stämmen spannen sich die Drahtseile von Bayerns größtem Klettergarten. 16 verschiedene Parcours, nach Schwierigkeiten und Farben vom erdnahen »Teddybär« für Kinder ab sieben Jahren bis zum »Grizzly« in zwölf Metern Höhe sortiert, verlangen den Besuchern einiges ab. Muskelkraft spielt dabei oft eine geringere Rolle als Geschicklichkeit – das bekommen vor allem die Eltern zu spüren. Was sie dankbar registrieren werden: Der Klettergarten ist gerade für ältere Kinder ein Riesenspaß, weil sie sich hier selbstständig bewegen können. Der Einfallsreichtum der Hindernisse ist verblüffend: Es gibt Netze und lotrechte Holzplatten mit Grifflöchern, feste und und

Bayern

Hoher Feiertag: Zum Viehscheid trägt das Allgäuer Braunvieh Kränze.

schwingende Balken, hängende Leichtmetallrahmen oder Abgründe, die man mit einem Skateboard überwindet. Apropos Überwindung: Die kostet es anfänglich, die Seilbahnen des Flying Fox zu nutzen. Hier heißen sie »Fliegender Bär« und sind insgesamt mehr als 350 Meter lang. Der (körperliche) Einsatz aber steht in keinem Verhältnis zum Gewinn – an Vertrauen in die eigenen Kräfte und an Spaß. Und der hört mit dem Klettern nicht auf, denn vom Kletterwald führt der **Alpsee-Coaster** ins Tal. Auf Schienen sausen Sommerrodel-Bobs zur Talstation der Sesselbahn. Abkühlung und Entspannung verheißt auch der **Große Alpsee**, der sich nur wenige Minuten entfernt zwischen grünen Hängen erstreckt. Der See in Berg- und Immenstadtnähe ist das umlagerte Ziel von Allgäuern und Sommergästen. Sie erholen sich vom Gipfelsturm auf den **Grünten**, den **Steineberg** oder das **Immenstädter Horn** oder nutzen die besonderen (West-)Windverhältnisse zum **Surfen.**   *BM*

Toller Ausflug

BREITACHKLAMM

Wild und wunderschön ist sie bei jedem Wetter, nur zur Zeit der Schneeschmelze bleibt die Breitachklamm bei Oberstdorf vorsorglich geschlossen, denn dann ist die Gefahr des Steinschlags zu hoch. Ansonsten aber spielt die Wetterlage keine Rolle: Im Sommer rauscht das Wasser durch die tiefste Schlucht Mitteleuropas, während das Grün der Moose und Bäume mit dem grauen Fels kontrastiert. Im Winter lassen Schnee und meterlange Eiszapfen die Schlucht wie einen verwunschenen Palast erscheinen. Selbst im Regen macht die einfache, 2,5 Kilometer lange Wanderung durch die Klamm Spaß, weil die Breitach dann besonders wild in ihrem engen Felsbett tobt. Seit gut 100 Jahren führt der teils beplankte, teils in den Stein geschlagene Weg durch die Schlucht. Ein mächtiger Felssturz staute das Wasser vor 20 Jahren 30 Meter hoch, bevor es mit ungeheurer Zerstörungskraft das Hindernis wegdrückte. Die Reste dieser natürlichen Sprengung sind noch gut zu sehen.

www.breitachklamm.com

Oberallgäu: Immenstadt

TOLL FÜR KINDER

Allgäuer Bergbauernmuseum. Spielerische Wissensvermittlung in Bestlage.
www.bergbauernmuseum.eu

Niedernsonthofener See. Kleines Juwel mit
kleinkindgerechter Bademöglichkeit am
Westufer

Aussichtsturm »Alpkönigblick«. Endloses
Alpenpanorama, wie es besser kaum geht

TOLL FÜR ELTERN

Großer Alpsee. Wunderschöner Bergsee mit
schönen Badeplätzen am Nordufer

Naturparkzentrum AlpSeeHaus. Gute Umweltbildung direkt in Immenstadt.
www.nagelfluhkette.info/wissen/alpseehaus

Siedelalpe. Urige Allgäuer Alpe mit einfa-
chem, leckerem Essen und Traumlage, die
Eltern genießen können, während sich die
Kinder auf dem großzügigen Spielplatz
amüsieren.
www.ferienhof-haslach.de

Zur Siedelalpe führt eine familienfreundliche
Rundtour.

Der Allgäuer Alpenrand bietet mit schönen, glasklaren Badeseen, für Kinder geeigneten Aussichtsbergen und nicht zuletzt dem wirklich sehenswerten Allgäuer Bergbauernmuseum eigentlich alles, was sich eine Familie für abwechslungsreiche Urlaubstage nur wünschen kann.

Leben wie die Bergbauern

Das **Allgäuer Bergbauernmuseum** ist so ziemlich das genaue Gegenteil eines verstaubten Bildungstempels. Oberhalb von Diepolz kann man unter anderem Bauernhoftiere hautnah erleben. Das ganze Jahr über gibt es interessante Aktionstage, und Kinder können auf dem Rundgang mit dem **»Zeitreise-Rucksack«** spannende Aufgaben lösen. Kids dürfen zudem vom Tennenboden in duftendes Heu springen und werden von den wirklich hervorragenden **Erlebnisspielplätzen** begeistert sein. Im Anschluss sollte man unbedingt zum **Aussichtsturm Alpkönigblick am Hauchenberg** hinauf. Neben einer großartigen Aussicht auf die Nagelfluhkette, den Grünten und ganz im Süden auch auf den Hauptkamm der Allgäuer Alpen bietet der Hauchenberg eine besonders schöne **Kammwanderung**, die auf abwechslungsreichen Wegen und Pfaden weiter nach Missen führt und die Kinder ab fünf Jahren gut begehen können. Auf der

Bayern

Das Allgäuer Bergbauernmuseum ist für Familien schon fast ein Muss.

Infos und Adressen

ANREISE

Mit dem Auto über die B12 und A7 zum Autobahndreieck Allgäu. Weiter auf der A890 Richtung Isny bis Waltenhofen. Über Niedersonthofen nach Diepolz. Zum Großen Alpsee über Immenstadt. **Mit der Bahn** nach Immenstadt und von dort mit dem Bus 9782 nach Diepolz

BESTE REISEZEIT

April bis Oktober

AKTIVITÄTEN

Naturpark-Tipps. Vielfältige, für Kinder und Jugendliche kostenlose Naturausflüge veranstaltet der Naturpark Nagelfluhkette zwischen Juni und September.
www.nagelfluhkette.info

ESSEN UND TRINKEN

Höfle Alpe. Einfache Gerichte mit großartigem Bergpanorama und Ausstellungsbereich oberhalb des Bergbauernmuseums. Diepolz
Lustiger Hirsch. Günstiges, familienfreundliches Gasthaus. Einmal in der Woche großer Käsespätzle-Abend. Ankams 3, Immenstadt,
www.lustiger-hirsch.de

ÜBERNACHTEN

Berghof Alpenblick. Sehr familienfreundlich und in bester Aussichtslage. Stoffels 5, Waltenhofen, www.berghof-alpenblick.de

WEITERE INFOS

Tourist-Info Immenstadt.
www.immenstadt.de

Nicht verpassen

KÄSE VOM FEINSTEN

Direkt neben dem Allgäuer Bergbauernmuseum bietet die Bergkäserei Diepolz eine großartige Möglichkeit, den Proviant in Sachen Milchprodukte aufzustocken. In der Sommersaison werden zudem wöchentliche Führungen durch die Käserei angeboten. Wegen der großen Nachfrage sollte man sich unbedingt anmelden. Zum gleichen Thema ist zudem der immer Ende August stattfindende Immenstädter Allgäuer Bauern- und Käsemarkt zu empfehlen. An zahlreichen Ständen werden regionale Köstlichkeiten und Dinge des Alltags zum Verkauf angeboten. Dazu gibt es auch ein kleines kulturelles Rahmenprogramm.

www.bergkaeserei-diepolz.de

Rückfahrt bietet sich im Sommer ein Stopp am **Niedersonthofener See** an. Etwa einen Kilometer östlich von Niedersonthofen befindet sich rechts an der Straße Richtung Kempten ein kleiner, gebührenfreier Parkplatz. Von hier sind es nur noch wenige hundert Meter zu dem schönen Badegelände mit Kiosk am Westufer des Sees. Der Uferbereich ist flach und daher auch für kleinere Kinder geeignet. Noch toller ist ein Badenachmittag am **Großen Alpsee**. Aktive Familien unternehmen davor noch die wunderschöne, aussichtsreiche Runde hinauf zur urigen **Siedelalpe**, die über die **Alpe Schönesreuth** wieder hinab zum Ausgangspunkt **Freibad Hauser** westlich von Immenstadt führt. Auch diesen Weg können Kinder ab fünf Jahren gehen. Mit wissendurstigen Schulkindern sollte man davor oder nach dem Baden das **Naturparkzentrum AlpSeeHaus** in Immenstadt besuchen. *MP*

Rechts und links der Iller

Von Oberstdorf aus fließt ein schöner Gebirgsfluss in Richtung Alpenvorland. An beiden Talseiten liegen interessante Ausflugsmöglichkeiten für Familien. Dabei bietet es sich an, sowohl die Erzgruben Erlebniswelt als auch die Sturmannshöhle mit kindgerechten Wanderungen zu verbinden.

Starzlachklamm und Erlebniswelt Grünten

Vom 14. bis zum 19. Jahrhundert wurde an der Südseite des hoch über dem Illertal aufragenden Grüntens Erz gewonnen. Ein gut konzipiertes **Museumsdorf** stellt die Welt des Eisenabbaus dar. Die interessante Besichtigung der Stollen lässt sich ideal mit der Wanderung durch die tolle **Starzlachklamm** verbinden. Diese beginnt im Ortsteil Winkel und dauert ca. zwei Stunden. Alternativ kann man mit dem **Erzgrubenbähnle** von Burgberg bzw. dem nördlich davon gelegenen Parkplatz Steinbruch zum Eingang des Museumsdorfes hinauffahren. Schön ist auch der Fußweg von Burgberg über den **Berggasthof Alpenblick** oder die Starzlachklamm in jeweils knapp zwei Stunden zum Museumsdorf hinauf. Oben kann man sich in einer Geologie-, einer Bergbau- und

Bayern

Entlang der Starzlach führt ein beeindruckender Klammsteg.

einer Schmiedehütte über die Eisenverarbeitung informieren. Im Anschluss ist eine **Grubenführung** spannend. Sie dauert gute zwei Stunden und erfordert festes Schuhwerk. Auf der gegenüberliegenden Talseite gibt es zwei weitere Attraktionen. Die fast 100 Meter tiefe **Breitachklamm** ist der unangefochtene Star aller Allgäuer Wildbachschluchten. Dementsprechend ist das Naturwunder an Wochenenden und zu Ferienzeiten recht beliebt. An solchen Tagen ist es gut, die Breitachklamm entweder gleich frühmorgens oder erst am späteren Nachmittag aufzusuchen. Die Besichtigung der Klamm lässt sich mit einer als Rundtour zur Einkehrmöglichkeit **Dornachalpe** verbinden. Nördlich davon liegt die **Sturmannshöhle** – die einzige begehbare Höhle des Allgäus. Um diese Spalthöhle ranken sich viele Sagen und Legenden. Deswegen wurde auf dem Weg zur Höhle ein **Sagenweg** eingerichtet, der nicht nur für Kinder interessant ist. Die Höhle kann im Rahmen von stündlichen Führungen besichtigt werden. *MP*

Besonderer Ausflug

ILLERPANORAMA AM FALKENSTEIN

Fernblicke auf den Allgäuer Hauptkamm, idyllische Pfade durch wunderschöne Blumenwiesen und ein Gipfel, der mit einer spektakulären Felswand zum Illertal hin abfällt … Die kurze Rundtour auf den Falkenstein hat wirklich alles, was eine tolle Voralpen-Wanderung ausmacht. Zudem ist es nur ein kleiner Abstecher vom Anfahrtsweg aus nach Rettenberg, wo die gut beschilderte Rundtour bei der Brauereiwirtschaft beginnt. Fast von Beginn an hat man von freien Flächen aus schöne Aussichten, bevor sich dann Wald- und Wiesenpassagen abwechseln. Am Gipfel selbst muss man auf Kleinkinder allerdings wegen der Absturzgefahr gut aufpassen. Es ist jedoch ein Geländer vorhanden.

Im Tierpark Ystad Djurpark kommt man dem »König des Waldes« ganz nahe. Ein ausgewachsener Elch kann eine Schulterhöhe von 2,30 Metern erreichen und bis zu 800 Kilogramm wiegen.

Skandinavien

Hochebene Hardangervidda

Die Hardangervidda ist die größte Hochebene Europas mit Seen und Sümpfen, Heide und Geröll. Ein dichtes Netz von Hütten und Wanderwegen bietet ideale Voraussetzungen für mehrtägige Touren – auch mit Kindern. Wem das zu strapaziös erscheint, der sollte sich zumindest den Wasserfall Vøringsfossen von unten anschauen.

Wichtig sind Erfolgserlebnisse

Vor allem der Nordosten des 8000 Quadratkilometer großen Plateaus, das sein Aussehen den pleistozänen Eiszeitgletschern verdankt, ist für Familien wie geschaffen. Denn hier ist das Hüttennetz dicht, und die Höhenunterschiede sind am geringsten. Auf die leichte Schulter sollte man eine solche **Hüttenwanderung** aber trotzdem nicht nehmen. Denn das Gelände hat seine Tücken. Bei Regen – auf der *vidda* keine Seltenheit – versinkt man mancherorts bis zu den Knöcheln im Schlamm. Und sobald der Wind nachlässt, blasen die *knott*, winzige Stechmücken, zum Angriff – bevorzugt beim Picknick. Bei der Tourenplanung sollte das Alter der Kinder berücksichtigt werden. Denn ihnen soll das Wandern ja auch Spaß machen. Als »Einstieg« für Kinder ab zehn Jahren empfiehlt sich eine drei- bis viertägige Rundtour. Die Länge der Etappen sollte vier Stunden reine Gehzeit nicht übersteigen. In bewirteten Hütten können Übernachtungen

Norwegen

Der Vøringsfossen ist wie viele norwegische Wasserfälle zum Teil reguliert, darf aber im Sommer nahezu ohne Einschränkungen hinunterstürzen.

Infos und Adressen

ANREISE

Flug: tgl. Verbindungen von mehreren deutschen Flughäfen nach Oslo und Bergen. **Mit der Fähre** von Kiel nach Oslo bzw. von Hirtshals (DK) nach Kristiansand und dann **mit dem Auto** weiter von Bergen, Oslo oder Kristiansand nach Lægreidstølen

BESTE REISEZEIT

Juli und August

ESSEN UND TRINKEN

Eidfjord Gjestgiveri. Im Pfannkuchen-Restaurant können Kinder aus 20 verschiedenen Pfannkuchen wählen – süß oder herzhaft. Riksvegen 110, Øvre Eidfjord, www.ovre-eidfjord.com

Dyranut Fjellstova. Unbedingt probieren: die saftigen Elch-Burger. Dyranut, Eidfjord (am Rv 7), www.dyranut.com

ÜBERNACHTEN

Heinseter. Große Hütte am Ufer eines Gebirgsbaches. www.hardangerviddanett.no

Tuva. Die urige Hütte mit dunklem Gebälk, geführt von Aileen und ihrem deutschen Mann Peter, könnte einem Märchen von Asbjørnsen und Moe entstammen. Köstliche Waffeln! www.hardangerviddanett.no

WEITERE INFOS

Eidfjord Turistkontor. Ostangvegen 1, Eidfjord, www.visiteidfjord.no

Geilo Turistinformasjon. Versleslåttvegen 13, Geilo, www.geilo.no

mit Halbpension gebucht werden. Selbstversorgerhütten bieten oft Proviantverkauf an.

Eine schöne Dreitagestour führt von **Lægreidstølen** an der Rv 7 über Tuva (4 Std.) und **Heinseter** (4 Std.) zum Ausgangspunkt (4,5 Std.) zurück. Von Heinseter könnte man alternativ nach **Sleipa** (1,5 Std.) weiterlaufen, mit dem Boot über den **Halnefjord** bis **Halne Fjellstove** fahren und über die **Krækkjahytta** (1,5 Std.) zum Ausgangspunkt (2 Std.) zurückkehren. Beim Wandern sind wind- und wasserdichte Kleidung, eingelaufene Stiefel und eine gute Karte unentbehrlich. Wanderstöcke helfen beim Queren von Bächen. Denken Sie auch an Pausen zum Spielen (man kann hier wunderbar flache Steine über den See hüpfen lassen). Das Bewältigen kleiner Hindernisse, zum Beispiel hüpfend von Stein zu Stein über einen Wasserlauf, bricht die Monotonie und sorgt für Erfolgserlebnisse. *EVDP*

Der besondere Tipp
VØRINGSFOSSEN VON UNTEN

Der Vøringsfossen ist die populärste natürliche Attraktion Norwegens. Die meisten Menschen bestaunen den 183 Meter hohen Wasserfall mit 145 Meter freiem Fall »von oben«, vom Aussichtspunkt beim Fossli Hotel. Den noch spektakuläreren Blick »von unten« muss man sich zu Fuß erarbeiten. Parken Sie das Auto am Fahrstreifen bei Storegjel, an der oberen Mündung des Måbø-Tunnels im Måbødalen, und gehen Sie den Fußweg auf der alten Straße hinunter. Nach 300 Metern deutet ein Hinweisschild »Vøringsfossen« auf den Beginn des Pfades hin, der zum Fluss hinunterführt. Folgen Sie dem Pfad bis zur Hängebrücke, an der Sie den Wasserfall erstmals zu Gesicht bekommen. Hier endet der markierte Weg. Die Brücke ist aus Sicherheitsgründen nur einzeln zu überqueren. Beachten Sie, dass das Gelände am Wasserfall rutschig und unwegsam ist. Der Pfad führt teilweise über Geröll und erfordert Trittsicherheit. Er ist normalerweise von Mitte Mai bis Oktober begehbar. Die als »rot« (mittelschwer) eingestufte Wanderung ist für Ungeübte und Kleinkinder nicht zu empfehlen. Auch bei Schnee oder Regen ist von einer Begehung abzusehen.

63 Beim Weihnachts- mann in Mora

TOLL FÜR KINDER

Hänsel und Gretel. Amüsantes Kindertheater, inspiriert vom klassischen Vorbild in Santas Werkstatt

Ulkschule. Unterricht im Erlernen von Streichen durch die Hexe und die Ulkmäuse, Eltern sind nicht erlaubt

Tanz um den Baum. Nissen laden zum traditionellen, in Skandinavien üblichen, fröhlichen Tanz um den Weihnachtsbaum.

TOLL FÜR ELTERN

Orsa Björnpark. Polar World & Kodiak Island, in Europas größtem Bärenpark sind neben Meister Petz Eisbären, Schneeleoparden, Luchse und Wölfe zu sehen.
www.orsabjornpark.se

Vattnäs Konsertlada. Einziges Konzerthaus in Dalarna mit abwechslungsreichem Bühnenprogramm. www.konsertladan.com

Zornmuseet. Ausstellung mit Arbeiten des Künstlers Anders Zorn. www.zorn.se

Im zauberhaften Winter-Wunderland am Gesunda-Berg wohnt Tomte mit seinen emsigen Helfern.

Alljährlich, wenn die Winterabende in Skandinavien länger werden, flammt der augenzwinkernde Wettstreit der Weihnachtsmänner auf. Jeder der gemütlichen alten Herrn pflegt dafür ein eigenes, heimeliges Reich – Pilgerziel zahlloser Familien mit ihrem Nachwuchs, dessen Augen im Lichterglanz strahlen.

Der einzig wahre Weihnachtsmann

Die Weihnachtsmänner der Welt sind alle gleich: rote Mütze, roter Mantel, weißer Rauschebart, gütiger Blick, zumeist hinter einer Nickelbrille. Da macht auch Tomte, die schwedische Ausgabe des Weihnachtsmanns, keine Ausnahme. Er hat sein Domizil am Fuß des Gesunda-Berges am **Siljan-See** nahe Mora in **Dalarna** aufgeschlagen, dem Herzen Schwedens. Im rustikalen Holzhaus hält er für die Kleinen und Allerkleinsten würdig Audienz. Umgeben von unzähligen, liebevoll verpackten Geschenken hört er sich geduldig ihre Geschichten, ihre Ängste und Wünsche an und nimmt im Kerzenschein sorgfältig gemalte Wunschzettel entgegen. Den festlich und traditionell dekorierten Weihnachtsbaum nehmen die Kinder dabei kaum wahr. Neben Tomtes Haus gibt es im verschneiten Park noch die Werkstatt seiner Helfer, der Nissen, die ebenfalls in Rot gewandet und mit necki-

Schweden

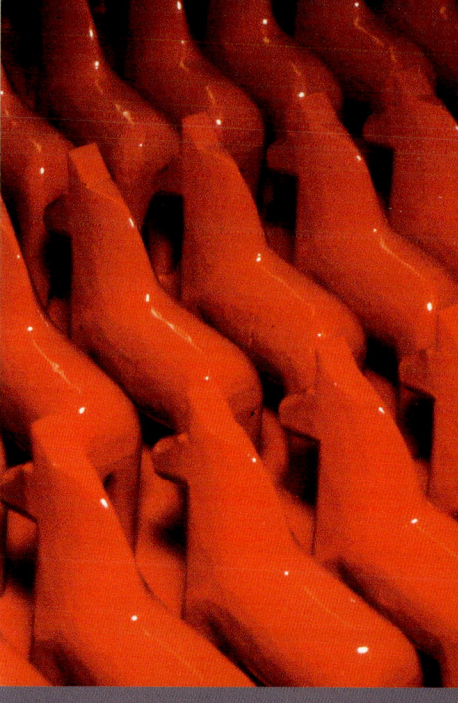

Frisch lackiert warten die hölzernen Pferde auf ihre Veredelung.

Infos und Adressen

ANREISE

Flug nach Stockholm mit SAS, Lufthansa oder Air Berlin, von dort **mit dem Zug** in 4,5 Std. über Sollerön nach Mora

BESTE REISEZEIT

Tomteland ist ganzjährig geöffnet, sehr romantisch im Winter, an den Adventswochenenden und zwischen Weihnachten und Neujahr

ESSEN UND TRINKEN

Tomteland Restaurant. Buffet mit typisch schwedischen Gerichten vom Klassiker *köttbullar* (Fleischbällchen) bis zu Fisch oder Elchfleisch, auch laktose- und glutenfrei

Tomtemors Café. Direkt am See, verspricht das Café weihnachtliche Romantik bei Pfefferkuchen und Pfannkuchen mit Marmelade

ÜBERNACHTEN

Best Western Mora Hotell & Spa. Traditionsreiches, gemütliches Hotel in Moras. www.morahotell.se

Tollagården. Kleine, hübsch eingerichtete Ferienhaussiedlung, bestens für Familien geeignet. www.tollagarden.se

WEITERE INFOS

Schwedisches Fremdenverkehrsamt. Visit Sweden, www.visitsweden.com
Sagolandet Tomteland. www.santaworld.se

schen Mützen nicht nur für die Herstellung von Geschenken in Form von Strohfiguren, Holzspielzeug oder typischen Pfefferkuchen, sondern auch für den Versand dieser Dinge zuständig sind. Entsprechend geschäftig geht es in der Vorweihnachtszeit hier zu. Die Erwachsenen ziehen sich in **Tomtemors Café** zurück, das die Mutter des Weihnachtsmanns höchstpersönlich führt, während die Sprösslinge die **Tomte-Schule** besuchen, um das Geheimnis der Tomtekraft zu erlernen. Ein Baum neben dem unvermeidlichen Postamt des Weihnachtsmannes ist über und über mit Schnullern behängt. Die Kleinen können ihren »Nuckel« als Geschenk an die Eltern zurücklassen und machen von diesem Angebot reichlich Gebrauch. Vor dem Haus schnaubt ein Haflinger. Er zieht den Schlitten für die Rentiere, die sich auf Weihnachten vorbereiten, durch den **mystischen Winterwald**, in dem die Schneekönigin wohnt und Elfen, Trolle und Hexen manchen Schabernack treiben.   *UH*

Der besondere Tipp

SOUVENIR MIT VIER BEINEN

Schon zur Mitte des 18. Jahrhunderts gab es kunstvoll bemalte, hölzerne Dala-Pferde in den Dörfern rund um Mora. Sie entstanden an langen Winterabenden als Schnitzwerk der Waldarbeiter Dalarnas, die ihre treuen und beim mühsamen Tagwerk unverzichtbaren vierbeinigen Helfer ehrten und gleichzeitig den Kindern hübsche Spielzeuge bescherten. Ein solches, jedoch mannshohes, Exemplar in orangerot und mit traditionellem Kürbismustermotiven verziert, stand vor dem schwedischen Pavillon bei der New Yorker Weltausstellung 1939. Die Weltpresse war begeistert und das Pferd mutierte zum Nationalsymbol der Skandinavier. Grannas Anders Olsson begann 1922 in Nusnäs mit der Fertigung der possierlichen Figuren, zunächst handgeschnitzt, später wurden sie mittels Schablone an der Bandsäge grob zurechtgeschnitten, um anschließend ihren Feinschliff, Farbe und Dekor zu erhalten. Der Arbeitsprozess ist immer noch gleich und kann in der Werkstatt in Nusnäs beobachtet werden.

www.grannas.com

Göteborg

Der Hafen »Lilla Bommen« mit dem »Lippenstift«

Göteborg ist zwar »nur« Schwedens zweitgrößte Stadt. Dafür sprüht die Metropole an der Westküste vor Ideen und ist ausgesprochen weltoffen und familienfreundlich: Mit tollen (Freizeit-)Parks, spannenden Mitmach-Museen, leckerem Gebäck und Eis – und unzähligen Inseln, nur eine kurze Fährfahrt entfernt.

Göteborg – familienfreundlich und lecker

Durch die salzige Luft kreisen Möwen, eine leichte Brise kräuselt die Nordsee, die hier Kattegatt heißt und als schwer zu befahrenes Seegebiet gilt. Die massige Fähre kreuzt vorsichtig zwischen den kleinen felsigen Schären, biegt dann in einer Rechtskurve in den Fluss Göta Älv ein. Bald darauf gleitet das Schiff langsam unter der graugrünen Brücke **Älvsborgsbron** hindurch – und alle Passagiere auf dem Sonnendeck halten den Atem an: Passt die Fähre hindurch, oder stößt der Schornstein an? Ja, sie passt auch heute wieder. Anlegen. Rauf zur Haltestelle und mit der himmelblauen Straßenbahn, Göteborgs Wahrzeichen, in die Innenstadt der 500 000-Einwohner-Metropole rumpeln. Vorbei an **Haga**, dem alten Arbeiterviertel, das abgerissen werden und modernen Bürobauten weichen sollte. Aber dank dem Widerstand der Göteborger heute mit frisch renovierten Holzhäuschen, netten Cafés und putzigen Läden zum Bummeln einlädt – und die größten Zimtschnecken der Stadt serviert.

Das herrschaftliche Gunnebo Slott

Vorbei an der **Feskekörka**, der Fischhalle in Form einer Kirche – was muss man da mehr zum Verhältnis der Göteborger zum Meer sagen? Drinnen lockt nicht nur Fisch für Genießer, sondern auch das **Restaurant Gabriel** im ersten Stock. Und es geht vorbei an Shoppingstraßen mit Perlen wie der kleinen **Victoriapassage** und der Markthalle **Stora Saluhallen**, aus der es verführerisch duftet.

Rasante Holzachterbahn

So viel ist klar: Die Göteborger schätzen frischen Fisch und andere Lebensmittel. Und sie können damit umgehen. Ganze vier Speisetempel, die der Guide Michelin mit einem Stern ausgezeichnet hat, schmücken die Stadt. Darüber hinaus gibt es jede Menge weiterer Restaurants, die mit kulinarischen Kreationen verwöhnen. Tipp: Viele bieten einen Mittagstisch an (»Lunch«), der weitaus günstiger ist als die Abendkarte. Kinder finden das leckere Essen trotzdem meist weniger spannend als **Liseberg**, Schwedens größten Vergnügungspark, in dem sich das Riesenrad »Göteborgshjulet« dreht und wo die große Holzachterbahn Balder rasante Kurven dreht. Und der im Advent – wie der Rest der Innenstadt – ganz zauberhaft beleuchtet ist. Vielleicht wollen die Kleinen lieber Piraten spielen? Kein Problem auf der Festungsruine **Nya Älvsborgs Fästning**. Die rund halbstündige Bootsfahrt ins Abenteuer startet am Hafen Lilla Bommen. Am nächsten Tag könnte man dann Elche treffen im **Slottskogen** – in dem in jedem August übrigens Schwedens großes Rockfestival »Way out West« stattfindet. In Göteborgs großem »Schlosswald« trifft man sich zum Joggen, Picknicken, Ponyreiten oder im Streichelzoo – und eben, um mit seinen Kindern nordische Tiere im Freigehege anzugucken.

Der Natur ganz nah

Wenn die sich mal verstecken, zeigt das **Naturhistorische Museum** gleich nebenan ausgestopfte Exemplare aus aller Welt: Elch, Löwe und Afrikanischer Elefant. Berühmt ist der große Blauwal – der einzige präparierte der Welt. Fast sollte man auf Regenwetter hoffen, denn spannende physikalische Experimente, echter Regenwald und echte Rochen im Aquarium, die ganz Mutige sogar streicheln, warten im Mitmach-Museum **Universeum**. Hier sollten Familien durchaus über die 2-Tages-Karte nachdenken, um wiederkommen zu können. Eine weitere, sinnvolle Investition ist die **Göteborg**

Toller Ausflug

GRÜNER GENUSS: GUNNEBO SLOTT

Etwa 20 Kilometer vor den Toren Göteborgs liegt das Anwesen Gunnebo Slott mitten im Grünen mit altem Herrenhaus, Bistro und weitläufigen Gärten. Das prächtige weiße Anwesen baute Göteborgs Stadtarchitekt Carl Wilhelm Carlberg Ende des 18. Jahrhunderts. Die neoklassizistischen Räume sind auf geführten Touren zu besichtigen – der Nachwuchs darf stattdessen aber auch gern durch den riesigen Park toben. Gunnebo setzt konsequent auf Ökologie: Alle Nahrungsmittel, die im zugehörigen »Kaffehus och Krog« auf den Tisch kommen, stammen aus dem eigenen Bio-Küchengarten – durch den Kinder gern streifen und die Kräuter probieren dürfen – oder von ökologischen Höfen der Region. So kommt etwa ein Wildgemüse-Salat mit heimischen Wildpflanzen, die am Morgen direkt aus dem angrenzenden Wald gesammelt wurden, auf die Teller. Bei der hohen Qualität der Speisen und der kreativen Küche verwundert es nicht, dass auch schon der Guide Michelin auf das kleine, feine Restaurant aufmerksam geworden ist.

www.gunneboslott.se

Der besondere Tipp

RAUS IN DEN SCHÄRENGARTEN

Die Schären, die kleinen Inselchen im Meer, sind im Sommer das beliebteste Ausflugsziel der Göteborger. Viele sind ganz autofrei. Da ist schon die Anreise mit der kleinen Fähre Erholung pur – herrlich, sich den Wind um die Nase wehen zu lassen. Die Schiffe starten in Saltholmen im Westen der Stadt an der Straßenbahn-Endhaltestelle. Als Teil des öffentlichen Personennahverkehrs kosten sie nicht mehr als eine Straßenbahnfahrt. Also Picknick gepackt, Badesachen in den Rucksack und los geht's, etwa nach Styrsö-Bratten: Vom Hafen führt ein schöner Spaziergang immer am Wasser entlang und schließlich über eine Brücke zur Nachbarinsel Donsö. Zwischendurch findet sich garantiert ein schöner Picknickplatz mit Weitsicht und in einer der vielen kleinen Buchten mit den glatt geschliffenen Felsen versteckt sich eine private Badestelle. Bevor es von Donsö zurück nach Göteborg geht, gibt es am Hafen noch ein großes Eis – und mit etwas Glück sogar frische Krabben direkt vom Kutter.

Herrliche Schärenwelt

Auf einen Kaffee in der Fußgängerzone – mit Zimtschnecken oder Eis beschäftigt, geben auch die Kinder eine Weile Ruhe.

City Card, mit der der Eintritt in viele Museen und Sehenswürdigkeiten, den Park Liseberg sowie die Fahrt im öffentlichen Stadtverkehr frei ist.

Zimtschnecken und Eis

Nach so viel Gucken und Ausprobieren ist es Zeit für Kaffee und Kuchen, von den Schweden traditionell mehrmals am Tag als Kaffeepause »Fika« zelebriert. Legendär lecker sind nicht nur die riesigen Zimtschnecken im **Café Husaren** – da wird die ganze Familie von einer satt. Auf ein Stück schokoladigen Kladdkaka im **Rosenkaféet** im Park des Gartenvereins mit dem alten Palmenhaus können sich garantiert auch alle einigen. Leckeres bietet außerdem das Café in den **Kronhusbodarna**, das neben kleinen Handwerkerlädchen liegt. Oder lieber Eis? Ganz großartig schmeckt nämlich das original **Göteborger Eis Lejonet & Björnen**. Die sahnige Schleckerei kommt in so ungewöhnlichen Sorten wie Zitronenlakritz oder Honig-Safran daher. Frisch gestärkt bereitet dann die Besichtigung des Schiffemuseums **Maritiman** und eine Sightseeing-Runde mit dem flachen **Paddan-Boot** durch Göteborgs Kanäle – Hinterlassenschaft der niederländischen Städteplaner – viel Vergnügen. Alternativ lockt eine Hafen- und Flussrundfahrt zu den neuen, bunten Stadtteilen am anderen Flussufer. Das Beste daran: Mit der öffentlichen **Fähre Älvsnabben** kostet die Tour nur den Preis eines Einzeltickets, mit der Göteborg City Card die Fahrt sogar ganz frei. *AB*

Göteborg

Infos und Adressen

ANREISE

Stilecht übers Meer per Fähre z. B. ab Dänemark oder ab Kiel (www.stenaline.de). **Per Flugzeug** bis zum internationalen Flughafen Landvetter (www.swedavia.se/landvetter) oder dem kleinen City Airport (www.goteborgcityairport.se). Von Landvetter weiter mit dem »Flygbuss« in die City (www.flygbussarna.se/de). Dort in die himmelblaue Straßenbahn umsteigen

BESTE REISEZEIT

Im Frühling und Sommer mit herrlich langen, hellen Tagen – perfekt auch für eine Paddeltour entlang der Küste (Kajaks: www.langedragskajakuthyr ning.n.nu). Oder ganz stimmungsvoll beleuchtet in der Vorweihnachtszeit mit Musik und Adventsdüften in der Luft

FÜR REGENTAGE

Sjöfartsmuseet Akvariet. Im Seefahrtsmuseum und Aquarium kann man alles übers Meer und seine Bewohner lernen. Nicht vergessen: Auf den Turm direkt nebenan klettern, von dem die »Frau am Meer« sehnsuchtsvoll gen Wasser schaut. Karl-Johansgatan 1–3
Rhössка Museet. Das Museum für Design, Mode und Kunsthandwerk zeigt Stücke von vor 2000 Jahren bis heute – und natürlich viel schwedisches Design. Toller Museumsshop, nettes Café. Vasagatan 37–39, www.rohsska.se
Göteborgs Stadsmuseum. Leben in der Region Göteborg von der Steinzeit über die Wikinger, das Mittelalter, die Ostindienzeit und die Industrialisierung. Eigener Spielbereich für Kinder im »Barnens Museum«. Norra Hamngatan 12, www.goteborgsstadsmuseum.se

AKTIVITÄTEN

Shoppen in Göteborg macht einfach Spaß: In der kompakten Altstadt mit Fußgängerzonen, dem riesigen, überdachten Einkaufszentrum Nordstan, der kleinen Victoriapassage und dem Prachtboulevard Avenyn. Viele lokale Labels.
Villervalla in der Haga Nygata. An den bunten, gemütlichen Kinderklamotten haben Eltern und Sprösslinge Spaß. www.villervalla.se

Kronhusbodarna. Mundgeblasenes Glas, Keramik, Kindermöbel und himmlische Schokolade – in den kleinen Handwerkerlädchen lässt es sich gemütlich stöbern. Und danach im Café nebenan stärken. Postgatan 6–8, www.kronhusbodarna.com

ESSEN UND TRINKEN

Hos Pelle. Pelle Danielsson interpretiert Hausmannskost ganz modern – und das zu moderaten Preisen. Hier wird mittags die ganze Familie satt. Djupedalsgatan 2, www.hospelle.com
Rosenkaféet. Günstige »Lunch«-Angebote mittags und leckerer Kuchen (unbedingt probieren: Kladdkaka mit Sahne), herrliche Lage mit großer Sonnenterrasse mitten im Park direkt neben dem Rosarium. Ein Muss ist eine Tasse Rosentee.

Slussgatan 1, www.rosenkafeet.se
Restaurang Gabriel. Das Fischspezialitäten-Restaurant liegt im ersten Stock der Feskekörka, der Göteborger Fischhalle. Leckerer Hummer, fangfrische Krabben und Lachs. Feskekörka, www.restauranggabriel.se

ÜBERNACHTEN

Hotel Flora. Das familiäre Hotel bietet individuelle, stylisch in schwarz-weiß gehaltene Zimmer mitten in der City. Grönsakstorget 2. www.hotelflora.se
Hotell Liseberg Barken Viking. Verträumte Seefahrerromantik in den Offizierskabinen der fest am Kai vertäuten alten Viermastbark »Viking«. www.barkenviking.com

WEITERE INFOS

Ausgezeichneter Webauftritt Göteborgs. Auch auf Deutsch: www.goteborg.com
Die Tourist Info hat zwei Niederlassungen: Kungsportsplatsen 2 und Nordstadstorget, in beiden gibt es die Göteborg City Card (Erwachsene 24 Std.: 355 SEK, 72 Std.: 645 SEK)

Im Kronhusgårdens Lanthandel sieht es aus wie früher.

Zu Gast in Vimmerby

TOLL FÜR KINDER

Nils Holgerssons Värld. Familienpark mit Miniaturlandschaft im Maßstab 1:3 und vielen Aktivitäten: Hochseilgarten, Hüpfkissen, Minigolfanlage, Tret-Go-Kart-Bahn usw. www.nhvpark.com

Virum Elchpark. Tierpark mit Elchen und Hirschen. www.virummoosepark.se

Paddeltour. Der Stångån ist ein beliebter Kanuwanderweg. Wer Lust hat, nimmt ein Zelt mit und macht eine mehrtägige Tour. www.vimmerbyturistbyra.se

TOLL FÜR ELTERN

Astrid Lindgrens Näs. Auf dem Pfarrhof wurde die Autorin geboren und erlebte eine unbekümmerte Kindheit. www.astridlindgrensnas.se

Mariannelunds Zuckerbäckerei. In einer der ältesten Zuckerbäckereien Schwedens werden noch Bonbons hergestellt wie zur Zeit der Gründung im Jahr 1929. www.karamellkokeri.se

Kerzenzieherei Käbbo Vaxljus. Herstellung von Kerzen aus Bienenwachs wie vor 100 Jahren. www.vaxljus.se

Die »winzige, kleine Stadt« ist eine Miniaturausgabe von Vimmerby, wie es zu Astrid Lindgrens Kindertagen aussah.

Wer kennt nicht die wunderbaren Geschichten von Pippi Langstrumpf, Michel aus Lönneberga oder Ronja Räubertochter? In Vimmerby werden all diese Astrid-Lindgren-Figuren zum Leben erweckt. Nur einen Steinwurf entfernt erinnert der Hof Näs an die unbeschwerte Kindheit der Kinderbuchautorin.

Spielen mit Pippi Langstrumpf

Im småländischen Vimmerby, fünf Autostunden vom Fährhafen Trelleborg entfernt, dreht sich alles um die Welt der schwedischen Kinderbuchautorin. In der **Astrid Lindgrens Welt** findet sich Pippi Langstrumpfs Villa Kunterbunt genauso wieder wie die Krachmacherstraße, Karlssons Dach oder die roten Holzhütten von Bullerbü. Aber was wären all diese Schauplätze ohne ihre Bewohner? Etwa 60 Schauspieler führen im Sommer täglich Theaterstücke auf und hauchen den Geschichten von Pippi Langstrumpf, Ronja Räubertochter und vielen weiteren Leben ein. Was den Park auszeichnet, ist die Nähe zum Publikum. Denn zwischen den Aufführungen mischen sich die Schauspieler gern unters Volk. Man sollte sich also nicht wundern, wenn in der **Krachmacherstraße** plötzlich Pippi Langstrumpf auftaucht! Oder Karlsson vom Dach vor Ihrer Nase den Propeller anwirft. Und: Wenn keine Aufführungen stattfinden, stehen die Bühnen den Kindern als Spielplätze zur Verfügung. Wel-

Schweden

In den Bäumen des Pfarrhofs Näs kletterte
schon Astrid Lindgren als Kind herum …

ches Kind hat schließlich nicht davon geträumt, heimlich an
Bord des Schiffes von Efraim Langstrumpf zu schlüpfen
oder in der **Mattisburg** herumzutoben?

490 000 Besucher im Jahr zählt der Themenpark, ein
Großteil sind Familien mit Kindern von drei bis 13 Jahren.
Begonnen hat alles auf dem nahen **Pfarrhof Näs**: Im
schmucken roten Holzhaus, das Bullerbü entstammen
könnte, stand die Wiege von Astrid Lindgren (1907–2002),
die dort als Kind beim Spiel »Nicht den Boden berühren«
über Kommode, Schreibtisch, Stühle und Türen hüpfte oder
in Kastanienbäumen kletterte. Gefilmt wurde für »Die Kinder aus Bullerbü« im nahen **Sevedstorp**. Den Drehort können Sie besuchen, genauso wie den für »Michel aus Lönneberga« in **Gibberyd**. Wer außerdem einmal wie der kleine
Nils Holgersson auf dem Gänserücken über die Welt fliegen
möchte, sollte einen Abstecher in die nahe **Nils Holgerssons
Welt** einplanen. *EVDP*

Nicht verpassen

SPANNENDE DREHORTE

Bullerbü gibt es wirklich. Für »Die Kinder von
Bullerbü« wurde in Sevedstorp bei Pelarne
(15 km südwestlich von Vimmerby) gefilmt.
Der Weiler, drei Bauernhöfe mit typischen roten Holzhäusern, eingerahmt von hohen, alten
Bäumen, sieht noch genauso aus wie 1986,
als Lasse Hallström dort drehte. Die Dorfbe-
wohner wirkten damals als Statisten mit, genauso wie die Kinder, die in Pelarne zur
Schule gingen. Der Hof Mellangården (»Mit-
telhof«), übrigens Geburtsort des Vaters der
Autorin, Samuel Lindgren, beherbergt heute
einen kleinen Trödelladen. Im Sörgården
(»Südhof«) gibt es ein Sommercafé. Für die
Aufnahmen von »Michel aus Lönneberga« in
den frühen 1970er-Jahren fanden die Filme-
macher in Gibberyd bei Rumskulla (25 km
nordwestlich von Vimmerby) einen isolierten,
alten Bauernhof im typischen Stil von Små-
land, der sich perfekt als Drehort eignete. Nur
der »Tischlerschuppen« fehlte und musste
nachgebaut werden. Heute werden dort im
kleinen Hofladen Katthultsboden u. a. Andenken aus den Michel-Filmen verkauft.

www.astridsbullerbyn.se, www.katthult.se

Typisch Schweden: die roten Holzhäuser mit
weißen Fenstern wie hier bei Göteborg

Marinestadt Karlskrona

TOLL FÜR KINDER

Minigolf Dragsö Camping. Die Bahn zeigt die Welterbestadt Karlskrona in Miniatur. www.dragsocamping.de

Barnens Gård. Freizeitpark mit vielen Spielen, Wasseraktivitäten und Tieren (Kinderbauernhof, Ponyreiten usw.). www.barnensgard.se

Boda Borg. In einer realen Spielumgebung müssen im Team psychische und physische Herausforderungen gemeistert werden. www.bodaborg.com

TOLL FÜR ELTERN

Marinewerft. Führungen zu Fuß und per Boot. Vorabreservierung ist Pflicht. www.visitkarlskrona.se

Marinemuseum. Marinegeschichte, Schiffssimulator und viele Spiele. Die Topattraktion ist das U-Boot »HMS Neptun«. www.marinmuseum.se

Blekinge-Museum. Während die Eltern die kulturgeschichtlichen Sammlungen besuchen, tobt der Nachwuchs sich auf dem Spielplatz aus, segelt das Boot »Knut«, fischt oder spielt in den Fischerbuden. www.blekingemuseum.se

Beliebtes Postkartenmotiv: Karlskronas Kleingartensiedlung auf der Schäre Brändaholm.

Im historischen Marinehafen fühlt man sich ins späte 17. Jahrhundert versetzt. Spannende Ausstellungen und viel Action für Jung und Alt verspricht das Marinemuseum: Testen Sie Ihre Fähigkeiten im Schiffssimulator, erforschen Sie im Unterwassertunnel ein Schiffswrack, und erkunden Sie ein echtes U-Boot des Kalten Krieges.

Marinegeschichte zum Anfassen

Im späten 17. Jahrhundert galt Schweden als europäische Großmacht. Da die Marine jedoch dringend einen eisfreien Hafen brauchte, ließ Karl XI. 1680 in Karlskrona einen Flottenstützpunkt anlegen. Seit 1998 steht die Marinestadt mitsamt den Festungen in den Schären auf der **Welterbeliste der UNESCO**. Ein Besuch der historischen **Marinewerft**, die den Süden der Insel **Trossö** einnimmt, ist wie eine Zeitreise. Sie führt zum Polhem-Trockendock, das einst von bis zu 270 Mann per Hand mit Hilfe von Ledersäcken geleert werden musste. Die nahe **Reeperbahn** (1692–1693), in der das Tauwerk hergestellt wurde, ist mit einer Länge von 300 Metern das längste Holzhaus Schwedens. Auch der **Wasa-Schuppen** (1763), konzipiert für den Bau von Kriegsschiffen mit 70 Kanonen, und der imposante **Mastkran** sind noch intakt. Machen Sie auch einen Spa-

Schweden

Hightech zum Anfassen: das U-Boot »HMS Neptun«

ziergang in das nahe Viertel **Björkholmen**, das ehemalige Werftarbeiterviertel mit seinen hübschen, bunten Holzhäuschen. Auf der nahen Insel **Stumholmen** liegt das **Marinemuseum**, das die Geschichte der schwedischen Marine von der Großmachtzeit bis heute veranschaulicht. Die Topattraktion ist die am 6. Juni 2014 eingeweihte **U-Boot-Halle**: Während der Führung an Bord der »HMS Neptun«, gebaut in den Jahren des Kalten Krieges, erfahren Sie alles über das Leben an Bord, von alltäglichen Routinen bis hin zum Ernstfall. Der **Unterwassertunnel** des Museums bietet die Möglichkeit wie ein Marinearchäologe das Wrack eines im 18. Jahrhundert versenkten Schiffs zu besichtigen. Kinder dürfen auf dem **»Donner-Deck«** nach Herzenslust spielen und sich in der Seemannswerkstatt bei marinen Basteleien verausgaben. Im **Schiffssimulator** können etwas ältere Kinder versuchen, ein Schiff unter verschiedenen Bedingungen zu steuern. Besser, man ist vor Seekrankheit gefeit ... *EVDP*

Toller Ausflug

MIT DEM BOOT ZUR FESTUNG

Zur seeseitigen Verteidigung des Marinehafens wurden auf den Schären rund um Karlskrona mächtige Verteidigungsanlagen errichtet. Die bedeutendsten sind heute zu besichtigen. Vom Fisktorget fährt ein Ausflugsboot zur Festung Kungsholm, die nach wie vor dem Militär angehört. Das Fort war 300 Jahre lang bemannt, musste jedoch nie einen Schuss abgeben. Neben dem dreigeschossigen Donjon springt der eigentümliche Hafen ins Auge, der von einer hohen Mauer eingerahmt ist. Eine weitere Kuriosität ist der botanische Garten mit exotischen Pflanzen, aus aller Welt mitgebracht von den Marinesoldaten. Mit einer der quietschgelben Autofähren – von den Einheimischen ob der Farbe liebevoll »Bananen« genannt – geht es zur Insel Aspö, deren Ostzipfel von der imposanten Festung Drottningskär überwacht wird. Sie besteht aus einem mächtigen Hauptgebäude aus Granit, das die Kanonen, das Schießpulver und die Soldaten beherbergte, und wird von vier Bastionen eingerahmt, benannt nach den schwedischen Königinnen Maria, Hedvig, Ulrica und Christina.

67 Ystad und Österlen

TOLL FÜR KINDER

Ystad Djurpark. Zoo mit über 60 Tierarten – und einem Schwimmbad.
www.ystaddjurpark.se

Tosselilla. Großer Vergnügungspark mit Karussells, Wasserspielen, Tarzan-Wald und Hüpfburgen. www.tosselilla.se

Dampfzug. Die Fahrt von Brösarp nach St. Olof ist ein Erlebnis für Jung und Alt. Nur im Sommer geöffnet! www.skanskajarnvagar.se

Autoseum. Schwedens größtes Automuseum. www.autoseum.se

TOLL FÜR ELTERN

Wallander-Führungen. Wahlweise zu Fuß oder mit historischem Feuerwehrauto. Buchung über die Tourist-Info. Siehe auch www.wallander.ystad.se

Cineteket. Das Filmerlebniscenter zeigt, wie Filme gemacht werden – vom Drehbuch bis zu Spezialeffekten.

Kiviksgraven. 3300 Jahre alte Grabstätte aus der Bronzezeit. Für den Lehrpfad braucht man ein internetfähiges Smartphone, um QR-Codes einzulesen. www.kiviksgraven.se

Ales stenar. Schwedens größte erhaltene vorgeschichtliche Schiffsetzung

Die Schiffssetzung Ales Stenar besteht aus 59 Steinen.

Mit über 300 alten Fachwerkhäusern hat Ystad einen der schönsten Stadtkerne Südschwedens. Durch die Wallander-Krimis ist das Küstenstädtchen heute ein Begriff. Überdies ist Ystad das Tor zur landschaftlich reizvollen Region Österlen, die mit Burgen und Grabhügeln, Zoos und Vergnügungsparks für Familien ein erstklassiges Reiseziel darstellt.

Auf den Spuren von Wallander

In Ystad scheint die Zeit stehen geblieben zu sein. Windschiefe Häuschen, verwinkelte Hinterhöfe und kopfsteingepflasterte Gassen fügen sich zu einem harmonischen Ensemble. Zwischen 21.15 und 1 Uhr bläst der Turmwächter von der **Marienkirche** viertelstündlich das Kupferhorn, um zu melden, dass alles ruhig ist in der Stadt. Eine alte Tradition, die seit 1748 gepflegt wird. Wesentlich rezenter ist die »Wallander-Euphorie«. Seit Henning Mankell 1991 den ersten Roman veröffentlichte, pilgern die Wallander-Fans nach Ystad. Heute, elf Bücher und über 50 Filme später, ist das Interesse größer denn je. Kein Wunder: Beim **Bummel durch Ystad** begegnet man Tat- und Drehorten auf Schritt und Tritt. Im ehemaligen Bahnhof erkennt man die Polizeistation wieder, im **Fridolfs Conditori** das Lieblingscafé Wallanders, in der **Mariagatan 10** sein Wohnhaus ... Fragen Sie bei der Tourist-Info nach dem **»Mord-**

Schweden

Glimmingehus gehört zu den besterhaltenen Burgen Skandinaviens. Auch der Pranger steht nach wie vor bereit.

rätsel in Ystad«, und begeben Sie sich mit Ihren Kindern (ab ca. zwölf Jahren) auf Spurensuche. Rätselhaftes findet sich auch im Umland. Bei **Kåseberga** erheben sich auf einem Hügel an der Ostseeküste **Ales Stenar** – die »Steine von Ale«, das sind 59 Steinklötze, die in der Eisenzeit in Form eines Schiffes angeordnet wurden. Mit einer Länge von 67 Metern und einer Breite von 19 Metern gehört die Anlage zu den größten erhaltenen Schiffssetzungen Skandinaviens. Nehmen Sie einen Picknickkorb mit, und genießen Sie die Mystik dieses Ortes mit seinem Blick auf die Ostsee. Nicht weniger faszinierend ist **Kiviksgraven**, das »Grab von Kivik«, eines der größten Steingräber aus der Bronzezeit, dessen Grabkammer 3300 Jahre alte Felszeichnungen aufweist. Mit kleineren Kindern empfiehlt sich ein Abstecher in den **Ystad Djurpark**, ein Tierpark mit Elchen und exotischen Tieren – von den beliebten Affen und Lemuren bis hin zum Terrarium mit gruseligen Spinnen und giftigen Pfeilfröschen. Auf dem Grillplatz können Sie wie die Einheimischen mitgebrachte Würstchen grillen. *EVDP*

Toller Ausflug

MITTELALTERLICHE BURG MIT GRUSELFAKTOR

Zugegeben, dem Bild einer klassischen Burg aus einem Märchen entspricht Glimmingehus bei Simrishamn nicht gerade. Weniger beeindruckend ist das vierstöckige, turmlose Gebäude deshalb jedoch nicht! Das Anwesen von 1499 ist die am besten erhaltene mittelalterliche Burg Skandinaviens. Und sie birgt durchaus gruselige Geheimnisse, wie man auf einer Schlossführung rasch erfährt: Ungebetene Besucher wurden mit geschmolzenem Blei oder kochendem Öl überschüttet, im steilen Treppenhaus ist sogar eine Falltür zum Kerker eingebaut. Der Erbauer, der wenig populäre Ritter Jens Holgersen Ulfstand, wird schon gewusst haben, warum. Immerhin bewies er einen guten Geschmack: Bei Ausgrabungen in den Wallgräben wurden Glas aus Venedig und spanische Keramik gefunden, heute ausgestellt im Burgmuseum.

www.raa.se/glimmingehus

Aktiv in Malmö

TOLL FÜR KINDER

Folkets Park. Spielplätze, Bühnen, Bars –
der kostenlose Park ist einfach toll.
www.malmofolketspark.se

Malmö Chokladfabrik. Seit 1888 entsteht
hier Schokolade. Möllevångsgatan 36B,
www.malmochokladfabrik.se

Ribersborgs Beach und Kallbadhus. Ideal
für die Kleinen ist der drei Kilometer lange,
flache Strand. www.ribersborgskallbadhus.se

Skatepark Stapelbäddsparken. Skateboard und Inliner fahren auf 3000 Quadratmetern Bahn. Helmpflicht!
www.skatemalmo.se

TOLL FÜR ELTERN

Möllevångstorget. Multikulti im ehemaligen
Arbeiterviertel, das abends zur Partymeile wird

Moderna Museet. Moderne und zeitgenössische Kunst. Gasverksgatan 22.
www.modernamuseet.se

Form/Design Center. Wechselnde Ausstellungen, z. B. über Recyclingmode. Shop mit
Porzellan, Glas und Schmuck. Lilla torg 9.
www.formdesigncenter.com

Die charakteristische Skyline von Malmö mit
dem »Turning Torso«, dem höchsten Wolken-
kratzer Skandinaviens

Malmö ist quicklebendig und mit dem tollen Sandstrand und der Meeresbadeanstalt, dem kostenlosen
Freizeitpark Folkets Park und einem der größten Out-
door-Skateparks einfach perfekt geeignet für einen
Familienurlaub. Am besten entdeckt man Schwedens
drittgrößte Stadt per Fahrrad.

Malmö – kunterbunt und multikulti

In Malmö haben Familien die Qual der Wahl: zuerst Schokolade kosten oder baden gehen? Lieber spielen oder inspirie-
rende Museen besuchen? Alles über Schokolade erfährt
man in der **Malmö Chokladfabrik**, in der es ausreichend
Gelegenheit zur Schoko-Verkostung gibt. Mutige wagen im
historischen **Riberborgs Kallbadhus** einen Sprung in die
meist kalte Ostsee. In Malmö leben Menschen aus 174 Na-
tionen, entsprechend bunt und multikulturell geht es im
Viertel **Möllevång** mit seinen Cafés und Bars am Möllevångstorget zu. Gleich um die Ecke lockt der **Folkets Park**,
Malmös kostenloser Freizeitpark mitten in der Stadt, der Eltern und Kindern viel bietet. Während die Kinder klettern,
planschen oder Adventure Golf spielen, können die Eltern
einem der Open-Air-Konzerte lauschen. Picknickdecke nicht
vergessen! Im alten **Schloss Malmöhus** sind **Kunst-, Stadt-
und Naturkundemuseum** vereint. Gleich dahinter zieht im

Schweden

Kopenhagens Meerjungfrau

Infos und Adressen

ANREISE

Mit dem Auto via Öresundbrücke, per Autofähre z. B. ab Trave-
münde nach Trelleborg
(www.ttline.com); **Flug** bis
Malmö-Sturup oder Kopenhagen

BESTE REISEZEIT

Malmö ist ganzjährig spannend,
aber für Kinder im Hochsommer
am schönsten – allein schon wegen des Strands.

FÜR REGENTAGE

Museum für Naturgeschichte.
Ausgestopfte Tiere aus aller Welt
und Aquarium. Tipp: das Nacht-
haus mit exotischen Amphibien.
Malmöhusvägen 6

ESSEN UND TRINKEN

Tusen&2. Hausgemachte Hamburger und Pommes. Gemütlich
am Lilla Torg gelegen,
www.tusen2.se
Plockepinn. Schwedisches und
asiatisches Essen vom Buffet.
Bergsgatan 29,
www.plockepinn.se

ÜBERNACHTEN

Scandic City Malmö. Kinderfreundlich mit großen Familienzimmern. Kaptensgatan 1,
www.scandichotels.de
The More Hotel. Am Folkets
Park, große Zimmer und Famili-
en-Apartments.
Nora Skolgatan 24,
www.themorehotel.se

WEITERE INFOS

Leihfahrräder.
www.malmotown.com

Schlosspark das **Slottträdgårdens Café** die Malmöer mit
ökologischen Köstlichkeiten aus dem eigenen Garten an.
Malmö ist kreativ. Neues skandinavisches Design kann man
im **Form/Design Center** am Lilla Torg bewundern und auch
gleich ein paar schöne Stücke als Souvenir mitnehmen. Noch
mehr moderne und zeitgenössische Kunst gibt es in der
Kunsthalle mit dem empfehlenswerten Restaurant Smak
und im **Moderna Museet**. Und wenn dem Nachwuchs die
Museen zu langweilig werden, heißt es: ab in den **Skatepark
Stapelbäddsparken**, wo Kinder und Jugendliche in Sichtweite des Turning Torso, Malmös neuem, 190 Meter hohen
Wahrzeichen mit Wohnungen, über die Rampen flitzen. Und
über die Öresundbrücke ist man blitzschnell in Dänemarks
Hauptstadt **Kopenhagen** mit dem berühmten Vergnügungspark Tivoli, dem Experimentier- und Kuriositätenmuseum
und märchenhaften Shoppingmöglichkeiten.   *AB*

Besonderer Ausflug

KOPENHAGEN ENTDECKEN

Das schwedische Malmö und das dänische
Kopenhagen bilden als Wirtschaftsregion eine
Einheit, die durch den Bau der Öresundbrücke noch enger geworden ist. In nur einer
halben Stunde erreicht man mit dem Zug Dänemarks Hauptstadt. Größere Kinder und Jugendliche begeistern sich für das verrückte
»Guinness World of Records«-Museum oder
die Kuriositätensammlung »Ripley's Believe it
or not«. Kleine und große Astroforscher sind
im Tycho Brahe Planetarium richtig. Spannend sind auch das Arbeitermuseum für Kinder und das Experimentarium – ein Eldorado
für neugierige Familien. Eltern sollten sich natürlich auch Zeit nehmen, durch Kopenhagens Einkaufsstraßen zu schlendern und ein
Kleidungs- oder Einrichtungsstück in moder-
nem dänischen Design zu ergattern. Vieles ist
hier sogar billiger als in Deutschland. Zum
Abschluss in den großen Vergnügungspark Tivoli – bis heute die meistbesuchte Attraktion
Dänemarks. Mit einer Tüte handgekochter
»Bolcher« geht es dann am Abend zurück
nach Malmö.

www.visitcopenhagen.de

Limfjord und Mors

Ein Leuchtturm an der Küste des Limfjords

Dänemark ist wie ein großer Spielplatz. Und der Limfjord mit seinen sanften Hügeln hat gegenüber der Nordseeküste den Vorteil, dass das Wasser hier ruhiger und damit auch für kleinere Kinder gut geeignet ist. Von der Wattwanderung über die Bonbonherstellung bis zur Schatzsuche locken jede Menge Aktivitäten.

Zurück in die Vergangenheit und rein ins Badeparadies

Der Limfjord zieht sich durch Jütland von der Nordsee bis zum Kattegat. Hier herrschen ideale Bedingungen zum Segeln und Surfen. Mitten im Fjord liegt die **Insel Mors**, ein grünes Paradies mit 150 Kilometern abwechslungsreichen Küsten, wie geschaffen für ruhige Tage am Strand. Mors ist der einzige Ort der Welt mit Kieselgur-Erde, das sind Fossilien-Ablagerungen. Prächtige Exemplare kann man im **Molermuseum** untersuchen, man kann aber auch am Steilhang **Hanklit** selbst danach suchen. Vom Museum aus führt ein Naturpfad dorthin, vorbei am Bauernhofmuseum **Skarregard**. Schön für Kinder ist der »antike« Spielplatz. Höchster Punkt der Insel ist der **Salgerhøj** mit 89 Metern. Oben stehen Picknicktische mit Fjordblick. Ein Highlight der Insel ist der **Jesperhus Blomsterpark**, eine Mischung aus Freizeit- und Vogelpark, mit Gartenshow und Regenwaldcenter. Für

Dänemark

Der geschützte Fjord ist ideal für entspannte Badefreuden mit kleineren Kindern.

Infos und Adressen

ANREISE

Am besten mit dem Auto und dann – je nach Zielort – weiter mit der Fähre

BESTE REISEZEIT

Juni bis September

AKTIVITÄTEN

Naturreservat »Vejlerne«. Das Vogelschutzgebiet bei Fjerritslev beherbergt Jahr für Jahr ca. 1000 Graugans-Pärchen zur Brutzeit. Auch Rohrweihen, Rohrdommeln und Schwarzseeschwalben leben hier.

Segeln auf dem Limfjord. Fjorde, Buchten und Inseln – zum Beispiel mit dem Holzschoner »Lovise Moland«. Kinder gehen auf »Piratentour«, Eltern genießen eine Sonnenuntergangsfahrt. Abfahrt am Hafen von Thisted

ESSEN UND TRINKEN

Café im Leuchtturm Bovbjerg Fyr. Traumblick aus der ehemaligen Leuchtturmwärter-Wohnung. Fyrvej 27, Lemvig

Feggesund Kro. Dänische, ganz im Norden von Mors. Feggesundvej 81, Nykøbing

ÜBERNACHTEN

Klassischerweise mietet man in Dänemark eines der vielen sehr gut ausgestatteten Ferienhäuser, z. B. bei www.dancenter.de, www.sonneundstrand.de oder www.dansommer.de

WEITERE INFOS

www.visitdenmark.de

Toller Ausflug
BESUCH DES ZOOS IN AALBORG

Savanne und ein afrikanisches Dorf, Felsen der Surikaten, Seidenaffen der Tropen und ein Bärenwald: Der Aalborg Zoo gehört zu den schönsten des Landes und ist zu 100 Prozent auf Familien eingestellt, ohne die Bedürfnisse der Tiere außer Acht zu lassen. Auf einer Fläche von gut acht Hektar leben über 1200 Tiere. Zu den Attraktionen gehört das Eisbärengehege, das mit großen Fenstern die Möglichkeit bietet, die weißen Reisen sowohl über als auch unter Wasser zu beobachten. Weil Besucher die Ställe nicht sehen können, werden Bilder von dort per Überwachungskamera übertragen.

Wer genug Tiere gesehen und noch ein bisschen Zeit hat, sollte auf den Aalborgturm fahren und von dort die Aussicht über Stadt und Hafen genießen. Oben gibt's lecker Eis für hungrige Naturforscher.

www.aalborgzoo.dk und www.aalborgtaarnet.dk

Familien mit kleineren Kindern fährt eine Bimmelbahn. Nebenan liegt das **Jesperhus Vandland**, ein Spaßbad mit großem Spielplatz und zahlreichen Attraktionen.

Wer den Fischen ganz nah kommen möchte, kann im **Jyllandsakvariet** in Thyborøn Haie streicheln und Krabben in Händen halten. Und das **Kystcentret** nebenan ist ein sehenswertes Nordsee-Erlebniszentrum: Deiche bauen, Wellen erzeugen und im Treibsand einsinken. Einen Bummel wert ist das hübsche Hafenstädtchen **Lemvig** mit seinen Häuserfassaden und dem **Leuchtturm Bovbjerg Fyr**, den man besichtigen kann. Südwestlich von **Skive** liegt das Freilichtmuseum **Hjerl Hede**. Neben der steinzeitlichen Siedlung kann man hier in der Mühle, der Molkerei, der Böttcherei und der Schmiede traditionelles Handwerk erleben. Die **Burg Spøttrup** schließlich ist ein ideales Ziel für kleine Ritter und Burgfräuleins. *Red.*

Im Ferienhaus auf Falster

Im Knuthenborg Safari Park kommen kleine Tierliebhaber auf ihre Kosten.

Dänemark ist das klassische Land, wenn es um einen entspannten Familienurlaub mit Kind und Kegel geht. Und das Ferienhaus in südskandinavischer Strandnähe stellt hierfür die ideale, weil höchst praktikable Unterkunft dar. Selbst größere Ferienhaus-Siedlungen lassen viel Freiraum und Privatsphäre.

Am Ostseestrand im Sand

Als zur vorletzten Jahrhundertwende die ersten drei Ferienhäuser in **Marielyst** auf der süddänischen Insel Falster gebaut wurden, konnte noch niemand mit einer derartigen Entwicklung rechnen. Franz Kafka und der Künstler Holger Drachman gehörten hier zu den touristischen Pionieren. Ihre Häuser von damals gibt es noch immer, sie erfüllen nach wie vor ihren ursprünglichen Zweck. Sie sind verhältnismäßig groß, weil früher die ganze Familie dabei war, inklusive Großeltern und weiterer Verwandter.

Schwimmbad und Sauna gehören heute neben dem Garten schon fast zum Ausstattungsstandard eines funktional eingerichteten Ferienhauses, das zudem alle Annehmlichkeiten selbst für den allerjüngsten Nachwuchs bietet, vom Hochstuhl bis zum Reisebett. Nie ist die Unterkunft wirklich weit weg vom Strand, und gerade die **Küste Falsters** ge-

Dänemark

Im BonBon-Land wird sogar dem Spiegelei gehuldigt.

Infos und Adressen

ANREISE

Fähre von Puttgarden auf Fehmarn nach Lolland oder von Rostock nach Gedser mit Scandlines

BESTE REISEZEIT

Zwischen April und Oktober

VERANSTALTUNGEN

Ritterspiele. Internationales Turnier Anfang August im Mittelalterzentrum.
www.middelaldercentret.dk
Sct. Hans Aften. Dänische Mittsommerfeier am 24. Juni mit Feuerfesten und Partys überall am Strand

ESSEN UND TRINKEN

La Comida. Typisch skandinavische Küche mit mediterranem Einschlag, regionale Produkte.
Slotsgade 22, Nyköbing F,
www.lacomida.dk
The Burger. Leckere, große Hamburger mit Pommes direkt am Marktplatz genießen, netter Service.
Torvet 2, Nyköbing F,
www.theburger.dk

ÜBERNACHTEN

Ferienhäuser sind über regionale und internationale Anbieter in viele Varianten verfügbar, z. B.
www.falsterhus.de oder
www.novasol.de

WEITERE INFOS

Dänisches Fremdenverkehrsamt. Visit Denmark,
www.visitdenmark.de

nießt die Vorzüge besonders feinsandiger Gestade, an denen sich Kinder nach Herzenslust und ohne große technische Gerätschaften austoben können. Einige nutzen die Ferien sogar, um das Laufen oder das Schwimmen zu lernen. Es passiert zuweilen, dass Papas, bis auf die Nasenspitze im Sand des besten Strandes Dänemarks verbuddelt, nur noch am schützenden Sonnenhut zu erkennen sind.

Läden und Geschäfte haben sich auf die vornehmlich junge Kundschaft eingerichtet. Sie kredenzen die legendären LEGO-Steine und die nicht minder berühmten knallroten Würstchen, sündhaft gute Teilchen, die hier Wienerbrød heißen, oder verführerisch sahniges Softeis. Marielyst eignet sich als perfekter Standort für Ausflüge zu den Sehenswürdigkeiten und Attraktionen in der Umgebung. Zu Fuß am Strand entlang, mit dem Fahrrad über **gut beschilderte Radwege** und selbst für einen Besuch der Hauptstadt **Kopenhagen**, die nicht einmal 90 Minuten entfernt liegt.   *UH*

Nicht verpassen

SÜSSES LAND FÜR GROSS UND KLEIN

Freizeit- und Themenparks gibt es viele, doch nur das BonBon-Land bei Holme-Olstrup auf Südseeland hat klebriges Naschwerk als konzeptionelle Grundlage, basierend auf einer kleinen Zuckerfabrik bei Næstved, die mit schmackhaften Produkten bzw. deren skurrilen Bezeichnungen Furore machte. Die Süßigkeiten von Gummibären bis zu Lakritzmischungen heißen Möwenkot, Viktor Wasserwurm, Ohrenschmalz oder Hundepfurz. Diese verrückten und lustigen Namen bekamen dann auch die Wasserrutschen, Achterbahnen, wilden Karussells und die anderen Fahrgeschäfte des 1992 eröffneten Parks. Die Süßwaren-Motive wurden bunt und schillernd in lebensgroße Objekte verwandelt. 2007 kam die Erlebniswelt Fantasyworld hinzu, die fantastische Ausflüge auf den Mond, in den Dschungel, das antike Mexiko oder in die dänische Märchenwelt ermöglicht. Jüngster Spross ist neben einem 4D-Kino in dem es zuweilen etwas regnet, stürmt oder schneit, ein spritziges Spaßbad.

www.bonbonland.dk

Zum Wrakkenmuseum auf Terschelling gehört auch ein Piratengarten mit Piratenschiff. Gebaut wurde die »Woeste Willem« aus Treibholz vom Strand der Wattenmeer-Insel.

Niederlande und Frankreich

Unterwegs auf Texel

TOLL FÜR KINDER

Leuchtturmwärter spielen. Auf die Spitze des roten Leuchtturms klettern und die Nase in den Wind halten

Robbenfütterung in Ecomare. Auf dem Außengelände des Informationszentrums die Bewohner der Robbenstation kennenlernen

Galloway-Rinder. Bei einem Dünenspaziergang nach den hier lebenden schottischen Zottelrindern Ausschau halten

Kaap Skil. Im Museum Seeräubergeschichten lauschen und mit dem Tauchboot auf Abenteuerfahrt gehen

TOLL FÜR ELTERN

De Slufter. Auf einem Spaziergang die einzigartige Dünenlandschaft mit ihrer blühenden Salzvegetation erkunden

Paal 9. Im Strandpavillon am Hoornderslag bei einer Chocomel met Slagroom oder einem Texel-Bier den Sonnenuntergang über dem Meer genießen

Oudeschild. Im Hafen in einem der kleinen Restaurants fangfrische Fischspezialitäten kosten

Der 1864 in Betrieb genommene Leuchtturm strahlt nachts 29 Seemeilen weit.

Von Januar bis Dezember – die Nordseeinsel Texel, auch die »Niederlande im Kleinen« genannt, ist mit ihrer vielfältigen Landschaft aus Strand, Dünen, Wald und Wiesen zu jeder Jahreszeit einen Besuch wert. Kleine Sandburgenbauer und Seeräuberfans finden hier ebenso ihr Glück wie große Sonnenanbeter und Strandläufer.

Sand und Meer, so weit das Auge reicht

Auf der einen Seite umgeben von der offenen Nordsee, auf der anderen Seite vom Wattenmeer: Texel ist mit einer Länge von rund 24 Kilometern und einer Breite von knapp zehn Kilometern die größte der **Westfriesischen Inseln**. Bei diesen Ausmaßen bietet das Eiland genügend Platz für Aktivitäten verschiedenster Art, sodass jedes Familienmitglied – vom Baby bis zum Großvater – auf seine Kosten kommt. Auch wenn die Insel ein gut ausgebautes Straßennetz besitzt – am besten lernt man Texel per **Fahrrad** oder **zu Fuß** kennen.

Die gesamte Westseite, vom **Leuchtturm** an der Nordspitze bis zum ausgedehnten **Sandgebiet De Hors** im Süden, wo sich heute noch immer neue Dünen bilden, ist ein einziger Sandstrand. Hier können die Kleinsten herrliche Sandburgen bauen und erste Erfahrungen mit den Wellen machen, während die Größeren Drachen steigen lassen oder mit dem Ball und der Frisbeescheibe Spaß haben. Natürlich

bietet das Meer sommers wie winters Gelegenheit zu weiten Küstenspaziergängen, zur Orientierung ist jeder Strandabschnitt mit einem Kilometerpfahl (Paal) markiert. Außerdem laden immer wieder, zum Teil das ganze Jahr über geöffnete, **Strandpavillons** zu einer kleinen Rast ein.

Am nördlichen Ende des Strandes, etwas unterhalb des Leuchtturms, breitet sich mit dem **Slufter** eine einzigartige Küstenlandschaft mit spezieller Vegetation aus. Entstanden durch einen schweren Sturm, sorgt der Dünendurchbruch dafür, dass das dahinterliegende weitläufige Gebiet bei Flut regelmäßig vom Meerwasser gefüllt wird.

Abenteuer in den Dünen und im Wald

Hinter dem Strand liegt ein geschützter Dünengürtel, in dem viele Vogelarten, neuerdings aber auch schottische Galloway-Rinder zu Hause sind. Auf markierten Wegen lässt sich die **Pflanzen- und Tierwelt der Dünen** erkunden. Zwischen den Inseldörfern Den Hoorn und De Koog ist das **Naturzentrum Ecomare** angesiedelt, das auf lebendige Weise viel Wissenswertes über die Nordsee und das Wattenmeer präsentiert und dazu noch eine **Robben- und Vogelauffangstation** unterhält. Auch einige gestrandete Schweinswale sind hier heimisch geworden.

Südlich von **De Koog** hatte man vor mehr als einhundert Jahren begonnen, zwecks Befestigung die Dünen mit Nadelbäumen und später Laubbäumen aufzuforsten, sodass Texel heute sogar mit einem bemerkenswerten Waldgebiet aufwarten kann. Die Baumlandschaft ist durchzogen von gut ausgeschilderten **Wander-, Rad- und Reitwegen**. Neben Grillplätzen gibt es zahlreiche Spielplätze für jede Altersstufe. Für die Kleinsten empfiehlt sich zum Beispiel der 1,5 Kilometer lange **Sommeltjespfad**, der am **Pelikaanweg** bei De Koog startet und auf seinem Weg durch den Wald über die Erdwichtel von Texel berichtet. An einzelnen, speziell markierten **Waldspielplätzen** ist es sogar erlaubt, abseits der Wege aus toten Ästen und Zweigen Hütten zu bauen – ein Angebot, dass besonders älteren Kindern gefallen wird.

Schiff ahoi – der Fischerhafen von Texel

Die Ostseite der Insel, die an das ruhigere Wattenmeer grenzt, ist größtenteils eingedeicht. Im Norden liegt das kleine Küstendörfchen **De Cocksdorp**, in der Mitte **Oosterend** mit seinen schönen grünen Giebelhäuschen und weiter im Süden

Muscheln, Krebse, Quallen – am weitläufigen Strand gibt es immer etwas zu entdecken!

Der besondere Tipp

UNTERWEGS MIT DEM KRABBENFISCHER

Wer im Hafen von Oudeschild die Nordseekutter nicht nur vor Anker bewundern, sondern sich selbst einmal die salzig-raue Seeluft um die Nase wehen lassen möchte, steigt an Bord eines Krabbenfischers. Zweimal täglich startet er zu einer abenteuerlichen Fahrt auf das Wattenmeer hinaus und hält dabei auch nach Seehunden Ausschau, die auf den Sandbänken vor der Insel faulenzen. Umkreist von Möwen, die auf Fischreste hoffen, tuckert der große Kahn an der Küste entlang und holt dabei mit riesigen Netzen Unmengen von Garnelen an Bord. Der Fang wird direkt vor Ort in einem alten Ofen gekocht und kleine Kostproben davon an die Passagiere verteilt, die sich unter fachmännischer Anleitung im Krabbenpulen üben können. In den Fangnetzen finden sich auch andere Fische, die auf Deck in einem Schaubecken für alle präsentiert werden. So erfährt man in diesem praktischen Biologieunterricht vieles über Garnelen und das Fischereihandwerk, aber auch Interessantes über die übrigen Bewohner der Nordsee.

Nicht verpassen

MIT LÄMMCHEN KUSCHELN

Texel ist nicht nur ein Paradies für Vögel, sondern auch für Schafe: Auf der Insel leben etwa ebenso viele wie menschliche Bewohner. Jedes Frühjahr werden ca. 1000 Lämmer geboren – ein ganz besonderes Ereignis für die ganze Familie. Die am Ortsrand von Oudeschild gelegene Schäferei Rozenhout öffnet von März bis August ihre Tore für Besucher, die hier die Lämmchen in ihrer Kinderstube hautnah erleben können. Neben 20 verschiedenen Schafrassen wohnen auch Ziegen, Ferkel, Kälber, Kaninchen und Hühner sowie Ponys, Hunde und Katzen auf der Farm. Man kann je nach Jahreszeit mit kleinen Lämmchen kuscheln, bei der Schafschur zusehen, auf dem Pony reiten oder die Schäferhunde bei ihrer Hütearbeit beobachten. Zur gemütlichen Einkehr gibt es Kaffee und Kuchen und eine Spielecke für Kinder. Wer im Frühjahr kommt, kann mit etwas Glück sogar die Geburt eines Lämmchens aus nächster Nähe miterleben. Öffnungszeiten: 14–16 Uhr, montags und freitags geschlossen.

www.schapenboerderijtexel.nl

Viele Inseldörfer schmücken sich mit schön restaurierten Giebelhäusern.

Typisch für Texel sind die »Skiipeboote«, »halbe« Scheunen, die zur Lagerung des Futters genutzt werden.

Oudeschild, Standort der **Fischereiflotte von Texel**. Besonders am Wochenende, wenn die Nordseekutter einlaufen, ist im Hafen viel Bewegung: Schiffe und Boote unterschiedlichster Größe kommen und gehen, sortieren ihre Netze und laden ihre Fracht ab – meist frischen Fisch, den man direkt im Hafen köstlich zubereitet genießen kann. Als besondere Attraktion für die Vier- bis Zehnjährigen liegt in der Nähe des Jachthafens ein großes **Piratenschiff mit Ausguckturm** vor Anker, das ausgiebig bespielt werden darf.

Dass Oudeschild im 17. Jahrhundert mit seiner Reede ein wichtiger Anlaufpunkt für Hochseeschiffe war, erfährt man vor Ort im **Meeres- und Strandräubermuseum** Kaap Skil. Das moderne Museum bietet Wissen zum Anfassen und hat auch spezielle Angebote für Kinder.

Zwischen Oudeschild und **Den Burg**, dem lebendigen Hauptort der Insel, erhebt sich Texels höchster Berg. De **Hoge Berg** bricht mit seinen 15,3 Metern Höhe zwar keine Rekorde, dafür ist er aber aus geologischer Sicht höchst interessant. Entstand er doch vor rund 130 000 Jahren durch eiszeitliche Aufschüttungen. Im hügeligen »Alten Land« um den Hoge Berg weiden unzählige Schafe, die man bei einem **Spaziergang** oder auf einer **Radtour** durch diese Landschaft gut beobachten kann. Dabei stößt man auch auf die sogenannten **Tuunwoallen**, aus übereinandergeschichteten Grassoden bestehende Wälle, die die Weiden begrenzen. Sie blühen im Frühling und Sommer in intensiver Farbenpracht. *BL*

Infos und Adressen

ANREISE

Mit der Autofähre, die zwischen Den Helder (Festland) und Texel verkehrt. Das Schiff startet zwischen 6 Uhr (werktags) bzw. 7 Uhr (sonntags) und 21 Uhr stündlich, die Überfahrt dauert etwa 20 Min.

BESTE REISEZEIT

Ganzjährig; Badesaison ist von Juli bis September.

AKTIVITÄTEN

Den Burg. Einkaufsbummel im mittelalterlich geprägten Stadtkern von Den Burg, dem größten Dorf und dem städtischen Zentrum der Insel, jeden Montag Wochenmarkt

Regionale Spezialitäten. Jedes Dorf der Insel bietet in seinen Läden regionale Produkte an wie Lammfleisch mit dem typischen Salzaroma, Schafskäse, Gebäckspezialitäten wie Appelgeback, Kräuterbitter wie Kees Boontje und 't Juttertje, das Weißbier Skuumkoppe aus der Texelse Bierbrouwerij sowie Sanddorngelee frisch aus den Dünen.

Frisch vom Feld. Viele Kleinbauern präsentieren ihre Erträge direkt vor Ort: An der Straße vor dem Anwesen liegen je nach Jahreszeit in einem Gestell Kartoffeln, Blumenkohl, Zwiebeln, Narzissen, Tulpen u.a. Das Geld für die Ware wirft man einfach in eine bereitgestellte Kassette.

FÜR REGENTAGE

Ecomare. Großes Informationszentrum über die Naturlandschaften auf Texel, mit Aquarium, Seehundaufzuchtstation und Dünengarten. Ruijslaan 92, De Koog, www.ecomare.nl

Spielparadies. Großer Indoorspielplatz zum Klettern, Rutschen und Springen für Kinder bis 10 Jahre. Ferienzentrum De Krim, Roggeslootweg 9, De Cocksdorp

Museum Kaap Skil. 2012 eröffnetes interaktives maritimes Museum mit historischer Mühle und ehemaligen Fischerhäuschen auf dem großen Außengelände. Heemskerckstraat 9, Oudeschild, www.kaapskil.nl

Schipbreuk- en Juttersmuseum Flora. Kuriose Sammlung von Strandgut, das an der Küste Texels angespült wurde. Pontweg 141, Den Burg, www.juttersflora.nl

Schwimmparadies Calluna. Großes Familienbad mit Rutsche, Wildwasserkanal, Kinderbecken und Sauna. Schumakersweg 3, De Koog

ESSEN UND TRINKEN

Eethuis Klif 23. Gemütliches Café und Restaurant mit über 100 Pfannkuchenspezialitäten. Klif 23. Den Hoorn, www.klif23.nl

Viscentrum Van Beek. Fischgeschäft mit angegliederter Gastronomie, fangfrische Angebote wie Leckerbeck und Kibbeling. Dorpstraat 109, De Koog, www.viscentrumvanbeek.nl

Eishof Labora. Erlebnisbauernhof mit Eissalon, der köstliches Rahmeis, hergestellt mit Milch aus der eigenen Molkerei, anbietet. Hollandseweg 2, De Cocksdorp, www.ijsboerderijlabora.nl

ÜBERNACHTEN

De Ark. Kinderfreundliche Appartements auf einem ehemaligen Bauernhof mit diversen Haustieren, Sonnenwiese, Spielplatz und großem Gemeinschaftsraum. Diek 15–17, Den Hoorn, www.dearktexel.nl

Ferienpark De Krim. Familiengerecht ausgestattete Bungalows in schön gestalteter Parkanlage, großes Angebot an Freizeitaktivitäten wie Schwimmen, Spielen, Minigolf, Bowling. Roggeslootweg 6, De Cocksdorp, www.krim-texel.nl

Texel-Yurts. Runde, nomadische Wohnzelte in ruhiger Lage im Dünen-Nationalpark, gemütlich eingerichtet mit Holzboden, Feldbetten, Holzfeuerherd und Küchenzeile. Rommelpot 19, Den Hoorn, www.texel-yurts.nl

WEITERE INFOS

VVV Texel. www.texel.net

Dem Leben im Watt auf der Spur: Das Naturzentrum Ecomare bietet Exkursionen für die ganze Familie an.

Ohne Auto auf Vlieland

Für Familien scheint die kleinste der fünf niederländischen Wattenmeer-Inseln wie geschaffen. Die größten Trümpfe der autofreien Insel: ausgedehnte Strände, viel Natur und kurze Wege – auf Vlieland macht man alles zu Fuß oder mit dem Rad.

Von Pottwalen und Kobolden

Die Nachricht des gestrandeten Pottwals ging in Windeseile um die Insel. Zehn Jahre ist es her, aber Marc ter Ellen erinnert sich noch gut an die Bergung des riesigen Kadavers. »Am schlimmsten war der Gestank«, sagt der Direktor des **Informationszentrums De Noordwester**. Heute ist das präparierte Skelett des 15 Meter langen Meeressäugers die Hauptattraktion des Besucherzentrums und fasziniert Jung und Alt gleichermaßen. Besser als dem Pottwal erging es den Bewohnern der Aquarien: Seebarsche schwimmen träge vorbei, Plattfische wirbeln Sandwolken auf, ein Aal lauert misstrauisch in einem rostigen Rohr. Im **Streichelbecken** kann man sogar mit Rochen auf Tuchfühlung gehen. Auf dem Dachboden lässt sich die Beute von Strandräubern und Wracktauchern bestaunen. Und es gibt sogar einen **Koboldwald**, der Einblicke in das Leben der lokalen Gnome zu den vier Jahreszeiten gewährt. Im De Noordwester werden auch zahllose **Exkursionen**

Niederlande

Endlose Strände laden zu ausgedehnten Reittouren ein.

Infos und Adressen

ANREISE

Mit dem Auto von Norden/Osten via Groningen, von Süden via Apeldoorn. **Mit der Fähre** ab Harlingen, wahlweise mit Autofähre (1,5 Std.) oder Schnellboot (45 Min.).
www.rederij-doeksen.nl

BESTE REISEZEIT

April bis Oktober

ESSEN UND TRINKEN

De Dining. Hafenpavillon mit herrlichem Blick auf den nahegelegenen Yachthafen. Raffinierte regionale Küche, z. B. Meeräschefilet mit Hummersauce und zum Dessert Vanilleeis mit Cranberry-Kompott. Lecker! Havenweg 70, Vlieland, www.dedining.nl

De Lickebaert. Gemütliches Bistro, in dem in entspannter Atmosphäre Pfannkuchen und »poffertjes« serviert werden. Dorpsstraat 2-4, Vlieland

ÜBERNACHTEN

Vakantiewoningen Stortemelk. Die gemütlichen Reetdachhäuser für 4 bis 8 Personen liegen sehr schön in den Dünen, nahe dem Strand, und sind ideal für Familien. Ankerplaats, Vlieland, www.stortemelk.nl

Lange Paal. Der schöne Naturcampingplatz liegt nur ein paar Schritte vom Meer entfernt. Postweg 1a, Vlieland.

WEITERE INFOS

VVV Vlieland. Havenweg 10, Vlieland, www.vvvvlieland.nl

Mitmachen!

REITEN AUF VLIELAND

Eine ausgezeichnete Möglichkeit, die Insel zu erkunden, ist auf dem Pferderücken. Ein dichtes Netz von Reitwegen erschließt Wälder, Heide und Dünen. Der Reiterhof »Edda« bietet eine große Auswahl an Reittouren mit relativ kleinen und gutmütigen Islandpferden an. Das Mindestalter für Reiter beträgt zehn Jahre. Angeboten werden sowohl einstündige Schnuppertouren für Anfänger als auch längere Ausritte für Fortgeschrittene (1,5 bis 2 Std.). Für Letztere empfiehlt sich die Nebensaison. Dann wird z. B. die »Posthuysrit« (4 Std., nur für Fortgeschrittene) angeboten, die zu den schönsten Ecken der Insel führt. Für Kinder bis zehn Jahren gibt es Wanderponys, mit denen Kurztouren im Wald, in den Dünen oder am Strand unternommen werden können. Jedes Jahr im Mai findet außerdem für Kinder von zehn bis 16 Jahren ein einwöchiges Pony-Camp mit tollen Aktivitäten statt.

www.staledda.nl

angeboten. Wie wäre es in Gesellschaft eines echten Strandräubers den Strand zu durchstreifen und dabei spannenden Geschichten zu lauschen? Kinder, die ihre Funde im Informationszentrum vorzeigen, erhalten im Anschluss eine Urkunde. Bei einem **Streifzug durchs Watt** (Mindestalter: fünf Jahre) unter kundiger Führung erfahren sie alles über dessen Entstehung und über die Fauna und Flora. Und warum nicht einmal einen Ranger bei der Arbeit begleiten und erfahren, welche Bedeutung den Hochlandrindern für die Instandhaltung der Dünenlandschaft zukommt?

Für Naturfreunde hat Vlieland natürlich noch viel mehr zu bieten. Wer es ruhig angehen möchte, erkundet auf einer **Planwagenfahrt** die Dünen rund um den berühmten **Leuchtturm**. Wer es rasanter mag, bucht eine **Robbensafari** und saust mit dem Festrumpfschlauchboot zum **Sandriff Richel**, wo sich fast immer **Seehunde beobachten** lassen. *EVDP*

Terschelling entdecken

TOLL FÜR KINDER

Centrum voor Natuur en Landschap. Ausstellungen zu Fauna, Flora und Landschaft. Dazu Aquarien mit schwimmenden, schwebenden, kriechenden und krabbelnden Meeresbewohnern.
www.natuurmuseumterschelling.nl

Wrakkenmuseum. Funde aus 150 Schiffswracks und Piratengarten.
www.wrakkenmuseum.nl

Robbentour. Mit dem Boot kommt man den Seehunden, die sich auf den Sandbänken sonnen, ganz nahe. www.riepel.nu

Planwagenfahrt. Auf einer kurzen Rundfahrt entdecken Sie die Dünen und die riesige Strandebene Noordsvaarder.
www.noordsvaarderij.nl

TOLL FÜR ELTERN

't Behouden Huys. Ausstellung über Inselgeschichte, Seenotrettungsdienst und Willem Barents. www.behouden-huys.nl

't Hooivak. Auf dem Kinderbauernhof dürfen Kinder Tiere streicheln und füttern, beim Getreidemalen und Buttermachen Hand anlegen, während die Eltern im Landwirtschaftsmuseum herumstöbern. www.hooivak.nl

Planwagenfahrt auf der Strandebene Noordsvaarder

Das Abenteuer Terschelling beginnt schon mit der zweistündigen Bootsfahrt. Auf der mittleren der fünf niederländischen Wattenmeer-Inseln laden Polder, Salzwiesen und Dünen zu ausgedehnten Radtouren ein. Und wenn Petrus nicht mitspielt, gibt es spannende Alternativen – vom Wrackmuseum bis zu diversen Schaubauernhöfen.

Schätze vom Meeresboden

»Im Namen aller Terschellinger Taucher danken wir Kapitän Mangelsdorf für seinen Navigationsfehler, der die Strandung seines Schiffes zur Folge hatte. Er bescherte uns ein wunderbares Wrack.« Der handgeschriebene Zettel liegt in einer Vitrine zwischen Porzellan, Nähmaschinen, Öllampen und Weinflaschen – alles Teile der Ladung des 1895 gesunkenen deutschen Stückgutfrachters »Thasos«. Der Wracktaucher Hille van Dieren hat sie an die Oberfläche gebracht. Seit 1976 erkundete er an die 150 Wracks rund um Terschelling und erbeutete dabei oft Erstaunliches – von Goldmünzen bis hin zu Bronzekanonen von 1650. Die Funde, liebevoll ausgestellt in seinem chaotischen **Wrakkenmuseum (Formerum)**, begeistern Jung und Alt. Für Kinder gibt es im Innenhof sogar einen »Piratengarten«, einen Spielplatz mit Burg und einem echten Piratenschiff. Bei gutem Wetter

Niederlande

Bürgerliches Interieur im Heimatmuseum 't Behouden Huys

lässt sich der Besuch mit einer **Radtour** verbinden. Ein Weg führt an der Südküste des Wattenmeeres entlang, wo es in jeder Bucht nur so von Enten und Gänsen, Austernfischern und Kormoranen wimmelt. Auf der Rückfahrt durch die Dünen im Norden der Insel locken Abstecher zu den **Badestränden** der Nordseeküste. Unterwegs können Kinder im **Schaubauernhof 't Hooivak (Hoorn)** die Tiere füttern und beim Butter machen selbst Hand anlegen. Und auch das tägliche Melken der Schafe auf der **Bio-Schaffarm De Zeekraal (Oosterend)** sollte man nicht verpassen.

   Und bei schlechtem Wetter? Dann rettet man sich in das **Centrum voor Natuur en Landschap** in West-Terschelling, das mit einer multimedialen Präsentation die Entstehung der Insel und die verschiedenen Biotope veranschaulicht. Eine Straße weiter erinnert das **Heimatmuseum 't Behouden Huys**, untergebracht in zwei schmucken Kapitänshäuschen aus dem 17. Jahrhundert, an den berühmten Entdecker und Seefahrer Willem Barents, der in Formerum geboren wurde. *EVDP*

Der besondere Tipp

BIO-SCHAFFARM DE ZEEKRAAL

Auf dem Schaubauernhof von Gerben und Jolanda Bakker ist immer etwas los. Von März bis November werden die 250 friesischen Milchschafe zweimal täglich gemolken. Nachmittags um 15.30 Uhr kann jeder dabei sein. Beim Melken erzählt Bauer Gerben über das Bauernleben. Ein Großteil der Milch wird anschließend zu Käse verarbeitet. Außerdem entstehen Quark, Kosmetika und leckere Eiscremes, die im Hofladen verkauft werden. In den Sommerferien können Sie die Schafschur erleben, von Februar bis März bei der Geburt der Lämmer dabei sein. Und fragen Sie sich, wie die Bauern früher gelebt haben? Dann buchen Sie doch gleich eine Übernachtung in einem der gemütlich ausgestatteten Zelte auf dem Hofgelände. Gas und Strom gibt es nicht, dafür Öllampen und einen Holzofen, auf dem – ganz so wie einst – gekocht wird. Als Zugeständnis an den heutigen Komfort gibt es komfortable Betten und eine gut ausgestattete Küche.

www.dezeekraal.nl (Bauernhof) und www.boerenbed.nl (Übernachtung)

Museen in Paris

Cité des Sciences. Die Welt der Wissenschaften mit Flug im Raketenmodell »Ariane« und Abtauchen im Forschungs-U-Boot »Le Nautile«. Themengärten für Kinder ab drei Jahren

Playmobil Fun Park. Gut bei Regen für Kinder ab 18 Monaten.
www.playmobil-funpark.fr

Village Joué Club. Eines der größten Spielzeugparadiese in Paris.
http://villageparis.joueclubdrive.fr

Jardin du Luxembourg. Modellboote auf dem Teich, Ponys reiten, Puppentheater

Paris Story. Die Stadt in Miniaturausgabe mit Multivisionsshow. www.paris-story.com

Metro-Sightseeing. Die Linien 2 und 6 sind meist oberirdisch unterwegs, fahren bis zum Canal Saint-Martin

Promenade plantée. Der schmalste Park der Welt, mit dem Viaduc des Arts, schmucke Läden mit Handwerkskunst und mechanischem Spielzeug

Im Abendrot leuchten Eiffelturm und Sacré-Cœur.

Paris hat ein großes Herz für Kinder: »Je vous aime!«, ruft die Stadt den jungen und kleinen Besuchern zu, wenn sie die Dinosaurier-Karawane im Jardin des Plantes bewundern, sich künstlerisch im Centre Pompidou betätigen oder Aug' in Aug' mit Haien durch das Cinéaqua hüpfen. Wer Paris mit Kindern kennen lernen will, kann sich treiben lassen.

Die Stadt an der Seine und ihr Herz für Kinder

Die Stadt zieht so manchen Trumpf aus ihrem überreichen Angebot zwischen Historie und Moderne, zwischen **Notre-Dame** und La Défense, zwischen den Boulevards um den **Arc de Triomphe** und den verwinkelten Gässchen der »Butte«, am Montmartre mit seiner **Sacré-Cœur**, zeigt seine Schokoladenseiten vom Wasser und von oben: vom **Eiffelturm** oder vom **Montparnasse-Turm**. Den historischen Kern der Stadt um die schiffsförmige Insel Île de la Cité in der Seine bis zur Opéra Garnier und der Place de la Bastille erkunden Familien zu Fuß, auf einem **»Vélib'«-Leihfahrrad**, mit der Metro oder dem Schiff. Die **Flussfahrt zwischen Eiffelturm und Jardin des Plantes** lädt zum »Ich sehe was, was du nicht siehst ...«-Spiel. Wo steht Zouave, die steinerne Figur am Brückenpfeiler des Pont de l'Alma, an dem die Wasserstände abgelesen werden? Im Parc André Citroën spritzen 120 Wasserfontänen das Was-

Frankreich

Die Musikparade vor dem Dornröschen-schloss

ser bis zu vier Meter hoch. Die meisten »Batobus« drehen am Jardin des Plantes um, die **Linie Voduéo** fährt weiter – das lohnt sich, im Parc de Bercy ist das **Musée des Arts Forains**, ein Kirmesmuseum. Ob sie lebendig werden wie in »Nachts im Museum«? In einer langen Karawane stehen u. a. Dinosaurier, Wale und Mammuts in der **Galerie d'Anatomie**, angeführt von lebensgroßen Elefanten. Die **Galerie des enfants** richtet sich an sechs- bis zwölfjährige Besucher. 173 Museen gibt es in Pa-ris, zu den Nationalmuseen haben Kinder unter 18 Jahren freien Eintritt. Nicht nur **Louvre**, **Museé d'Orsay** oder **Centre Pompidou** locken junge Besucher mit eigenen Führungen, Schnitzeljagden und Geschicklichkeitsspielen. »Findet Nemo« – diese Aufforderung werden sich die jungen Besucher im **Ci-néaqua**, dem Aquarium de Paris im Trocadéro, nicht zweimal sagen lassen. Jung und alt gehen durch einen elf Meter langen Tunnel, Auge in Auge mit Rochen und Haien. *CW*

Toller Ausflug
EIN BESUCH BEI MICKEY MOUSE

Über zwölf Millionen Besucher jährlich ma-chen aus Disneyland Paris Europas Touristen-attraktion Nummer eins. Die Welt der perfek-ten Illusionen liegt gut 30 Kilometer östlich von Paris und besteht aus dem Disneyland Park, dem Walt Disney Studios Park, dem Ver-gnügungszentrum Disney Village und mehre-ren Hotels. Mit dem RER-Zug, Linie A, steuert man von Paris aus die Endstation Marne la Vallée an. Eine Fahrt mit der Disneyland-Rail-road gibt einen ersten Überblick über die rie-sige Märchenwelt. Vorbei am traumhaften Dornröschenschloss geht es zum Frontier-land, wo den Besuchern die Kugeln um die Ohren sausen, sind sie doch mittendrin im Wilden Westen. Der Big Thunder Mountain ist ein führerloser Zug durch alte Ruinen und mit Looping! Die Parade auf der Main Street wird abends abgelöst von einem grandiosen Feu-erwerk. 60 Kilometer von Disneyland Resort Paris entfernt liegt der Parc Astérix, ein galli-scher Themenpark mit 31 Attraktionen rund um die berühmten Comicfiguren Asterix und Obelix.

www.disneylandparis.com,
www.parcasterix.fr

Mit dem Rad an der Loire

Ein Märchenschloss: Château de Saumur an der Loire

Auf 800 Kilometern ein Höhenunterschied von 150 Metern – quasi »eben wie ein Brett«. Da bietet sich der Radwanderweg »La Loire à Vélo« geradezu an, einige der mehr als 600 Burgen und Schlösser entlang der Loire auf dem Drahtesel anzusteuern. Familiengerecht sind die 85 empfohlenen Etappen ausgebaut, auch mit kleineren Kindern zu bewältigen und allesamt jeweils unter 40 Kilometer lang.

Das Rad wird zur modernen Kutsche

Die Stadt, die man früher auch »Venedig des Westens« nannte, wurde am Zusammenfluss dreier Flüsse gegründet: **Nantes** liegt an der Loire, Europas letztem wildem Fluss, an der Endre, in den Augen von Franz I. der »schönste Fluss Europas«, und an der Sèvre Nataise, die sich durch ihren idyllischen Charakter auszeichnet. Ein idealer Ausgangspunkt also, um auf zwei Rädern die Loire und ihre Schlösser zu erkunden. Seit 2012 ist er nämlich fertig, der Radwanderweg **»La Loire à Vélo«**, 800 Kilometer lang vom Oberlauf nahe Cuffy bis hin zum Atlantik, nach St. Brévin-les-Pins. Die Radwege entlang des französischen Königsflusses, in dessen Umland sich sage und schreibe **mehr als 600 Burgen und Schlösser** befinden, verlaufen meist direkt in Ufernähe.

Frankreich

Der gewaltige Elefant aus Holz und Metall trottet durch Nantes.

Schlief hier Dornröschen?

Die Schlösser der Loire sind ein Spiegel der Baukunst aus sieben Jahrhunderten. Die ersten Wehrburgen wurden zwischen dem 11. und 14. Jahrhundert errichtet. Später entstanden die Renaissance-Schlösser, deren Prunk noch heute überwältigt, barocke und klassizistische Bauten, prachtvolle Gärten und Parkanlagen. Nie wird mit Superlativen so großzügig umgegangen, wie wenn es um die Schlösser der Loire geht. Natürlich ist es jedem selbst überlassen, welches Bauwerk er besichtigen möchte und welches er für das schönste oder das prachtvollste oder das beeindruckendste hält.

Für viele zählt jedoch das **Château de Saumur** zu den schönsten Loire-Schlössern. Dieses wahre Märchenschloss ließ Herzog Ludwig I. von Anjou im 14. Jahrhundert errichten, dessen beeindruckender Turm den Blick frei gibt auf die Loire und die Stadt Saumur. Den Superlativ der Romantik darf das **Château d'Ussé** für sich beanspruchen. Schnurgerade führt die Rue de La Loire direkt auf das Schloss zu, das im 15. Jahrhundert am Fluss Indre erbaut wurde. Mit seinen romantischen weißen Türmchen, den Spitztürmen und Schornsteinen soll es dem Dichter Charles Perrault als Vorlage für sein Märchen vom **Dornröschen** gedient haben.

In der Region um die alte Handelsmetropole Tours reiht sich eine Sehenswürdigkeit an die nächste. Wer die Loire hier per Rad erkundet, hat es nicht leicht, zwischen dem heroischen **Schloss Amboise** oder der mächtigen **Festung Chinon** und all den anderen Zeugnissen einer glanzvollen Vergangenheit zu wählen. Bei den Besuchern stehen **Chenonceau**, **Villandry** und **Azay-le-Rideau** ganz oben auf der Wunschliste.

Die prächtige Anlage des **Châteaus de Chenonceau** verdankt die Nachwelt der Leidenschaft Heinrichs II. für die schöne Diana von Poitier. Ihre Freude über das imposante Präsent währte nicht allzu lange, denn nach Heinrichs Tod wurde Diana von dessen Frau, der berühmten Katharina de Medici, aus naheliegenden Gründen des Hauses verwiesen. Das »Schloss der Damen« beherbergt eine Reihe wertvoller Gemälde von Rubens, Tintoretto und anderen alten Meistern.

Der Giftschrank der Katharina de Medici

Das imposante Gebäude **Château Royal de Blois** fiel der Französischen Revolution zum Opfer. Seitdem sind die Räumlichkeiten aufwendig restauriert worden, sodass man

Nicht verpassen

WO MAN DEN FILM ALS KRIBBELN IM NACKEN SPÜRT

Eine gute Stunde mit dem Auto liegt Poitiers vom Loiretal entfernt, wenn man von Tours kommt. Die romanische Kunst prägt die Stadt. Die Stiftskirche Notre-Dame-la-Grande fasziniert mit ihrer ornamentreichen Fassade. Auf der Höhe der Eingangstür erzählt ein Fries Episoden der heiligen Geschichte – von Adam und Eva bis zur Geburt Jesu. Den Sprung in die Neuzeit hat Poitiers mühelos geschafft mit der futuristischen Welt des Multimedia-Freizeitparks Futuroscope. Der Park wurde 1987 eröffnet und begeistert seine Besucher mit faszinierenden Medientechnologien der Zukunft. Seit 2014 erleben die Besucher die Abenteuer von Arthur in 4 D. Die Raving Rabbids nehmen ihre Besucher mit auf eine verrückte Zeitreise, hautnah ist man bei der großen Rettungsmission des Hubble-Teleskops dabei. Schweeloses Schweben durch den Hyperraum inklusive! Ausruhen kann man sich bei einem Drink in 35 Metern Höhe. Achtung! Die Füße baumeln frei …

Avenue René Monory, Chasseneuil-du-Poitou, www.futuroscope.com

Das heroisch anmutende Schloss Amboise thront über der Loire.

Schloss Amboise im Kleinformat im Miniaturpark Loireschlösser

im Kabinett der Katharina de Medici nicht nur die prachtvolle Holzvertäfelung, sondern ebenfalls ihr ausgetüfteltes System von Geheimfächern bestaunen kann, in dem die machtbewusste Dame unter anderem diverse Gifte gelagert haben soll.

Unweit von Blois erhebt sich die gigantische Anlage des **Schlosses Chambord**, die über 5000 Hektar umfasst und Anfang des 16. Jahrhunderts als Jagddomizil König Franz I. ihre endgültige Ausprägung erhielt. Chambord diente mit seinen weit über 400 Zimmern nicht nur als eindrucksvolle Kulisse für wichtige Staatsbesuche, hier wurde Weltliteratur, etwa Molières »Der Bürger als Edelmann«, aus der Taufe gehoben. Das Wappentier des Königs, der Salamander, ist in der ganzen Anlage rund 800-mal zu sehen. Ein absolutes Novum war zu damaliger Zeit das Treppenhaus: Auf den beiden Wendeltreppen mit der gemeinsamen Achse konnten zwei Personen hinauf- bzw. hinuntersteigen, ohne sich zu begegnen. Die Treppen führen hinauf zu den Terrassen auf dem Dach, das mit seinen zahllosen Türmchen, Spitzen, Kuppeln und Giebeln an eine kleine orientalische Stadtkulisse erinnert.   *CW*

Mit dem Rad an der Loire

Infos und Adressen

ANREISE

Mit dem Auto: z. B. über die A11, von Paris her kommend.
Mit dem Flugzeug: Direktflüge nach Nantes ab Düsseldorf (Air France), Berlin (Transavia), München (Volotea).
Mit dem Zug: Ab Paris täglich mit TGV vom Flughafen Charles de Gaulle und von Paris-Montparnasse

BESTE REISEZEIT

April bis Oktober

AKTIVITÄTEN

Galerie der Maschinen. Zwischen hohen Kränen und Hafenschuppen trottet in Nantes ein gewaltiger Elefant aus Holz und Metall, das Wahrzeichen der Machines de l'Île. Im Tragekorb des Dickhäuters gibt's Platz für 49 Besucher. Jules Verne lässt grüßen. www.lesmachines-nantes.fr
Passage Pommeraye Nantes. Die 1843 erbaute Passage mit ihren hölzernen Böden und schmiedeeisernen Geländern beherbergt exklusive Geschäfte und ist ein lichtdurchfluteter Vorläufer moderner Einkaufszentren.
Flussfahrt auf der Endre. Entlang der Schlösser, Abfahrt an der Pont de la Motte-Rouge, die Fahrt geht bis zum Chateau de la Gascherie
Bateaux Nantais Flussfahrten. März bis Oktober vom Liegeplatz Quai de la Motte Rouge aus. www.bateaux-nantais.fr
Château des Ducs de Bretagne. Nantes, www.chateaunantes.fr
Château de Saumur. www.chateau-saumur.com

ESSEN UND TRINKEN

Confiserie Georges Gautier. Hier naschte schon der kleine Jules Verne, und bis heute gibt es die Macarons Nantais, Schokopralinen mit Krokant. 9 Rue de la Fosse, Nantes
La Salamandre. Feinschmeckerrestaurant im renovierten Hotelpalast Hôtel d'Anjou mit toll dekoriertem Eingangsbereich und mitten in der Stadt Angers. 1 Boulevard du Maréchal Foch, Angers, www.hoteldanjou.fr

ÜBERNACHTEN

L'Adresse. Kleines Hotel in der Fußgängerzone von Tours. 12 Rue de la Rôtisserie, Tours, www.hotel-ladresse.com
Domaine du Clos de L'Epinay. Marie-Claire und Luc Dumange haben im Winzerdorf Vouvray zwei für Familien geeignete Gästezimmer auf ihrem Weingut eingerichtet und erklären auch in deutscher Sprache, was man mit der Chenin-Traube alles keltern kann. www.vinvouvray.com

WEITERE INFOS

Loire und ihre Schlösser. www.rendezvousenfrance.com
Unterwegs mit dem Rad. Alles Wissenswerte über Streckenverlauf, Radverleih und Gepäcktransport unter www.loire-radweg.org (auch als App verfügbar)

Den Blick in die Zukunft garantiert der Multimedia-Freizeitpark Futuroscope in Poitiers.

Wandern auf Korsika

TOLL FÜR KINDER

A Cupulatta. Auf der Schildkrötenfarm in Véro, die größte ihrer Art in Europa, werden 170 Schildkrötenarten aufgezogen. www.acupulatta.com

Aqua Gliss. Wasserpark bei Porticcio mit vielen Rutschen. www.acqua-gliss.com

Eselreiten. Mit einem langohrigen Gefährten, der das Gepäck trägt, wandern Kindern gern. www.randonnee-ane-corse.com

TOLL FÜR ELTERN

Route des Artisans. Entlang der »Straße der Kunsthandwerker«, die sich durch die Balagne schlängelt, werden korsisches Kunsthandwerk und Spezialitäten verkauft. www.routedesartisans.fr

Cap Corse Mattei. Hier sind neben dem korsischen Aperitif auch Spezialitäten wie Kastanien- und Myrtenlikör erhältlich. www.capcorsemattei.com

Fiera di l'Alivu. Auf dem zweitägigen Olivenmarkt in Montemaggiore (zweite Julihälfte) werden neben Olivenöl auch Käse und Wurstwaren sowie Handwerkliches feilgeboten.

Die Zitadelle von Corte, Sitz des Musée de la Corse, liegt wie ein Adlerhorst auf einem Felsen.

Gut ein halbes Dutzend Fernwanderwege erschließen die »schönste Insel im Mittelmeer«, darunter der Mare e Monte, der sich im Schatten des legendären GR 20 zu einem der beliebtesten Treks gemausert hat – auch bei Familien. Wem die ganze Route zu anspruchsvoll erscheint, der mag vielleicht reinschnuppern und die eine oder andere Etappe mit einem Badeausflug verbinden.

Mare e Monti – durch Buchten und Schluchten

Der Name ist Programm! Mare e Monti bedeutet »Meer und Berge«. Tatsächlich balanciert dieser wunderbare **Fernwanderweg im Nordwesten Korsikas** wortwörtlich zwischen hohen Bergen auf der einen und dem Meer auf der anderen Seite, 128 Kilometer lang. Betörende Düfte und ein wahrer Farbenrausch begleiten Wanderer, die das Glück haben, im Frühjahr unterwegs zu sein. Denn das ist eindeutig die schönste Zeit für den Mare e Monti. Während die Gipfel im Inland noch weiße Schneehauben tragen, lässt der Blick auf die türkisfarbenen Buchten schon Badelust aufkommen. Im Vergleich zum GR 20, der eine echte Hochgebirgstour ist, bewegt sich der »kleine Bruder« in deutlich moderateren Höhen und steigt nur selten über 1200 Meter. Was nicht bedeutet, dass der Mare e Monti ein Spaziergang wäre ... Immerhin sind

Frankreich

auch hier täglich zwischen 300 und 1000 Höhenmeter zu bewältigen. Der Weg ist deshalb für kleine Kinder nicht geeignet, sondern richtet sich eher an **Familien mit etwas älteren
Kids** (ab zwölf Jahren), die schon erste Erfahrungen mit Bergwandern gemacht haben und konditionell fit sind. Beim
Wandern ist eingelaufenes festes Schuhwerk unentbehrlich,
Wanderstöcke sind bei den oft steilen Abstiegen von Vorteil.
Übernachtet wird in **Gîtes d'étape**, einfache Unterkünfte mit
kleinen Schlafräumen für vier bis sechs Personen. Diese liegen
oft an besonders schönen Stellen: in einem Bergdorf oder im
Wald, am Fluss oder am Strand. Übernachtungen können
meist mit Halbpension gebucht werden. Auf den Tisch kommen korsische Spezialitäten in üppigen Portionen.

Mit kleineren Kindern

Der Mare e Monti, der in zehn bis elf Tagen **von Calenzana
nach Cargèse** führt, eignet sich auch hervorragend, um
Wander- mit Badefreuden zu verbinden. Manche Etappen,
die an der Küste entlangführen, überraschen mit schönen
Badebuchten, andere führen an kristallklaren Gebirgsbächen
mit herrlichen **Badegumpen** entlang. Letztere sind auch ein
wunderbares Ziel für Wanderer, die aufgrund des Alters der
Kinder nur hier und da mal kurz reinschnuppern möchten.
Mit Kindern ab fünf Jahren kann man zum Beispiel die **Gor-
ges de Spelunca** erkunden. Das Auto stellt man an der
Straße D124 ab, vor der Brücke über den Porto-Fluss. Tolle
Badegumpen gibt es auf beiden Seiten der Brücke. Als Alternative ist das **Fango-Tal** zu empfehlen. Dort kann man bei
der Ponte Vechju parken und am Fluss entlang nach **Tuarelli**
laufen (8 km, 3 Std.). Als Einkehrmöglichkeit bietet sich die
Gîte d'étape »L'Alzelli« an. Badegumpen gibt es auf der ganzen Strecke, die schönsten bei der Ponte Vechju und bei der
Gîte d'étape. Die Kinder können an den Felsen entlangklet-
tern und ins Wasser springen. An manchen Stellen gibt es
kleine Wasserfälle und natürliche Wasserrutschen. Anderswo
ist der Fluss seichter und somit ideal, um kleine Staudämme
zu bauen. Für Langeweile ist hier nirgendwo Platz!

Fischadler kreisen am Himmel

Die Auftaktetappe des Mare e Monti führt vom Balagne-Dorf
Calenzana, einst aufgrund der vielen Oliven- und Mandel-
haine als »Garten Korsikas« bezeichnet, nach **Bonifatu**. Tags
darauf wartet die erste große Herausforderung: die Überwin-

Die Bucht von Girolata wird von einer wuch-
tigen Genueserburg beherrscht.

Der besondere Tipp

BOOTSTOUR NACH SCANDOLA

Die Halbinsel Scandola gehört zum Schönsten, was Korsika zu bieten hat. Denn hier finden sich auf engstem Raum rote Rhyolith-
kliffe, Felsnadeln und Brandungshöhlen,
während am Himmel Fischadler kreisen und
sich im Meer Delfine tummeln. Aufgrund ihres
besonderen Wertes steht die Halbinsel seit
1975 unter Naturschutz, 1983 folgte die Anerkennung als Weltnaturerbe durch die
UNESCO. Scandola wird im Süden durch den
Golf von Porto und im Norden durch die Bucht
von Galéria begrenzt. Die Entstehung geht zurück auf eine Reihe von Vulkanausbrüchen,
die sich vor 250 Millionen Jahren (Perm) er-
eigneten. Ornithologen begegnen hier neben
dem Fischadler, der auf Felsnadeln nistet, vielen weiteren seltenen Vogelarten wie Steinad-
ler, Gelbschnabel-Sturmtaucher und Korallen-
möwe. Auch die Unterwasserwelt ist
aufgrund ihres Artenreichtums streng geschützt. Am besten erkundet man die Halbinsel mit einem der Ausflugsboote, die von
zahllosen Häfen an der Westküste starten,
etwa von Galéria oder von Girolata aus.

www.visite-scandola.com,
www.yaka-girolata.com

Mitmachen!

MIT DER BAHN ZUM HOCHSEILGARTEN

Schon die Fahrt mit der korsischen Schmalspurbahn ist ein Erlebnis. Gleich nach dem Verlassen des Küstenstreifens schraubt sich »u Trinighellu« (dt.: der Zitternde) durch die Berge, Schluchten und schmale Tunnel. Dazu Kurven wie auf der Achterbahn, schwindelerregend hohe Brücken und immer wieder grandiose Ausblicke. Das Ziel der Fahrt ist der Bahnhof im Weiler Vizzavona. Ein rot-weiß markierter Wanderweg führt zu den eine Stunde entfernten Cascades des Anglais. Dort bieten schöne Gumpen jede Menge Badespaß. Für Nervenkitzel sorgt der Hochseilgarten Parcours aventure. Professionell angeseilt und gesichert hangelt man sich wie Tarzan bis zu 25 Meter über der Erde von einem Ende zum anderen. Für Familien ist die von Mitte Juni bis Mitte September geöffnete Anlage geradezu ideal. Zwölf Parcours mit fünf Schwierigkeitsstufen bieten über 100 Klettermöglichkeiten – vom Kletterbaum (mehr als 25 m hoch!) und dem Tarzansprung bis zur Affenbrücke. Der einfachste Parcours ist schon für Kinder ab vier Jahren (Mindestgröße 1 m) geeignet.

www.corsicanatura.fr

Der »Mare e Monte« führt z. T. über alte Hirtenpfade.

Der Fischerort Galéria in der Abendsonne

dung der **Bocca di l'Erbaghiolu** (1258 m), gefolgt von einem langen Abstieg nach **Tuarelli**. Auf uralten Hirtenpfaden geht es durch das Fango-Tal mit seinen vielen Gumpen nach **Galéria** an der Küste. Der Fischerort eignet sich hervorragend für einen Ruhetag, der für eine **Bootstour zur Halbinsel Scandola** genutzt werden könnte. Gut erholt? Hoffentlich, denn der Weg nach **Girolata** in der nächsten Bucht führt erneut über hohe Berge. Lohn der Mühe: sagenhafte Ausblicke auf die tiefblauen Buchten nach allen Seiten. Oft sieht man am Himmel sogar Fischadler kreisen. Das winzige Girolata, das sich im Schutz einer **Genueserburg** duckt, gehört zu den schönsten Orten Korsikas – und zu den isoliertesten. Denn dorthin kommt man nur zu Fuß oder auf dem Seeweg. Auch in Girolata könnte man durchaus einen Ruhetag einlegen. Neben einem schönen Badestrand gibt es einen **Kajakverleih**. Und auch von dort können **Bootstouren nach Scandola** unternommen werden. Kleine Bergdörfer wie **Curzu**, **Serriera** und **Ota** reihen sich auf den nächsten Etappen wie Perlen an einer Schnur. Von Ota geht es durch die legendäre **Spelunca-Schlucht** nach **Evisa**. Eltern finden bestimmt Gefallen an den pittoresken Genueserbrücken in der Schlucht, Kids an den vielen Badegumpen. Der schöne **Maultierpfad** war einst ein wichtiger Handelsweg. Hirten trieben ihre Herden darüber zu den Sommerweiden. Maultiere trotteten, mit Käse, Kastanienmehl oder Holz beladen, zur Küste hinunter oder mit Olivenöl, Salz und Fisch in die andere Richtung. Über Marignana und E Case geht es schließlich weiter nach **Cargèse**, gegründet von griechischen Flüchtlingen, die dem Ort bis heute ein besonderes Flair verleihen. *EVDP*

Wandern auf Korsika

Infos und Adressen

ANREISE

Mit dem Flugzeug: ganzjährig mit Umsteigen über Frankreich, zur Saison Direktflüge nach Ajaccio, Bastia, Calvi und Figari; **per Fähre:** ab Marseille, Nizza und Toulon (Frankreich) sowie Genua, Livorno und Sardinien (Italien) ganzjährig oder zur Saison nach Bastia, Calvi, l'Île-Rousse, Ajaccio, Propriano, Porto-Vecchio bzw. Bonifacio

BESTE REISEZEIT

Der Frühling und der Herbst sind ideal zum Wandern. Im Mai löst die Blüte der Macchia einen wahren Farbenrausch aus. Im Sommer ist es sehr heiß, und viele Unterkünfte sind nicht nur von Wanderern schnell ausgebucht.

ESSEN, TRINKEN & ÜBERNACHTEN

Am Ende der einzelnen Etappen liegen Gîtes d'étape, einfache Unterkünfte mit Matratzenlager und Zeltmöglichkeit. Eine Auswahl von Übernachtungsmöglichkeiten:

Gîte d'étape municipal. Einfache 4-Bett-Zimmer mit eigenem Bad. Route de Calvi, Calenzana, gite-calenzana@wanadoo.fr

Auberge de la Forêt de Bonifatu. Neben einigen Hotelzimmern gibt es eine Gîte d'étape mit schönen Holzhütten im Wald und einen schattigen Zeltplatz. Tolle Bademöglichkeiten im Figarella-Fluss. www.auberge-foret-bonifatu.com

L'Alzelli. Die Gîte d'étape besticht mit einer herrlichen Lage am Fango-Fluss und einer tollen Badestelle vor der Haustür. Tuarelli, Tel. +33-49 56 20 175

L'étape marine. Die Kapitänstochter Céline empfängt Wanderer in gemütlicher, lockerer Atmosphäre. Auch die Küche ist ein Plus. Route de Calca, Galéria, www.gite-etape-corse.com

Le Cormoran Voyageur. Fast alles, was bei Charles Teillet auf den Tisch kommt, stammt aus biologischer Erzeugung – von der hausgemachten Marmelade bis zur Dorade, die er selbst aus der Bucht gezogen hat. Girolata, Tel. +33-49 52 01 555

Gîte d'étape de Curzu. www.gite-de-curzo.com

L'Alivi. Schöne 4-Bett-Zimmer. Hübsch in den Speiseraum integriert wurde eine der letzten intakten Ölmühlen Korsikas. Serriera, www.alivi.fr

Chez Félix. Das Haus genießt unter Wanderern einen exzellenten Ruf. Das gleichnamige Restaurant liegt 100 m unterhalb der Gîte. Ota, www.gite-chez-felix.com

U Poghju. Spezialitäten wie »beignets de courgette« (Zucchinikrapfen) und »fiadone« (Käsekuchen mit brocciu). Evisa, www.gite-detape-evisa.com

Ustaria di a Rota. Der Besuch lohnt sich allein schon wegen der sagenhaften Sonnenuntergänge! Marignana, www.ustariadiarota.fr

E Case. Spartanische Gîte d'étape in traumhafter Lage über der Bucht von Pero. Revinda, Tel. +33-49 52 64 819

Hôtel Le Saint-Jean. Kleines, familienfreundliches Hotel am Anfang des Mare e Monti. Place St.-Jean, Cargèse, www.lesaintjean.com

FÜR REGENTAGE

Aquarium de la Poudrière. Das moderne Meerwasseraquarium im ehemaligen Pulvermagazin in Porto bietet einen Querschnitt durch die Unterwasserflora und -fauna des Golfs von Porto. Zu sehen sind über 150 Tierarten, darunter Muränen, Seespinnen und Katzenhaie.

Musée de la Corse. Das anthropologische Museum in der Zitadelle von Corse gewährt Einblicke in das Leben und die Traditionen der Korsen. www.musee-corse.com

Musée de la Maison Bonaparte. Geburtshaus von Napoleon Bonaparte. www.musee-maisonbonaparte.fr

WEITERE INFOS

Agence du Tourisme de la Corse. www.visit-corsica.com **Parc Naturel Régional de la Corse (PNRC).** www.parc-corse.org

Eselwandern erfreut sich auf Korsika einer wachsenden Beliebtheit.

Was braucht es mehr für den perfekten Winterspaß? Schnee satt und tiefblauer Himmel in Österreich

Österreich
und Schweiz

Luzern: Zyberliland

TOLL FÜR KINDER

Zyberliland. Ein Natur-Erlebnispark der ruhigen Art. www.zyberliland.ch

Hochseilpark. Geeignet für Kinder ab zwölf Jahren, der Anbieter führt auch den Bogenschießparcours. www.go-in-soerenberg.ch

Lama-Trekking und Ausritte mit dem Pferd. Buchbar bei der Touristeninfo Sörenberg. www.soerenberg.ch

TOLL FÜR ELTERN

Käse. Von den Almen ist Käse immer etwas Besonderes, hier zeigt der Käser sein Handwerk. www.alp-schlacht.ch

Dampfzahnradbahn. Ein Ausflug mit der 122 Jahre alten Bahn lohnt sich, er ist wie Wandern – nur dass die Kinder nicht über schmerzende Beine meckern, weil sie gefahren werden. www.brienz-rothorn-bahn.ch

Biken. Sörenberg gilt als Biketown – Fahrradbegeisterte kommen auf den Pisten und gut ausgebauten Wegen voll auf ihre Kosten. Und wer bergauf nicht treten will, leiht sich ein E-Bike.

Beste Aussichten bietet die Brienzer Rothornbahn.

Das erste Biosphärenreservat der Schweiz liegt im Entlebuch. Unter den schroffen Gipfeln können Familien einen wunderbaren Urlaub verbringen – mit Klettern, Bogenschießen, Goldwaschen und Bergwandern. Dass dabei technische Neugier nicht zu kurz kommt, dafür sorgt das nahe Luzern.

Wilder Westen für Goldgräber und Eisenbahnromantiker

Die alte Dampflok schnauft auf Zahnrädern den Berg hinauf. Aus den Fenstern des roten Waggons kann man über das schöne Bergpanroma bis hinunter zum Türkis schimmernden Brienzer See schauen: Eine Fahrt mit der **Rothornbahn** ist ein ganz besonderes Erlebnis und führt bis oben zur Spitze. Anschließend geht es vom Gipfel per Seilbahn wieder zurück nach Sörenberg. Dort liegt das **Reka-Feriendorf** – mit seinen Appartements ideale Übernachtungsgelegenheit für Familien. Das kleine Dorf liegt idyllisch in den Bergen, ein kleiner Bach gurgelt vor dem Haus und lädt zum Steinmanderl-Bauen ein. Im Dorf selbst locken ein **Bogenschießparcours**, ein **Hochseilpark** und der **Erlebnispark Mooraculum**. Der Postbus fährt regelmäßig ins Tal und bringt Familien auch bis nach Flühli – einem

Schweiz

Die Stille der Natur genießen kann man bei Lama-Wanderungen.

kleinen Dorf mit ideenreichem, großem Spielplatz und einer gut erreichbaren und sehr modernen **Kneipp-Anlage**, zu der man sogar mit Kinderwagen wandern kann. Mutige trauen sich in das glasklare, kalte Bergwasser des Schwandalpweihers, während Anfänger sich damit begnügen, sich das Wasser mit dem Schlauch über die Beine laufen lassen. Größere wandern in Flühli zum Chessiloch und wagen sich auf die Hängebrücke, die sich wie bei Karl May abenteuerlich über die Schlucht spannt.

Ganz in der Nähe befindet sich auch das **Zyberliland**. Ein märchenhaftes Erlebnisland in Romoos jenseits der kreischigen Freizeitparks. Hier bestehen die Spielgeräte aus Holz, und die Stationen sprechen gezielt die Sinne an, ganz ruhig und unaufgeregt. Klettern, planschen, Goldwaschen oder einen Köhler besuchen – damit punktet der Spielpark. Zurück in Sörenberg können Eltern dann noch eine Entschleunigungs-Variante testen – **Lama-Trekking**.   *AL*

Nicht verpassen
VERKEHRSHAUS LUZERN

Mit einem Brett wie ein Monteur unter einen Eisenbahnwaggon rollen und staunen, wie es dort unten aussieht, können Kinder wie Erwachsene im Verkehrshaus Luzern. Das Haus lohnt eigentlich den Besuch von mehreren Tagen, weil es dort so viel zu sehen und erleben gibt. Kinder können im Video-Bereich die Fernsehtechnik des Blue Screen austesten und entdecken, wie sie sich für die Kamera unsichtbar machen können. Auf einem riesigen nostalgischen Flipper-Automaten bringen Eltern wie Kids mit den Metallbällen Seilbahnen zum Laufen, lassen Züge fahren oder Menschen von Haus zu Haus gehen. Im Bereich der Boote spielen Kleinere Pirat und Prinzessin, während Größere über die Navigationstechnik staunen. Oder gleich ins Planetarium gehen und die Sternenwelt erforschen. Und nicht nur um Technik geht es dort. Neuer Bereich im Verkehrshaus ist das Swiss Chocolate Adventure. Hier können Kinder in die Welt der Schokolade eintauchen. Von der Herstellung bis zu spaßigen Erlebnissen, wie mit der kleinen Gondel fahren.

Das Rheintal in Graubünden

Kristalle suchen. Mit Meißel und Schutzbrille neben Schneefeldern hoch auf dem Berg auf Kristallsuche gehen. www.alpventura.ch

Gold waschen. Profi »Gold-Gusti« zeigt im Camp »Big Nugget«, wie es geht. www.gold-gusti.ch

Lama-Trekking. Streicheln erlaubt! Geführter Familien-Spaziergang mit Lamas entlang des Rheins. www.disentis-sedrun.ch

Baustellen-Spielplatz. Helm auf und los: Auf dem Spielplatz in Disentis darf selbst gebaggert und gemauert werden.

Sennaria Surselva. Leckere Bergkäse-Spezialitäten aus der neuen Sennaria. Via Lucmagn 33, www.agricultura.ch/11.html

Wildkräuterwanderung. Bergspaziergang mit einer Expertin, die Alpen-Wildpflanzen und ihre Heilkraft erklärt. www.disentis-sedrun.ch

Alpinklettern. Begleitete Alpin-Klettertouren vor grandiosem Bergpanorama. www.alpventura.ch

Die Rheinquelle Tomasee

Gold waschen, Bergkristalle finden, mit Lamas und zum eiskalten Quellsee des Rheins wandern – das obere Rheintal im Schweizer Kanton Graubünden wartet im Sommer mit so vielen tollen Familienaktivitäten auf, dass eine einzige Woche Urlaub fast nicht ausreicht, um alles zu erleben.

Wo der Rhein entspringt

In diesem Tal sind aktive Familien goldrichtig: Wo der noch junge Rhein den Berg hinabsprudelt, bieten die Gemeinden Disentis und Sedrun in Graubünden unvergessliche Aktivitäten. **Goldsucher** sieben den Sand im noch jungen Rhein und finden kleine Goldflitter – oder vielleicht sogar den ganz großen Reichtum? Ein bisschen Glück brauchen die kleinen und großen »Strahler« auch bei der **Kristallsuche**, um Bergkristalle hoch oben in den Alpen mit dem Meißel aus dem schroffen Fels zu klopfen. Die **Wanderung zum Tomasee**, der Quelle des Rheins, schaffen zwischen Alpenrosen, Arnika und Enzian auch schon kleinere Kinderbeine – war da nicht gerade ein Murmeltier? Zurück in Disentis, heißt es, den leckeren Bündner Bergkäse aus der modernen **Sennaria** zu kosten, der sogar bis nach Kanada exportiert wird, und die Produktion zu besichtigen. Gegen den gro-

Schweiz

Kleine Goldwäscher bei der Arbeit

Infos und Adressen

ANREISE

Individuell mit dem Auto oder mit dem Zug über Zürich. Das Rheintal hinauf fährt die Rätische Bahn.

BESTE REISEZEIT

Ganzjährig, einige Angebote finden nur in der Sommerferienzeit statt.

FÜR REGENTAGE

Weiler Disla. Kleines Dorf mit traditionellem Handwerk: Käserei, Weberei, Flachs- und Wassermühle. www.disla.ch

ESSEN UND TRINKEN

Capuns. Spätzleteig mit Speck und Wurst, gefüllt und mit Mangold umwickelt beim Capuns-

Weltmeister genießen. Via Alpsu 4, Disentis, www.hotelalpsu.ch
Bündner Nusstorte. Die Spezialität der Region: Bündner Nusstorte mit karamellisierten Walnüssen vom ausgezeichneten Bäcker – lecker!
www.goldmann-disentis.ch

ÜBERNACHTEN

Reka-Feriendorf. Familienfreundlicher geht nicht: Ferienwohnungen mit großem Spielplatz und Schwimmbad, Ferienprogramm. Rechtzeitig reservieren! Via Acletta, Reka, www.reka.ch

WEITERE INFOS

Infos zu Region und Aktivitäten. www.disentis-sedrun.ch

Toller Ausflug
WANDERUNG ZUR RHEINQUELLE

Nur noch über den letzten Bergkamm klettern, dann liegt er den Wanderern zu Füßen: Wie ein großer Spiegel blinkt der Tomasee in der Mittagssonne. Rundum wachsen felsige Berghänge in den Himmel. Hier, mitten in den Schweizer Alpen, entspringt er, der Rhein, auf dem Hunderte Kilometer weiter große Kähne schippern. An der Quelle ist sein Wasser so sauber, dass die durstigen Wanderer es mit der Hand schöpfen und trinken. Auf dem Weg vom Oberalppass mit dem Info-Zentrum neben rot-weißem Mini-Leuchtturm – dem kleinen Bruder des Turms, der an der Mündung des Rheins in Hoek van Holland steht – zeigen sich mit etwas Glück Murmeltiere zwischen dunkelgelbem Enzian, pinkfarbener Alpenrose und zartem Vergissmeinnicht. Nach zwei Stunden Tour ist dann am Tomasee Erfrischen angesagt: Blitzschnell sind die Wanderschuhe ausgezogen, und die kleinen Bergfexe stehen bis zu den Knien im Quellwasser. Aber genauso schnell sind sie wieder draußen – der See ist nämlich eiskalt. Zurück sprudelt der abfließende Rhein direkt neben dem Wanderweg.

ßen Hunger dampfen im Hotel Alpsu weltmeisterliche **Capuns** auf dem Teller, in Spätzleteig versteckter Speck, mit Mangold umwickelt und in Buttersauce serviert – ein kulinarischer Klassiker der Region. Genau wie das Bündnerfleisch und zum Nachtisch die üppige **Bündner Nusstorte**.

So gestärkt geht es aktiv weiter: **Wanderungen mit Lamas** oder um **Heilkräuter kennenzulernen**, begeistern Kinder und Eltern. Die Maurerkelle schwingen oder baggern dürfen dann alle Bauarbeiter-Fans auf dem **Baustellen-Spielplatz**. Ruhiger geht es im kleinen **Dorf Disla** zu, wo altes Handwerk und historische Mühlen gezeigt werden. Und dann ist da ja auch noch das alte Kloster ... oder doch lieber **Alpinklettern**? Das Gästeprogramm »Biala Vacanzas« der Tourismus-Kooperation der Orte Disentis und Sedrun hat mit seinem Sommererlebnisprogramm auf jeden Fall das passende Angebot. *AB*

Nauders am Reschenpass

Kurz rüber nach Italien zum halbversunkenen Kirchturm, oder mal eben in die Schweiz über eine alte Holzbrücke. Das österreichische Nauders bietet »grenzenlose« Abenteuer – ob Reisen in die Vergangenheit in alte Schlösser und Festungen, Outdoor-Sport vor Bergkulisse oder Kinder-Erlebniswelten in luftiger Höhe.

TOLL FÜR KINDER

Erlebniswelt Goldwasser. Waldxylophon spielen, Wasser aufstauen oder Gold waschen? Unzählige Möglichkeiten in der Kinder-Erlebniswelt in 2180 Metern Höhe

Radtour zum Reschensee. Auf dieser Tagestour zum versunkenen Kirchturm gibt es trotz Bergwelt kaum Steigungen zu überwinden, perfekt für die Familientour.

Canyoning-Abenteuer. Alle Outdooragenturen in Nauders bieten Sondertouren für die 10- bis 16-jährigen Abenteurer an, auch als Teil des Kinderprogramms »Draußen.Hausen«.

TOLL FÜR ELTERN

Edelweißsteig. Anspruchsvoll, aber mit atemberaubenden Aussichten und den einzigen Edelweißwiesen im gesamten Umkreis

Segway. Touren durch die Berglandschaft bietet Drei-Länder-Sports-Nauders an. www.biwak-nauders.at

Klettergarten Nauders. Gleich gegenüber der Festung Nauders, familienfreundlich und mit allen Schwierigkeitsgraden

Fantasiereiche Spielstationen aus natürlichen Materialien – Erlebniswelt Goldwasser

Erlebnisse im Dreiländereck

Eigentlich hat sich der Ort auf 1400 Metern Höhe vor allem als Skigebiet einen Namen gemacht. Doch die Sommerangebote werden gerade für Familien immer umfangreicher – und die Übernachtungspreise sind günstiger. Statt zur Skipiste fährt die Seilbahn im Sommer direkt zur **Erlebniswelt Goldwasser**. Dank des Kinderprogramms **»Draußen.Hausen«** und der örtlichen Outdooragenturen gibt es für Familien fast unbegrenzte Möglichkeiten: Die Größeren können sich bei einer geführten Tour zum **Canyoning** aufmachen, die Erwachsenen die Wege der Region per **Segway** erkunden. Die Agenturen bietet günstig **Leihfahrräder** an, ideal für Familien: Die **Tour zum Reschensee** führt auf einem gut ausgebauten Radweg vorbei am Schloss Nauders und der

Österreich

Festung Altfinstermünz: Eine alte Holzbrücke führt von hier aus in die Schweiz.

Nicht verpassen

ERLEBNISBURG »GRENZFESTUNG ALTFINSTERMÜNZ«

Wer mit dem Shuttle vom Parkplatz hinter Nauders die kleine Straße hinabfährt, dem bietet sich schon nach kurzer Zeit ein panoramareiches Bild: Der Inn als Grenzfluss zwischen Schweiz und Österreich hat hier einen tiefen Canyon in den Fels gegraben. Die Festung Altfinstermünz schmiegt sich einem Adlerhorst gleich an das Gestein. Für die Kinder gibt es nicht nur einen Spielplatz, sondern innerhalb der Festung auch Mittelalter zum Anfassen: Wo spielten die gelangweilten Grenzsoldaten einst Messerwerfen? Die Spuren in der dicken alten Holztür sind noch heute zu sehen. Wie sah eigentlich ein mittelalterliches Klo aus? Erstaunt schauen die Kids durch das Loch hinab: Die Hinterlassenschaften fielen ja an der Festungsmauer hinunter! Abenteuer pur bedeutet der düstere Weg vom Klausenturm und Besucherzentrum hin zum Sigmundseck – durch einen 35 Meter langen, feuchten Höhlengang. Und draußen nicht verpassen: mal kurz zu Fuß hinüber in die Schweiz gehen, über die dumpf klingenden Bohlen der alten Holzbrücke mit ihrem Brückenturm.

Seilbahn-Talstation, und das abseits der Straße und fast ohne Steigungen. Tipp: Wer den berühmten versunkenen Kirchturm sehen möchte, fährt den Reschensee auf der linken Seite entlang. Wander- und Klettertouren bietet die Region en masse, empfehlenswert: der **Edelweißsteig**.

Wieder in Nauders ist es Zeit für eine kleine Reise in die Vergangenheit: entweder im **Schloss Nauders**, wo noch heute gruselige Folterkammern und -gerätschaften zu besichtigen sind, oder in einer der beiden Festungen. Diesmal geht es nicht in Richtung Italien, sondern landeinwärts aus Nauders hinaus. Direkt an der Straße ragt schon imposant die **Festung Nauders** am Felsen in die Höhe. Die weniger Kulturinteressierten können sich gegenüber im **Klettergarten** den Herausforderungen stellen. Last but not least bietet die Region ein weiteres Highlight: die **Grenzfestung Altfinstermünz**, unbedingt eine Familienführung buchen oder am Familientag besuchen. Es lohnt sich! *IS*

Abenteuerspiele im Ötztal

TOLL FÜR KINDER

Zauberwald Sautens. Mäuse suchen, Düfte raten, balancieren. www.oetz.com

Tierwanderung. Esel Nemo, Pony Mucki und die frechen Ziegen begleiten die Kinder durch Wald und Wiesen. www.stufenreich.at

Area 47. Europas wildeste Spielwiese mit Canyoning- und Rafting-Angeboten, Riesenrutschen und Hochseilgarten für große Kinder. www.area47.at

Kidspark Bergwerk-Spielplatz. Buddeln, klettern und matschen, danach im Freibad nebenan abkühlen

TOLL FÜR ELTERN

Wellness-Auszeit. Im Designhotel Bergland lässt es sich im Sky Spa himmlisch ausspannen. Dorfstraße 114, Sölden, www.bergland-soelden.at

Wanderung zum Hochötz. Weite Blicke, gemütliche Hütten und jede Menge Wanderwege im Acherkogel-Gebiet. www.oetz.com/de

Piburger See. Ein Idyll: der warme Badesee mit Holzsteg und Restaurant, Tipp: frische Forelle. www.piburgersee.com

Blick ins Ötztal

Das Tiroler Ötztal ist ein gigantischer Outdoor-Spielplatz für kleine Abenteurer und ihre großen Begleiter: Im Freizeitpark Area 47 haben Familien Riesenspaß mit Wasserrutschen oder im weltweit höchstem Hochseilgarten. Bootstouren, Reitausflüge, Wanderungen oder River-Rafting sorgen für ereignisreiche Aktivferien.

Aktivferien im Ötztal

Schweini trödelt. Das zahme Hausschwein kennt den Weg genau, den die bunte Truppe aus aufgeregten Kindern, Ponys, Eseln und Ziegen eingeschlagen hat. Bei der **Tierwanderung** mit Gabi Auer betreten vor allem Großstadtkinder Neuland: Wie geht man mit Eseln um? Was mögen Ziegen? Die Wanderung bezaubert auch die Eltern mit einmaligem Panoramablick über das Ötztal. Weniger ruhig geht es in der **Area 47** zu, dem Funpark, vor allem für größere Kinder und Jugendliche. In der Water Area sind manche Rutschen so steil, dass sie erst ab 15 Jahren freigegeben sind. Aber auch die anderen machen einen Riesenspaß. Jugendliche trauen sich vielleicht sogar in den welthöchsten Hochseilgarten unter der Brücke in 27 Metern Höhe. Höhenangst sollte auch keiner in der Acherkogel-Bahn zum **Hochötz-Gebiet** haben. Oben liegen im Juni noch letzte Schneefelder – Schneeballschlacht!

Österreich

Nichts für schwache Nerven ist das Canyoning in der Area 47 – auch wenn man sich dabei nicht unbedingt in die Tiefe stürzen muss.

Infos und Adressen

ANREISE

Mit dem Auto oder **Zug**. Per **Flugzeug** bis Innsbruck. www.innsbruck-airport.com

BESTE REISEZEIT

Für Sommeraktivitäten: von Pfingsten bis August. Im Winter ist das Ötztal ein bekanntes Wintersportgebiet.

FÜR REGENTAGE

Aqua Dome. Die moderne Therme bietet Familien einen eigenen Bereich mit Schwimmbecken an Deck eines Schiffes. Längenfeld, www.aqua-dome.at

Ötzi Dorf. Im Freilichtpark erleben, wie Ötzi in der Jungsteinzeit lebte, wohnte, arbeitete. Umhausen, www.oetzi-dorf.at

ESSEN UND TRINKEN

Restaurant Heiner. Pizza, hausgemachter Kuchen und sahniges Eis: Lieblingsessen für alle. Oetz, www.heiner.at

Gusto. Fünf Themenräume von italienischer bis zu traditioneller Tiroler Küche. Sölden, www.gusto-soelden.at

ÜBERNACHTEN

Aktivhotel Waldhof. Vier-Sterne-Haus mit sehr guter Küche, Kinderspielzimmer und Spielplatz. Toll für die Kleinen: das hauseigene Schwimmbad. Habichen 5, Oetz, www.waldhof.at

WEITERE INFOS

www.oetztal.com

Danach auf dem Themenweg **»Auf den Spuren der Wildtiere«** wandern und später Kaiserschmarrn in der **Kühtaile-Hütte** schlemmen. Direkt neben der Talstation wartet der **Kidspark** mit dem neuen Bergwerk-Abenteuerspielplatz – 3500 Quadratmeter spielen und klettern, ganz ohne Eintritt. Kostenlos ist auch der Spaziergang um den idyllischen **Piburger See**, der im Sommer bis zu 25 Grad warm wird. Rein ins Badevergnügen! Kleinere Kinder lieben den Themenweg im **Zauberwald**, auf dem sie mit ihren Eltern oder zusammen mit einer Erlebnispädagogin spielerisch Dachs, Eichhörnchen und Biene entdecken – immer begleitet von Maskottchen Widi, dem Widder. Da wird balanciert, geschaukelt, geschnuppert und mit großen Ohren gelauscht. Zu wenig Action? Auf dem wild brodelndem Fluss Ötztaler Ache stürzen **Rafting-Schlauchboote** die reißenden Fluten hinab – nicht umsonst startet hier jedes Jahr die Extrem-Kajak-Weltmeisterschaft. *AB*

Mitmachen!

GROSSES FAMILIENFEST

Ausprobieren und austoben, basteln, spielen und gestalten: Seit 2013 macht an einem Wochenende im Hochsommer das Nivea Familienfest Station in Ötz. Dann verwandelt sich der kleine Ort im unteren Ötztal in einen großen Bewegungspark mit Kletterfelsen und Fußballturnier. Rodeo-Pferd, Surfsimulator und Riesenrutsche stellen Geschicklichkeit und Gleichgewichtssinn auf die Probe – wer bleibt am längsten auf dem Pferderücken? Auf der großen Showbühne sorgen die Lieblinge der Kinder aus Film und Fernsehen für Kreischalarm, ein Magier zeigt verblüffende Tricks. Die Kleinen verausgaben sich auf der Basketball-Hüpfburg oder toben im Bällebad, während sich die Großen auf der Go-Kart-Bahn Rennen liefern oder sich beim Nerf-Biathlon verausgaben. Wenn die Kinder in der Zeltstadt beim Kinderschminken oder Basteln beschäftigt und zufrieden sind, bleibt für die Eltern Zeit, nicht nur für Kaffee und Kuchen, sondern auch für einen Spaziergang entlang der wild-romantischen Ötztaler Ache.

Alpbachtal Seenland

Lauserland. Der Kinder-Erlebnis-Waldspielplatz an der Bergstation der Wiedersbergerhornbahn

Juppis Zauberwald. Mit der Reitherkogelbahn geht es hinauf zu diesem Familienwanderweg mit vielen Spielstationen.

Juppi Kid's Club. Kostenlose Kinderbetreuung mit Kinderdisco, Ausflügen zum Badesee, ins Lauserland oder in Juppis Zauberwald gibt es in Reith im Alpbachtal. www.juppi.at

Naturhochseilgarten im Outdoorcenter Kramsach. Kletterspaß für Groß und Klein. www.outdoorcenter-kramsach.com

Alpbach. Gilt mit seinen traditionellen Holzhäusern und den mit Geranien behangenen Balkonen als eines der schönsten Dörfer Österreichs

Rattenberg. Sehenswert ist die historische Altstadt mit ihren Glasbläsern und Kunsthandwerkern.

Museum Tiroler Bauernhöfe. Wie ein Fenster zur Vergangenheit ist das Freilichtmuseum mit seinen historischen Gebäuden.

Alpbach mit seinen traditionellen Bauernhäusern gilt als eines der schönsten Dörfer Österreichs.

Im Herzen Tirols, zwischen Rofangebirge und den Kitzbüheler Alpen, liegt die Ferienregion Alpbachtal Seenland. Zum Abtauchen laden die Badeseen ein, Abenteuerspielplätze locken Familien per Seilbahn auf die Bergwipfel und wilde Bäche Naturliebhaber und Wanderer zwischen schroffe Felsen.

Sommer zwischen Seen und Bergen

Diese Region lohnt einen längeren Aufenthalt, denn die Alpbachtal Seenland Card bekommt jeder Übernachtungsgast automatisch. Darin enthalten sind kostenlose Fahrten mit den Seilbahnen, Eintritt in die **Wörgler Wasserwelt WAVE** oder die zahlreichen Badeseen und Freibäder der Region. Die kleinste Stadt Österreichs – die **Glasbläserhochburg Rattenberg** – befindet sich ebenso in der Region wie neun kleine Bergdörfer. Nicht verpassen sollten besonders die Erwachsenen auch Alpbach mit seinen herrlichen Bauernhäusern. Derweil können sich die Kleinen (ab vier Jahren) im **Juppi Kid's Club** vergnügen. Dort stehen auch **Ausflüge ins Lauserland** oder in **Juppis Zauberwald** auf dem Programm. Die lassen sich natürlich auch individuell mit der ganzen Familie erkunden, kleiner Tipp: Im Lauserland kann es am Wochenende sehr voll werden mit Wochenendausflüglern, deshalb den Besuch lieber unter

Österreich

An der Bergstation der Wiedersbergerhorn-bahn liegt das Lauserland.

der Woche planen. In Juppis Zauberwald hingegen zieht sich die Strecke so lang hin, dass sich die Gäste gut auf die Spielstationen im Wald verteilen.

Wer von Rattenberg die Brücke über den Inn überquert, kommt nach **Kramsach**. Rechter Hand geht es in Richtung der wärmsten Badeseen Österreichs: **Krummsee**, **Reintaler See** und **Buchsee**. Von hier ist es nur noch ein Katzensprung bis zum **Museum Tiroler Bauernhöfe**. An der Straße hinter Kramsach in Richtung Brandenberg liegt ein weiteres Highlight: Im **Outdoorcenter Kramsach** mit seinem Naturhochseilgarten ist Klettern in luftiger Höhe von Baum zu Baum angesagt, auch für Kids: Die Adlertour ist schon ab 1,30 Mctern Körpergröße möglich.

Überhaupt ist die Region auf dieser Seite des Inns ein wahres Outdoor-Paradies mit ihren Felsen und den von Bächen hineingegrabenen Schluchten wie der **Tiefenbachklamm**, die man über den Triftsteig erreicht, oder der **Kaiserklamm**, die bei Kajakfahrern beliebt ist. *IS*

Der besondere Tipp

DIE KAISERKLAMM BEI BRANDENBERG

Die Brandenberger Ache rauscht durch die tiefe, enge Schlucht. Ein schmaler, aber gut gesicherter Triftweg führt einen Kilometer lang über den tosenden Bach hinweg. Es geht über schwindelerregende Brücken, durch kleine, dunkle Steintunnel. Kleiner Tipp: Die Jüngsten unbedingt an die Hand nehmen oder per Seil an sich gurten. Der Weg ist zwar durch eng gespannte Drahtseile gut gesichert, trotzdem ist Vorsicht angebracht. Nach der Klamm wird es wieder ruhiger, die Ache breiter und die Landschaft lieblicher. Von hier aus kehrt man entweder auf dem Feldweg oberhalb der Klamm zurück – oder genießt die abenteuerliche Wanderung gleich noch einmal. Am Schluss unbedingt einkehren im Gasthof Kaiserhaus, wo es nicht nur hausgemachten Prügelkuchen oder leckere Tiroler Knödelsuppe gibt: Zum Gasthof gehört auch ein großer Abenteuerspielplatz mit Trampolin, Mini-Seilgarten und vielen anderen Stationen. Wer draußen isst, hat die spielenden Kids immer im Blick.

An der Traun in Oberösterreich

Begibt man sich auf eine Reise vom Traunsee, dem tiefsten See Österreichs, flussaufwärts bis zum »König Dachstein«, dem mit fast 3000 Metern alles beherrschenden Massiv im inneren Salzkammergut, so wird man von der Schönheit der Gebirgslandschaft regelrecht gefangen genommen.

Ein Wächter über dem Traunsee

Obwohl von seiner Höhe nur Mittelgebirge, steigt der **Traunstein** mit imposanten Felsfluchten unmittelbar aus dem Ostufer des Traunsees und bildet am Rande des Flachlands einen markanten Eckpfeiler der Nördlichen Kalkalpen. Den besten Einblick auf die alpine Szenerie vermittelt eine spannende Wanderung durch die **Kaltenbachwildnis** und über den **Miesweg**. Völlig Schwindelfreie können sich sogar an den anspruchsvollen Traunstein-Klettersteigen wie dem Hans-Hernler-Steig oder dem Naturfreundesteig versuchen. Wer es lieber beschaulich mag, fährt mit der **Seilbahn auf den Grünberg** (984 m) und wandert hinüber zum **Laudachsee** (914 m), in dem sich der Katzenstein spiegelt. Noch erholsamer gestaltet sich eine Fahrt mit der **Traunsee-Schifffahrt**. Vor über 175 Jahren, als das erste hölzerne Dampfschiff am Traunsee im Auftrag der Monarchie betrieben wurde, war das innere Salzkammergut nur über den

Österreich

Wasserweg erreichbar. Aber auch heute kann man noch ein wenig Flair aus der Kaiserzeit erleben, wenn man mit dem historischen **Raddampfer »Gisela«** (Baujahr 1871) unterwegs ist. Für Kinder werden auch Märchenfahrten und für Romantiker Candle-Light-Dinner angeboten.

Mit fast mediterranem Charme weiß die Keramikstadt **Gmunden** zu locken. Abgesehen vom Gmundner Porzellan ist die Stadt für ihr **Seeschloss Orth** berühmt, das als Filmkulisse der Fernsehserie »Schlosshotel Orth« diente. Die aus dem Jahre 909 stammenden Gemäuer um einen Arkadenhof mitten im Traunsee sind nur über einen 123 Meter langen Brückensteg erreichbar. Im Schloss kann man sich einer Turmführung oder einem kulinarischen Erlebnis im Schlossrestaurant oder Weinkeller anschließen.

Außerordentlich malerisch präsentiert sich der schmucke Ort **Traunkirchen**, der sich um den felsigen Johannesberg an eine Landzunge klammert. Der als Odinstein bekannte Felsen und uralte Kultboden trägt die Johanneskapelle und soll früher ein Schlupfwinkel heidnischer Seepiraten gewesen sein. Sehenswert ist die 1753 geschnitzte Fischerkanzel in der barocken Pfarrkirche, einer ursprünglichen Klosterkirche des aufgelassenen Jesuitenklosters. Der südlich des Ortes gelegene **Kleine Sonnstein** (923 m) verheißt ein beeindruckendes Traunseepanorama!

Das innere Salzkammergut

In Ebensee am anderen Ende des Traunsees zweigt eine Zufahrtsstraße zur **Feuerkogelbahn** und weiter zum **Vorderen Langbathsee** ab. Einst war der entzückend gelegene Bergsee vor der felsigen Kulisse des Höllengebirges ein streng gehütetes Jagdrevier der Habsburger. Hier lohnt eine Wanderung zum **Hinteren Langbathsee** (732 m), einem völlig weltabgeschiedenen Bergsee, der sich umrunden lässt.

Vom ehemaligen Konzentrationslager in Ebensee gibt es heute nur noch den Friedhof, einen begehbaren Stollen mit Ausstellung und eine Stiege des »Löwenganges«. In Ebensee mündet auch die älteste Pipeline der Welt, die **Soleleitung** vom **Hallstätter Salzbergwerk**, welche seit dem Jahr 1607 wassergelöstes Salz über die alte Saline in Bad Ischl transportierte. Der Abbau des »Weißen Goldes« verhalf dem inneren Salzkammergut zu einem ungeahnten Aufschwung. Die **Kaiserstadt Bad Ischl** avancierte zu einer der beliebtesten Sommerfrischen in Österreich. Freunde des Warmwas-

Imposante Aussicht von der Kaltenbachwildnis

Nicht verpassen

SPANNENDE ERLEBNISWEGE AM TRAUNSTEIN

Einen Hauch von Abenteuer bietet die Kaltenbachwildnis, die man vom Seegasthof Hois'n an der Ostuferstraße durch den Wald aufwärts erreicht. Gut gesichert schraubt sich der wildromantische Steig gegenüber den Felszinnen des Adlerhorstes zu einer Anhöhe mit Hütte und Halbhöhle hinauf, wo sich ein spektakulärer Blick auf Traunsee und Traunstein öffnet. Danach steigen wir zu einem Forstweg ab, den wir links fortsetzen. Die Runde lässt sich mit dem Miesweg verbinden, welcher kühn direkt am Felsufer verläuft und tolle Seeblicke schenkt. Unmittelbar vor einem Tunnel erkraxeln wir einen Felsabsatz rechts und gelangen über gesicherte Felsbänder, eine Leiter und Holzstege zu einer romantischen Felsbucht. Hier leitet der Steig steil hinauf zur Lainaubrücke. Retour gelangen wir über die Straße durch zwei Felstunnels, wonach wir uns links ans Seeufer halten, wo wir über natürliche Seebuchten wieder die Straße erreichen, die wir bis zum Ausgangspunkt zurückverfolgen.

Toller Ausflug

AM TOSENDEN WASSERFALL WALDBACHSTRUB

Vom Waldparkplatz im Echerntal bei Hallstatt halten wir uns neben einem Pavillon zum Malerweg neben dem Waldbach. Berühmtheiten wie Adalbert Stifter und Georg Ferdinand Waldmüller kannten unser Ziel bestens. Bei einer Brücke gelangen wir über Wiesen und den wasserarmen Spraterfall in den hintersten Talwinkel aufwärts zu zwei Aussichtskanzeln vor den gewaltig stäubenden Waldbachstrub-Wasserfällen. Wer gerne abenteuerliche Wege wählt, steigt kurz zur Abzweigung des Gangsteiges ab, wo ein steiler, aber technisch unschwieriger, bestens mit Geländer gesicherter Klettersteig über eine Felsstufe abzweigt und die Brücke oberhalb der Wasserfälle erreicht, wo wir uns am Forstweg links durch einen Tunnel abwärts halten. Alternativ gehen wir vom Wasserfall hinunter bis zur Waldbachbrücke rechts. Hier führt ein Steig steil hinauf über den Gletschergarten mit Gletschertöpfen, Riesenschnecke und Riesenkessel zur Dürrenbachbrücke, wo der Forstweg von oben einmündet.

Im Urzeitwald Gosau gilt es für Kinder, Lehrreiches mit Spaß zu verbinden.

Mit der Bergwerksbahn »Grubenhund« geht es in den Stollen des Salzbergwerks Hallstatt.

sers kommen in der **Salzkammergut-Therme** voll auf ihre Kosten. Die Wasserattraktion Lazy River mit Salzgrotte spricht auch unsere jüngsten Wasserratten an! Hinter Bad Goisern wird der Talboden fast zur Gänze von der ernsten Landschaft des **Hallstätter Sees** eingenommen. Hier sollte man die Predigtstuhl-Panoramastraße von Bad Goisern zum Hotel Predigtstuhl hinauffahren, um das grandiose Panorama des Sees mit dem Dachsteingletscher dahinter zu erleben. Wer mehr Zeit zur Verfügung hat, besteigt den **Predigtstuhl** (1278 m) oder wandert über einen Höhenweg hinüber zur **Hütteneckalm** mit dem **Sisi-Pavillon**. Bei wenig Zeitreserve sollte man bei der Rückfahrt einen Zwischenstopp bei der Rathlucken-Hütte einlegen und zur **Ewigen Wand** hinüberspazieren. Ein Höhenweg, der bestens abgesichert und auch für Kinder gut begehbar durch eine senkrecht abfallende Felswand führt!

Die Weiterfahrt nach **Hallstatt** erfolgt zuletzt durch mehrere Tunnels, ehe sich das Tal bei der Einmündung des Echerntales weitet. Hier findet man ein einzigartiges Zusammenspiel von jahrtausendalter Kultur und imposanter Natur, das völlig zu Recht als **UNESCO Weltkulturerbe** gewürdigt wurde. *AA*

Infos und Adressen

ANREISE

Mit dem Auto: Über die A1 Westautobahn bis Regau, B145 über Gmunden nach Bad Ischl, B166 nach Hallstatt, oder A10 Tauernautobahn bis Golling über Lammertal, Abtenau, Pass Gschütt und Gosau oder A1 Westautobahn. **Mit der Bahn:** ÖBB Westbahn (Salzburg–Wien) bis Attnang-Puchheim, dann Salzkammergutbahn, City Shuttles & Fähre. **Mit dem Bus:** ÖBB Postbus von Salzburg nach Bad Ischl, umsteigen nach Hallstatt

VERANSTALTUNGEN

Fronleichnam-Seeprozession auf dem Hallstätter See. Am 4. 6. 2015 wird die Prozession vom Hallstätter Marktplatz aus mit Blumen geschmückten Booten am See vor Hallstatt abgehalten. Gäste können auf Ausflugsschiffen der Hallstätter Schifffahrt beiwohnen. Auch am Traunsee wird bei Schönwetter von Traunkirchen aus eine Seeprozession an 4 Stationen gefeiert.

BESTE REISEZEIT

Mai bis Ende Oktober (Öffnungszeiten Seilbahnen)

FÜR REGENTAGE

Kammerhof Museen Gmunden. Klo & so (unkonventionelle Sanitärmöbel-Ausstellung), Traunseeschätze (Fossilien), Keramik-Ausstellung. Kammerhofgasse 8, Gmunden, www.gmunden.at
Salzbergwerk Hallstatt. Auf den Spuren des 3000-jährigen »Mannes im Salz«. www.salzwelten.at
Dachstein Eishöhle. Erreichbar mit Bergbahn, Teilstrecke I Schönbergalm von Obertraun. www.dachstein-salzkammergut.com
Mammuthöhle. Erreichbar mit Bergbahn, Teilstrecke I Schönbergalm von Obertraun. www.dachstein-salzkammergut.com

ESSEN UND TRINKEN

Ramsaualm Laudachsee. Erreichbar mit Grünbergseilbahn von Gmunden
Konditorei-Cafe Grellinger. Mehlspeisen! Franz-Joseph-Platz 6, Gmunden
Cafe Johannesberg. Riesen Eisbecher! Ortsplatz 13, Traunkirchen
Gasthof Rettenbachmühle. Gutbürgerliche Kost. Hinterstein 6, Bad Ischl
Konditorei Zauner. Kaiserliche Mehlspeisen. Pfarrgasse 7, Bad Ischl

Pizzeria Bella Milano. Neben Talstation der Salzbergbahn. Lahnstraße, Hallstatt

ÜBERNACHTEN

Landhotel Gasthof Grünberg. Drei-Sterne-Hotel mit perfekter Lage am Traunsee. Traunsteinstrasse 109, Gmunden
Villa Seilern Vital Resort. Vier-Sterne-Hotel mit schönem Wellnessbereich. Tänzlgasse 11, Bad Ischl
Obertrauner Hof. Zertifikat für Exzellenz 2014. Obertraun 90, Obertraun
Camping am See Hinterer. Mediteranes Flair in alpiner Landschaft, eigener Strand. Winkl 77, Obertraun, www.camping-am-see.com
Campingplatz Strand-Camping Traunkirchen. Familiäres Flair auf 4500 qm mit direktem Seezugang

WEITERE INFOS

Ferienregion Traunsee. www.traunsee.salzkammergut.at
Tourismusverband Bad Ischl. www.badischl.at
Tourismusverband Dachstein Salzkammergut. (Bad Goisern, Gosau, Hallstatt, Obertraun), www.dachstein-salzkammergut.at

Der Vordere Langbathsee vor der imposanten Kulisse des Höllengebirges

Skispaß im Lungau

Auf 1000 bis 2400 Metern über dem Alltag beginnt der Winterspaß – meistens bei azurblauem Himmel, strahlendem Sonnenschein und jeder Menge Schnee. Denn der Lungau ist eine der sonnenreichsten und schneesichersten Regionen Österreichs. Und voll und ganz auf Familien eingestellt!

Skiparadies mit Wohlfühlgarantie

Ganz im Südosten des Salzburger Landes liegt das sonnige Becken des Lungau. Gleich **vier Skigebiete** sorgen dort für Pistenspaß in jeder Altersklasse. 150 Pistenkilometer warten in den Gebieten Grosseck-Speiereck, Katschberg-Aineck und Fanningberg auf schneebegeisterte Gäste. **32 Liftanlagen** bringen die Ski- und Snowboardfahrer bequem zu den gut gepflegten und präparierten Abfahrten aller Schwierigkeitsgrade. Der Lungau ist bekannt für seine familienfreundlichen Hänge; dazu gehört auch, dass es eigentlich nie zu voll ist. Lange Wartezeiten am Lift, Gedränge in den Hütten – das ist die Ausnahme. Nur ein Skipass sorgt für freie Fahrt in allen drei Skigebieten. Wer es mondäner mag, der kann mit dem LUNGO-Skipass gleichzeitig den Top-Ski-Ort **Obertauern** mit weiteren 150 Kilometern Abfahrten buchen. Skibusse bringen die Gäste kostenlos und umwelt-

Österreich

freundlich an die Talstationen. Für Autos stehen dort große Parkplätze bereit.

Diverse Hütten mitten in der Winteridylle der Skigebiete weitab von Stress und Hektik laden ein zu einer Pause mit Lungauer Spezialitäten, einem Sonnenbad und einem unvergleichlichen Bergpanorama ringsum. Zahlreiche Ski- und Snowboardschulen bieten **Kurse für Kinder ab zwei Jahren**. Mit den lustigen Übungen und Spielen lernt auch Ihr Kind schnell, sicher auf einem oder zwei Brettern zu stehen. Dann kurven die Kleinen in Formation ganz selbstverständlich die Hänge hinab und haben so richtig Spaß, wenn sie kleine »Ausflüge« über den buckligen Pistenrand fahren dürfen. Natürlich können auch Erwachsene alleine oder zu mehreren in der Obhut eines Skilehrers oder einer Skilehrerin ihr Können verbessern – und am Nachmittag den Skitag mit den Kindern bei einem netten Getränk ausklingen lassen. *MSS*

Grenzenloser Schneespaß im Lungau: Fast scheint die Schwerkraft aufgehoben.

Der besondere Tipp

WILDTIERE, WEIHNACHTSMÄRKTE UND LODERNDE FEUER

Ab 16 Uhr ist der Gasthof Schlögelberger ein attraktives Ausflugsziel. Zu Fuß oder mit dem Schlitten ist er von St. Margarethen aus erreichbar. Dort findet im Wildpark die Tierfütterung statt. Gerade Stadtkinder sind fasziniert vom Rot-, Sika- und Steinwild mit den unterschiedlichen Hörnern und Geweihen in den Freilandgehegen. Meist wartet es schon auf das Futter – eben auch Gewohnheitstiere.

In St. Michael und in Tamsweg bezaubern zur Adventszeit die urigen Weihnachtsmärkte mit ihrer festlichen Atmosphäre: An Ständen aus duftendem Fichtenholz werden Kletzenbrot, Lebkuchen, gebratene Maroni oder herzhafte Würstchen angeboten. Fantasievolle Weihnachtsdekoration, überwiegend aus Naturmaterialien, wartet auf Liebhaber.

Stattliche Reisigtürme werden zu Ostern kurz nach dem Dunkelwerden am Karsamstag entzündet, ihre Flammen lodern hoch in den sternenklaren Nachthimmel. Die Feuer sollen das Wiedererwachen der Natur sowie die Auferstehung Christi feiern.

www.almdorf-lungau.at

Bei den Stodertaler Zwergen

Alle kleinen und großen Augen starren gebannt im schummrigen Schein der Kerzen auf den kauzigen Stockerwirt, der, gewandet im grünen Umhang und mit Filzhut, Märchen und Legenden der Bergmanderl zum Besten gibt. Aus dem überlieferten Aberglauben entstand der Mythos des Stoderix und der Zwerge vom Stodertal.

Erfahrungen in der Natur

Ängstlich sind die Mienen der vier Kinder im kleinen weißen Boot nicht, obwohl es verloren auf dem Stausee am Zusammenfluss von Steyr und Teichl treibt. Eher im Gegenteil: Ein einziger Ruf und das Auswerfen einer weißen Boje aktivieren einen schwarzen Neufundländer, der eilends ins Wasser springt, in bewährter Hundetechnik zum schwimmenden Gefährt paddelt und selbiges mittels Boje wieder sicher zum Ufer zurückbringt. Die ungewöhnliche **Seenotrettungsübung** gehört zu den speziell auf die Jüngsten zugeschnittenen **Programmangeboten des Berghofs Sturmgut in Hinterstoder** im österreichischen Pyrhn-Priel. Ein Berner Sennenhund besorgt auf dem idyllischen Anwesen im Nationalpark Kalkalpen das Ziehen der Kinderkutsche. Die Tierwelt eines Bauernhofes und zahlreichen traditionellen Beschäftigungen dort bringen Kinder ganz nah an die Na-

Österreich

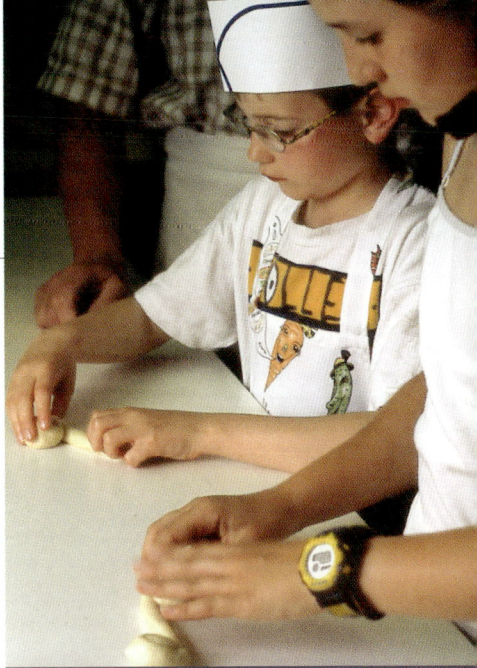

Das Formen von Brezeln kann schon eine Herausforderung sein.

Infos und Adressen

ANREISE
Mit der Bahn bis Linz, dann Zug oder Mietwagen ins Stodertal

BESTE REISEZEIT
April bis Oktober

ESSEN UND TRINKEN
Landhotel Stockerwirt. Regionale, typische Produkte aus biologischer Erzeugung, zu empfehlen das Wildererschnitzel mit Tannenzapfen oder der Eiszwerg auf Höllenspiegel. www.stockerwirt.net

ÜBERNACHTEN
Mittermair. Gemütlicher Baby- und Kinderbauernhof mit zahlreichen Tieren und vielen Programmangeboten. Vordertarnbergau 37, Vorderstoder, www.stodertal.at/mittermair

Berghof Sturmgut. Traditioneller Almbauernhof in toller Lage, hauseigene Kinderprogramme vom Hunde-Boot bis Kinderdisco und Nachtrodeln. Farnau 6, Hinterstoder, www.sturmgut.at

Familienland Hotel Lindbichler. Typisches Haus in fantastischer Panoramalage, Reit- und Wanderangebote, Naturerlebniscard Pyhrn-Priel, Festpreise für Kinder. Vordertarnbergau 31, Vorderstoder, www.lindbichler.at

WEITERE INFOS
www.stodertal.at/zwergerl

tur. Auf dem **Mittermairhof in Vorderstoder** erleben sie die natürliche Umgebung auf ganz besondere Art, nämlich mit verbundenen Augen. In einer Zwergenpolonaise folgen sie dem Bauern durch Stall, über Wiesen und Zäune. Sie fühlen borstiges Ziegenfell, spüren das feuchte Schlabbern einer Haflingerzunge auf der Handfläche und ertasten junge Früchte, den Blütenstand von Wiesenblumen, Gräser, Baumrinde und gemahlenes Viehfutter. Die Größeren dürfen Trecker fahren und beim Heumachen helfen.

In den Bergweilern der Umgebung locken unterschiedliche, stets freundlich lächelnde Zwergenfiguren mit weißem Rauschebart in die **Welt des Stoderix**. Er steht symbolisch für die große Kinderfreundlichkeit der Region und weist auf die diversen Aktivitäten entlang des Weges hin. Dabei gibt es immer wieder atemberaubende Aussichtspunkte und gemütliche Almhütten. Dann ist Zeit für entspannte Einkehr bei Birnensaft oder Most und einen gemütlichen Plausch mit der Sennerin. *UH*

Mitmachen!

LANDMATURA

Spielerisch und praktisch erwerben Familien auf dem Weingartnerhof in Schlierbach das Bauernabitur. Mit dem Läuten der Kuhglocke beginnt der ernste, theoretische Teil der landwirtschaftlichen Ausbildung. Lehrer Franz erklärt kurz grundlegende Fakten, bevor die Eleven einige Aufgaben auf ihrem Matura-Zettel lösen, wobei den Jüngeren natürlich Hilfestellung geleistet werden darf. Spannender jedoch ist der Praxis-Teil, der neben viel Geschick auch Teamarbeit erfordert. Ausstaffiert mit blauer Schürze und zünftigem Strohhut werden Krapfen gebacken, wird mit der Sense hohes Gras gemäht und ein Radlbock über einen Slalomparcours manövriert. Dabei erfährt der mitfahrende Teddy die eine oder andere Bauchlandung. Weitere Aufgaben sind Sägen oder korrektes Melken einer Plastik-Kuh. Schließlich gilt es Pflanzen- und Getreidearten richtig zu erkennen, Überraschungen inklusive. Nach der Ausgabe der Zeugnisse und bestandener Reifeprüfung lockt ein rustikales Mahl mit Verkostung selbst gefertigten Backwerks.

www.landmatura.at

85 Winterwunderland Mühlviertel

Nimmt der zottelige Haflinger als Kutschpferd vor dem eleganten Holzschlitten Fahrt auf, dann fliegt nicht nur seine Mähne, dann wirbeln auch feine Eispartikel und Schneeflocken durch die Luft, die, gepaart mit eisigem Wind, die Wangen der großen und kleinen Passagiere des Einspänners blitzschnell erröten lassen.

Spielend auf Skiern

Der nördliche Zipfel des Mühlviertels im Länderdreieck zwischen Deutschland, Tschechien und Österreich bietet als sanft hügelige Mittelgebirgsregion um den **Nationalpark Böhmerwald** eine perfekte Winterdestination für Familien mit kleinen Kindern, die ein Winter-Wunderland klassischen Stils erleben möchten. Selbst die Heiligen Drei Könige machen ihre Runde durch die Dörfer von Julbach bis Ulrichsberg mit dem **rustikalen Holzschlitten**. Nach dem Ausflug wälzt und räkelt sich der brave Vierbeiner zur Belustigung der Kinder und zur eigenen Erfrischung im Schnee. Bevor es am Abend vom Ferienhof aus zur heimeligen **Fackelwanderung** durch die vom prächtigen Vollmond erleuchtete Romantik des Winterwaldes geht, haben die Kleinen ausgiebig Gelegenheit, in der unmittelbaren Umgebung mit allen Arten von Schlitten das Rodeln, Rutschen und Herumkugeln im weichen Weiß auszuprobieren. Da-

Österreich

Brav versieht der Haflinger seinen Dienst als Kutschpferd vor dem urigen Holzschlitten.

Infos und Adressen

ANREISE
Mit dem Auto über die A3 bis Passau und weiter über Bundesstraßen in Richtung Böhmerwald

BESTE REISEZEIT
Dezember bis Ende März

ESSEN UND TRINKEN
Stiftskeller Schlägl. Uriges Kellergewölbe im Chorherrenstift, alte Weinfässer für kleine Gruppen, eigene Hausbrauerei, spezielle Biermenüs. www.stift-schlaegl.at
Mühlböck am Böhmerwald. Stimmungsvolles Restaurant, sensationelle Nachspeisen www.hotel-muehlboeck.at

ÜBERNACHTEN
Bauernhof Fischer. Charmantes kleines Familienhotel im Mühlviertler Stil, zwei Apartments, mit hauseigenem Restaurant, vielfältige Programme für Familien und Wintersport. Bräuerau 5, Julbach. www.urlaubambauern hof.at/fischer
Hotel Böhmerwaldhof. Typisches Haus mit historisch authentisch gestalteten Themensuiten, spezielle Kinderarrangements. Kirchengasse 4, Ulrichsberg, www.hotel-boehmerwaldhof.at

WEITERE INFOS
www.muehlviertel.at

Nicht verpassen

WATERSPLASH-SPASS IM NASS

Einen der Höhepunkte der Saison der Skiarena am Hochficht bilden die »Snow & Fun«-Veranstaltungen am ersten oder zweiten Wochenende des neuen Jahres. Wettbewerbe für Kinder, Snowboarder und Trickskifahrer und ein buntes Rahmenprogramm locken zahlreiche Zuschauer auf den Berg. Verwegen, manche meinen reichlich verrückt, stürzen die Teilnehmer der Watersplash-Konkurrenz ab dem frühen Abend auf ihren Brettern den Berg hinab, um ein Wasserbassin zu durchpflügen und es möglichst trockenen Fußes am gegenüberliegenden Ende wieder zu verlassen. Nach jedem Durchgang wird der Anlauf verkürzt, bis schließlich auch der Letzte in den eisigen Fluten versinkt. Angesichts beinahe arktischer Temperaturen schaudert das Publikum unisono ein ums andere Mal, wenn die Lokalmatadoren in Shorts und T-Shirt wieder an den Start gehen. Anschließend ringen noch abenteuerliche Eigenbauschlitten und ihre ausgelassenen Besatzungen um die Ehre des besten Watersplashers.

www.hochficht.at

nach schmecken die Würstel in der Hütte, dem Ziel des Ausflugs, noch besser. Aufgewärmt durch knisterndes Feuer im Kaminofen gibt es Kartoffelsalat und Limo, während die Älteren nach der Mahlzeit den unvermeidlichen Obstler verkosten.

Eine Loipe wurde direkt am Hof vorbeigespurt und führt, wie überall in der Region perfekt beschildert, auch über den tief verschneiten Golfplatz. Die **Spielloipe SpiLo** am Langlaufzentrum Schöneben erweist sich als idealer Ort, um auf unkomplizierte Weise, ohne Druck, vielleicht mit ein paar blauen Flecken, diesen sanften Wintersport zu erlernen. Ihre Familienfreundlichkeit konnte die **Skiarena Hochficht** mit Kinderland und Indoor-Spielplatz bereits unter Beweis stellen. Sie eignet sich bestens für kleine und große Anfänger auf Brettern, die vielleicht sogar Zeit finden, die tolle Landschaft zu genießen. Geführte Schneeschuhwanderungen sind eine weitere Möglichkeit, entspannt und ohne Hektik durch die Winteridylle des tief verschneiten Böhmerwaldes zu flanieren. *UH*

Kärnten

Der Speicherteich Rosskofel am Aqua Trail

Österreichs südlichstes Bundesland hat für alle etwas zu bieten: Wasserfälle, Klammen, schroffe und sanfte Gipfel für die Naturliebhaber, Themenparks und Erlebniswelten für die Jüngeren und ein reiches Kulturerbe für kulturell Interessierte. Im Sommer locken die wärmsten Badeseen der Alpen.

Outdoor-Paradies Oberkärnten

Im **Nationalpark Hohe Tauern** steigen die Berge in Westkärnten bis über 3000 Meter Seehöhe. Vom entzückenden Bergsteigerdorf **Heiligenblut** aus gelangt man auf der Großglockner-Hochalpenstraße bis in alpine Regionen zu Füßen des höchsten Berges Österreichs, des **Großglockners** (3798 m). Die Erlebnisfahrt führt direkt ins Reich der Murmeltiere! Weitere Highlights der Hohen Tauern in Kärnten sind das **Sommerskigebiet am Mölltaler Gletscher** bei Innerfragant, die Ankogelbahn und das Seebachtal in Mallnitz sowie die Ausflugsstraße Maltatal Hochalmstraße mit dem **Spiel- und Erlebnispark Fallbachfall** am höchsten Wasserfall Kärntens, der **Wasserarena Gössfälle** und der höchsten Staumauer Österreichs am Kölnbreinspeicher. Gmünd im Liesertal am Ausgang des Maltatales ist zweifellos das schönste Städtchen Oberkärntens mit mittelalterlichen Befestigungsanlagen. Den Besuch kann man auch mit der **Märchenwandermeile** Trebesing und ihrer Hängebrücke über die **Drachenschlucht** verbinden. Die schönsten

Österreich

Schluchterlebnisse im Mölltal bieten die schmale **Ragga-schlucht** bei Flattach, die wasserreiche **Groppenstein-schlucht** bei Obervellach und im Gailtal die vier Abschnitte lange **Garnitzenklamm** bei Hermagor.

Ähnlich wie die Möll bieten sich die großen Flüsse von Drau und Gail zu **Rafting- und Kajaktouren** an. Eine Attraktion für unsere jungen Entdecker stellt der mit dem Lift erreichbare **Themenberg Turracher Höhe** mit seinem interessanten **Erlebnisrundweg »Almzeit«** dar. Statt einem Abstieg steht eine Talfahrt mit dem **Nocky Flitzer** bevor. Ähnlich begeistert wird der Nachwuchs am Erlebnisberg Nassfeld sein, wo man vorbildliche Erlebnisstationen in landschaftlich großartiger Umrahmung geschaffen hat. Von der Bergstation kann man mit der längsten **Sommerrodel-bahn** Kärntens »Pendolino« zu Tal rasen. Zum Baden eignen sich in Oberkärnten die Naturbadeseen **Pressegger See** im Gailtal, der prächtige **Weißensee** (Naturpark) und der **Mill-stätter See** als zweitgrößter und tiefster See des Landes. Wer auch bei Schlechtwetter nicht auf Badevergnügen verzichten will, fährt zur Familientherme St. Kathrein oder Römertherme in Bad Kleinkirchheim oder zum Hallenbad Drautalperle in Spittal an der Drau.

Die Beckenlagen um Klagenfurt und Villach

Rund um die beiden größten Städte Kärntens treffen die Berge mit dem Flach- und Hügelland zusammen. Südlich erheben sich die Karawanken, westlich liegt der **Naturpark Dobratsch**, einer der besten Aussichtsberge Kärntens, der von der **Villacher Alpenstraße** erschlossen ist. Nördlich befindet sich ein weiterer, gut erschlossener Themenberg als Ausläufer der Gurktaler Alpen, die **Gerlitzen**. Hier kann man Paraglidern beim Start zusehen oder selbst mit dem Mountain Kart **»Pistenflitzer«** nach Temporekorden trachten. In den Beckenlagen befinden sich die großen Badeseen Kärntens, allem voran der schöne **Wörthersee** mit dem Klagenfurter Metnitzstrand, an dem die Kleinen am Sandstrand spielen können. Darüber wacht der **Pyramidenkogel** mit dem höchsten hölzernen **Aussichtsturm** der Welt. Hat man das imposante Panorama genossen, so kann man sich in der weltweit höchsten, überdachten **Rutsche** den Abstieg sparen! Beliebt sind auch **Keutschacher See**, **Rauschelesee** und vor allem der **Faaker See**, dessen Strandcamping Arneitz mit der **Erlebniswelt Arneitz** einen schönen Rummel-

Steinmann und Steinfräulein in den Nock-bergen

Mitmachen!

ERLEBNISBERG NASSFELD

Trotz unübersehbarer Wintersportanlagen ist ein Besuch der Madritschen (1919 m) auch im Sommer ein lohnendes Unterfangen. Den Aufstieg nimmt uns die Millennium-Express-Gondelbahn ab, die man vom Talort Tröpolach oder von der Sonnenalpe Nassfeld aus über den Bummelzug Piccolo-Express erreicht. Rechts von der Gipfelkuppe treten wir nun den Abstieg über den Wassererlebnisweg »Aqua Trail Berg Wasser« an mit Stationen wie Trampolin, Klangbrettern, Wasserstauvorrichtungen etc. bis zum wildromantisch gelegenen Beschneiungsteich mit Markusturm-Rutsche und Schneckenpumpenstation, einem begehbaren Boot und einer venezianischen Gondel. Unweit der Gondel setzt sich der aussichtsreiche Dolce-Vita-Weg fort, um die Runde zu schließen. Immer wieder laden Holzliegen zum Verweilen ein. Mit imposantem Panorama zum Trog- und Rosskofel, zur Montaschgruppe und zum Gartnerkofel kehren wir zur Bergstation zurück, wo die Sommerrodelbahn Pendolino bereits auf die Abfahrt wartet.

ERLEBNIS NOCKALMSTRASSE

Wir halten in 1835 Metern Seehöhe beim Parkplatz zum Themenpfad »Weg der Elemente« und erreichen nach kurzem Aufstieg die erste der zwölf Stationen, deren Übungen uns in der atemberaubend schönen Zirben-Almlandschaft Kraft spenden sollen. Nach der letzten Station gehen wir zu Nr. 4 zurück, wo unmarkierte Pfade nah dem Bach aufwärts leiten. Wir gelangen zum Naturlehrpfad Windebensee, der am hinteren Seeufer durch eine geheimnisvolle Blocklandschaft führt. Über den steileren Elisabethweg steigen wir zur Schiestlscharte (2024 m) mit der Glockenhütte hinauf. Zwischen Hütte und Kiosk gelangen wir zur Wunschglocke, wo man bis zu den Gletschern der Hochalmspitze blicken kann. Am Retourweg kann man auch bei der Kehre 41 links über freie Wiesen von einem Geländerücken in eine Mulde absteigen. Von einer Bergschulter mit Seeblick erreichen wir eine Almhütte und von dort den Weg der Elemente. Weiter sehenswert: der mystische Silva-Magica-Rundweg (Grundalm) und das Panorama von Eisentalhöhe.

Beim Freibauer Klaus auf Burg Hochosterwitz

Im Walderlebnispark Klopeiner See können sich Kinder toll austoben.

platz bietet. **Klagenfurt** und **Villach** warten mit schönen Fußgängerzonen in der Altstadt auf und verlocken mit großen Shoppingcentern wie Südpark, City Arkaden und Atrio. Der größte **Zoo** des Landes liegt an der Drauschleife in **Rosegg** und ist von einer historischen Tiergartenmauer der einstigen Burg Rosegg umfriedet. Aber auch der **Affenberg Landskron** und der **Reptilienzoo Happ** in Klagenfurt zählen zu den großen Sehenswürdigkeiten. Bei Schlechtwetter bietet die **Kärnten Therme** in Villach-Warmbad auf vier Etagen Wellness, Fitness und Badespaß.

Unterkärnten und Südkärnten

Die von den zumeist weiten Tälern (Lavanttal, Görtschitz-, Metnitz-, Gurk-, Glan-, Drau- und Jauntal) geprägte Region besticht vor allem durch ihr reiches Kulturerbe. Neben der Burgenstadt Friesach und der Herzogstadt St. Veit an der Glan finden wir mit der **Burg Hochosterwitz**, **Burgruine Glanegg**, dem Gurker und Maria Saaler Dom, **Schloss Straßburg** und dem »Schatzhaus Kärntens«, dem **Stift St. Paul im Lavanttal**, bemerkenswerte Bauwerke vergangener Jahrhunderte. Als wärmster Badesee der Alpen erfreut sich der **Klopeiner See**, aber auch der **Turner See** großer Beliebtheit. *AA*

Infos und Adressen

ANREISE

Mit dem Auto von Salzburg über die A10 Tauernautobahn Richtung Villach; von Osten über die A2 Südautobahn Richtung Klagenfurt; über die E66 und Lienz. **Mit der Bahn:** ÖBB, deckt nur 13 % des Verkehrsnetzes ab! **Besser mit dem Bus:** Verkehrsverbund Kärntner Linien

BESTE REISEZEIT

Mai bis September/Oktober. Wintersaison von Dezember bis Februar

FÜR REGENTAGE

Pankratium Gmünd. Im »Haus des Staunens« gilt das Motto »mit den Augen hören, mit den Ohren sehen«, Wasserspringschalen, Wasserklangbilder, Klangboot, größte begehbare Geige der Welt, etc.
Terra Mystica Bad Bleiberg. Schaubergwerk mit 68 m Bergmannsrutsche und 7 Multimediashows.
www.terra-mystica.at
Hochobir-Tropfsteinhöhle. Voranmeldung im Kartenbüro erforderlich (Hauptplatz Bad Eisenkappel), Programm umfasst Transfer mit Höhlenbus und Führung durch 7 faszinierende Grottenstationen.
www.hoehlen.at

ESSEN UND TRINKEN

Restaurant in der Alten Burg Gmünd. Speisen mit besonderem Ambiente. Burgwiese 1A, Gmünd
Pizzeria Fasslstube. »Kleinste Pizzeria der Welt« mit urigem Ambiente. Oberdorf 2, Weissensee
Die Rosstratten. Ausflugsstüberl am Ende der Villacher Alpenstraße. Villach
Mochoritsch. Günstiges Ausflugslokal in der Nähe des Turnersees, schneller Service. Ruckersdorf 5, St. Primus

ÜBERNACHTEN

Chalet Hotel Senger. Kleines, ausgezeichnetes Vier-Sterne-Hotel, schöne Aussichtslage. Hof 23, Heiligenblut
Hotel Hochschober. »Travellers' Choice 2014«-Gewinner. Turracher Höhe 5, Turracher Höhe
Mountain Resort Feuerberg. Vier-Sterne-Hotel auf der Gerlitzen mit traumhaftem Wellnessbereich. Zertifikat für Exzellenz 2014. Gerlitzen Straße 87, Bodensdorf
Kinderhotel Ramsi Erlebniswelt. Kameritsch 8, Pressegger See
Komfort Campingpark Burgstaller. Top bewerteter Campingplatz in Döbriach am Millstätter See

WEITERE INFOS

Tourismusportal des Landes Kärnten (Kärnten Werbung). www.kaernten.at
Hotels mit Kinderbetreuung. www.kinderhotels.com/ kaernten-urlaub-familie.html
Kärnten Card. Ermöglicht rund 100 freie Eintritte und etwa 60 ermäßigte Eintritte bei Bonuspartnern. Erhältlich für die Dauer von 1, 2 oder 5 Wochen. Manche Vorteilskarten wie Wörthersee Card, Nationalpark Kärnten Card, Millstätter See Inclusive Card, oder +Card Premium für die Region Nassfeld/ Pressegger See sind nicht zu kaufen, sondern ausschließlich an Beherbergungsbetriebe gebunden.

Im schönen Naturpark Weißensee liegt der höchste Badesee in Kärnten.

Steiermark: auf dem Enns-Radweg

TOLL FÜR KINDER

Radstädter Radgarten. Hier bestaunt man zehn kuriose Fahrräder, von denen einige den Eintrag ins »Guinnessbuch der Rekorde« geschafft haben.

Freizeitpark Pichl. Badesee mit Kinderspielplatz, Spielwiese, Hüpfburg und einen Fußball-, Tennis- und Beachvolleyballplatz

Abenteuer Park Planai. Liegt oberhalb von Schladming auf 1800 Meter neben der Planai-Seilbahn-Bergstation

Erlebnisbad Schladming. Die Anlage umfasst ein Hallen- sowie ein Freibad, mit Sauna und 66-Meter-Rutsche.

Nationalpark Erlebniszentrum Weidendom. Hier gibt es einen Picknickplatz, mehrere Themenwege und ein Mikrotheater.

TOLL FÜR ELTERN

Stift Admont. Neben der Bibliothek beeindruckt das Stiftsmuseum mit verschiedenen Themenschwerpunkten.

Floßfahrt auf der Enns. Unterhaltsame Floßfahrt mit Musik, Getränken und »Jause« am Rande des Nationalparks

Der Hintergebirgsradweg ist im unteren Abschnitt eine lohnende Alternativstrecke.

Der Enns-Radweg verzaubert: Egal, welchen Abschnitt man bereist, die Natur ist schlichtweg überwältigend. Besonders spektakulär ist die Strecke in den Nationalparks Gesäuse und Kalkalpen. Gutes Essen, altes Brauchtum und mehrere Kulturperlen sorgen unterwegs für unvergessliche Momente.

Bergansichten

Der Fluss Enns beginnt seinen Lauf in 1750 Metern Höhe am Fuße der **Niederen Tauern**. Voller Vorfreude schwingt sich die ganze Familie in **Flachauwinkel** in den Sattel. Der klare Bergbach legt schnell an Breite zu und geleitet Reisende zielsicher ins Zentrum von **Radstadt**. »Alte Stadt im Gebirge« nennen die rund 5000 Einwohner ihre Heimat treffend. Ringsum stehen markante Gipfel Parade: Im Norden rücken die Berge des bis zu 2995 Meter aufragenden **Dachsteingebirges** zusammen, und im Süden erfasst das Auge die spitzen Grate der **Radstädter Tauern** und der **Schladminger Tauern**. 20 genussvolle Radkilometer östlich dürfen sich Kinder im Bundesland Steiermark auf den Badesee Pichl und den **Abenteuerpark Planai** oberhalb von Schladming freuen. Bei dem Ortsnamen schlagen nicht nur die Herzen der Wintersportfans höher – auch

Österreich

Sommerferiengäste kommen hier voll auf ihre Kosten. Die **Urlaubsregion Schladming-Dachstein** punktet durch 1000 Kilometer Wanderwege, 930 Kilometer Rad- und Mountainbike-Routen, fünf ausgewählte E-Bike-Touren und 45 Lauf- und Nordic-Walking-Strecken – was will man mehr?

Neben packenden Naturerlebnissen gibt es entlang des 263 Kilometer langen Enns-Radwegs auch kulturelle Höhepunkte, unter denen das **Stift Admont** den ersten Rang einnimmt. Wer den altehrwürdigen Prachtbau betritt, ist von der größten Klosterbibliothek der Welt überwältigt: Beim Anblick der rund 70 000 Bände, die hier Buchrücken an Buchrücken stehen, ließ sich mancher zum Ausspruch »Das Achte Weltwunder« hinreißen. Mit seinen Kuppeln, den weiß-goldenen Bücherschränken und den 48 Fenstern trägt der in drei Segmente untergliederte Saal die Handschrift des Barockbaumeisters Josef Hueber.

Im Stift Admont bekommen Besucher die größte Klosterbibliothek der Welt zu Gesicht.

Die Nationalparks Gesäuse und Kalkalpen

Es bleibt spektakulär, denn der Bergfluss taucht hinter **Admont** in die ausgewaschenen Felswände des **Nationalparks Gesäuse** ein. Hier und da quert das Asphaltband der Straße den Lauf der tosenden Enns, um sich zwischen Wasser und Fels seinen Weg talwärts zu suchen. Jenseits der Katarakte ragen die Gipfel der **Ennstaler Alpen** nahezu senkrecht in die Höhe, geschmückt mit undurchdringlichen Wäldern und sanften Almböden, durchbrochen nur von einzelnen Schotterrinnen und Lawinenstrichen. Bei Großreifling wechselt die Fahrradroute hinüber in das Tal des Spitzenbachs, über dem die dreitürmige **Burg Gallenstein** wacht. Jedes Jahr im August dient das beliebte Ausflugsziel als stilvolle Kulisse des **Festivals St. Gallen**. Dort beginnt die verheißungsvolle Alternativroute des spektakulären **Hintergebirgsradwegs**, der zu den schönsten Radstrecken Österreichs gehört und in den Nationalpark Kalkalpen hineinführt. Der Massentourismus hat diesen bezaubernden Flecken Erde noch nicht für sich vereinnahmt. Wo bis ins Jahr 1971 noch die Waldbahn durch das Hintergebirge schnaufte, rollen heute radelnde Familien fernab des lärmenden Verkehrs über Brücken und in kühle Tunnels. Während der Enns-Radweg auf dem nächsten Teilstück via Reichraming und Losenstein in die Stadt **Steyr** steuert, fallen die Berge ringsum allmählich ab.

Mitmachen!

ABENTEUERPARK GRÖBMING

In dem vielseitigen Abenteuerspielplatz stimmt einfach alles: Neben dem atemberaubenden Bergpanorama können sich Freunde des Funsports auf einen Flug mit der Zipline Stoderzinken freuen. Hierbei rasen Wagemutige, an vier parallelen Drahtseilen 120 Meter über dem Boden hängend, aus rund 1600 Metern Seehöhe talwärts. Die 2,5 Kilometer lange Strecke ist für Gewichtsklassen von 30 bis 125 Kilogramm ausgelegt und garantiert Nervenkitzel für Groß und Klein. Zur Senkung des Adrenalins bietet die Ferienregion Gröbminger Land jede Menge familiengerechter Entspannung: vom Panoramabad bis zum Heuhupfstadl. Ein Erlebnis ist zudem der in 18 verschiedene Parcours unterteilte Kletterpark. Unvergesslich für Kinder ist eine Übernachtung im hölzernen Tipi-Dorf.

Gröbming, www.abenteuerpark.at

MURRADWEG

Wie die Fahrradroute entlang der Enns erschließt der 458 Kilometer lange Murradweg die Mitte Österreichs für radelnde Familien. Los geht es im Nationalpark Hohe Tauern auf 1763 Metern. Das allgegenwärtige Alpenpanorama geleitet einen in die traditionsreiche Bergmannsstadt Leoben und von dort aus nach Bruck an der Mur. In der zum UNESCO Welterbe zählenden Genuss- und Kulturhauptstadt Graz ballen sich zahlreiche Sehenswürdigkeiten auf engstem Raum. Das Landschaftsbild wechselt zu romantischen Weinbergen, vielseitigen Obstplantagen und Kürbisfeldern, die Zutaten für steirische Gaumenfreuden beisteuern. Im Süden markiert Bad Radkersburg im Thermenland den Auftakt des Abschnitts hinüber nach Slowenien und Kroatien, der flach ist.

www.murradweg.com,
www.mura-drava.eu

Brücke auf dem Hintergebirgsradweg: Immer schön einer nach dem anderen und den Gegenverkehr abwarten!

In der Stadt Steyr vereinen sich die Flüsse Enns und Steyr.

Stadtansichten

Wenige Schritte vom Schloss entfernt, streckt sich die Gute Stube Steyrs aus – der mittelalterliche Stadtplatz. Mittendrin zieht das zwischen 1765 und 1778 erbaute **Rokoko-Rathaus** alle Blicke an. Beeindruckte Besucher entdecken einen Straßenzug weiter die Stadtpfarrkirche, auf deren Turm man bei einer **Nachtwächterführung** klettern kann. Auf den finalen Kilometern der Reise wechselt das Stadtpanorama zu grünen Flussauen und weit einzusehenden Feldern. Schließlich zeichnet sich am Horizont die Silhouette der Stadt **Enns** ab. Der Charme der schmalen Gassen mit ihren Renaissance- und Barockbauten und vor allem der lang gestreckte Stadtplatz ziehen jeden Reisenden sofort in den Bann. Hier ist es Zeit, die einzelnen Reisestationen Revue passieren zu lassen: die majestätischen Gipfel, die schattigen Schluchten und lieblichen Taleinschnitte; den dahineilenden Fluss, dazu die Seen, Bergdörfer sowie Städte – alle verbunden durch den traumhaften Enns-Radweg. *TB*

Steiermark: auf dem Enns-Radweg

Infos und Adressen

ANREISE

Mit dem Auto sind es von Berlin nach Flachauwinkl ca. 790 km, von Hamburg ca. 980 km, von Köln ca. 780 km, von München ca. 200 km.

Wer **mit der Bahn** anreist, startet die Reise am Haltepunkt in Radstadt. Der Zielort Enns besitzt einen eigenen Bahnhof.

TOURVERLAUF

Flachauwinkl – Radstadt – Schladming – Liezen – Admont – St. Gallen – Großraming – Ternberg – Steyr – Enns
Auf der teils welligen und mit grünen Schildern ausgezeichnete Route wechseln sich asphaltierte Radwege mit schwach frequentierten Nebenstraßen ab.

BESTE REISEZEIT

Mitte Mai bis Mitte Oktober

FÜR REGENTAGE

Nationalpark Besucherzentrum Ennstal. Das Herzstück der in Reichraming beheimateten Ausstellung ist ein Vielfalts-Diorama, das ein Stück Naturwald darstellt.
Schloss Trautenfels. Die Museumssammlung umfasst rund 40 000 Objekte.
Steyrtal-Museumsbahn. Österreichs älteste 760-mm-Schmalspurbahn verkehrt zwischen Steyr und Grünburg.
Museum Arbeitswelt Steyr. Die Ausstellung dokumentiert die Industriegeschichte der Stadt.
Museum Lauriacum. Im ehemaligen Rathaus der Stadt Enns untergebracht, thematisiert es die römischer Kultur am Donaulimes.

ESSEN UND TRINKEN

Leitner Almstub'n. Das Gasthaus wurde als »Kulinarium Steiermark«-Betrieb ausgezeichnet. Weißenbach 25, Weißenbach an der Enns
Gasthaus Rieglwirt. Neben dem Biergarten können sich Kinder auf dem Spielplatz austoben. Höllstraße 47, Garsten, www.rieglwirt.at
Hensle Hotel. Frisch zubereitete Speisen aus lokalen Produkten zeichnen diesen Gastbetrieb aus. Markt 43, St. Gallen, www.hensle.at

ÜBERNACHTEN

Hotel Wieseneck. Liegt direkt am Beginn des Radweges und punktet durch einen großzügigen Kinderspielplatz. Flachauwinklstraße 218, Flachau, www.wieseneck.at
Hotel Kesselgrub. Unter dem Motto »Leben.Lieben.Lachen.« laden die Gastgeber zu einem Aktiv- und Wohlfühlurlaub ein. Lackengasse 1, Altenmarkt, www.kesselgrub.at
Bliems Familienhotel. Glänzt durch den Kinderclub, den Streichelzoo, das Hallenbad sowie die Kinderbetreuung. Haus 26, Haus im Ennstal, www.bliems-familienhotel.at
Hotel Spirodom Admont. Moderne Herberge mit Blick auf das Stift und die umliegenden Berge. Eichenweg 616, Admont, www.spirodom.at

WEITERE INFOS

Rundumpakete. Die Steirische Tourismus GmbH bietet drei verschiedene Rundumpakete auf dem Enns-Radweg an. Enthalten sind fahrradfreundliche Übernachtungen, ein Gepäcktransport, Infomaterial sowie ein Service-Telefon für Notfälle. www.ennsradweg.com
Rücktransport. Oberkofler Touristik führt einen Rücktransport mitsamt den Fahrrädern durch.
www.reisen-oesterreich.com,
www.steiermark.com,
www.ennsradweg.com,
www.salzburgerland.com,
www.oberoesterreich.at

Verschnaufpause auf der Ennsbrücke bei Admont

Paradiesisch schön: Boote an der
Cala Macarella auf Menorca

Ferien im Süden

Zu Besuch in Bozen

Burgen, Sagen, Pferde, Klettern und jede Menge Spiel und Abenteuer: Die Region rund um Bozen bietet zu allen Jahreszeiten vielseitige Attraktionen für Kinder aller Altersstufen. Und für Ruhe-, Regen- und Elterntage hält die Hauptstadt interessante Museen, tolle Geschäfte und bunte Märkte mit allerlei Leckereien bereit.

Ein Urlaub wie Pizza mit allem

Eines ist klar: Ein Urlaub reicht bei Weitem nicht, um in und um Bozen herum alles auszuprobieren, was Spaß macht und für die ganze Familie interessant ist. Die ganze Bandbreite von Wandern und Schwimmen, Kultur, Action und Abenteuer wartet. Zahlreiche Wanderwege sind extra für Kinder und unterschiedliche Beinlängen ausgelegt, besondere Schmankerl auf dem Weg und/oder am Ziel sorgen dafür, dass keine Langeweile aufkommt und die Motivation weiterzulaufen nicht in den Keller sinkt. So etwa auf dem **Sagenweg am Salten**, einem kurzweiligen Wanderweg, der am Gasthaus Edelweiß startet und unterwegs zwölf der schönsten Sagen, von denen es rund um **Jenesien** und seinen **Tschöggelberg** fast 200 verschiedene gibt, präsentiert. Weinende Teufel, eine versunkene Stadt oder die Butterhexe von Afing – wir müssen uns nur Zeit nehmen und all die wunderbaren Geschichten vorlesen, die sich hier rund

TOLL FÜR KINDER

Spielplätze am Wegesrand. Zum Beispiel auf dem Pyramixweg am Ritten

Historische Bahnfahrt mit der Rittner Bahn. Südtirols einzige Schmalspurbahn

Bienenmuseum auf dem Plattnerhof. Per Anfahrt mit der Rittner-Seilbahn von Bozen aus

Eppaner Burgen-Rundweg. Ältere Kinder können dort mit Pfeil und Bogen wie einst die alten Ritter schießen lernen.

TOLL FÜR ELTERN

Schloss Sigmundskron. Mit nettem Museumscafé und Aussicht auf Bozen und die Berge, während die Kinder durch die Gänge toben

Markttag in Bozen. Bummeln, probieren, kaufen – danach dürfen sich die Kinder auf den Talferwiesen austoben.

Bummel durch die Laubengasse. Die Shoppingmeile der Stadt

Waltherplatz im Zentrum Bozens. Natürlich mit Dombesuch

Raststätten. Mit leckeren Jausen, schöner Aussicht und Kinderbeschäftigungsangeboten

Mit den freundlichen Haflingern über die saftigen Almwiesen auf dem Salten zu reiten, lässt nicht nur Kinderherzen höher schlagen.

um den Salten zugetragen haben sollen. Da wandern Kinder fast von allein. Zugleich führt diese kindgerechte Wanderung, die man auch gut mit dem Kinderwagen bewältigen kann, über eine der schönsten **Südtiroler Lärchenwiesen** auf dem Hochplateau des Salten.

Das Glück der Erde …

… liegt (nicht nur) bei Mädchen nicht selten auf dem Rücken der Pferde. Rund um den Tschöggelberg bei Jenesien kommen Pferdefreunde voll auf ihre Kosten. Schließlich werden im Ort **Hafling** auch die berühmten Haflinger gezüchtet. Auf der traumhaft schönen Almwiesenlandschaft auf dem Salten sind geführte Ausflüge von einer oder mehreren Stunden auf dem Rücken der gutmütigen Haflingerpferde auch für Reitanfänger gut zu bewältigen. Wer sich noch nicht auf Pferderücken traut oder wessen Beine noch zu kurz sind, der kann sich mit den Eltern in einer **Kutsche** durch die Gegend zockeln lassen. Dies ist auch im Winter ein besonderes Vergnügen, warm eingepackt natürlich.

Klettern wie die Affen

Fast alle Kinder klettern gern, Schwindel ist für die meisten noch ein Fremdwort. Beste Gelegenheit dazu bietet der **Hochseilgarten Abenteuerpark** in Kaltern, in dem ausgebildete Bergretter und Bergführer jüngere und ältere Kinder, aber gern auch Erwachsene Schritt für Schritt in den Klettersport einweisen. 19 Parcours mit unterschiedlichen Schwierigkeitsgraden stehen zur Auswahl, und für die ganz Kleinen gibt es eine **Bambi-Burg mit Netzsicherung**. Der Lustgewinn aus überwundener (Anfangs-)Angst macht schnell süchtig, immer schwierigere Parcours auszuprobieren. Helme und Klettersets werden gestellt. Wer auch bei schlechtem Wetter klettern möchte, findet eine aufregende Alternative in der **Salewa Cube**, einer modernen Kletterhalle im Gewerbegebiet von Bozen.

Abenteuer Natur und Erfrischungen aller Art

Etwas klettern und mutig sein muss man auch bei manchen Wanderungen in der Südtiroler Bergwelt, eine besonders spannende verläuft durch die **Rastenbachklamm**. Wenn der Wanderweg zu einem schmalen Pfad und bald zu einem

Einst mittelalterliche Ritterburg, heute herrschaftliches Renaissance-Schloss

Toller Ausflug

GRUSEL UND FRESKEN AUF SCHLOSS MARETSCH

In Bozen bei der Talferbrücke führt ein schöner Weg durch die weitläufigen Grünanlagen zu Schloss Maretsch. Die Burg ist, obwohl sie doch fast direkt in der Stadt liegt, umrahmt von Weinbergen und steht mitten im Grünen. Ihre heutige Form hat sie im 16. Jahrhundert durch die Bozener Familie Römer erhalten, die sie reich mit Fresken ausgestattet hat. Heute finden in den stimmungsvollen Räumen Kulturabende, Konzerte und Ausstellungen statt. Um den Kindern den Besuch schmackhaft zu machen, kann man ihnen eine der vielen gruseligen Sagen erzählen, die sich um die Entstehung der Anlage ranken. Folgendes soll sich kurz nach der Erbauung der Burg, etwa um 1300, zugetragen haben: Klara, die Erbin der Burg, war mit einem Ritter verheiratet, der an einem Kreuzzug teilnahm. Sie wartete einige Jahre auf seine Rückkehr. Eines Tages kehrte er zurück und klopfte unerkannt als Bettler an ihrer Tür. Um die Treue seiner Frau zu überprüfen, erzählte er ihr, ihr Mann sei im Kampf gefallen. Als Klara dies hörte, stürzte sie sich vom hohen Burgturm. Noch heute wartet sie als Burggeist auf ihre Erlösung.

Mitmachen!

RODELN IM SOMMER AUF MERAN 2000

Bei einem längeren Aufenthalt in Bozen und Umgebung sollte man sich auch einen Ausflug nach Meran und in die Höhe gönnen. Allein schon die Fahrt hinauf nach Meran 2000 gleicht einem Abenteuer. In einer Großraumgondel, die unweit des Zentrums von Meran startet, schweben wir über die tiefe Naifer Bergschlucht hinauf in eine Landschaft jenseits der 2000-Meter-Grenze. In nur sieben Minuten ist man oben, wo uns außer mehreren Wanderwegen und einem Streichelzoo Südtirols längste Sommerrodelbahn erwartet, die eigentlich Ganzjahresrodelbahn heißen müsste. Auf einer Länge von 1100 Metern geht es mit dem Alpin Bob rasant über viele Kurven und wilde Serpentinen abwärts. Die Bobs sitzen sicher und fest verankert auf den Edelstahlschienen. Das Gasgeben oder Bremsen hat man schnell heraus. Nur Kinder, die jünger als vier Jahre sind, dürfen nicht mitfahren, auch nicht auf dem Schoß der Eltern. Familien, die auch kleinere Kinder dabeihaben, können sich abwechseln, Rast- und Schaubänke stehen unweit auf den Almwiesen.

Mit der Seilbahn Jenesien geht es von Bozen aus auf über 1000 Meter Höhe, wo man einen tollen Blick übers Tal und zum Ritten hat.

(mit Geländer gesicherten) Holzsteg wird, unter dem das Wasser wild zwischen den Felsen gurgelt und braust und wo rechts und links üppige Moose und Farne wuchern und nasse Felswände steil aufragen, kommt Abenteuerfeeling auf. Unterwegs kommt man an einer Aussichtskanzel mit Bänken und Blick auf den Kalterer See vorbei und am Ende wartet ein toller Wasserfall. Wenn jetzt keine Rast mit Picknick fällig ist! Wer danach noch Ausdauer hat, kann auch noch hinunter zum See wandern und sich dort ausgiebig erfrischen (einer sollte dann allerdings zurück zum Parkplatz, um das Auto zu holen). Überhaupt bieten sich in der Region an heißen Sommertagen mehrere Seen zum Ausruhen, Baden, Planschen und Bootfahren an: Der **Kalterer See** ist einer der größten und wartet am Nordufer mit gleich vier Strandbädern auf, das Südufer ist allein der Natur, vor allem zahlreichen Vögeln, vorbehalten, die man auf einem ufernahen Weg beobachten kann. Abwechslungsreiche Badetage für große und kleine Wasserflöhe bieten der **Große** und der **Kleine Montiggler See** mit dem Strandbad Lido. Ruhiger und kostenfrei geht es auf der nördlichen Seeseite zu.

Nicht nur für Regentage

Da die Chancen für einen nahezu regenfreien Urlaub in Südtirol je nach Jahreszeit recht gut stehen, wäre es schade, die Stadt Bozen und ihre vielen Sehenswürdigkeiten und für die ganze Familie interessanten Museen nur auf Schlechtwettertage zu legen. Im Gegenteil, manche Wanderung und Unternehmung wird durch den Besuch zweier Museen nur noch spannender: Das **Archäologiemuseum Bozen** beherbergt nicht nur den Ötzi, sondern zeigt überaus unterhaltsam auf drei Etagen das Leben aus der Vorzeit. Modelle, Rekonstruktionen, Filme und interaktive Angebote geben Einblicke in die Epochen von der Altsteinzeit bis ins frühe Mittelalter. Für Familien gibt es sogar besondere Führungen.

Das **Südtiroler Naturmuseum** in der Bozener Altstadt präsentiert mit vielen Mitmachstationen, Quizpanels und digitalen Werkbänken die Geologie sowie die Tier- und Pflanzenwelt Südtirols. Auch hier werden regelmäßig besondere Veranstaltungen und Führungen für Kinder angeboten. Und zum Ausruhen und Stärken locken zahlreiche gute Eiscafés, Pizzerien oder Lokale mit Spezialitäten aus der Region. *Red.*

Infos und Adressen

ANREISE

Mit dem Auto ab München über Kufstein und Innsbruck auf der E45 nach Bozen. **Mit der Bahn:** Direktverbindungen von vielen großen Städten

BESTE REISEZEIT

Ende März bis Ende Oktober; Winterzeit: nicht immer schneesicher

AKTIVITÄTEN

Reiten ist neben Wandern und Klettern eine der Hauptaktivitäten in der Region. Auch Anfänger sind willkommen.
Reitmöglichkeiten:
Reiterhof Edelweiß in Jenesien. Mit Hotel und Gasthof. www.saltner-edelweiss.it
Reiterhof Sulfner in Hafling. www.hotel-sulfner.com
Reiterhotel Tolderhof in Olang im Pustertal.
www.hotelpost-tolderhof.com
Klettern:
Salewa Cube. Ausrüstung kann man sich vor Ort leihen. Waltraud-Gebert-Deeg-Straße 4, Bozen, www.salewa-cube.com
Abenteuerpark Kaltern. Outdoor-Kletterspaß für die ganze Familie, Ausrüstung kann geliehen werden. Altenburgerstraße, Kaltern, www.abenteuerpark.it

FÜR REGENTAGE

Bienenmuseum Plattnerhof. Wunderschöner historischer Bauernhof mit herrlichem Bauerngarten und Café/Restaurant, Interessantes über das Leben der Bienen und die Geschichte der Imkerei, mit Museumsladen zum Erwerb von leckerem Honig. Wolfsgruben 15, Oberbozen, www.museo-plattner.com
Archäologiemuseum Bozen. Spannende und pädagogisch vielfältige, teils interaktive Präsentation des Lebens in der Vorzeit. Und natürlich ICEMAN, der tiefgefrorene Oetzi. Museumstraße 43, Bozen, www.iceman.it
Naturmuseum Südtirol. Für Kinder und Erwachsene sehr ansprechende Darstellung der Landschafts- und Naturgeschichte der Region, für Kinder besonders interessant: ein Aquarium, eine Ameisenkolonie im Schaukasten und ein Film über die Rückkehr der Bären. Das Museum organisiert auch Veranstaltungen für Familien. Bindergasse 1, Bozen, www.naturmuseum.it
Schloss Sigmundskron. Messner Mountain Museum Firmian, Sigmundskronerstr. 53, Bozen, www.messner-mountain-museum.it
Schloss Maretsch. Schöne und gut erhaltene Burganlage aus dem 13. Jh. mit sehenswerten Fresken und einer romantischen Sage. Regelmäßige Kulturveranstaltungen und Kunst. Innenbesichtigung nur mit Termin (maretsch@maretsch.info), Claudia de' Medici 12, Bozen, www.maretsch.info

ESSEN UND TRINKEN

Berggasthof Edelweiß. Leckere bodenständige Küche, z. T. mit »sagenhaften« Namen, auch vegetarische und glutenfreie Gerichte, abends auch selbst gemachte Pizza. Auf dem Reiterhof Edelweiß, Jenesien, www.saltner-edelweiss.it
Schloss Sigmundskron. Café und Restaurant auf dem Burghof mit selbst gemachtem Kuchen und Brettlbrotzeiten. Bozen, www.messner-mountain-museum.it

Restaurant und Pizzeria Altenburgerhof. Super Holzofenpizza, italienische und Südtiroler Küche, mit schöner Aussicht und nettem Kinderspielplatz, damit man Erstere in Ruhe genießen kann. Altenburg/Castelvecchio, Kaltern, www.altenburgerhof.it

ÜBERNACHTEN

Parkhotel am Ritten. Ritten, www.parkhotel-holzner.com
Gartenhotel Moser am See. Mit Familiensuiten und Aktivprogramm für Teenies. Montiggler See, Eppan an der Weinstraße, www.gartenhotelmoser.com
Ebenhof am Ritten. Ferien auf dem Bauernhof mit Spielplatz und hauseigenem Badesee. Familie Psenner, Weidacherweg 2, Klobenstein, www.ebenhof.it
Angebote für Zimmer oder Ferienwohnungen auf dem Bauernhof findet man beim Dachverband Roter Hahn: www.roterhahn.it

WEITERE INFOS

www.sarntal.com, www.jenesien.net, www.ritten.com, www.eppan.com und www.hocheppan.com

In der Abenddämmerung durch die Altstadt von Bozen schlendern, schauen und Eis schlecken – das krönt einen ereignisreichen Urlaubstag.

Bauernhofurlaub in Südtirol

TOLL FÜR KINDER

Widmannhof. Traumhaft schön über Brixen gelegen, bietet Reitkurse. www.widmannhof.com

Thalerhof. Hier lernen Kinder an einem Vormittag die Kunst des Schnitzens, Eltern dürfen gern mitmachen. Ab Schulkindalter. www.thalerhof.it

Häuslerhof. Toll für aktive Familien, mit Mountainbiketouren. www.haeuslerhof.net

TOLL FÜR ELTERN

Schloss Trautmannsdorff in Meran. Mit seinen schönen Garten immer einen Ausflug wert. www.trauttmansdorff.it

Wellness auf Bauernart. Beim Oberfrauenerhof in Schnauders bettet man bei der Heuwellness seinen Körper in dampfendes Heu. www.alpenbadl.com

Schloss Runkelstein. Die Fresken sind besonders hübsch anzusehen, Kinder toben auf dem Burghof. www.runkelstein.info

Spiele, Toben, Tiere füttern. Ferien auf dem Bauernhof ist immer ein großer Spaß für Kinder.

Urlaub auf dem Bauernhof – das ist immer ein Abenteuer für Kinder. Solche Erlebnisse bieten die Bauernhöfe in Südtirol. Hier ist der Urlaub nachhaltig, denn viele Betriebe sind naturnah geführt und liegen in malerischer Bergkulisse. Hinzu kommt das Lebensgefühl – tirolerisch geprägt, mit einem Hauch italienischer Würze und Sonne.

Landidylle mit Kuh und Hühnern

Morgens mit der Oma die Eier aus dem Hühnerhäuschen holen, mittags Kühe füttern, während der große Bruder eine Runde Trecker fährt und nachmittags mit Mama gemeinsam Reitunterricht nehmen – in Südtirol blüht die Lust am Landleben auf. Hier haben sich die führenden Bauernhöfe zur Marke Roter Hahn zusammengeschlossen und bieten Landurlaub wie aus dem Bilderbuch. Im **Widmannhof** etwa: Der Biohof zeigt den Kleinen nicht nur, wie Kühe gemolken werden, sondern hier bekommen Eltern und Kinder zusammen Reitunterricht, um später kleine Runden durchs Dorf zu drehen. Wer sich lieber handwerklich betätigen möchte, der macht Station auf dem **Thalerhof**. Dort führt Bildhauer Herbert Kerschbaumer in die Kunst des Schnitzens ein. Nur

Italien

Der Innenhof von Schloss Runkelstein ist mit sehr gut erhaltenen Fresken geschmückt.

Der besondere Tipp

SCHLEMMEN IM BUCHNERHOF

Hier soll schon Walther von der Vogelweide gespeist haben – und tatsächlich sieht der Buchnerhof auch so aus, als hätte sich seitdem kaum etwas geändert. Ganz aus hellem Holz geschnitzt ist der Gastraum, dessen Zentrum ein Ofen bildet, über dem ein Hochbett schwebt. Manchmal macht hier der Opa der Familie im Winter noch seine Mittagsschläfchen. Doch abends geht es aufgeweckt im Buchnerhof in Lajen zu: Dann kommen Köstlichkeiten aus dem eigenen Anbau auf den Tisch, Weine, Speck und Käse. Genussfaktor mit Geschichte. Mit etwas Glück führt der Bauer seine Gäste durch die Vorratskeller – dann staunen nicht nur die Kinder, dass es hier noch so aussieht wie im Museum. Schinken hängen von der Decke, Weine lagern ebenso wie Kartoffeln. Und während die Familie auf das Essen wartet, spielen am Nebentisch Gäste vielleicht alte Würfel- und Kartenspiele. Lebendiger kann eine Reise in die Vergangenheit nicht sein. Am besten einen Fensterplatz suchen, dann offenbart sich die Einsamkeit des Bergdorfes.

Lajen-Ried 144, Lajen

wenige Dörfer weiter liegt der **Oberpalwitterhof**. Er hat sich auf Bio-Kräuter spezialisiert, und die Bäuerin kennt viele Geheimrezepte, um Kindern Gesundes schmackhaft zu machen. Etwa mit einem Marmorkuchen mit Brennnesselfüllung und Glasur aus roter Malve. Da lernen die Eltern auch gleich etwas dazu, während die Kinder mit Blättern und Blüten Servietten und Taschen bedrucken. Wem das zu viel Landleben ist, der weicht aus auf sagenumwobene Schlösser wie das **Schloss Runkelstein**. Die Bilderburg, wie man das Schloss aufgrund seiner gut erhaltenen Fresken auch nennt, wurde bereits im 13. Jahrhundert erbaut und war lange im Besitz einer reichen Bozener Kaufmannsfamilie. Für Kinder gibt es die spezielle mittelalterliche Führung. Sehenswert ist auch **Schloss Trautmannsdorff** mit seinen Gärten, die einst schon Kaiserin Sisi fasziniert haben. In den Sommermonaten finden vormittags Familienführungen mit eigens geschulten Experten statt.   *AL*

90 Das reine Vergnügen am Gardasee

TOLL FÜR KINDER

Gardaland. Der traditionsreichste und größte Freizeitpark Italiens. Mit dazu gehört das Sea Life Erlebnisaquarium, das sich u. a. der Unterwasserwelt des Gebirges und des Gardasees widmet. Kombitickets lohnen sich. www.gardaland.it

Parco Natura Viva. Moderner Zoo, der sich auf Artenschutz spezialisiert hat. www.parconaturaviva.it

Jungle Advenure Park. Mit Baby-Parcours für die Allerkleinsten. Strada per Lumini, San Zeno di Montagna

TOLL FÜR ELTERN

Orto Botanico Monte Baldo. Ein Stück atemberaubender Natur tut gut! Der Garten Europas zeigt auf 1200 Meter 700 einheimische Arten, viele davon endemisch. An der Monte-Baldo-Höhenstraße in Novezzina

Limone sul Garda und Limonaie. Die nördlichsten Zitronengärten Europas sind ebenso einen Besuch wert wie das malerische Städtchen Limone.

Grappa. Wo es Wein gibt, gibt es auch Grappa. Z. B. in Santa Massenza, dem Grappa-Dorf am See

Bei Sommertemperaturen lockt der See – wie hier am Strand von Limone.

Der Gardasee punktet nicht nur mit herrschaftlichen Villen und wunderbaren Seeblicken, mit Premium-Weinlagen und Tramwanderwegen, sondern auch mit purem Vergnügen für Groß und Klein. Im Südosten liegen die größten und bekanntesten Freizeitparks Italiens – einer spannender als der andere.

Ein Paradies für Freizeitpark-Fans

Abenteuer und Action bietet **Gardaland** in **Castelnuovo del Garda**, definitiv die Nummer eins der Parks in Seenähe und zur Ferienzeit und am Wochenende entsprechend gut besucht. Aber das stört die Besucher nicht, die im Geschwindigkeits- und Höhenrausch mit der Magic-Mountain-Achterbahn oder dem Colorado-Boat auf der Wildwasserbahn unterwegs sind. Ein fantastisches Königreich, ein verrücktes Haus voller Illusionen, eine Eiskunstlauf-Show, dazu 4-D-Filme und jede Menge Überraschungen machen den Tag dort perfekt. Wildlife vom Feinsten bietet der **Parco Natura Viva** in Bussolengo bei Lazise, den man wie in Afrika zur Safari mit dem Auto durchfahren kann. Löwen, Elefanten, Nashörner und Tiger kommen einem da direkt vor die Linse, wobei für die Sicherheit der Besucher natürlich gesorgt ist. Gleich nebenan stehen lebensgroße Dinos, und wer dann noch nicht genug hat, besucht das Tropenhaus mit der far-

Italien

Rasant geht es im Vergnügungspark des Canevaworld Movieland zu.

Infos und Adressen

ANREISE

Mit dem Auto über die Brenner-autobahn A22 bis zur Ausfahrt Affi und weiter nach Lazise. **Mit der Bahn:** von München aus mehrmals täglich Direktverbin-dungen nach Rovereto und Verona

BESTE REISEZEIT

Frühling und Herbst

AKTIVITÄTEN

Parco Faunistico Le Cornelle. Der Tierpark Le Cornelle verfügt über eine ungewöhnlich große Artenvielfalt, darunter weiße Lö-wen. Scrano Al Brembo, www.lecornelle.it

BEI REGENWETTER

King Rock Verona. Kletterhalle mit Kletterkursen. Für Kletterfans ab vier Jahren geeignet. Mit Fit-nessbereich. Via Ca' Mazze', Verona, www.kingrock.it

ESSEN UND TRINKEN

In den Parks gibt es ein reichhal-tiges Angebot an Essen und Ge-tränken. Wer die gute italieni-sche Küche liebt, ist in den Res-taurants rund um den See besser aufgehoben.
Medieval Times. Ritterliches Er-lebnis-Restaurant, das einen fantastischen Tag perfekt macht. Via Fossalta, Lazise, www.canevaworld.it/medievaltimes/

WEITERE INFOS

Infos zu Restaurants, Übernach-tungsmöglichkeiten und weiteren Aktivitäten. www.gardasee.de

benfrohen Unterwasserwelt oder das Vivarium mit Würge-schlangen und Kaimanen.

Für Große und Kleine mit Bewegungsdrang ist der **Jungle Adventure Park** in **Monte Baldo Süd** ideal. Hängebrücken, Fischernetze, Seile und allerlei andere Hindernisse verschie-dener Schwierigkeitsgrade stehen bereit zum Kräftemessen oder einfach zum Vergnügen. Wie in allen Kletterparks gilt auch hier: Safety first! Geschultes Personal steht bereit für Einführungen und falls es auf dem Parcours Schwierigkei-ten gibt. Mit einer kleinen Bahn werden Besucher im **Cane-vaworld Movieland Park** hinter die Kulissen der Filmindus-trie gefahren und lernen dabei vieles über Stunt-Szenen und wie sie entstehen. Zum Freizeitpark gehören eine Reihe von Fahrgeschäften und Themenshows wie die Wild-West-Show. Und mit dabei ist der **Aqua Paradise Park**, Italiens größter Wasserpark. *Red.*

Toller Ausflug

ZU ROMEO UND JULIA NACH VERONA

Verona gehört definitiv zu den schönsten Städten Italiens und liegt in unmittelbarer Nähe des Sees. Die Stadt verfügt über eine 2000-jährige Geschichte und ist reich an Se-henswürdigkeiten. Wer zum ersten Mal dort-hin kommt, sollte sich den Dom, das Teatro Romano und die Ponte Pietra nicht entgehen lassen. »Wiederholungstäter« begeben sich auf die Spuren von Romeo und Julia und steuern die Via Capello Nr. 23 an, wo sich die Casa di Giulietta befindet, angeblich Julias El-ternhaus, mit dem berühmtesten Balkon der Welt. Von dort geht es zu Romeos Haus in der Via Arche Scaligere. Der Palazzo Montecchini kann zwar nicht besichtigt werden, aber im angrenzenden Restaurant kann man ein biss-chen Liebesluft schnüffeln. Letzte Station auf den Spuren des Liebespärchens ist das Ka-puzinerkloster San Francesco in der Via Pon-tiere, in dessen Krypta der Sarkophag der Ju-lia steht. Dass die Geschichte der beiden nur eine Shakespeare-Legende ist, mag man nach all diesen »Beweisen« kaum glauben.

Zu Gast in Ligurien

Blick auf den Jachthafen von Portofino an der Italienischen Riviera

Von der Côte d'Azur im Westen bis zur Toskana im Osten erstreckt sich Ligurien entlang der Mittelmeerküste. Die Küstenlandschaft geht rasch in die Alpen und den Apennin über, was die Region nicht nur für Badeurlaub, sondern auch für Ausflüge ins Hinterland attraktiv macht.

Traumstrände und der schönste Radweg des Mittelmeeres

300 Kilometer Küste mit Sand-, Stein- und Felsstränden, herausragende Wasserqualität, dazu eine malerische Bergkulisse im Hintergrund und mediterranes »Dolce vita« – was braucht es mehr für ein paar entspannte Tage? Ligurien reicht von der Provinz **Imperia** an der französischen Grenze, der sogenannten **Blumenriviera**, über Savona (Riviera delle Palme) und **Genua** (Riviera die Ponene und di Levante) bis nach **La Spezia**. Hier befindet sich **Cinque Terre** mit den fünf charmanten Küstenorten Manarola, Riomaggiore, Corniglia, Vernazza und Monterosso. Portovenere und die Palmarischen Inseln gehören zum **Weltkulturerbe der UNESCO.** Die bunten Häuser sind weltberühmt. Zwei Wanderwege verbinden die Dörfer und bieten atemberaubende Ausblicke übers Meer. Besonders der untere (Sentiero Verde Azurro) ist zu empfehlen, weil er direkt an der Küste verläuft und auch mit Kindern gut zu gehen ist.

Italien

Malerisches Cinque Terre: Blick über Vernazza

Wasserratten zieht es in die Provinz **Savona** mit den herrlichen Stränden wie denen von Alassio, Albisola und Varazze. Die Stadt selbst ist eine sehenswerte Hafenstadt mit vielen Museen und der Festung Priamar. Die Gebäude in **Genua**, darunter mehrere Festungsanlagen, zeugen noch heute von den Zeiten der mächtigen Seerepublik. Die Altstadt sollte man unbedingt besuchen, und für Kinder ist das **Aquarium** interessant. Und auch sonst hat die Region so viel Sehenswertes, dass es definitiv lohnt, ein paar strandfreie Tage einzulegen. Zum Beispiel die **Pista Ciclabile**, der vermutlich schönste Radweg am Mittelmer. Zwischen San Lorenzo al Mare und Ospedaletti verläuft die flache **Bahntrassenroute** auf einer Länge von 26 Kilometern. Entlang der Strecke locken Cafés und Restaurants und natürlich Möglichkeiten zum Baden. Die herrlichen **Strände von San Lorenzo al Mare und San Remo** sind von hier aus gut zu erreichen. *Red.*

Toller Ausflug

GROTTEN VON TOIRANO (RIVIERA DI PONENTE)

Jedes Jahr kommen rund 200 000 Besucher zu den mehr als 50 Höhlen und dem Museo Preistorico della Val Varatella in den Kalkbergen oberhalb von Toirano. Die Tropfsteinhöhlen sind beeindruckend, und man kann überall nach Resten von früheren »Bewohnern« forschen. Am eindrucksvollsten ist die Grotte della Básura (Hexengrotte), in der Spuren von Höhlenbären gefunden wurden: Knochen, Tatzenabdrücke und Kratzspuren, nach denen man heute suchen kann. Auch Urmenschen lebten dort einst – man kann noch Abdrücke von Händen und Knien finden – und warfen im »Saal der Rätsel« Tonkügelchen gegen die Wand. Weshalb sie das taten? Das wird wohl für immer ein Rätsel bleiben. Kristalle, die wie Blumen aussehen, sind hier ebenso zu entdecken wie spektakuläre Tropfsteine. Und die Grotte di S. Lucia Superiore erstreckt sich hinter dem Altar einer Wallfahrtskirche. Hier fanden sich noch Überreste von Neandertalern.

Toirano liegt am Ende des Val Varatella. www.toiranogrotte.it

Von Florenz an die Versilia

Malerische Zypressenalleen, Städte, die im Mittelalter steckengeblieben zu sein scheinen und das prachtvolle Florenz – das sind die Bilder, die wir mit der Toskana verbinden. Die Kultur der Städte und die liebliche Landschaft fügen sich hier zum Kunstwerk. Diese Reise wird zum Genuss für die ganze Familie.

Auf Streifzug durch Florenz

Florenz, die Hauptstadt der Toskana, ist eine Stadt der Kunstwerke. Ob der **Ponte Vecchio** oder ein bronzenes Schwein, ob Michelangelo oder ein Eis auf der Piazza, in Florenz ist der öffentliche Raum Teil des künstlerischen Konzepts. Die Stadt ist voller Ideen. Die **Domkuppel**, der **David**, alles inspiriert Künstler wie fliegende Händler, die Stadt immer neu zu sehen und künstlerisch zu verwandeln. Lassen wir uns treiben und die Stadt mit ihren Augen sehen. Auf dem Weg nach Westen, zum Meer begegnen uns schöne Städte und kleine Abenteuer, aufgereiht wie Perlen an einer Schnur.

Von Pistoia zu Pinocchio

Unsere erste Station machen wir in **Pistoia**, einem reizenden Städtchen am Übergang zum Apennin. Der Markplatz zeigt uns die Preziosen des Landes, am Dom erkennen wir erste Einflüsse pisanischer Kunst, und am Findelheim hat Luca della Robbia die sieben Taten der Barmherzigkeit in einem ergreifenden Majolikafries dargestellt. Bei einem Eis

oder Cappuccino auf der Piazza davor lässt sich der Fries wunderbar entspannt betrachten und entziffern. »Es war einmal ein Holzscheit ...«, so beginnt das Märchen von Pinocchio und seinen Abenteuern, die Carlo Lorenzetti einst in Collodi schrieb. Im **Pinocchio-Park** lebt die Geschichte des hölzernen Jungen, dessen Nase beim Lügen immer länger wird, weiter. Hier sind wir nicht einfach in einem Themenpark, sondern befinden uns in einer fantasievollen Verknüpfung von Freizeitpark und den von Pinocchio durchwanderten Welten.

Nebenan liegt der mondäne Kurort **Montecatini** mit seinen eleganten Thermen rund um den Kurpark. Rumpelnd bringt uns die im Jahr 1898 erbaute **Seilbahn** nach einem heilsamen Bad zum alten Stadtteil Montecatini Alto mit seiner **Burg** hinauf. Von hier haben wir bei gutem Wetter einen fantastischen Ausblick über die Talebene bis Lucca und fast ans Meer.

Auf zum Schiefen Turm und weiter ans Meer

Lucca ist ein in sich geschlossenes und zugleich weltoffenes Städtchen zum Anfassen. Läden, Bars und Plätze, alles lädt hier zum Verweilen und Probieren ein. Wie eine Insel liegt die reizende Stadt eingebettet innerhalb eines intakten Mauerwalls, einer Promenade für Spaziergänger, Radler, Jogger – und natürlich für Liebespaare. Eine Art romantische Aussichtsterrasse mit Blick über die gesamte Stadt bis hin zu den Apenninen.

Piazza dei Miracoli, der Platz der Wunder, so heißt das einmalige Ensemble von Dom, Baptisterium und Turm in **Pisa**. Ein Wunder, dass er noch steht. Denn vielleicht ist der schiefe Turm von Pisa der berühmteste »Pfusch am Bau«. Schneeweiß leuchten seine Säulengalerien, und wer wollte schon in der Toskana gewesen sein, ohne ihn nicht wenigstens auf dem Foto gerade gerückt zu haben?! Bei Pisa erreichen wir das Meer, und zu einem Italienurlaub gehört die Sandburg, wie die Pasta und der Vino. Nach Norden erstrecken sich kilometerlange Sandstrände der **Riviera della Versilia**. In den Bergen im Hintergrund scheint Schnee zu liegen. Was dort so weiß leuchtet, ist aber Marmor.

Eine Fahrt zu den **Steinbrüchen von Carrara** ist ein ganz besonderes Erlebnis! Wer nicht den Lastwagen mit ihrer schweren Ladung in die Quere kommen möchte und gerne in

Bei Orecchie Lunghe & Passi Lenti dreht sich alles um die verschmusten Esel.

Mitmachen!

ORECCHIE LUNGHE, PASSI LENTI

»Lange Ohren, kleine Schritte« heißt die Nonprofit-Organisation bei Casciana Terme, die sich Eseln verschrieben hat. Die sechs Esel heißen Gaia, Gioconda, Libero, Allegra, Linda und Serena. Irgendwie rückt alles ein bisschen beiseite, die Natur in den Vordergrund und in den Mittelpunkt die Esel. Luisella sagt, dass der Esel so lange dem Menschen bei der Arbeit geholfen habe, dass wir ihm dafür ein bisschen dankbar sein müssen. Luisella, spricht zwar kein Deutsch, aber dafür wunderbar mit Händen, Füßen und Herz. Sie hat ein Stückchen Wald in das »regno della fantasia«, das Königreich der Fantasie, verwandelt. Die Kinder können die Esel striegeln, füttern, mit ihnen spazieren gehen, aber auch einfach nur auf dem Gelände spielen und basteln. Am liebsten möchten die Esel mit den Kindern schmusen und siehe da: Dann sind sie auch überhaupt nicht störrisch. Hier verbringen Kinder Zeit mit Tieren mal ganz anders, intensiv und berührend.

www.orecchielunghe.it

Toller Ausflug

VOM HARTEN BROT DER FISCHER ...

... lehrt Paolo Fanciulli, wenn er mit uns an Bord frühmorgens im Hafen von Talamone mit seinem Fischerboot »Sirena« ablegt. Wir fahren aufs Meer und bei Punta Ala beginnt das Fischen. Der ganze Zyklus, beginnend mit dem mühseligen Auswerfen der Netze. Sind sie befestigt, fährt Paolo zu den Stellen, wo er gestern seine Netze ausgeworfen hat, die heute eingeholt werden müssen. Liegen sie dann mit ihrem zappelnden Inhalt an Bord, müssen die Fische herausgeholt und sortiert werden. Paolo erklärt uns den Fang und die einzelnen Fische. Müde, aber auch zufrieden und stolz über den Fang ist danach in einer schönen Bucht Gelegenheit zu einem Bad im Meer. Angezogen vom Duft des Grills sind alle aber wieder rechtzeitig zum Mittagessen an Bord. Was wird gegessen? Brot, Öl und der soeben gefangene Fisch natürlich. So erfahren wir die Meereswelt auf unmittelbare Art und Weise. Vor allem für Kinder ein einmaliges und großes Abenteuer.

www.paoloilpescatore.it

Die Piazza dei Miracoli in Pisa: Auch Kinder staunen über den schiefen Turm!

Blick auf den Golf von La Spezia an der Riviera di Versilia

Ruhe die riesigen Blöcke und Maschinen betrachten will, der sollte diesen Ausflug sonntags unternehmen. Wie die Marmorblöcke aus dem Berg geschnitten und abtransportiert werden, kann man allerdings nur werktags beobachten.

Toskanas Küste bietet mehr als Badefreuden

Nach Süden zieht sich die **Costa degli Etruschi**, die etruskische Küste. Das hügelige Hinterland mit seinen pittoresken Städtchen ist dabei mindestens genauso attraktiv wie die Küste selbst. Und hier an der Küste ist richtig was geboten. Zum **Prähistorischen Park von Peccioli** inspirierten Erardo Ghironi Knochen von Dinosauriern, die er unter seinem Haus fand. Um die Ära dieser Urzeitriesen authentisch darzustellen, gibt es hier sogar einen Vulkan, der richtig speit, nämlich bunte Papierkügelchen.

Aqua Village nennen sich die Rutschenlandschaften, in der jede Variation von rasanter Rutsche zu finden ist und wo auch so mancher schon heimlich wieder die Treppe hinuntergeschlichen ist. Wer gerne einen geruhsamen Tag auf dem Wasser verbringen und dabei noch ganz nebenbei nach **Elba** kommen möchte, für den bietet sich eine lustige **Minikreuzfahrt** an. Und wenn wir früh aufstehen, dann nimmt uns Paolo mit hinaus aufs Meer auf seinen harten Alltag als Fischer. Netze auswerfen, Netze einholen, dieser Tag ist ein Erlebnis, das vor allem Kinder nicht vergessen. *WB*

Infos und Adressen

ANREISE

Mit dem Auto über den Brenner oder den Sankt Gotthard nach Italien. Dann auf die »Autostrada del Sole« und schon sind wir fast da. Oder **mit dem Flugzeug** nach Pisa und dann weiter mit dem Leihwagen

BESTE JAHRESZEIT

März bis Oktober. Von Juni bis Oktober kann man im Meer wunderbar baden.

FÜR REGENTAGE

Sollte wirklich mal schlechtes Wetter sein, ist beste Gelegenheit für ein paar spannende Museen:

Museo Leonardiano Vinci. Ein tolles Museum zum Anfassen über den »Daniel Düsentrieb der Renaissance«. Modelle und Zeichnungen seiner Erfindungen, die man bewegen und tatsächlich begreifen kann. www.museoleonardiano.it

Vespa-Museum. Die Vespa kommt nicht nur aus Italien, sondern sogar aus der Toskana, genauer aus Pontedera. Im Museum sehen wir alle jemals gebauten Varianten der Vespa und ihrer dreirädrigen Schwester, der Ape. www.museopiaggio.it

Bergwerkspark San Silvestro. Seit 2000 Jahren hat der Mensch in den Felsen um Campiglia nach wertvollen Mineralien gesucht. Der Park von San Silvestro bewahrt das Andenken eines Gebiets, das schon in der Antike vom Bergbau geprägt war, und führt uns in Stollen und Minen, wobei die Fahrt mit der Minenbahn nicht fehlen darf! www.parchivaldicornia.it

Mittelmeeraquarium. Wer unter die Oberfläche der toskanischen Küste sehen will, dem sei das Acquario Mediterraneo in Porto Santo Stefano empfohlen. Dort sind die Ökosysteme, die sich direkt vor der Küste der Toskana befinden, im kleinen Format nachgebildet und ausgestellt. www.acquarioargentario.org

ESSEN UND TRINKEN

In Italien essen wir am liebsten Pasta oder Pizza, aber die Toskana bietet noch eine Reihe von leckeren Gerichten: »Acquacotta« zum Beispiel heißt gekochtes Wasser, ist aber eine leckere Suppe aus Zwiebeln, Gemüse, Ei, Olivenöl und geröstetem Brot. Und »Castagnaccio« ist herzhafter Kuchen aus Kastanienmehl mit Rosmarin, Olivenöl, Pinienkernen – die Herbstspezialität um Lucca.

Osteria dei Pazzi. Florenz ist berühmt für seine Bistecca alla fiorentina, ein bis zu 3 cm dickes T-Bone-Steak vom Grill, das nur von den weißen Chianina-Rindern stammen darf. Der Preis wird pro »etto« (100 g) angegeben. Zu empfehlen in der Osteria dei Pazzi, Via dei Lavatoi, 1/3r, Florenz, www.osteriadeipazzi.it

La Osteria Barroccia. Livorno ist berühmt für seinen Fischeintopf, den Cacciucco, den man unbedingt im Barroccia kosten sollte. Piazza Felice Cavallotti, 13, Livorno, www.labarrocciaia.it

Osteria Santo Spirito. »Fagioli all'uccelletto« sind leckere weiße Bohnen mit Tomaten und Salbei, die hier meisterhaft zubereitet werden. Piazza Santo Spirito, 16, Florenz, www.osteriasantospirito.it

ÜBERNACHTEN

Die Toskana ist touristisch bestens erschlossen und bietet in allen Preis- und Qualitätsklassen Unterkünfte. Am Meer wohnt es sich am besten in einer **Ferienwohnung** in einem der Orte in der Nähe, wenn nicht unmittelbar am Meer, die man bei **www.airbnb.com** findet, oder auf dem Campingplatz. Diese sind großzügig angelegt, mit modernen sanitären Anlagen ausgestattet und bieten meistens auch einen großen und attraktiven Pool. Restaurant, Laden, Bar, man muss sich schon losreißen, um vom Land noch was zu sehen. An der Bar ist im Sommer abends regelmäßig Disco, wobei mindestens ein Abend in der Woche für Kinder reserviert ist. Dann wird Tombola gespielt und ausgiebig getanzt.

WEITERE INFOS

www.enit-italia.de,
www.turismo.intoscana.it und
www.agriturismo.it

Kleine Rast im Cafe Belle Epoque in Montecatini Terme

93 In der südlichen Toskana

TOLL FÜR KINDER

Monte Siepi. Hier steckt das Schwert des bösen Ritters Galgano im Fels. Wer es herausziehen kann, den holt der Teufel persönlich! www.sangalgano.it

Eis San Gimignano. Eine Eisdiele, die schon dreimal mit ihrem Eis Weltmeister geworden ist. Unbedingt probieren und vergleichen.

Bagni Vignoni. Hier fließt ein Bach mit warmem Thermalwasser mitten durch den Ort. Kinder können hier herrlich planschen und Dämme bauen!

Antica Gelateria. Berühmt im ganzen Chianti-Gebiet. Simone ist der Chef und zeigt, wie er Eiscreme macht. Kinder finden das großartig, da natürlich ausgiebig probiert wird. Castellina In Chianti

TOLL FÜR ELTERN

Vespa mieten. In Radda, wo die Straßen in vielen Kurven über malerische Hügel führen, kann man so stilecht vor die Bar auf die Piazza knattern.
www.tuscanyscooterrental.com

Caffè Shakerato. In der Bar Terzani in Panzano macht der Barista einen exzellenten mit Eis geshakeden Caffè.

Pienza im Val d'Orcia: Landschaft, Natur und von Menschenhand Erschaffenes fügen sich hier harmonisch zusammen.

Der Süden der Toskana ist durch sanftes Hügelland geprägt. In seiner Mitte thront die Stadt Siena. Das Land ist hier weit und weich. Die Weizenfelder sind rot gefärbt vom Mohn, Zypressenalleen ziehen die Hänge hinauf. Kleine, unverbaute Orte und Klöster liegen auf den Hügeln: ein Land wie ein Bilderbuch!

Eine Reise zu verträumten Orten voller Geschichte

Wir kommen vom Meer, erklimmen Hügel, durchqueren Täler und fahren mitten hinein ins Herz der Toskana. Uns erwartet eine Reise durch eine Landschaft, die wie gemalt ist, durch Orte, die wie aus dem Bilderbuch geschnitten sind, und wir baden, egal bei welchem Wetter, in heißen Quellen beim weißen Wal! Einsam liegt die **Klosteranlage von San Galgano** am Wege, einer der stimmungsvollsten Orte der Toskana. Die mystische Atmosphäre der Kirche ohne Dach und die Legende um das Schwert im Fels machen den Besuch zu einem großen Erlebnis.

Beim kleinen Ort **Pietrasciata**, mitten im Landesinneren, befindet sich der **Chianti-Skulpturenpark**. Dieser Park ist eine Wunderwelt, ein begehbares Gesamtkunstwerk. Von Menschenhand Geformtes verbindet sich mit von der Natur Geschaffenem, und beides zusammen wird Kunst. **Volpaia** ist vielleicht das hübscheste Dorf im Chianti. Die Zeit

scheint hier stehen geblieben zu sein. Heute wohnen in dem Ort rund 40 Menschen, die in den sieben Kellereien arbeiten, die sich in den alten Häusern eingerichtet haben. Der Dorfplatz ist der Mittel- und Treffpunkt von Volpaia. Für Kinder ein Paradies, da sich die Stimmung des Abenteuers über alles legt, wenn Katzen und Hunde um die Ecken streichen und die Zeit stillzustehen scheint. Eine schöne Bar lädt zum Verweilen auf der Piazza ein.

Rätselhafte Fresken

In den Hügeln oberhalb von **Buonconvento** liegt auf einem Lehmrücken abgeschieden und stimmungsvoll das **Kloster der Olivetaner**. Ein Freskenzyklus im Kreuzgang erzählt vom Leben und Wirken des Heiligen Benedikt. Für uns heute stellt sich hier eine Bildergeschichte zum Mitlesen und zum Mitraten dar, die großen Spaß macht. Auf eine ganz eigene Schatzsuche gehen wir auf Wanderungen und bei Besichtigungen im Wald. Dort finden wir fast immer schwarz-weiß gestreifte Mikadostäbchen in verschiedenen Längen und Stärken. Die haben Stachelschweine nachts beim Raufen verloren. Es kann aber auch vorkommen, dass wir zum Beispiel in **Populonia** durch die Ausgrabung streifen, und plötzlich eine ganze Rotte Wildschweine über den Weg stürmt. Das Cinghiale hat die zweifelhafte wie mehrfache Ehre, sowohl Wappentier wie Delikatesse der Toskana zu sein; aber auch Schädling ersten Grades, wenn es den Boden belüftet, was in Wahrheit einem mittleren Pflügen gleichkommt und die Bauern nicht gerade erfreut. Die Stadt **Pienza** glänzt als wahres Kleinod in der südlichen Toskana. Von Papst Pius II. zum Stein gewordenen Versuch erklärt, die humanistischen Ideale menschlicher Harmonie und Ästhetik städtebaulich umzusetzen, liegt die Stadt wie auf einem Balkon über dem **Orcia-Tal** zwischen den Städten Montepulciano und Montalcino.

Beim weißen Wal zum Planschen

Die Eisenbahn ist eigentlich nur ein Verkehrsmittel. Die **Museumsbahn** »treno natura« ist aber auch eine Zeitmaschine. Sie führt uns gleichermaßen auf verschlungenen Wegen durch die stimmungsvolle Landschaft der südlichen Toskana zu Klöstern und Trüffeln, wie in eine dampfende und zischende Welt vergangener mechanischen Technik. **Bagni di San Filippo** gilt als das älteste natürliche, von Menschen genutzte Heilbad der Welt, das direkt aus einer heißen

Seit alters her gehört das toskanische Brot zu Oliven, Käse, Salami und Wein.

Nicht verpassen

MONTERIGGIONI DI TORRI SI CORONA

Italiens größtes und beliebtestes Mittelalterspektakel findet an zwei Wochenenden im Juli in der alten Grenzfestung Monteriggioni statt. Vollständig erhalten, von Mauern und Türmen umgeben, lassen Gaukler und Zauberer, Handwerker und Soldaten, Fahnenschwinger und Herolde in den Gassen und auf den Plätzen die Stadt in einer vergangenen Welt wieder auferstehen, sodass man sich tatsächlich auf einer Zeitreise glaubt. Händler bieten ihre Waren an, Köche laden zur Verkostung ihrer Speisen, Priester predigen, Pilger erzählen von fernen Ländern, Gaukler und Jongleure belustigen und betrügen das Publikum. Plötzlich ertönt Trommelwirbel, Soldaten sprengen durch die Gassen, man rüstet zur Schlacht! Die Truppen formieren sich und marschieren aus dem Tor ins Feld. Von den Türmen aus beobachten wir den Verlauf der Schlacht. Je nach historischem Ereignis kommen sie geschlagen oder als Sieger zurück. Zum Abschluss gibt es für alle ein riesiges Feuerwerk. Toll!

www.monteriggionimedievale.com

Flüssiges Gold. Aus der Toskana kommt eines der besten Olivenöle Italiens.

Über den Dächern Sienas: Blick über die
Piazza und den Turm auf das Land

Quelle gespeist wird. Folgen wir dem kleinen Pfad bergab,
tut sich plötzlich aus dem dunklen Wald ein riesiger, strah-
lend weißer Kalksinterabhang auf, der aus dem Felsen he-
rauszuquellen scheint. Die Einheimischen nennen ihn zu
Recht **Balena Bianca**, weißer Wal. Und in seinem Schutz
planschen wir im 37 Grad warmen Wasser.

Unübersehbar und schon von Weitem beeindruckend erhebt sich die mittelalterliche »Skyline« von **San Gimignano**.
Die Türme der mächtigen Familien überragen die Stadt,
zeugen gleichermaßen von Reichtum wie von tödlichem
Streit um Macht und wirtschaftlichen Vorteil. Die Familien
waren verfeindet und bekämpften sich hartnäckig. Ausdruck der eigenen Macht und Stärke war jeweils die Höhe
des eigenen Turmes. Nirgends wandern wir so tief in der Geschichte wie hier.

Sienas stolze Geschichte

Wir erreichen schließlich **Siena**, eine der schönsten Städte
Italiens. Wie ein Theaterrund schmiegt sich die **Piazza del
Campo** vor die Kulisse des Rathauses. Und mächtig überragt
der Dom die Stadt und kündet das Gotteslob. Reich und
stolz präsentiert sich Siena in ihren Stadtteilen, den Contra-
den. Die Stadt hat in ihnen ihr mittelalterliches Gesicht
nicht nur in den Fassaden bis heute erhalten. Mit dem **Palio**
begeben sich die Senesen jedes Jahr in die Zeit ihres großen
Ruhmes mit der einmalig gelebten Tradition eines echten
Turniers, eines Pferderennens, in dem nichts als der Sieg
zählt. Hier ist alles echt. *WB*

In der südlichen Toskana

Infos und Adressen

ANREISE

Wir fahren immer nach Süden! Über den Brenner, dann auf die Autostrada del Sole und rechtzeitig bei der Ausfahrt »Firenze« raus. Jetzt sind die Straßen schmal und kurvig. Aber wer möchte hier schon vierspurig durch Tunnels brausen?

BESTE REISEZEIT

April bis Oktober, im Sommer wird es sehr heiß.

FÜR REGENTAGE

Es kann auch mal regnen in der Toskana, aber dann gehen wir unter ein Dach, wo wir spannende Sachen lernen: **Toscana Mia Cooking School.** Simonetta bringt uns bei, dass Nudeln nicht aus der Tüte kommen, sondern die schönsten Formen haben, wenn man sie selbst gemacht hat, und dass jede Nudel eine eigene Soße braucht. Die Küche und der Essraum sind auf Kinder abgestimmt. Gegessen wird, was sie selbst angerichtet haben.
www.welcometuscany.com
Bambinus. In Siena gibt es für Kinder ein eigenes Museum im Museum, das von ihnen selbst gestaltet wird und wo ihre Werke ausgestellt sind. Workshops und Kurse für Kinder jeden Alters.
www.santamariadellascala.com
Treno Natura. Von Siena fährt dieser historische Zug den ganzen Sommer hindurch in die südliche Toskana. Ein wunderschön dampfender Ausflug für die ganze Familie.
www.trenonatura.terresiena.it oder www.cretedisiena.com

ESSEN UND TRINKEN

Die Küche der Toskana ist einfach und reichhaltig. Der Begriff der »Cucina Povera« stammt von hier: die arme Küche, die aus den einfachen Zutaten, Olivenöl und Kräutern herrliche Gerichte zaubert. Der »Panforte« ist ein Gewürzkuchen aus Siena.
Osteria le Panzanelle. Die »Panzanella«, ein Salat aus Landbrot, Tomaten, Gurken und Zwiebeln, stammt aus Siena und schmeckt am besten in Lucarelli beim Namensgeber.
Loc. Lucarelli, 29, Radda in Chianti.
www.osteria.lepanzanelle.it

Locanda il Paradiso in Chiusure. Wie im Paradies schmecken hier die »Pappardelle«, breite Bandnudeln, die meist mit Ragout vom Hasen (»lepre«) oder Wildschwein (»cinghiale«) serviert werden. Sehr gut zu diesen Saucen passen auch »Pici«, handgerollte, dicke Eiernudeln, die typisch für Siena sind.
Via Porta Senese, 25, Asciano SI

Osteria Quaercegrossa. »Ribollita« heißt die »Eingekochte«, eine deftige, über Stunden gekochte, eingedickte Suppe aus Brot, weißen Bohnen, Schwarzkohl und saisonalem Gemüse. Vielleicht am besten bei der großen Eiche.
Via Chianti Classico 47, Quercegrossa, Monteriggioni SI.
www.osteriaquercegrossa.it

ÜBERNACHTEN

Günstig sind die relativ jungen **B&B mit guter Ausstattung,** meist mit Küche. Diese liegen fast immer in der Altstadt, und so können wir auf der Piazza mal eben ein Eis holen oder einen Caffè Espresso trinken. In Bagni Vignoni treten wir aus einem wunderschönen Haus direkt auf die Piazza, um ein Glas Wein zu trinken.
www.loggiato.it
In **Montepulciano** verschiebt der Wirt die Anmeldung auf nach dem Essen, da der Duft des Wildschweinbratens schon durchs ganze Haus und ihn dringend in die Küche zieht.
www.trattoriadicagnano.it
Eine elegante Unterkunft bietet ein **Agriturismo.** Das bedeutet so viel wie Urlaub auf dem Bauernhof ohne Kühe. Schöne Zimmer, gutes Essen, herrliche Lage, meist ein kleiner Pool, das sind typische Merkmale dieser alten Gutshäuser. Für Kinder bilden sie ein schönes Zuhause auf der Reise.
www.agriturismo.it

WEITERE INFOS
www.enit-italia.de
www.turismo.intoscana.it

Herrliches Klettern und Planschen im 37 Grad warmen Thermalwasser beim Weißen Wal.

Sardinien

TOLL FÜR KINDER

Wildpferde auf der Hochebene.
www.sajaramanna.it

Parco Donnortei. Tierpark mit sardischen Hirschen, Mufflons und anderen Wildtieren der Insel. Fonni, am dem Weg zum Monte Spada gelegen

Tropfsteinhöhle Is Zuddas. Faszinierende Kalksteinhöhle im Süden bei Santadi. Im Sommer angenehm kühl

Vogelpark Parco degli Uccelli. Ein Erlebnis für Kinder: Mehr als 200 exotische Vogelarten und dazu Hirsche, Emus, Wildpferde und sardische Esel. Nördlich von Scano

Wasserpark Aqua Dream. Wassertrichter, Rutschen und kurvenreiche Röhren sorgen hier für Tempo und Spaß. Baja Sardinia an der Costa Smeralda

TOLL FÜR ELTERN

Li Cossi an der Costa Paradiso. Paradiesstrand zwischen Felsen und Lagune, nur ein schmaler Pfad mit knorrigen Ästen als Geländer führt zum Sandstrand.

Eisenbahnmuseum der Bahngesellschaft »Trenitalia« in Cagliari. Direkt im Hauptbahnhof, mit allem zur Geschichte der sardischen Eisenbahn

Sardinien hat malerische Sandstrände – wie diesen an der Costa Rei.

Sardinien, die zweitgrößte Insel im Mittelmeer, bietet eine ungewöhnliche landschaftliche Vielfalt. Die Insel, die vom Massentourismus weitgehend verschont ist, eignet sich wunderbar für einen entspannten Urlaub mit Kindern: ausgedehnte Strände und Ausflüge in die Natur stehen hier im Vordergrund.

Wandern und baden

Lange, flache Sandstrände sind auch für kleine Kinder geeignet. Die schönsten **Badeplätze für Familien** sind die ausgedehnten und **feinsandigen Buchten an der nördlichen Ostküste** um San Teodoro, Budoni, Siniscola und Orosei. Weiter im Süden bei Santa Maria Navarrese, Bari Sardo und Marina di Gairo liegen kleinere Buchten, die ebenfalls einen Abstecher wert sind. Kilometerlang ist der **Sandstrand der Costa Verde** mit seinen hohen Dünen.

Wer sich genügend am Strand erholt hat, kann zu ein paar schönen Wanderungen aufbrechen. Sardinien bietet hier sehr viele Möglichkeiten. Zum Beispiel zur **Schlucht Gola Su Gorroppu**, zu der ein Weg führt, der für Kinder ab sechs Jahren in einer Tagestour gut zu schaffen ist. Die zahlreichen erfrischenden Gumpen am Weg machen diese Tour auch an heißen Tagen zu einem schönen Erlebnis. Die Schlucht gehört zu den tiefsten Europas und ist über den Weg zu erreichen, der an der Ponte S'Abba Arva südlich von Dorgali startet. Die Wanderung führt am Fluss Riu Flumineddu entlang und dauert etwa zwei Stunden.

Italien

Auf der Hochebene leben noch Wildpferde.

Infos und Adressen

ANREISE

Mit dem Flugzeug aus allen größeren deutschen Städten nach Cagliari, Alghero und Olbia
Mit dem Auto z. B. nach Civitavecchia und von dort mit der Fähre nach Cagliari (Südküste) und Olbia an der Ostküste

BESTE REISEZEIT

April bis Juni und September, im Juli kann es heiß werden.

AKTIVITÄTEN

Abenteuerpark Le Ragnatella. Der erste und einzige Freizeitpark auf Sardinien, mit vielen Kletter- und Spielmöglichkeiten. Bei Alghero
Tierpark Parco Degli Angeli. Beschaulicher Park mit vorwiegend heimischen Tier- und Pflanzenarten. Giba

ESSEN UND TRINKEN

Die sardische Küche ist von den Hirtendörfern im Landesinneren geprägt. Fladen, Lamm, Kräuter und viel frisches Obst und Gemüse sollte man sich hier ebenso wenig entgehen lassen wie die milden Käsesorten. Selbstredend gibt es überall leckeren, frischen Fisch.

ÜBERNACHTEN

Hotel Nuraghe Arvu Resort. Familienfreundliche Zimmer, typisch sardisches Ambiente an der Ostküste, viele Sandbuchten in der Nähe. Viale del Bue Marino, Cala Gonone, www.hotelnuraghearvu.com/de
Biolandgut Su Birde. Urlaub auf dem Bauernhof auf einem Hochplateau im Osten. In unmittelbarer Nähe des Golfes von Orosei. Herrlicher Ausblick. www.sardinianatour.com

WEITERE INFOS

www.sardegna.com/de/tourismus-in-sardinien/

Nicht verpassen

SARDINIEN IM KLEINFORMAT

Sardegna in Miniatura heißt der große Park, für dem mit viel handwerklichem Geschick Minimodelle Sardiniens erschaffen wurden, die Besucher mit auf eine Reise durch die Insellandschaft und zu den Sehenswürdigkeiten Sardiniens nehmen. Familien sollten die Führung mitmachen, bei der man viele spannende Details gezeigt bekommt. Mit auf dem Gelände sind unter anderem ein Planetarium, ein Astronomiemuseum und ein Pavillon zur Nuraghenzeit, in der die typischen Turmbauten der Insel entstanden. Im Park fährt eine kleine Eisenbahn, die müden Kinderbeinen ein bisschen Erholung verschafft, damit sie anschließend auf dem großen Spielgelände wieder zum Toben eingesetzt werden können. Da der Park in unmittelbarer Nähe sowohl zur beeindruckenden Nuraghe Su Nuraxi als auch zur Hochebene von La Giara di Gesturi liegt, wo die Wildpferde leben, bietet sich eine Kombination an.

www.sardegnainminiatura.it

Schöne Wanderwege für Kinder liegen in den Giare, den imposanten Tafelbergen der Marmilla. Das Hochplateau ist weitgehend unberührt, und hier kann man zahlreiche Tiere beobachten. Beeindruckend sind die **Wildpferde**, die hier in Herden leben. Ranger des Naturparks Cooperative San Jara Manna geben gern Auskunft über die beeindruckenden Tiere.

Sehenswert ist die **Nuraghe Santu Antine**, ein bronzezeitlicher Turmbau, der auch »Haus der Königs« genannt wird und mit gut 17 Metern Höhe heute noch sehr gut erhalten ist. Besucher können das Gelände auf eigene Faust entdecken, und es ist auch für Kinder spannend, die engen Gänge und zwei Geschosse zu erkunden.   *Red.*

Costa Brava

Berge und kleine Buchten, die zerklüftete Küste, malerische Fischerorte und hübsche Seebäder – die Costa Brava, die »wilden Küste«, ist landschaftlich reizvoll und hat viel mehr im Angebot als piniengesäumte Strände: Natur, Kultur und jede Menge Vergnügen.

Strandvergnügen und sehenswertes Hinterland

Im Süden der Costa Brava liegt **Lloret de Mar**, ehemals Fischerdorf mit hübschem Ortskern und heute das, was man eine Hotelburg nennt. Sandstrände und kristallklares Wasser gibt es hier reichlich, Wassersport ist die Aktivität, und wer den Trubel mag, der quartiert sich hier ein, um die Umgebung zu erkunden. Etwas nördlich liegt das ruhigere Seebad **San Feliu de Guíxols** mit einem Sporthafen. Hier fährt der **Carrilet Ganxó**, ein Sightseeing-Bus, der wie ein Zug aussieht. Einen Besuch wert ist die Einsiedelei Sant Grau, und vom **Cap de Mort** hat man einen sagenhaften Blick. Im Landesinneren liegt die Provinzhauptstadt **Girona** mit dem Judenviertel, der Kathedrale und den maurischen Bädern; nordwestlich davon der **Naturpark Zona Volcánica de La Garrotxa**, ein Landstrich mit großem Artenreichtum. Zwischen den Vulkankegeln gibt es schöne Wanderwege. Im Norden sehenswert sind die **Ruinen von Empuries** aus dem 5. Jahrhundert v. Chr. Unweit davon liegt Figueres, der Ge-

Spanien

Reiten ist ein herrliche Art, die Gegend zu erkunden. Wie hier bei der mittelalterlichen Stadt Besalu

Mitmachen!

KATALONIEN AUF DEM RÜCKEN DER PERDE

Ursprüngliche Landschaften entdecken wie Berge, Vulkane, stille Täler und einsame Buchten – mit Pferden wird Kataloniens Natur zu einem besonderen Erlebnis. Schöne Routen verlaufen beispielsweise in der Umgebung des Klosters von Poblet (UNESCO Welterbe), das inmitten von Wäldern und Weinbergen liegt, oder durch die Vulkanlandschaft im Naturpark La Garrotxa. Die Angebote sind vielfältig, und die Fremdenverkehrsbüros der jeweiligen Gegend helfen gern bei der Qual der Wahl.

burtsort Salvador Dalís. Das **Theater-Museum Dalí** setzt seine surrealistischen Werke in Szene. Der Rundgang ist ein Erlebnis! Wer gern Vögel beobachtet, sollte den **Parc Natural dels Aiguamolls de l'Empordà** im Norden besuchen.

Zu empfehlen ist ein Abstecher nach **Barcelona**. Die Stadt ist nicht nur für Architekturfans ein Kleinod, sondern hat auch für Kinder viel zu bieten. Sehenswert ist neben dem Treiben auf der Flaniermeile **Ramblas** und dem Hafen das **Aquarium** mit dem Unterwassertunnel. Kleine Techniker werden sich für das Wissenschaftsmuseum **CosmoCaixa** begeistern, das technische und naturwissenschaftliche Phänomene kindgerecht präsentiert. Ein besonderes Erlebnis ist das **Poble Espanyol**, ein ganzes Dorf für Kinder mitten in der Stadt. Der Rundgang verläuft wie eine Schnitzeljagd, und auch sonst bietet der Park ein tolles Familienprogramm. *Red.*

Mallorca

TOLL FÜR KINDER

Aquarium Palma. Eines der besten und größten in ganz Europa. Bei Regen ein toller Tipp. C/ Manuela de los Herroros i Sorà 21, Palma, www.palmaaquarium.com

Coves del Drach. Spektakulär inszenierte Höhle. Porto Cristo, www.cuevasdeldrach.com

Jungle Parc. Kletterspaß für Groß und Klein. Santa Ponça, www.jungleparc.es

Playa de Muro. Ein mediterraner Traumstrand für die ganze Familie. Badia de Alcúdia zwischen Can Picafort und Puerto de Alcúdia

TOLL FÜR ELTERN

Cap de Formentor. Am Leuchtturm über den Felshängen zeigt sich die Insel von ihrer rauesten und vielleicht schönsten Seite.

La Seu. Die Kathedrale ist das Wahrzeichen Palmas. Plaza Almoina, s/n, in Hafennähe

La Granja de Esporles. Museums-Finca, die Geschichte, Handwerk und Landwirtschaft der Insel unter einem Dach vereint. Esporles, www.lagranja.net

Fundacion Jacober. Ein Ort wie aus Tausendundeiner Nacht. Voller Magie, Kunst und Überraschungen. Telefonisch anmelden! El Mal Pas, Alcúdia, www.fundacionjakober.com

La Seu, das prachtvolle Wahrzeichen Palmas

Als wichtigste europäische Touristendestination in den Sommermonaten hat Mallorca wahrlich für jeden Geschmack etwas zu bieten. Jeder kann hier glücklich werden, denn Vielfalt ist seit jeher das Pfund, mit dem der Deutschen liebste Insel wuchert. Und die beste Nachricht ist: Auch für Familien ist Mallorca perfekt gerüstet.

Die vollkommene Insel

Obwohl jährlich über zehn Millionen Touristen nach Mallorca kommen, bewegen sich die meisten nicht wirklich außerhalb der Hotels und Ferienanlagen. Das ist um so erstaunlicher, da Mietwagen fast überall und sehr günstig zu bekommen sind und es darüber hinaus recht gute Verbindungen des öffentlichen Nahverkehrs gibt. Doch wer die Mühen auf sich nimmt, die Insel auf eigene Faust zu erkunden, wird von ihr allenthalben überrascht, ja überwältigt. Vereinfacht kann man die Insel in drei Areale aufteilen, von denen jedes seinen eigenen Charme hat: im Westen die imposante Bergkette **Serra de Tramuntana** mit der höchsten Erhebung dem Puig Mayor (1445 m). Im Osten der deutliche kleinere Gebirgszug **Serres de Llevant** und dazwischen die große Ebene **Es Plà**, die sich von Süden nach Norden erstreckt. Allein ein Abstecher ins Tramuntana-Gebirge, das 2007 zum UNESCO Welterbe deklariert wurde, wirft jegliche Vorurteile über den Haufen. Dafür ist natürlich der rote Blitz prädestiniert. So wird augenzwinkernd

der **Tren de Sóller**, eine nostalgische Eisenbahn aus dem Jahre 1912, genannt, die mit sagenhaften 26 Stundenkilometern gemächlich von Palma nach Sóller tuckert und somit Zeit für eine kindgerechte Betrachtung der traumhaften Gebirgswelt lässt. In dem Städtchen angekommen, lädt der quirlige Dorfplatz Plaça de la Constitució unweit des Bahnhofs zum Verweilen ein. Nur ein paar Meter weiter stellt die Sa Fàbrica de Gelats das beste Eis der Insel her. Wer noch bis zur Küste will, der steigt am Bahnhof einfach in die ebenso antiquierte Straßenbahn Tranvía de Sóller und fährt noch einmal knapp fünf Kilometer bis zum Hafen **Puerto de Sóller**. Wer lieber das Auto nimmt, hat entlang der Küstenstraße Ma-10 die Qual der Wahl. Hier das malerische Bergdorf **Valdemossa**, in dem Frédéric Chopin und George Sand 1838 einen denkwürdigen Winter verbrachten oder dort das Künstlerdorf **Deiá**, in dem Berühmtheiten wie Andrew Lloyd Webber, Pablo Picasso, Ava Gardner und vor allem Robert Ranke-Graves lebten; oder von Sóller nach Lluc bis zum pittoresken Städtchen Pollença.

Traumhafte Badebuchten und spannende Höhlen

Der Osten mit der Serra de Llevant ist für seine kleinen Buchten, die Calas, bekannt. **Cala Varques**, **Cala Sa Nau** oder **Cala Llombards**, um nur einige zu nennen, sind regelrechte Eldorados für Schnorchelfreunde. Beliebte Ausflugsziele für Familien sind hier überdies die **Coves del Drach** sowie der **Safari Zoo** bei Porto Cristo.

Die Ebene zwischen den beiden Bergketten hat wiederum ein völlig anderen Charakter. Hier liegen die beschaulichen, mallorquinischen Dörfchen, die abseits der Touristenströme ihre Traditionen hegen und pflegen. Aus den Bergrücken ausgeschwemmte Feinstäube haben den Boden in der Senke fruchtbar gemacht, sodass hier alle denkbaren Feldfrüchte angebaut werden können. Die Gegend zwischen **St. Maria** und **Inca** ist Mallorcas wichtigste Weingegend. Ein Besuch in einer der Bodegas lohnt sich auf jeden Fall. Südwestlich von St. Maria liegt der **Festival Park**, ein Outlet-Dorf nach amerikanischem Vorbild. Während die Kinder hier Trampolin springen, kann Mama sich schnell durch die Boutiquen »fräsen«. Besonders günstig sind die Artikel am letzten Donnerstag im Monat.

Das Kloster Lluc ist ein beliebtes Ausflugsziel in der Bergen.

Der besondere Tipp

KLOSTER LLUC

Gleich einem Adlerhorst im Gebirge thront das Kloster Lluc (Santuarí de Santa Maria de Lluc) über der Insel. Es gehört zu den wichtigsten Sehenswürdigkeiten Mallorcas und hat auch für Familien einiges zu bieten. Die Basilika beherbergt die von den Mallorquinern verehrte schwarze Maria (moreneta), die ein Araberjunge namens Lucas (Katalanisch: Lluc) der Legende nach hier oben gefunden haben soll. Lassen Sie sich ruhig Zeit beim Betrachten ihres milden Lächelns, aber verpassen Sie keinesfalls die Blauets, einer der besten Kinderchöre Spaniens. Die Schüler des angegliederten Internats singen täglich um 13.15 Uhr in der Basilika. Danach steht ein Besuch im Klostermuseum an, wobei die Kinder an Wochenenden in einem Spielraum »geparkt« werden können. Wer die Natur den heiligen Hallen vorzieht, der findet gleich neben dem Gebäude einen botanischen Garten mit über 250 heimischen Arten und ein schönes Freibad dazu. Für das leibliche Wohl sorgen Bars und Restaurants im Klostervorhof.

Plaza de Peregrins 1, Escorca, www.lluc.net

Toller Ausflug

LA RESERVA PARC – WO SICH BÄR UND FALKE GUTE NACHT SAGEN

Im Südwesten, keine 20 Kilometer von Palma entfernt, liegt der Naturpark La Reserva, eine gelungene Mischung aus Rundwanderweg und Tierpark, eingebettet in eine der schönsten Landschaften Mallorcas. Dreieinhalb Kilometer geht es durch Schluchten und Steineichenwälder, vorbei an Wasserfällen, frei laufenden Tieren und Gehegen. Die Höhepunkte sind sicher das Bärengehege und die Greifvogelshow, die täglich auf dem Picknickplatz (ca. 40 Min. Gehzeit, immer um 14 Uhr) von erfahrenen Falknern durchgeführt wird. Hier werden auch Snacks und Getränke angeboten. Ganz Mutige können im sehr erfrischenden Bergquellwasser ein Bad nehmen. Gleich nebenan gibt's Spielplätze und gegen Aufpreis unter professioneller Aufsicht einen Kletterpfad im Parc Aventur. Eine tolle Mischung für bewegungshungrige Kinder abseits der Touristenstrände. Die Tour ist geeignet für Kinder ab vier bis fünf Jahren, kleinere sollten getragen werden.

Predio Son Net s/n, Puigpunyent, www.lareservamallorca.com

Mit dem Boot durch den Bauch den Drachens in den Coves del Drach

Die nostalgische Straßenbahn in Sóller lässt nicht nur Kinderherzen höher schlagen.

Nur wenige Kilometer weiter liegt der **Natura Parc in St. Eugenia**. Ein kleiner Zoo, den eine Familie mit viel Herzblut aufgebaut hat. Für Hobbyastronomen sei das **Mallorca Planetarium** weiter nördlich in **Costix** erwähnt. Schauen Sie doch mal zusammen mit Ihrem Nachwuchs durch die beeindruckenden Teleskope in den balearischen Nachthimmel! Weiter geht's Richtung Norden. In **Campanet** gibt es ebenfalls Tropfsteinhöhlen zu bestaunen, mit dem Unterschied, dass hier deutlich weniger Touristen unterwegs sind als bei den Drachenhöhlen im Osten.

Vogelparadies im Sumpfgebiet

Noch ein kleines Stück weiter nördlich ändert sich die Landschaft radikal. Wir erreichen das Sumpfgebiet von **S'Albufera**. Sümpfe auf Mallorca? Korrekt. Am Dorfausgang von **Puerto d'Alcúdia** Richtung **Can Picafort** befindet sich der Zugang zum Naturschutzgebiet. Nach etwa einem Kilometer erreichen wir das Besucherzentrum, in dem Broschüren kostenfrei ausliegen und sogar Ferngläser ausgeliehen werden können. Wofür wir die brauchen? Na, weil in diesem 1700 Hektar großen Sumpfgebiet je nach Jahreszeit bis zu 300 verschiedene Vogelarten von speziellen Stellen aus beobachtet werden können. Und wer dann noch zum Strand will, hat mit dem **Playa de Muro** einen der schönsten und sichersten der Insel direkt vor der Nase. *SK*

Mallorca

Infos und Adressen

ANREISE

Mit dem Flugzeug: Palma wird ganzjährig aus Deutschland angeflogen. Die Flugzeit ist mit etwas über 2 Stunden als kinderfreundlich zu bezeichnen.
Mit dem Auto: von Barcelona gehen täglich Fähren nach Palma (Fahrzeit ca. 8 Std.). www.directferries.de

BESTE REISEZEIT

Mai bis Mitte Juni und Mitte September bis Ende Oktober

FÜR REGENTAGE

Palma Aquarium.
www.palmaaquarium.com/de/
Coves del Drac.
www.cuevasdeldrach.com
Coves de Campanet.
www.covesdecampanet.com

ESSEN UND TRINKEN

Die mallorquinische Küche ist deftig und fleischlastig. Typische Gerichte sind Sopes mallorquines (ein Brot-Mangold-Auflauf), Lomo con coll (Schweinefilet in Wirsing) und Frito mallorquin (Innereien mit Kartoffeln und Gemüse). Wer Wurst mag, sollte die Sobrasada, eine würzige Paprika-Streichwurst unbedingt probieren. Auf die Naschkatzen warten in den Backstuben die Ensaïmadas, das sind in Schmalz ausgebackene Kringel.
Auf Mallorca gibt es derzeit 160 Weingüter. Viele davon zwischen St. Maria und Inca. Weinproben sind kurzfristig möglich (z.B. www.bodegaribas.com,

www.maciabatle.com). Wer sich eine Weintour organisieren lassen möchte, dem sei Mallorcawine-Tours (www.mallorcawinetours.com) ans Herz gelegt. Gerade der Mallorca Wine Express, eine Lokomotive auf Rädern, die durch die Weinfelder tuckert, ist auch für Kinder spannend.

ÜBERNACHTEN

Auf Mallorca gibt es eine Unzahl von Hotels und Apartments, die man im Reisebüro oder auf den gängigen Portalen (z. B. www.tripadvisor.de, www.fti.de) buchen kann. Wer es persönlicher mag, der kann private Angebote auf www.airbnb.de oder www.fewo.de finden. Eine nette Alternative zum Hotelklotz sind auch sog. Agroturismo-Angebote. Dahinter verbergen sich authentische Fincas mit Bauernhof-Feeling (z. B. www.mallorca-agroturismo.com, www.rusticbooking.com)

WEITERE INFOS

Notruf für alles. 112
Deutsches Konsulat. Calle Porto Pi 8, 3D, Edificio Reina Constanza, Palma,
Tel: +34 971 – 70 77 37

Mallorcas Strände sind für Kinder und Eltern ein Traum.

Menorca

Blick über den Hafen von Ciutadella im Westen der Insel

Die »kleine Schwester« Mallorcas hat gerade mal ein Fünftel der Fläche Mallorcas und ist ein Naturparadies mit idyllischen Badebuchten, hübschen Orten und viel Ruhe. Wer hierher kommt, der weiß: Sehr viel mehr braucht man auch nicht für einen erholsamen Urlaub.

Meer, Natur und hübsche Städtchen

Vor allem für Naturliebhaber hat die Insel viel zu bieten. Die gesamte Fläche ist Biosphärenreservat, und fast die Hälfte ist bewaldet, voll von seltenen Pflanzen und endemischen Tierarten. In Menorca setzt man auf **Individualtourismus und Nachhaltigkeit**. Für Kinder ist das ideal. Zwar sucht man gigantische Freizeitparks und schreiende Attraktionen vergebens. Kinder sind aber überall willkommen und einfach immer mit dabei. So ist der **Club Sant Jaume** beispielsweise eher beschaulich mit Pool und Wasserrutsche, bietet aber dennoch genug Vergnügen für die Kleinen. Die **Tramuntana** im Norden ist geprägt von Fjorden, von Felsen und rauen Küstenabschnitten. Hier liegt der Naturpark **S'Albufera des Grau**, ein Feuchtbiotop, in dem sich Enten, Gänse und Reiher ebenso wohlfühlen wie Fischadler und Königsreiher. Die Landschaft rund um das **Cap de Favarix** ist atemberaubend schön, und am Ende des Weges steht ein mächtiger Leuchtturm.

Der Süden ist demgegenüber lieblicher und milder. Hier liegen die Bilderbuchstrände. Der größte fällt bei **Son Bou**

Spanien

Infos und Adressen

ANREISE

Mit dem Flugzeug aus vielen
deutschen Städten, entweder direkt oder mit Zwischenstopp in
Palma de Mallorca bzw. Barcelona. **Mit der Fähre** via Mallorca
(Palma und Alcùdia), Barcelona
und Valencia

BESTE REISEZEIT

Ganzjährig. Die Sommer sind
warm, die Winter mild – bei über
2400 Sonnenstunden im Jahr.

ESSEN UND TRINKEN

Die ländliche Küche Menorcas ist
einfach, aber schmackhaft. Zu
empfehlen ist die Oliaigua, eine
Gemüsesuppe, und der traditionelle Käse Queso Mahón. Lecker
ist auch die Sabrosada-Wurst,
die roh oder gegrillt auf den
Tisch kommt.

Sa Farinera. Einen Besuch wert
ist die alte Mehlfabrik, die heute
Museum ist und einen netten
Garten mit Spielplatz und ein
Restaurant hat.
Ctra. Maó-Ciutadella, km 20

ÜBERNACHTEN

Hotels und Ferienhäuser sind
über Anbieter wie e-domizil oder
FeWo-direkt buchbar.
Càmping Son Bou. 2,5 km vom
Strand Son Bou entfernt, mit
großzügigen Stellplätzen und der
Möglichkeit, Zeltbungalows und
typisch menorquinische Block-
häuser zu mieten.
www.campingsonbou.com

WEITERE INFOS

www.menorca.es

Mitmachen!

AUF DEM PFERDEWEG UM DIE INSEL

Ideal, um einen Eindruck von Menorca zu ge-
winnen, ist der »Cami de Cavalls«, der so ge-
nannte Pferdeweg. Er war einst Versorgungs-
und Patrouillenreiterweg und zählt heute als
GR 223 zu den Weitwanderwegen. Man kann
die 180 Kilometer rund um die Insel in 20
Etappen zu Fuß, per Mountainbike oder eben
mit Pferden zurücklegen. Da der Weg am
Meer entlangführt, sind die vielen Badestellen
willkommene Gelegenheit, die nächste
Etappe ein wenig hinauszuschieben.

Geführte Pferdetouren und Reitwanderungen
– auch auf anderen Wegen der Insel – bieten
unter anderem an: Cavalls Son Angel,
www.cavallssonangel.com, Can Puny Horse
Riding Centre, www.menorcahorseriding.com
und Menorca a Cavall,

www.menorcaacavall.com

flach ins Meer ab und ist daher wie die **Cala Santa Galdana**
bei Familien mit kleineren Kindern beliebt. Ziel für jene, die
aus Mallorca für einen Tagesausflug kommen, ist der Hafen
von **Ciutadella** im Westen. Prächtige Paläste und eine goti-
sche Kathedrale kennzeichnen diese Stadt, in der jedes Jahr
im Juni die **Festes de Sant Joan** mit Reiterspielen gefeiert
werden. Ein Labyrinth aus Kalksteinblöcken beschäftigt Kinder in der **Pedrera de s'Hostal**, einem Steinbruchmuseum in
der Nähe der Stadt. Im äußersten Osten liegt **Maó**, die Hauptstadt mit dem größten **Naturhafen** der Welt. Den sollte man
sich bei einer Bootsfahrt ansehen und den Blick auf die Stadt
genießen. Wer sich für Inselgeschichte interessiert, besucht
hier das **Museu de Menorca** und das vorgelagerte **Fort
Marlborough**, eine alte Festungsanlage, in der Licht und Ge-
räusche die Besucher in vergangene Zeiten versetzen.   *Red.*

Rund um Piran

TOLL FÜR KINDER

Balnea-Wasserpark. In Dolenjske Toplice bei Novo Mesto wartet der pure Wasserspaß.

Höhlenburg Luegg. Mit Zugbrücke und Wehrtürmen, spektakulär an den Fels gebaut. Spannend ist die Höhlen-Führung. Predjama bei Postojna

Vivarium Proteus. Multivisionsshow über die Geheimnisse der Karstlandschaft. Am Eingang zur den Höhlen von Postojna (Adelsberger Grotten). Star der Anlage ist der Grottenolm, den man hier leibhaftig sehen kann. Im Eintrittspreis inbegriffen ist die Ausstellung »Schmetterlinge der Welt«. www.postojnska-jama.eu

TOLL FÜR ELTERN

Eisenbahnmuseum Izola. Dampfloks bestaunen und in alten Zeiten der Parenzana-Schmalspurbahn schwelgen. Ulica Alme Vivode 3, Izola, www.parenzana.net

Blick auf die Altstadt von Piran, einer der schönsten Küstenstädte Sloweniens mit venezianischer Architektur. Wer mit dem Auto kommt, muss außerhalb der Stadt parken.

Nur über knapp 50 Kilometer erstreckt sich die slowenische Adriaküste zwischen Triest und Kroatien und bietet doch jede Menge für Strandabenteurer, Wassernixen und Naturverliebte. Wer den Touristenansturm lieber meidet, ist hier goldrichtig. Und den Flair der Wiener Hofreitschule gibt's obendrein.

Karstlandschaften, Salinen und Meerblicke

Wir beginnen unsere Reise in **Koper**, einst Verwaltungszentrum des venezianischen Istriens, was man der Altstadt mit dem Prätorenpalast und dem Glockenturm noch ansieht. Wer die 204 Stufen erklimmt, hat einen wunderbaren Blick. Auch **Izola** gehörte einst zu Venedig. Interessant ist das Projekt **»Museum auf der Straße«**, bei dem altes und neues Handwerk in der Altstadt entdeckt werden kann. Daneben bietet Izola ein großes Wassersportangebot. Oberhalb der Stadt befindet sich der **Reiterhof Medljan**, wo man sich Pferde ausleihen kann. Weiter südlich liegt der **Archäologische Park Simonov zaliv** mit Resten einer römischen Villa. **Piran** ist das Tourismuszentrum Sloweniens. Die Stadt ist eine alte Hafenstadt, und man überblickt sie von der Stadtmauer aus ebenso gut wie von der Sankt-Georgs-Kathedrale. Am Hafen befindet sich das **Aquarium**. Und der kleine Kurort **Portoroč** in direkter Nähe ist ein beliebter Ferienort mit Wellness- und Wassersportangebot. Hier beginnt die familienfreundliche **Sandstrand-Zone**. Wer es ruhiger mag, macht eine **Bootstour zu**

Slowenien

Infos und Adressen

ANFAHRT

Mit dem Auto aus Deutschland über Salzburg, die Tauernautobahn, über Villach und durch den Karawankentunnel (A11, bzw. A2 in Slowenien) nach Ljubljana und von dort über die A1 weiter zur Adria

Mit dem Zug: Fernverkehr über Villach nach Ljubljana und dann weiter mit dem Regionalverkehr

BESTE REISEZEIT

Ganzjährig, Badeurlaub zwischen Pfingsten und September

FÜR REGENTAGE

Aquapark Zusterna. Zwischen Izola und Koper direkt am Meer gelegen. Spaß für Kinder und Wellness für die Eltern. Aquapark Hotel Îusterna, Istrska 67, Koper

ESSEN UND TRINKEN

Slowenische Spezialitäten sollten sie sich nicht entgehen lassen, z. B. Gibanica, der dreilagige Quark-, Apfel- und Mohnstrudel, oder Njoki, die slowenische Art von Gries- oder Kartoffelnockerln, meist mit Spinat oder Quark verfeinert. Als Vorspeise wird häufig Ovǎji sir, ein leckerer Schafskäse, gereicht.

Gostilna Ribic. Leckerer Fisch am Ende der Landzunge von Portoroz. Mit großer Sonnenterrasse. Der Weg ist ab dem Salzmuseum ausgeschildert.

ÜBERNACHTEN

Adria Konvent. Altes Kloster in Ankaran. Einfache Zimmer und Appartements direkt am Strand. Jadranska cesta 25, www.adria-hoteli.si

Bauernhof Medljan. Mit Pferdeverleih und urigem Restaurant. Cetore 29, Izola, www.medljan.net/de/

WEITERE INFOS

www.slovenia.info

Der Hafen von Izola wird ausschließlich von Touristen genutzt. Ideal für Freizeitkapitäne also.

Der besondere Tipp

BESUCH AUF DEM GESTÜT DER LIPIZZANER

Lipica ist eines der ältesten Gestüte in Europa. Traditionell werden hier die reinrassigen Lipizzaner gezüchtet. Nicht nur pferdenärrische Mädchen werden begeistert sein vom »Erlebnis Lipizzaner« und einem Rundgang durch das Gestüt. Im Museum erfährt man Interessantes über alte Pferderassen. Eine besondere Art, das Gestüt kennenzulernen, ist eine Kutschfahrt über das Gelände und entlang der alten Alleen. Ponyreiten, Kreativangebote und Familienführungen zu den edlen Pferden mit kurzer Kutschfahrt und Mittagessen runden das Angebot des Ausnahmegestüts ab.

Kobilarna Lipica, Seľana, www.lipica.org

---

einsamen Buchten. Im **Landschaftspark Strunjan** befinden sich die **Salinen von Sečovlje**, denen Piran einst seinen Reichtum verdankte. Der Park ist Vogelschutzgebiet und im alten **Salzhaus** kann man erfahren, wie seit dem 14. Jahrhundert Salz gewonnen wurde. Schön ist der **»Wanderweg durch den Tunnel«** von Strunjan nach Portoroč entlang der Schmalspurroute. Die Orte zwischen Piran und Strunjan verbindet eine **Uferpromenade**, die einem herrliche Blicke übers Meer eröffnet. Im Hinterland schließlich liegen die UNESCO geschützten **Grotten von Škocjan**, die ein hervorragender Grund sind, einen Tag Strandpause einzulegen. Im Anschluss bietet sich der **Rundlehrpfad** Škocjan durch die Karstlandschaft an. _Red._

Unterwegs in Istrien

TOLL FÜR KINDER

Aquapark Istralandia. 4500 Quadratmeter Wasserfläche, 1,2 Kilometer Wasserrutschen inkl. Free-Fall-, und Familien-Rafting-Rutsche, Wellenbad, Piratenburg, etc.

Motodrom Poreč. Kart-Cross ab fünf Jahren, Istra Karting ab sechs Jahren. Basarinka 5 (zw. Poreč und Tar)

Dinopark Funtana. Tolle Show-Acts und über 20 lebensechte Dinosauriermodelle in 80 000 Quadratmeter parkartiger Naturlandschaft

Glavani Park. Hochseilklettergarten mit 3G-Monster-Schaukel (11 m Höhe) bei Barban

TOLL FÜR ELTERN

Euphrasius Basilika Poreč. UNESCO Weltkulturerbe; Mosaiken aus dem 3.–8. Jh.; Panorama vom Glockenturm

Altstadt Rovinj. Kirche St. Euphemia mit legendärem Steinsarkophag und 60 Meter hohem Glockenturm

Amphitheater von Pula. Sechstgrößte römische Arena der Welt

Kastell Pazin. Größte Festungsanlage

Das pittoreske Städtchen Rovinj bei Nacht

Istrien lässt sich von Norden kommend gut erreichen und zählt deshalb zu den beliebtesten Urlaubszielen der deutschsprachigen Mitteleuropäer. Hier vereint sich die perfekte touristische Infrastruktur der Westküste mit ursprünglichen Bergdörfern des grünen Hinterlandes.

Endlich am Meer!

Im »Blauen Istrien« reihen sich Hotels, Feriensiedlungen und Campingplätze an der Westküste fast nahtlos aneinander und garantieren ein hohes Maß an Unterhaltung und Infrastruktur. Wer nach unverbauten Stränden sucht, findet diese zum Beispiel am **Zlatni Rt**, dem Goldenen Kap südlich von **Rovinj**, welches mit Leihrädern oder per pedes erkundet werden kann. Großartige Naturstrände bietet vor allem Istriens Südspitze im wunderschönen **Naturpark Kamenjak**. Die meisten Strände in Istrien bestehen aus Kies- und Felsufern oder weisen einen betonierten Wasserzugang auf. Die Verwendung von Badesandalen ist deshalb von großem Nutzen. Die wenigen, flach abfallenden **Natursandstrände** findet man in **Zambratija**, etwa fünf Kilometer nördlich von **Umag** und vor allem beim **Bijeca Beach in Medulin**. Großer Beliebtheit erfreuen sich im Wasser verankerte, aufblasbare

Kroatien

Spielgeräte. Erst seit 2014 eröffnete der erste Aquapark, **Istralandia** bei der Ypsilon-Ausfahrt Nova Vas/Novigrad, seine Pforten. Ab Mai 2015 wird dieser Konkurrenz durch den **Wassererlebnispark Aquacolors Poreč** bei der Feriensiedlung Zelena laguna erhalten.

Bootsausflüge werden gerne zu den vorgelagerten **Inseln bei Rovinj** oder in den tief in die Westküste eingeschnittenen **Limski Fjord** unternommen. Man kann hier aber auch mit dem eigenen PKW zum Limski zaljev ans Buchtende fahren und sich einer Panoramafahrt zur **Piratenhöhle** und einer Austernzucht anschließen. Äußerst lohnend ist auch ein Ausflug von Fažana in den **Nationalpark Brijuni**, auch Brioni genannt. Das erlebnisreiche Ausflugspaket umfasst den Transfer mit dem Schiff zu den Inseln, eine Inselrundfahrt mit dem Bummelzug – unter anderem zu einem Zoo – und eine Führung durch das Tito-Museum.

Vor allem an lauen Sommerabenden laden die geschichtsträchtigen Altstädte von Poreč, Rovinj und Pula zu einem Bummel durch ihre sehenswerten Gassen ein. **Poreč** verfügt über die älteste und besterhaltene frühchristliche Basilika und damit ein Kulturgut von Weltrang, das zum **UNESCO-Welterbe** gehört. Die Mosaike aus dem 6. Jahrhundert sind faszinierend. In **Pula** mit seinem römischen Amphitheater oder **Rovinj**, dem schönsten istrischen Städtchen am Meer, ist der Hauch der Vergangenheit allgegenwärtig. Abendlichen Sommerspaß für Kinder garantiert der **Rummelplatz** an der **Peškera–Bucht** nordöstlich der Altstadt von Poreč oder der Vergnügungspark **Family Park** in **Medulin**. Im Osten Istriens zählt **Rabac** mit seiner Kiesbucht Maslinica zu den bevorzugten Touristenzielen. Nach stärkeren Gewitterregen oder im Frühjahr lohnt sich die Wanderung vom reizenden Labin hinunter nach Rabac. Hier überrascht ein Wasserfall mit schönen Auskolkungen sowie ein Mini-Klettersteig oberhalb eines versteckten, wildromantischen Waldsees.

Beschauliches im »Grünen Istrien«

Spielte sich bis vor Kurzem der Tourismus hauptsächlich an den Küsten Istriens ab, so werden die kleinen Städtchen im Landesinneren seit den letzten Jahren zunehmend von den Gästen entdeckt. Das beherrschend auf einem Hügel über dem Tal der Mirna angelegte **Festungsstädtchen Motovun** oder das südlichen Charme versprühende **Labin** oberhalb

Im naturhistorischen Museum von Brijuni

Toller Ausflug
NATIONALPARK BRIJUNI (BRIONI)

Ausflugspakete sind in Fažana buchbar. Im Paket enthalten sind die Bootsfahrt zur Insel, eine Panoramarundfahrt mit dem Bummelzug und der Safari Park mit Elefantenkuh Lanka neben einheimischen Tieren. Besichtigt werden kann das Museum, das dem ehemaligen jugoslawischen Präsidenten Josip Broz Tito gewidmet ist. Im Erdgeschoss befindet sich eine naturhistorische Sammlung präparierter exotischer Tiere, mit Löwen, Affen, Giraffen etc. Außerdem steht auf der Insel ein Botanischer Garten zur Besichtigung offen, und ein 1600 Jahre alter Olivenbaum kann bestaunt werden. Nach der Führung ist auch eine selbstständige Erkundung der Insel möglich. Fahrräder kann man beim Hotel Istra ausleihen.

www.brijuni.hr/de/

Nicht verpassen

HALBINSEL KAP KAMENJAK

Auf dem Weg zur wildromantischen Pinižule-Bucht liegt ein Dinosaurierlehrpfad mit lebensgroßen Modellen, wo sich Dinosaurier-Trittspuren an den Uferfelsen befinden. (Parkplatz wenige 100 Meter nach der Zahlstelle). Ganz im Süden der Halbinsel gibt es zwei weitere Attraktionen: Eine Aussichtsplattform auf einem Baum kündigt die urige, in einem Schilfröhricht gelegene Safari-Bar mit labyrinthartigen Pfaden und Spielgeräten an. In der Nähe liegt außerdem die Felsbucht Mala Kolumbarica mit Klippenspringern.

Klippenspringer auf der Halbinsel Kamenjak – besser nur zuschauen, nicht mitmachen!

In der Tropfsteinhöhle Jama Baredine fühlt man sich wie in einem unterirdischen Zauberreich.

von Rabac sind nur zwei der vielen sehenswerten Orte im Hinterland. Gehen wir doch einfach auf Entdeckungsreise und erkunden alte Orte, wie Buje, Buzet, Grožnjan oder Svetvinčenat. Oder man pilgert zu den rätselhaften heiligen Mumien in der **Wallfahrtskirche Sv. Blaž von Vodnjan** mit der zweitgrößten Reliquiensammlung Europas. Im Landesinneren gibt es auch mehrere geomorphologische Sehenswürdigkeiten zu bewundern: Die **Karstschlucht Vela Draga** nordwestlich des Gipfels Vojak (1401 m) ist durch einen abenteuerlich angelegten **Lehrpfad** zu besichtigen, der von einem Parkplatz vor dem Učka-Tunnelportal seinen Ausgang nimmt. Bis zu einer Aussichtskanzel am Plateaurand mit spektakulärem Blick zu den Felsnadeln und Türmen ist der Lehrpfad für alle leicht begehbar. Wer sich aber an den Rundgang zwischen den Felszinnen hinunterwagt, sollte trittsicher und auch ein wenig schwindelfrei sein und ein gutes Orientierungsvermögen mitbringen. Ein weiteres Phänomen stellt die **Fojba-Schlucht in Pazin** dar, bei der ein Bach von einer Höhle verschluckt wird. Waghalsigen gewährt die bis 280 Meter lange Seilrutsche »Zip Line« Einblicke aus der Vogelperspektive. Man kann das Naturschauspiel, das Jules Verne im Abenteuerroman »Mathias Sandorf« beschrieb, aber auch zu Fuß auf einem Lehrpfad erkunden. *AA*

Infos und Adressen

ANREISE

Mit dem Auto aus Deutschland über Salzburg, Tauernautobahn nach Villach und über Ljubljana; aus Ostösterreich über Südautobahn und Grenzübergang Spielfeld nach Maribor, aus der Schweiz über Gotthard- oder Bernardino-Route und Autobahn A4 nach Triest.
Mit der Bahn: nach Pula und Rijeka. **Mit dem Fernbus,** z. B. Europabus der Deutschen Touring GmbH in div. Städte

BESTE REISEZEIT

Mai bis September

FÜR REGENTAGE

Tropfsteinhöhle Jama Baredine. Bekannteste Schauhöhle Istriens mit 280 Stufen, 5 Sälen und kleinem Höhlensee mit Grottenolmen.
www.baredine.com
Stadtmuseum Kastell Pazin. Ethnografische Ausstellung mit Workshops. www.emi.hr
Aquarium von Pula. Größtes Aquarium Kroatiens auf zwei Etagen im historischen Fort Verudela der einstigen österreichisch-ungarischen Donaumonarchie. www.aquarium.hr
Volkskundemuseum Labin. Geschichte des pittoresken Bergbaustädtchens im Barockpalast Battiala-Lazzarini, ein Teil des Museums ist ein Bergwerk!
www.rabac-labin.com
Konoba Nono. Streichelzoo für Kinder. Reservierung empfohlen! Umaska 35, Umag

ESSEN UND TRINKEN

Pizzeria Da Sergio. Ausgezeichnetes Pizza-Lokal. Grisia 11, Rovinj
Eisdielen an der Obala A. Rismondo in Rovinj (Artigianale, Porto Bello Caffe Bar, etc.)
Safari Bar. Uriges Selbstbedienungsbuffet am Kap Kamenjak. Premantura

ÜBERNACHTEN

Von Hotels, über Gasthöfe, Pensionen, Apartments bis hin zu Campingplätzen findet man weitere Informationen über den Tourismusverband Istrien. Unterkunftsbewertungen liefert die Webseite.
www.holidaycheck.de
Eine Beurteilung der Campingplätze kann man auf www.campingfuehrer.adac.de oder www.camping.info ansehen.

Village Sol Garden Istra. Ausschließlich Hotelgäste können den Aquapark und Wasserspielplatz benutzen.
Katoro BB, Umag
Hotel Monte Mulini. Ausgezeichnetes Fünf-Sterne-Hotel am Rande des Waldparkes Zlatni Rt, A. Smareglia 3, Rovinj
Park Plaza Medulin. Gut bewertetes, kinderfreundliches Vier-Sterne Hotel. Osipovica 31, Medulin
Hotel & Casa Valamar Sanfior. HolidayCheck Award 2014. Rabac
CampingIN Park Umag. ADAC Best 2014 in schöner Lage. Karigador bb, Umag
Camping Lanterna. ADAC Best 2014 in schöner Lage. Lanterna bb, Poreč

WEITERE INFOS

Kroatische Zentrale für Tourismus. http://de.croatia.hr
Offizielles Touristisches Portal Istriens. www.istra.hr/de

Wunderschöner Wildbadestrand an der Halbinsel Kamenjak vor Rt Franina

Ferien in Norddalmatien

TOLL FÜR KINDER

Kayaking/Rafting am Krupa/Zrmanja-Fluss. Ab sechs Jahren

Lagune von Nin. Die flache Sandlagune vor Nin wartet nicht nur mit Badewannentemperaturen im Sommer, sondern auch mit Heilschlamm auf!

Solaris Aquapark. Wasserspielplatz mit Rutschen, Wasserfällen und Düsen, Tube-Rafting im Strömungsbecken. Solaris Beach Resort/Šibenik

Falkenzentrum Sokolarski Centar. Eulen aus nächster Nähe, Wüstenbussarde selbst füttern. Führung in Englisch! Dubrava kod Šibenika, Škugori bb, Šibenik

TOLL FÜR ELTERN

Novigrad. Pfarrkirche Mariä Geburt, Stadtmauer, Festung »Fortica«

Altstadt Zadar. Fünfbrunnen-Platz, Kapitänsturm, Glockenturm, römisches Forum, Meeresorgel, »Gruß an die Sonne«

Altstadt Šibenik. Schönste Küstenstadt! Kathedrale St. Jakobus (UNESCO Weltkulturerbe), Festung St. Michael

Baden am Krka-Wasserfall Skradinski Buk

Fährt man durch das Südportal des Sveti-Rok-Tunnels, so öffnet sich eine völlig andere Welt: Während das 145 Kilometer lange Velebitgebirge mit bizarren Karstformen die Region nach Norden abriegelt, bezaubert auf der anderen Seite eine liebliche mediterrane Hügellandschaft mit vorgelagerten Inseln.

Norddalmatien – im Herzen Kroatiens

Die Autobahn A1 führt vom **Velebit** hinunter zur **Maslenica-Brücke**, an der das Novigrader Meer in die Adria mündet. Zwei malerisch gelegene Orte sollte man hier besuchen: **Novigrad**, dessen Altstadthäuser sich an einem fjordartigen Meeresarm unter einem Kastell zusammendrängen, und **Vinjerac** vor der Gebirgskulisse des Velebit. Äußerst lohnend ist auch eine Besichtigung des **Nationalparks Velika Paklenica** bei Starigrad, einer Karstschlucht zwischen Kletterfelsen im Südlichen Velebit, die auch als Drehort der Winnetou-Filme diente. Bei Posedarje zweigt die Straße über die Pager Brücke zur **Insel Pag** ab, eine schaurig-schöne Mondlandschaft, die in der Salzverfrachtung vom Meer durch die Bora ihre Ursache hat. Viele, teils sandige, teils kiesige Strände hat diese Insel mit der **historischen Altstadt von**

Kroatien

An den Klippen im Naturpark Telašćica

Infos und Adressen

ANREISE

Mit dem Auto über die kroatische Autobahn A1 (mautpflichtig)

BESTE REISEZEIT

Mai bis September

FÜR REGENTAGE

Brunnenmuseum »Bunari«. Zisterne und Brunnen (15. Jh.), interaktives Multimediazentrum in Šibenik

Aquarium Vodice. 3 Etagen mit 17 Aquarien, Amphoren, Schiffsmodelle

Dalmare Shopping Center Šibenik. Größtes Einkaufszentrum der Region mit Kinderspielzimmer »Twister«

ESSEN UND TRINKEN

Konoba Mika. Priko Gromile 6, Novigrad

Pizzeria Tri Bunara. Trg tri bunara bb, Zadar

Konoba Cesarica. Matice Hrvatske Obala 32, Vodice

ÜBERNACHTEN

Zaton Holiday Resort. Sandstrand. Draznikova 76, Zaton/Nin

Hotel Resort Crvena Luka. Privatsandbucht. Crvena Luka 1, Biograd Na Moru

Solaris Hotel Andrija. Kinderparadies Nähe Aquapark Solaris. Hoteli Solaris 86, Šibenik

WEITERE INFOS

Tourismusverband Region Zadar. www.zadar.hr

Tourismusverband Šibenik-Knin. www.sibenikregion.com

Pag zu bieten. In **Zadar** liegt der Hauptfährhafen der Linie Jadrolinija, von dem sich die größten der insgesamt 380 Inseln vor dem norddalmatinischen Festland erreichen lassen. Damit zählt neben **Pašman** und **Ugljan** vor allem **Dugi Otok** zu den interessanten Tageszielen, wo man den Traumstrand Sakarun oder die Klippen und den Salzsee Mir im **Naturpark Telašćica** besuchen kann. Der beste Sandstrand am Festland befindet sich auf der **Halbinsel Murter** in der Bucht Slanica. Von Murter, Biograd oder Zadar werden lohnende Inselrundfahrten in den **Kornati-Nationalpark** angeboten. Will man die rund 150 Inseln mit dem größten kroatischen Süßwassersee, dem Naturpark **Vraner See**, aus der Höhe betrachten, so fährt man von Stankovci hinauf zum **Kamenjak**, wo ein schöner botanischer Lehrpfad angelegt wurde. *AA*

Der besondere Tipp

NATIONALPARK KRKA

Der Eintritt in den Nationalpark vom malerischen Festungsstädtchen Skradin aus beinhaltet auch den Bootstransfer bis kurz vor die 800 Meter langen 17 Kaskaden des Skradinski buk – dem Schönsten der Krka-Wasserfälle, vor dem schon Häuptling Winnetou im Kanu ruderte (Bademöglichkeit!). Von mehreren Aussichtspunkten blickt man auf das wasserreiche, in prächtigen Grüntönen leuchtende Schauspiel. Ein ethnografisches Museum in einer alten Mühle mit Öko-Waschmaschine und erlebnisreiche Holzstege gestalten den Rundgang durch die Wasserwelt äußerst kurzweilig. Nach der Bootsfahrt sollte man einen Bummel durch den Ort Skradin unternehmen. Am Ende der Uferpromenade trifft man auf die Eisdiele »Slasti arnica Bura« mit großer Auswahl an Eissorten. Östlich des Hafenpiers gibt es einen Park mit großem Spielplatz. Weitere Ziele an der Krka sind das Kloster Visovac auf einer Insel im gleichnamigen See, sowie der Wasserfall Roški Slap und der abenteuerliche Steig zur Ozidana Höhle.

Register

Impressum/Bildnachweis

Textnachweis

Andreas Adelmann (AA): Nr. 82, 86, 99, 100
Henning Aubel (HA): Nr. 12, 18, 19
Wolfgang Benicke (WB): Nr. 92, 93
Anke Benstem (AB): Nr. 17, 64, 68, 78, 80
Thorsten Brönner (TB): Nr. 26, 40, 41, 87
Bruckmann-Redaktion (Red.): Nr. 6, 7, 10, 11, 16, 20, 27, 28, 33, 34, 38, 46, 49, 69, 88, 90, 91, 94, 95, 97, 98
Carsten Dohme (CD): Nr. 4
Ortrun Egelkraut (OE): Nr. 13
Udo Haafke (UH): Nr. 2, 63, 70, 84, 85
Silke Haas (SH): Nr. 1, 5, 44
Michael Hennemann (MH): Nr. 21, 23, 45
Stefan Keller (SK): Nr. 96
Andrea Lammert (AL): Nr. 77, 89
Marike Langhorst (ML) Nr. 15
Christine Lendt (CL): Nr. 3, 9, 29
Brigitte Lotz (BL): Nr. 24, 36, 71
Britta Mentzel (BM): Nr. 25, 48, 50, 51, 52, 59
Michael Pröttel (MP): Nr. 53, 54, 55, 56, 57, 58, 60, 61
Katharina Rögner (KR): Nr. 30, 31
Elisabeth Rohata (ER): Nr. 32
Iris Schaper (IS): Nr. 42, 79, 81
Martina Schnober-Sen (MSS) Nr. 8, 83
Ingo Stock (ISt): Nr. 22
Erik Van de Perre (EVDP): Nr. 39, 62, 65, 66, 67, 72, 73, 76
Tassilo Wengel (TW): Nr.14, 35, 37, 43
Constanze Wimmer (CW): Nr. 74, 75
Matthias Wittber (MW): Nr. 47

Bildnachweis

Alle Bilder stammen von

außer:
Andreas Adelmann: S. 6, 228, 229, 230 links, 231, 238, 239, 240, 241, 278, 279, 280, 281, 282, 283; Area 47: S. 225; Bauernhofmuseum Wolfegg/Frank Brauchle S. 145; Anke Benstem: S. 180, 220, 221, 224; Thorsten Brönner: S. 78, 79, 80, 81, 116, 117, 118, 119, 120, 121, 242, 243, 244, 245; Carsten Dohme: S. 19; Feriendorf Auenland: S. 110, 111; Udo Haafke: S. 14, 15, 176, 177, 194, 195, 234, 235, 236, 237; Silke Haas: S. 20, 21, 22, 23, 126, 128; Michael Hennemann: S. 62, 63, 64, 65, 130, 132; Kletterwald Bärenfalle: S. 166; Michael Pröttel: S. 151, 152, 153, 155, 157, 159, 161, 162, 165, 168, 169, 170, 171; Iris Schaper S. 123, 222, 223, 226, 227; Shutterstock: S. 28 (Zoonar), 29 (ppart), 30 (Christian Mueller), 30 (Sergey Kelin), 31 (ksl), 41 (Mor65_Mauro Piccardi), 106 (Jorg Hackemann), 144 (Frank Gaertner), 167 (Erik Fahrner), 179 (TTphoto), 190 (kimson), 192 (E. Petersen), 198 (Sebastian Wahsner), 199 (Max Topchii), 200 (HildaWeges Photography), 200 (hadot 760), 201 (place-to-be); Steiff/Stephan Liebl: S. 141; Ingo Stock: S. 68, 69; Erik Van de Perre: S. 5, 7, 112, 113, 114, 115, 172/173, 174, 175, 182, 183, 186, 187, 188, 189, 196/197, 202, 203, 204, 205, 212, 213, 214, 215; Tassilo Wengel; S. 46, 47; Wikimedia Commons CC BY-SA 3.0: S. 86 (Bueraumaschine), 87; Zoo Hannover/Christian Wyrwa: S. 55.

Umschlag:
Vorne: großes Bild: Kinder am Strand bei Norddorf, Insel Amrum © huber-images.de/Lubenow Sabine; kleine Bilder v.l.n.r. Eselwanderung in den Cevennen © Konrad Wothe / LOOK-foto; Astrid-Lindgren-Welt, Vimmerby, Smaland, Süd Schweden © Konrad Wothe/LOOK-foto; Familienradtour im Murnauer Moos, Oberbayern © W. Ehn/LOOK-foto;
Seite 1: Piratennachwuchs auf Ilha de Tavira, Portugal © Engel & Gielen / LOOK-foto;
Seite 2/3: Auf Falster, Dänemark © Roetting/Pollex/ LOOK-foto

Verantwortlich: Dr. Birgit Kneip
Produktmanagement: Birgit Günther, Utting
Lektorat: Birgit Günther, Utting
Korrektorat: SAW Communications Dr. Sabine Werner, Mainz
Satz: Mediaservice Rudi Stix, München
Umschlaggestaltung: Ulrike Huber, Kolbermoor
Kartografie: Astrid Fischer-Leitl, München
Repro: Repro Ludwig, Zell am See
Herstellung: Bettina Schippel
Printed in Italy by Printer Trento

Sind Sie mit diesem Titel zufrieden? Dann würden wir uns über Ihre Weiterempfehlung freuen.
Erzählen Sie es im Freundeskreis, berichten Sie Ihrem Buchhändler, oder bewerten Sie bei Onlinekauf.
Und wenn Sie Kritik, Korrekturen, Aktualisierungen haben, freuen wir uns über Ihre Nachricht an Bruckmann Verlag, Postfach 40 02 09, D-80702 München oder per E-Mail an lektorat@verlagshaus.de.

Unser komplettes Programm finden Sie unter

 www.bruckmann.de

Die Deutsche Nationalbibliothek verzeichnet diese Publikation in der Deutschen Nationalbibliografie; detaillierte bibliografische Daten sind im Internet über http://dnb.d-nb.de abrufbar.

ISBN 978-3-7654-8392-9